惠澤千載 光耀後世

晋城国保丛览

高平卷

晋城市人大常委会 晋城市文化和旅游局 编

文物出版社

图书在版编目（CIP）数据

惠泽千载　光耀后世：晋城国保丛览．高平卷 / 晋城市人大常委会，晋城市文化和旅游局编．-- 北京：文物出版社，2025.6.--ISBN 978-7-5010-8496-8

I. K872.25

中国国家版本馆 CIP 数据核字第 20247363PH 号

惠泽千载　光耀后世——晋城国保丛览·高平卷

HUI ZE QIANZAI　GUANG YAO HOUSHI —— JINCHENG GUOBAO CONGLAN · GAOPING JUAN

编　　者：晋城市人大常委会　晋城市文化和旅游局

责任编辑：张晓曦
责任印制：张　丽
装帧设计：王　露

出版发行：文物出版社
社　　址：北京市东城区东直门内北小街 2 号楼
网　　址：http://www.wenwu.com
邮　　箱：wenwu1957@126.com
经　　销：新华书店
印　　刷：上海雅昌艺术印刷有限公司
开　　本：889mm×1194mm　1/16
印　　张：25.25
版　　次：2025 年 6 月第 1 版
印　　次：2025 年 6 月第 1 次印刷
书　　号：ISBN 978-7-5010-8496-8
定　　价：1600.00 元（全七册）

惠泽千载　光耀后世——晋城国保丛览·高平卷

编委会

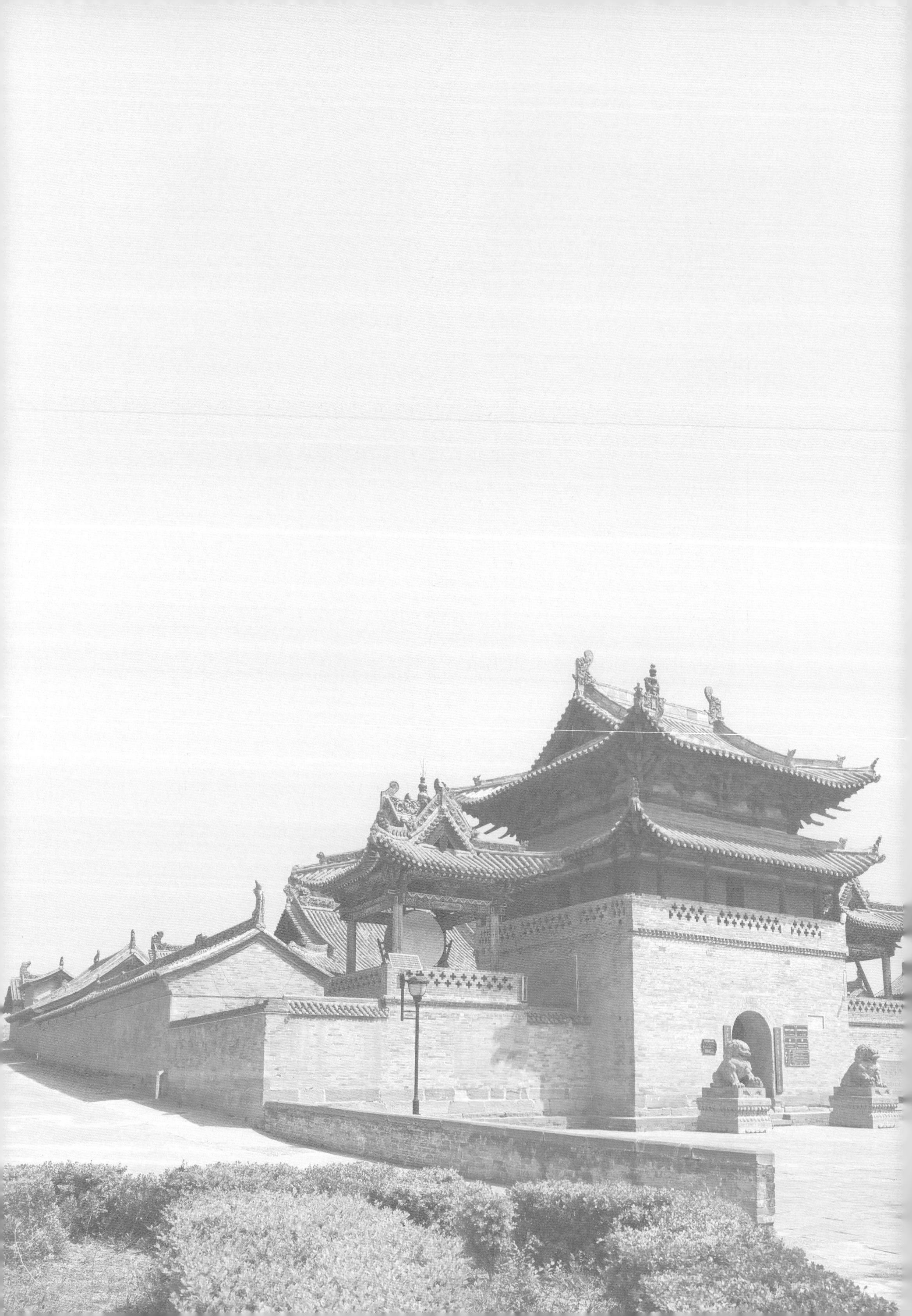

前言

文物和文化遗产承载着中华民族的基因和血脉，不可再生，不可替代。那些被雕刻过的时光在古建国保中默默地流动，那些被淡忘了的民族记忆带您重回久远的精神家园，那些浩瀚的历史给予您无穷的智慧和力量。

千百年来，世世代代的高平人民和文物保护者，以“润物细无声”的保护方式，留住了记忆，托住了乡愁，完整保留了从宋金至明清时期的历史文脉，让人类历史长河中的文化精华得以传承。

翻开《惠泽千载 光耀后世——晋城国保丛览·高平卷》，您可以感受到高平22处国保古建、全国之冠的魅力，探寻古建笔法后的历史尘沙。它将带您触摸羊头山北魏石窟，领略早期佛像的清风瘦骨；欣赏开化寺宋代壁画，惊叹“壁画界的清明上河图”；凝视铁佛寺彩塑，一睹明塑之冠、二十四诸天的风采；仰望宋代最早建筑崇明寺的斗栱飞檐，感受唐风宋制、“断梁”结构的天下无双；观赏我国年代最为久远的民居，感受历史变迁、风雨沧桑；伫立在我国最古老的戏台前，感悟上党梆子的高亢激昂。

它将带您穿越时空，品读高平，追寻历史遗迹之风采，感悟华夏文明之璀璨；它将带您穿越时空，心游高平，聆听厚重历史之回响，发思古之幽情。

《惠泽千载 光耀后世——晋城国保丛览·高平卷》，这部值得用心来感悟的立体史书，期待您的翻阅。让我们一起亲近它，读懂它，传承它，激活它，让它成为我们心中文明的永恒。

编委会

二〇二五年六月

目录

晋城市全国重点文物保护单位基本信息统计表（高平）

编号	名称	时代	地址	国保批次	公布文号	公布时间
1	姬氏民居	元	高平市陈区镇中庄村	第四批	国发〔1996〕47号	1996.11.20
2	崇明寺	北宋至明	高平市河西镇郭家庄村	第五批	国发〔2001〕25号	2001.06.25
3	开化寺	北宋至清	高平市陈区镇王村东北约2千米舍利山上			
4	游仙寺	北宋至清	高平市河西镇宰李村东北约1.5千米牛山上			
5	定林寺	元至清	高平市米山镇米西村北约2千米大粮山山腰			
6	羊头山石窟	北朝至唐	高平市神农镇李家庄村北羊头山麓	第六批	国发〔2006〕19号	2006.05.25
7	西李门二仙庙	金至清	高平市河西镇西李门村			
8	二郎庙	金至清	高平市寺庄镇王报村			
9	中坪二仙宫	金至清	高平市北诗镇南村中坪自然村西北约1千米翠屏山麓			
10	清梦观	元至清	高平市陈区镇铁炉村			
11	古中庙	元至清	高平市神农镇中庙村			
12	大周村古寺庙建筑群	北宋至清	高平市马村镇大周村	第七批	国发〔2013〕13号	2013.03.05
13	三王村三嵕庙	金至清	高平市米山镇三王村			
14	高平嘉祥寺	金至清	高平市三甲镇赤祥村			
15	石末宣圣庙	元至清	高平市石末乡石末村			
16	良户玉虚观	元至清	高平市原村乡良户村			
17	董峰万寿宫	元至清	高平市原村乡上董峰村			
18	南庄玉皇庙	元至清	高平市河西镇南庄村			
19	建南济渎庙	元至清	高平市建宁乡建南村			
20	仙翁庙	明至清	高平市寺庄镇伯方村			
21	团东清化寺	元至清	高平市神农镇团东村	第八批	国发〔2019〕22号	2019.10.07
22	高平铁佛寺	明	高平市米山镇米西村			

01

姬氏民居

姬氏民居 / JISHI MINJU

一、遗产概况

姬氏民居又称姬氏老宅，位于高平市市区东北18公里处陈区镇中庄村，修建于元至元三十一年（1294），距今已700余年，是我国目前发现最早且唯一具有确切纪年的民居建筑。姬氏民居因准确纪年和建筑特色，成为中国传统民居建筑断代和研究上的典型标本。1996年11月20日被国务院公布为第四批全国重点文物保护单位。

01 姬氏民居远景

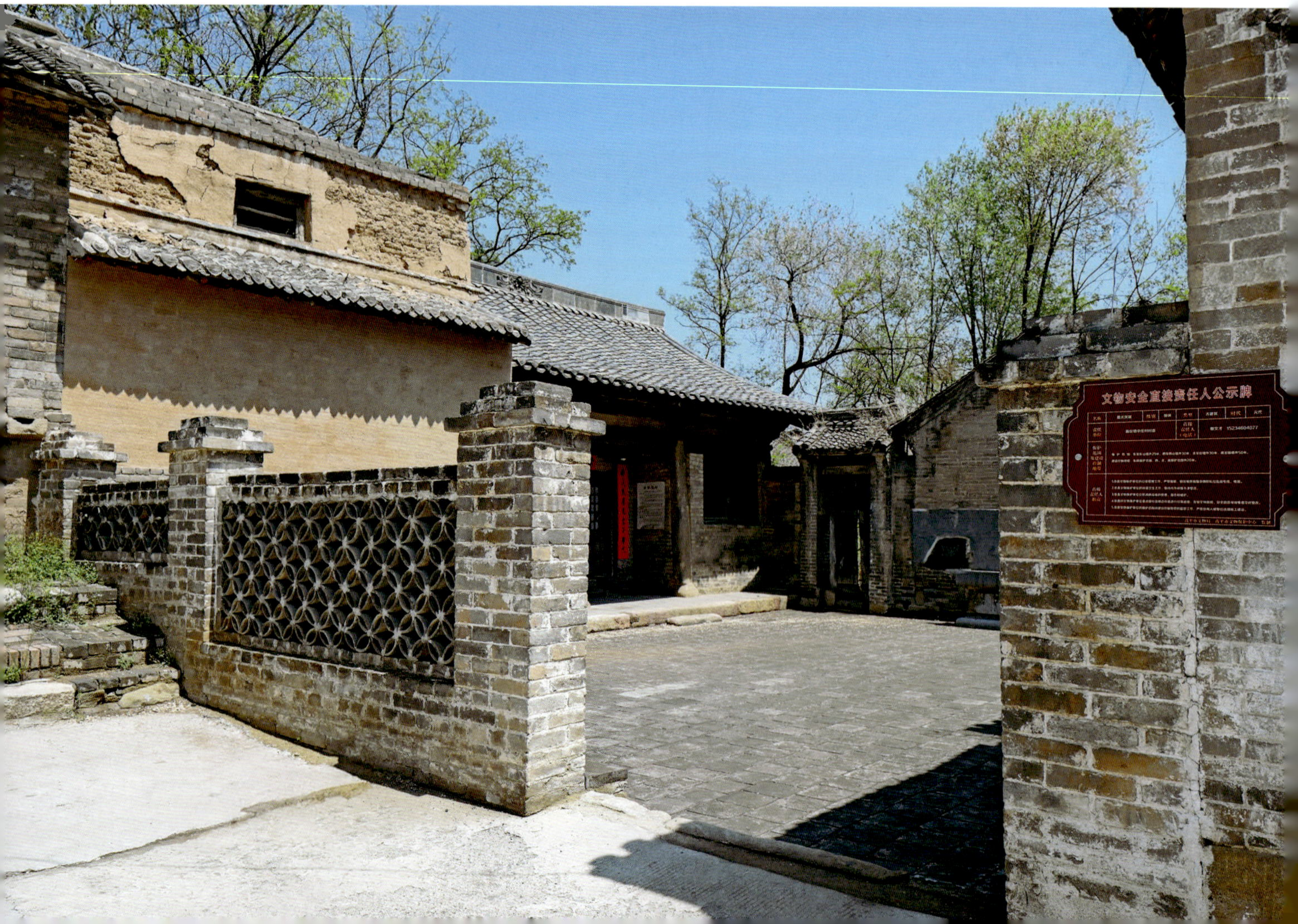

二、建筑特点

姬氏民居为一处坐北朝南的单体建筑，它建在一个高 0.42 米的砂岩石台基上，东西长 10.26 米，南北宽 9.575 米，建筑面积 98.24 平方米。建筑面阔三间，进深六椽，悬山式屋顶，平面呈长方形。前侧饰以黄砂石台明，内里铺墁骑马缝式方砖。这种砖石台基不但增强了建筑的稳定性，也提升了房屋的整体防潮、散水功能。柱子为石质砂岩，柱头使四铺作斗栱，无补间铺作。屋门开于明间，即正中心，但后退了一廊，与内柱成一线。两次间则与檐柱齐，各开有大窗户一个。建筑的屋顶举折平缓，屋脊仅使用一条陶质捏花正脊，整体建筑严整简洁、古朴稳重。

民居使用的砂石料是当地所产黄色砂岩。柱础下方上圆，为素覆盆式，方的边长有 0.56 米，圆的直径约 0.36 米。前檐四柱为明柱。前后檐用柱各 4 根，前槽金柱用柱 4 根，共计用柱 12 根。柱子的高度为 2.7 米，下边长 0.3 米，顶边长 0.27 米，檐柱可见明显的收分和侧脚。柱子平面呈正方形，角部内收并雕成外凸式弧形，形成一条明显的边棱，既美观又实用。

从屋顶来看，屋顶举折平缓，脊槫举高与前后撩檐槫间距离之比大约为 1∶3，屋顶辅以仰合板瓦。板瓦长 0.3 米，厚 0.018 米，檐头用花头板瓦与重唇板瓦，花头板瓦的饰花有童子戏莲等内容，花头的外檐为七瓣锯齿形。重唇板瓦的瓦唇上有六条饰纹，一道为波浪形弧线，其余三道为普通的弧线，唇的外缘呈波浪形。屋脊仅设灰陶质地正脊，中部三块脊筒捏制牡丹纹饰，余皆素面，不设垂脊。

从梁架结构看，姬氏民居的建筑构架为抬梁式，两院结构为四椽栿前压乳栿，前后通檐用三柱。选材用料上极不讲究，很多材料只有粗加工的痕迹。建筑工匠们利用了原材料弯曲不规则的特点，巧妙地将材料的弯曲部分用在了各个受力点上，从而增加了梁栿的支撑力，用稳重感弱化了弯曲感，有着化腐朽为神奇的特殊功效，让人赞叹不已。梁架的形式是在四椽栿上设蜀柱平梁，从蜀柱的腰部向两侧各伸出一劄牵，劄牵下有竖柱支撑，上置下平槫。平梁上用侏儒柱，侏儒柱上置大斗与丁华抹颏栱，丁华抹颏栱与大叉手共同托起脊槫，保证了建筑构件的连接与稳固。

颇具特色的是姬氏民居前柱头运用了斗栱。斗栱总高 0.5 米，四铺作，计心造，华栱出跳选用足材。华栱、令栱都是异形栱，华栱栱头为三角形，令栱栱头为菱形，泥道栱上托两层柱头枋，泥道慢栱隐刻在第一层的柱头枋上，耍头作成麻叶形，华栱的尾部作成蚂蚱头，直接压在乳栿之下。柱头枋间以散斗承托，两柱间正中散斗下有异形隐刻图案，明间形似蝙蝠，次间为两个相交的菱形图案。

从装饰上看，姬氏民居的门窗也颇具特色，除了和普通民居一样在檐柱与内柱之间的柱顶上装有一层类似平闇的顶板，在门洞和窗户的设计独具匠心。房门为实木拼接门，背面用五道穿幅，正面相应地有五路铁质的门钉，每路六枚。门枢为砂岩石质，正面浮雕富贵牡丹图案，两边各装有青石门墩一个。门槛、门颊、门额都是木质，门颊、门额的外围饰有边框，与门颊、门额呈"T"字形组合。直角处装饰有 45 度斜面花边，花边以双层叠加的五齿弧形花瓣木条为底，上饰 45 度镂雕缠枝牡丹图案。门额正中装有四个方形门簪，窗框的装饰与门框风格一致，只是将镂雕花卉改成结实的竹节形木条，装饰效果稍显差异。

这座建于元初的民居，是我们目前能见到民居的最早实物例证，堪称民居建筑之鼻祖，历经 700 余年依然完好，弥足珍贵。

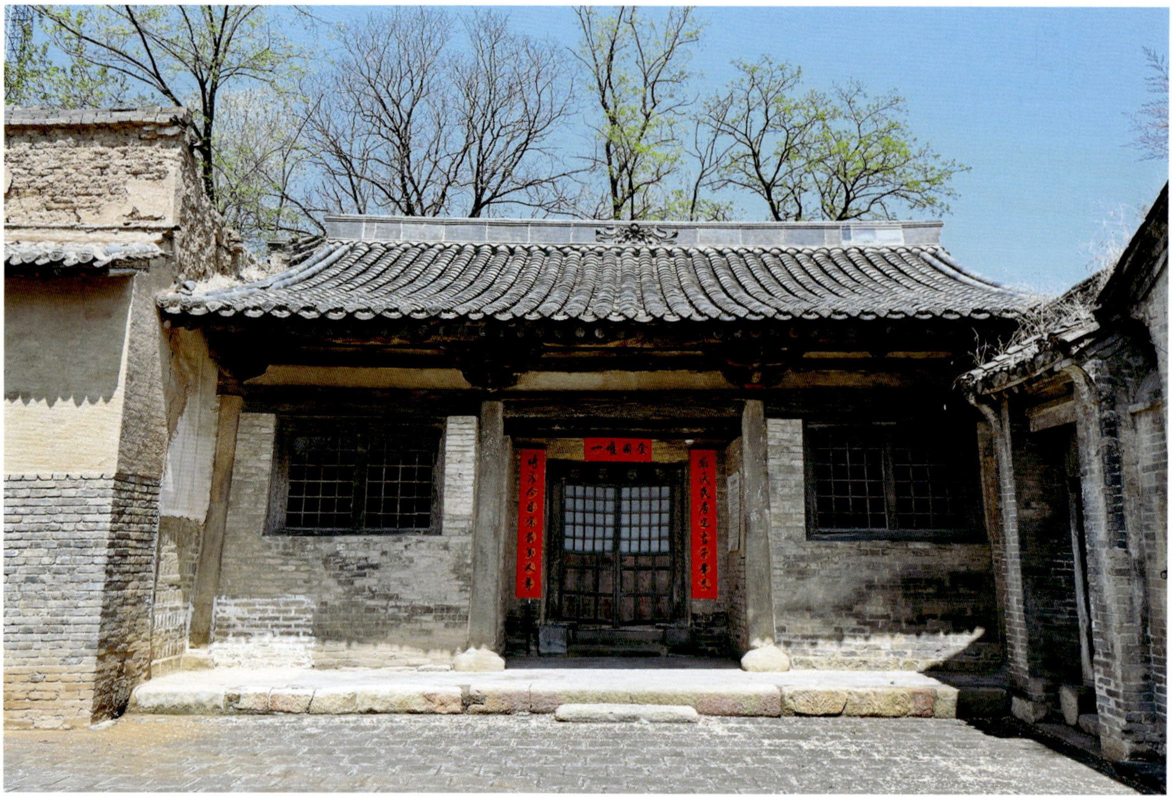

02 姬氏民居正立面

03 姬氏民居脊块

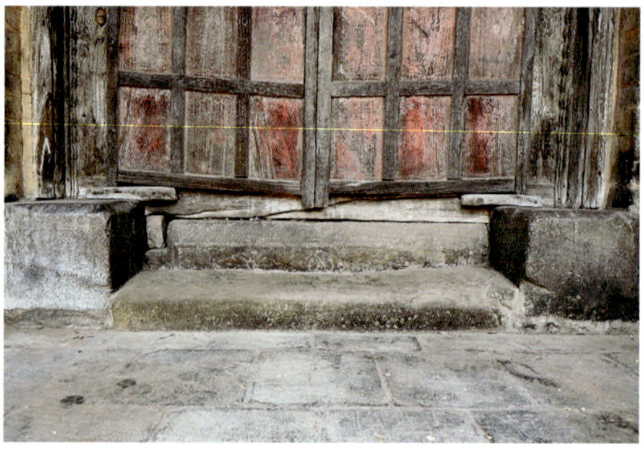

04 姬氏民居门枕石

05 姬氏民居柱头斗栱

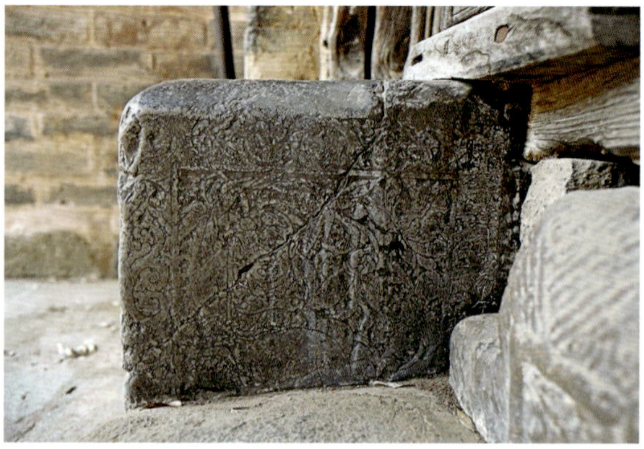

06 姬氏民居元至元三十一年砧石题记

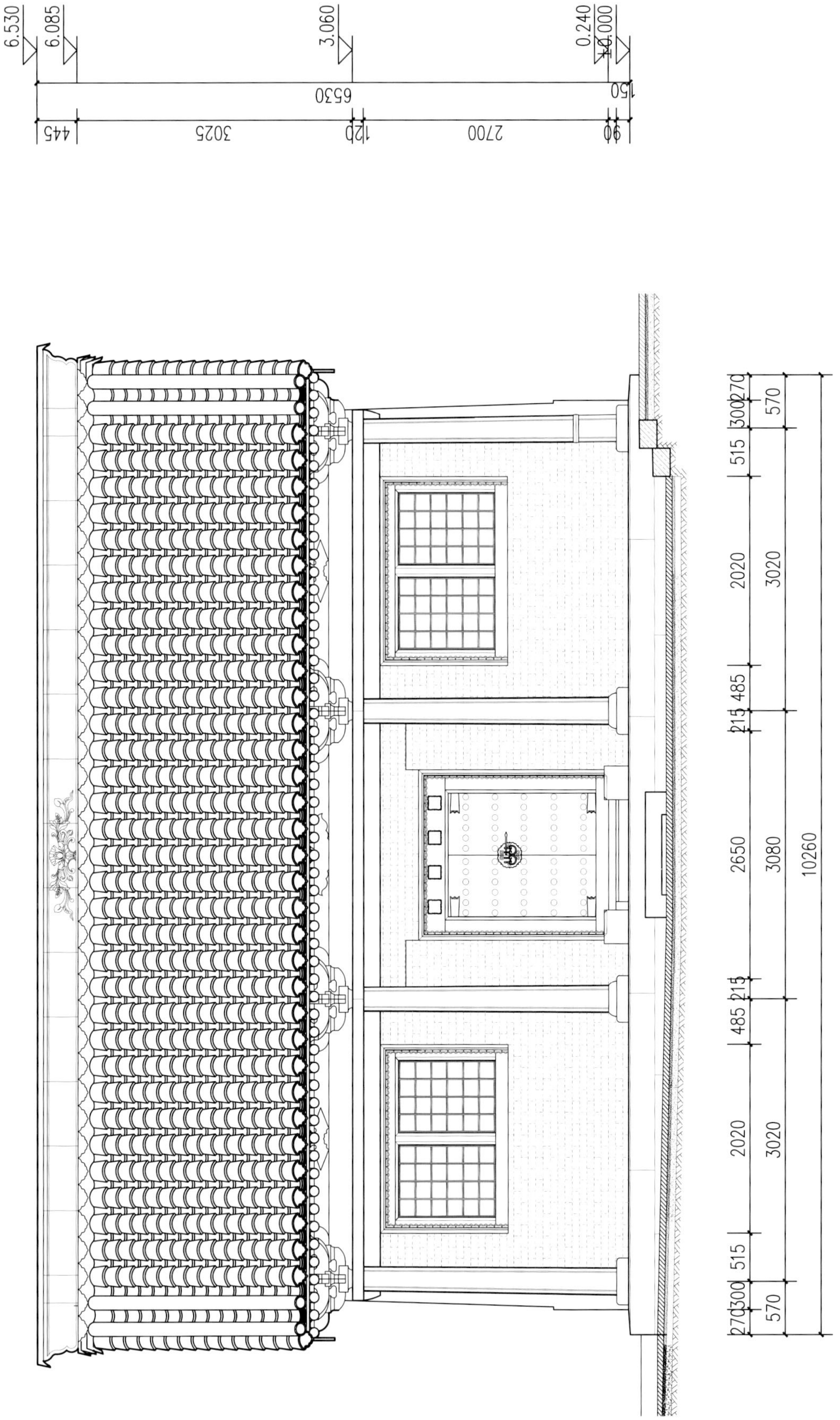

07 姬氏民居正立面图资料

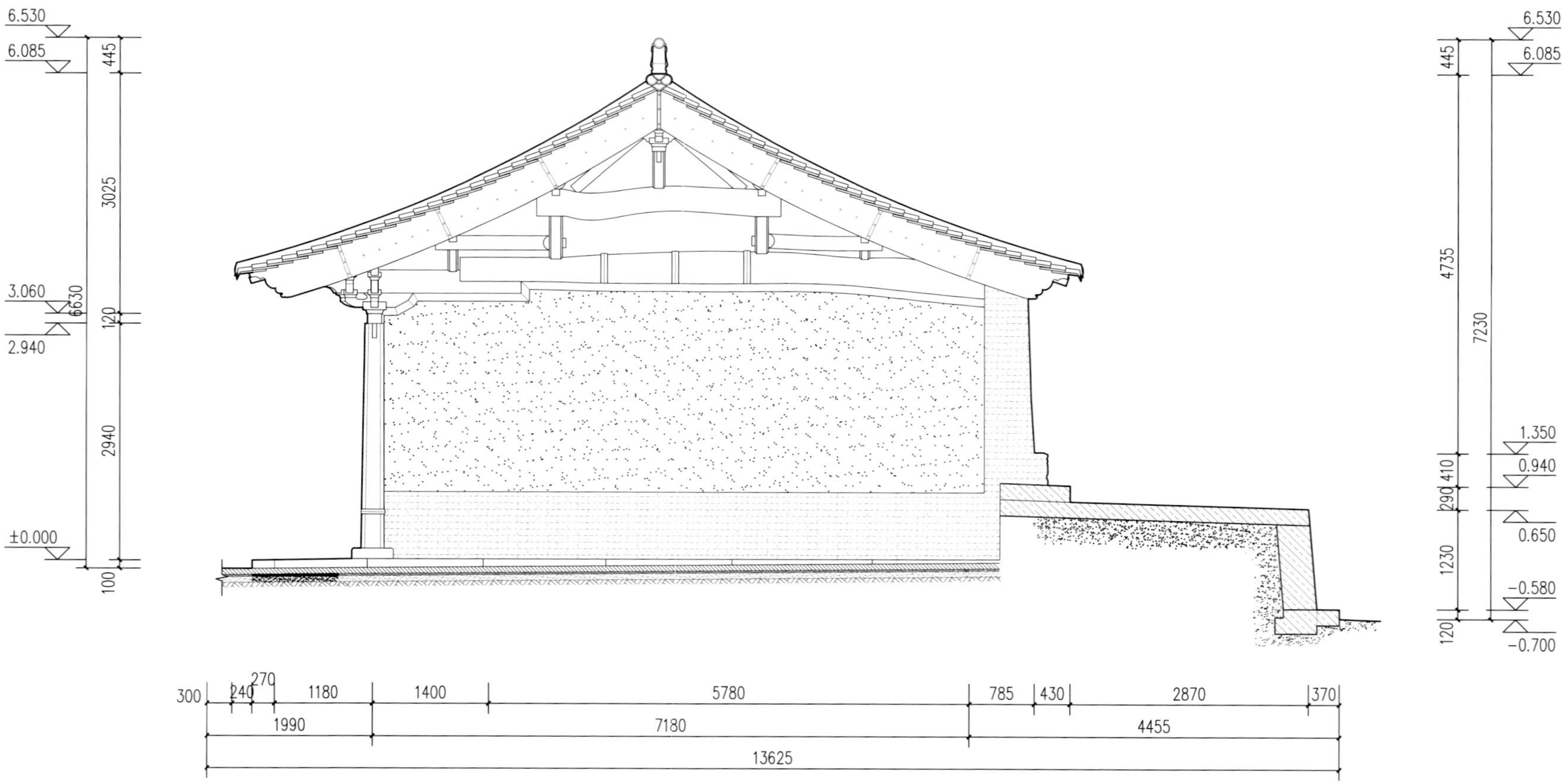

08　姬氏民居侧立面图资料

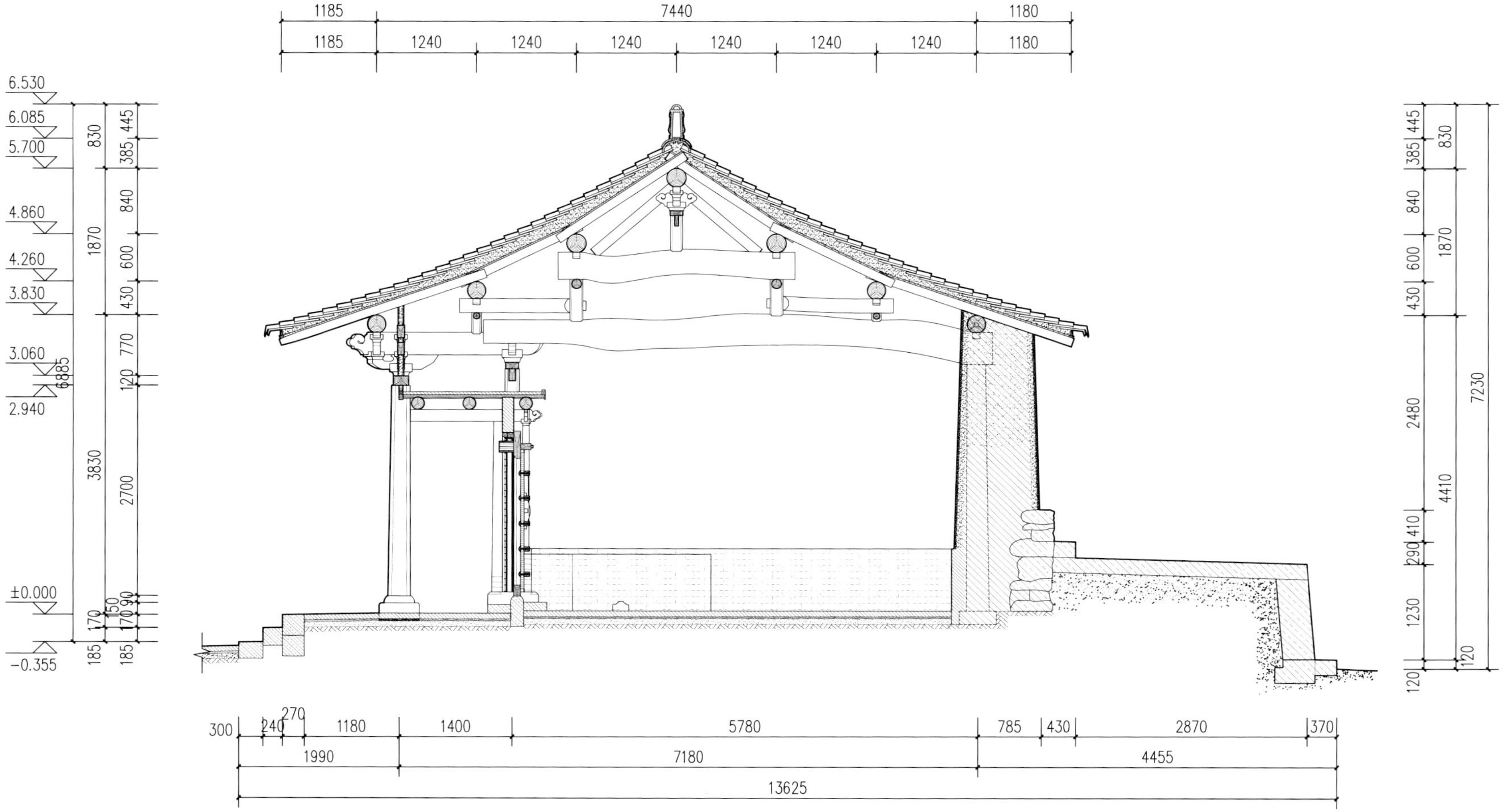

09 姬氏民居剖面图资料

三、价值特色

从建筑类型上分析，姬氏民居的最大特征，集中体现在斗栱与梁架做法上。我们目前所见的古民居很少使用斗栱，这不是因为斗栱这种中国古代建筑最具代表性的建筑构件被时代淘汰，而是因为源自明洪武二十六年（1393）的定制，据《明史·舆服志四》记载："庶民庐舍……不过三间五架，不许用斗栱、饰彩色等。"而姬氏正房的做法，就属于明以前建筑秩序的孑遗，斗栱仅四铺作，也就是华栱仅出一跳，显得尤为珍贵。

姬氏正房梁柱做法为六架椽屋前乳栿用三柱，其中金柱与前下平槫并不对位，可以算作"移柱造"。这种做法的最大好处是为室内创造出相对较大的后一进实用空间。它对于研究金元以来晋东南槫、柱缝灵活变通的时代特征，也是遗存民居中最早的一例。而粗犷原材在民居之中的运用，也为元代建筑风格找到了实例。

此外，民居门枕石上线刻着两个孩童，一个"童子骑麟"，一个"持荷童子"，显然是古代吉祥平安与多子多福"婴戏图"的表现形式。这种门砧石所选石材、雕刻技法和泽州县高都东岳庙大殿、泽州县冶底岱庙天齐殿和高平市西李门二仙庙正殿的门砧石都具有高度的相似性，显然是当时非常流行的建筑审美艺术样式。

姬氏民居是中国目前发现的最早的木结构民居建筑，尚属元代民居建筑的孤例。它的发现极大地丰富了中国古代民居建筑的实物模板，连贯了山西民居建筑的时代特征，提高了晋东南普通民居的历史价值。

四、文献撷英

姬氏民居为私人宅院，非坛庙祠堂类建筑有据可考，留传的文献资料很少。县志也不会对一处普通民居有所记载，仅是在民居西侧门砧石上有文字题刻，门外露明的部分饰有线刻的缠枝花卉与如意花边，在左边门砧上竖刻着两行小字，每个字大约 1.5 厘米，共有 23 个字，内容是："大元国至元三十一年岁次甲午□□□姬宅置□石匠天党郡冯□□冯□□"铭文，其明确记载了这座民居的创建时间、房屋主人和工匠的基本信息。

02 崇明寺

崇明寺 / CHONGMING SI

一、遗产概况

崇明寺位于高平市城东南15公里的圣佛山东麓的郭家庄，俗称狼谷寺。寺院坐北朝南，两进院落，现存建筑有山门、钟鼓楼、中佛殿、后殿，以及东西配殿、厢庑等。

据寺内现存北宋淳化二年（991）碑文记载，创建于北宋开宝四年（971），历代屡有修葺。中佛殿，居院内中央，雄健古朴，稳重壮观。中佛殿为宋代早期建筑，但在建筑风格上，许多地方沿袭唐风，是难得的宋代早期建筑实例，尤其是断梁的使用，巧妙地利用了力学受力原理，给人以悬念。崇明寺中佛殿既是宋代历史的见证，更是我国古建筑中的一枝奇葩。后殿创建于明代，沿袭了元代减柱造做法，面阔五间的建筑，屋内仅用两根柱子，选材粗大，颇有元代建筑之风。其余厢房建筑为清代遗物。

2001年5月26日被国务院公布为第五批全国重点文物保护单位。

01 崇明寺航拍远景

02　崇明寺航拍近景

03　崇明寺中佛殿正面

04 崇明寺后殿正立面

05 崇明寺前院东配殿正立面

06 崇明寺前院西配殿及角楼近景

07 崇明寺后院东配殿近景

08 崇明寺后院西配殿正立面

二、建筑特点

(一) 珍贵的宋建唐风

崇明寺内的中佛殿创修于北宋开宝四年，距创建于960年的北宋仅11年，作为宋代初期大木作的标尺，堪称全寺精华，这也是高平市现存最早的古建筑。

中佛殿坐落在寺院中央，为面阔三间、进深六椽的单檐九脊歇山顶建筑。屋面灰布筒板瓦盖顶，黄绿琉璃脊饰。前后檐当心间辟板门，前檐两次间设置直棂窗，为过殿形制。大殿屋架举折平缓，出檐深远，构筑雄浑，形制蔚为壮观，如大鹏展翅，舒展开阔。

09 崇明寺中佛殿背面

10　崇明寺中佛殿鸱吻

11　崇明寺中佛殿鸱吻

12　崇明寺中佛殿鸱吻

13　崇明寺中佛殿脊刹

14　崇明寺山门博风砖

中佛殿虽建于宋初，但在许多地方依旧沿袭唐代建筑的形制和特点。柱头卷杀圆和，不用普拍枋而与栌斗直接相交，阑额不出头，这种结构在唐代建筑中多见，五代以后的则常用普拍枋。柱头斗栱四朵，为双杪双下昂七铺作，一跳偷心，二跳计心，双昂皆为真昂，劈竹造，昂面出锋，昂尾压于殿内六椽栿下。泥道栱单栱承四枋隐刻慢栱，蚂蚱形耍头，令栱上施短替木以承撩檐槫。殿身每间施一朵双杪偷心造五铺作补间斗栱，坐于素额之上，下部无栌斗和直斗，上施一足长材长枋，直接托起耍头与撩檐槫。这种用足材长枋托举撩檐槫的做法，并无别的古建筑实例，堪称国内孤例。补间铺作第二跳出跳极远，以一跳解决了通常两跳才可完成的跨度，结构大胆奇特。

16　崇明寺中佛殿柱头铺作侧立面

17　崇明寺中佛殿柱头铺作与补间铺作

15　崇明寺中佛殿东南角转角铺作

18　崇明寺中佛殿西南角转角铺作

大殿斗栱用材粗大壮硕，铺作层高度几乎达到柱高的一半，比例达到了1∶1.6，远超过后世的1∶2、1∶3。尤其到明清时期，斗栱功能退化为装饰构件后，与柱高的比例甚至有1∶4以上的。这些建筑特点与唐代建筑五台山佛光寺东大殿如出一辙，雄健质朴，久远古老。中佛殿这座宋代杰出的古建作品留存于世，给人们留下了大量实物资料。它见证了中国建筑从唐代雄浑庄重到宋代纤巧秀丽发展的演变过程。

19　崇明寺后殿明间斗栱

20　崇明寺斗栱

（二）神奇的断梁结构

中佛殿内为彻上露明造，梁架为六椽栿通搭用二柱。由一根大梁纵贯前后檐檐柱，室内敞阔无柱，这种无柱结构虽有助于增大室内空间，但对主梁的长度和径粗要求颇高。大殿在建造之时似乎难以找到粗大木材，因此工匠大胆采取了巧妙的断梁结构，即将两根加工成同样长度和口径的短小木材于当心间对接形成六椽栿，并于此断梁的正中缝下，使用一根不太大的顺栿串承托，再将断梁两端置于前后檐柱斗栱后尾，依托草栿把重量分别传导至前后檐柱。此神奇断梁，不但结构奇特且设计合理，支撑大殿千年不倒依然稳健牢固，可谓中国古代建筑史上的奇迹。

21　崇明寺中佛殿梁架

22　崇明寺中佛殿梁架

其实断梁支撑大殿的秘密与斗栱铺作层的设计非常关键。在中国古代建筑中，斗栱是柱头之上托举梁架的承载部件，与梁架有着密切的关系。中佛殿虽是一座面阔三间的小殿，却使用了七铺作斗栱，这本身大大提高了昂尾的荷载能力，致使整个殿顶的压力大部分被分解到檐柱上，从而最大限度地减少了梁的荷载。铺作层多，斗栱的内外伸展就长，斗栱伸展越长，其悬挑托举的距离就越远。同时连接前后檐柱的距离缩短了，梁的作用自然就减小了。中国古建筑抬梁式结构居多，但屋顶对梁架的重力不全都是垂直向下的，有相当一部分是通过叉手、托脚等相关部件，被传导到两头的柱子上了，这就减轻了梁架的直接荷载。而中佛殿所使用的下昂，就像是一个杠杆，它以柱子作为支点，利用前檐的压力托举起昂尾所承担的负荷，以减轻屋面对梁的压力。

“小材大用”的崇明寺中佛殿，体现出宋代早期建筑工匠的高超技艺与独到匠心，是建筑匠师在无意识下的结构理性主义的感性表达。用断梁支撑起的古殿千年不倒，是一座融合了智慧与科学的不朽杰作，更是中国古代建筑史上的奇迹。

23　崇明寺后院东配殿梁架

24　崇明寺前院西配殿梁架

三、价值特色

高平崇明寺中佛殿完全承袭了唐代木构建筑风格与特点，在现存的宋代木构建筑中极为罕见。《营造法式》于北宋崇宁二年（1103）颁布，标志着我国古代建筑技术趋于成熟。建于北宋开宝四年的高平崇明寺中佛殿正是这一时期的代表作品，具有较高的建筑历史价值。

中佛殿的另一特点是利用面阔三间歇山建筑结构的特性，采用两根短梁对接成六椽栿，形成中部断梁构造。体现了古代匠师对建筑力学超高的领悟力，对力学实际应用的娴熟与大胆创新，这在目前我国现存的古代木构建筑中尚属孤例，具有较高的科学价值。

中佛殿沿袭了唐代建筑中的生起与侧角做法，使建筑从屋身到檐口、屋脊均形成了完美、协调的向两翼发展的曲线，台明、檐柱、铺作、屋面四个部分的高度比例关系，形成了我国古代对建筑的审美要求，具有较高的建筑艺术价值。

25　崇明寺后殿柱础

26　崇明寺后殿柱础

27　崇明寺后殿柱础

28　崇明寺后殿柱础

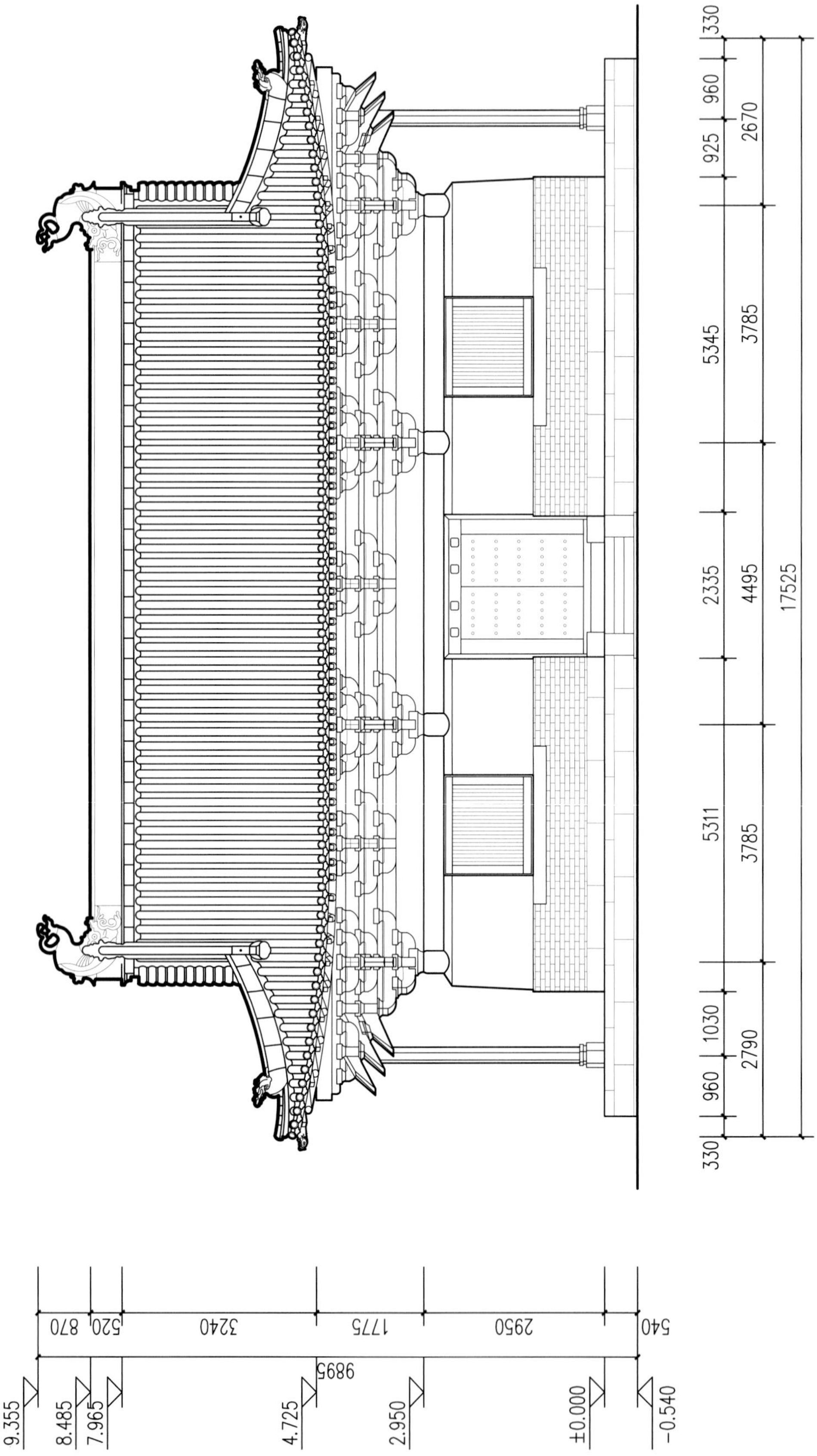

29 崇明寺中佛殿正立面图资料

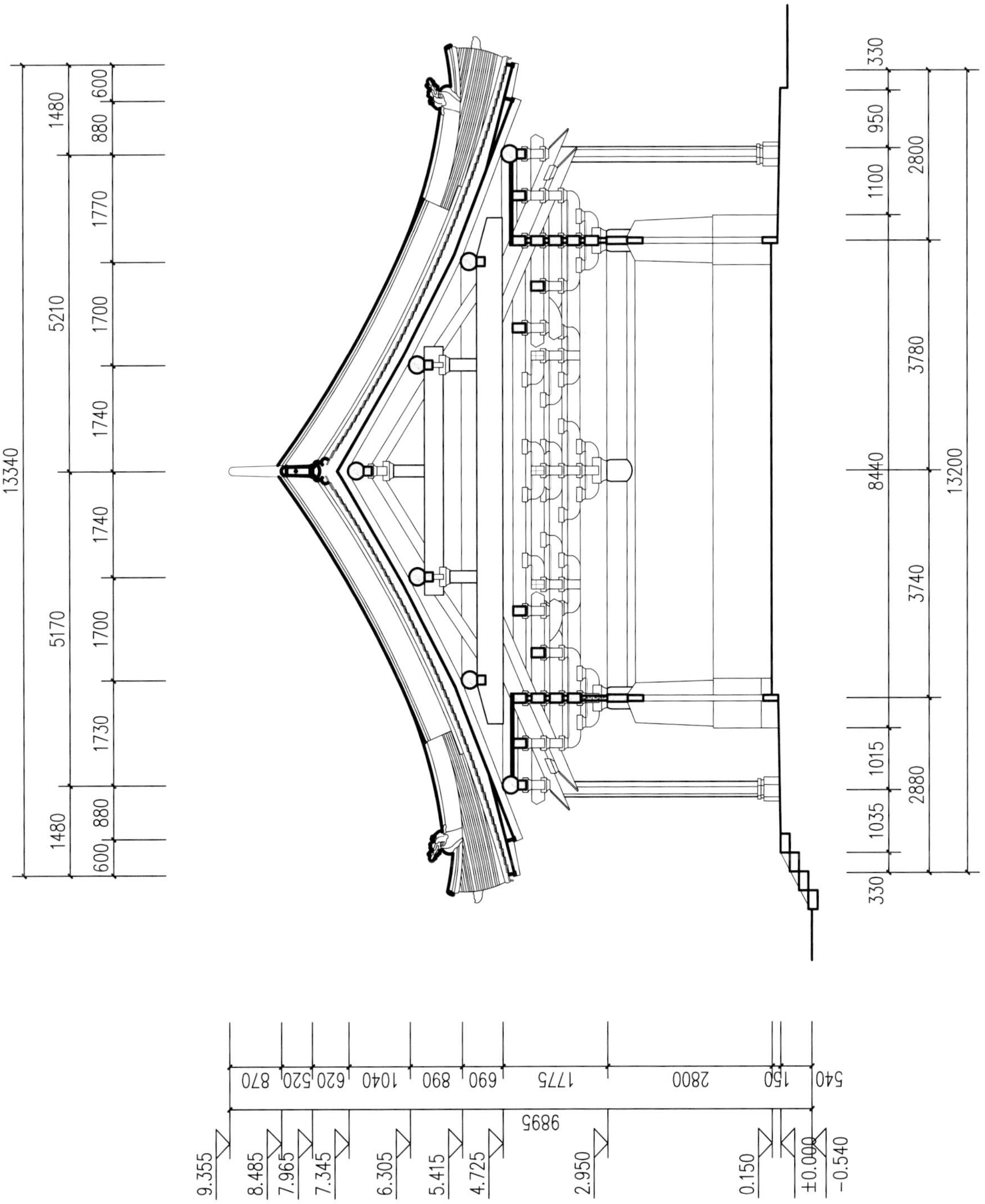

30 崇明寺中佛殿剖面图资料

四、文献撷英

崇明寺中佛殿台基上有一通宋代古碑，勒石于宋太宗淳化二年，碑首有宋体大字“敕建崇明之寺”。据《敕赐崇明之寺》石碑所记，该寺创建于北宋开宝年间（968—976），至宋太宗淳化二年告竣。碑文记载，有禅僧行颙来此“结茅为舍”，“设教住持”。随后有邑头李颙“与禅师宿世有缘，道眼相看，于此吉祥之地，施彼清凉之居”。所以崇明寺是先有行僧结庐修行，后有乡绅集力创建。寺院初建需要官方认可，其中又以皇庭敕名最为风光。当时的宋太宗对上党有着特殊的情结，对这里寺院的修建赐名颇有兴致，于是经“承蒙敕问，具奏因依”，不久“敕寺名之忽降，曰崇明之寺”。当地民众大受鼓舞，于是“三峰取其木植，四海访其明工，刊木雕材密为基，扶持乎月拱星梁”，一番土木兴造后于淳化二年立碑以记盛事。

这块碑是双面刻有文字，碑阴写道“伏以当寺起于开宝之初，有僧行颙挈瓶携锡而届于斯”，碑文也提到邑头李颙携三乡之信众，“乃采梁栋于云峰，建堂庑于金地……塑一殿之真仪，庄严备矣”，“自以与于功绩，颇涉坚勤，岁月历二十年余”。按淳化二年向前推 20 年，正好是文首提到的宋太祖开宝初年。官方通过考究，认定崇明寺中佛殿建于 971 年，因而中佛殿也被称为宋建鼻祖。

此外，清道光六年（1826），《重修圣佛山崇明寺》碑记载：“邑之东南圣佛山崇明寺，考诸旧碑，创建于宋开宝……年湮代远，而座殿及东西两庑不无残缺。于是寺僧为之恻然，募四方积善之士以为营造。计缺者外之，朴者饰之，规由旧制，或更新作，始于嘉庆二十二年正月至二十四年六月告竣。”也可知崇明寺创建于北宋开宝年间，距今已有 1052 年的悠久历史了。主殿也成为我国为数不多的唐宋早期建筑。

31 崇明寺明万历十九年重修正殿前墙题记

03 开化寺

开化寺 / KAIHUA SI

一、遗产概况

开化寺位于高平市陈区镇王村东北约2公里的舍利山上，创建于北齐武平二年(571)，初名清凉寺，北宋熙宁六年(1073)建造了大雄宝殿以后，改名为“开化禅院”，亦称“开化寺”。北宋崇宁年间(1102—1106)、金崇庆元年(1212)、明万历十年(1582)、万历二十八年(1600)、清顺治二年(1645)、康熙三十一年(1692)均有重修和增建。一进二院，中轴线上建有山门(大悲阁)、大雄宝殿、演法堂(新修)，两侧为配殿，寺外方丈院等。现存建筑中大雄宝殿为宋代原构，观音殿为金代遗构，余皆为明清时期建筑。寺外存和尚墓塔4座，历代碑碣16通(方)，宋代壁画88.2平方米。开化寺的大雄宝殿结构朴实，风格宏伟，是我国古建筑的珍品。殿内的宋代壁画，笔法精细，技艺高超，线条流畅，色彩艳丽，人物栩栩如生，具有很高的艺术价值。开化寺四周群山环抱，峰回路转，林木苍翠，景色优美，楼阁高峻，翼角飞虹，与山水泉岗交相辉映，形成了一幅自然与人文相结合的美丽画卷。2001年6月25日被国务院公布为第五批全国重点文物保护单位。

01　开化寺全景

二、建筑特点

开化寺是一处典型的佛教寺院建筑。主体部分现存东西二院。在建筑的组群布局上，以中轴线为主、两侧对称的格式展开。中轴线上为该组群建筑的主体建筑。主体建筑高大壮观，其余的建筑则处于陪衬和从属的地位而显得高低错落。佛教的寺院建筑，到了宋代，在整个建筑的总体布局上出现了新的特点。开化寺是唐宋时期佛教寺院建筑总体布局的一个典型实例。寺前为两层楼阁式山门，山门两侧是钟鼓二楼，进入山门是一个近似正方形的院子，正中是大雄宝殿，两侧是廊房。沿大雄宝殿台基两侧，踏石阶进入后院，后院正面是演法堂，即后殿，东西两旁分列东西配殿，东殿为三大士殿，西殿为地藏殿。后殿两侧为东西朵殿，东为观音阁，即大愚禅师赐紫卓锡处。寺东为禅堂偏院，为僧人生活区，依地形亦分为上下两院。整个建筑规整、对称。

（一）大悲阁

大悲阁，“夫大悲者，观世音之变也”，即以供奉千手千眼观音菩萨为主殿宇，高台下部兼设拱券式山门，位于寺之中轴线最南端。平面呈方形，下设高台，上设二层重檐歇山顶的楼阁式建筑，屋脊施黄绿琉璃吻兽，布灰布筒板瓦屋面，为明清时的遗物。大悲阁两旁有钟鼓二楼相衬托，显得更加雄奇壮观。

02　开化寺大悲阁转角斗栱

03　开化寺大悲阁背立面

（二）大雄宝殿

大雄宝殿，开化寺院中最有价值的建筑，为宋代所建，居寺院中央，把寺院分为前后两个院落，建筑在高 1 米多的砂岩石台基上。殿身面阔、进深各三间，平面正方形，单檐九脊顶，筒板布瓦盖顶，上施琉璃脊饰和吻兽，举折平缓，出檐深远。前檐的檐柱上刻有施主姓名和年月题记，为该殿提供了确凿的记载。殿前檐明间开隔扇门，后面开板门一道，两次间设破子棂窗，殿内可前后穿行。柱头斗栱五铺作，单杪单下昂，昂为劈竹式，重栱计心造。补间斗栱后尾于华栱之上施硕大的楷头，垫在昂尾之下，这种做法开后世华楔之先例。补间铺作，系在主体枋上，影作一斗三升，下作棱形垫托，为上党地区古建的地方做法，转角铺作两侧与柱头铺作相似，转角铺作正侧面柱头铺作相似，转角处正侧面柱头斗栱后尾搭交 45 度，角上加施斜斗栱，斜昂，以承托角梁和仔角梁。

六椽栿梁架，彻上露明造，步入殿内举目可见，四椽栿对后乳栿通檐用三柱。四椽栿上前后各用蜀柱一根，立在合楷之上，以承托平梁，平梁之上立侏儒叉手，与襻间相交承脊槫，整个梁架结构宋

04　开化寺大雄宝殿正面

05　开化寺筵宾舍正立面

07　开化寺大雄宝殿佛像

08　开化寺大雄宝殿金柱斗栱额枋

代特点明显，用材合理规整，做工考究，充分显示了精巧秀丽的建筑风格，明朗简洁，风采无限。

开化寺不但建筑美，壁画更美。在大雄宝殿内，东西北三面墙壁上满绘壁画，面积 88.2 平方米，是我国现存宋代寺观壁画面积最大的一处。殿内梁枋斗栱上的彩绘更是稀有之作，是我国目前保存最为完整的宋代彩绘。所绘古钱纹、海石榴、龙牙蕙草等与宋王朝颁布的建筑专著《营造法式》纹样极为相似，栱眼壁画尤为精美。壁画的主要内容是讲经说法图、佛本生故事、乐舞、供养人等。壁画的作者，名叫郭发，是位名不见经传的民间画匠，但他却有高超的绘制壁画技术，创造了精美绝伦的开化寺壁画，为我国留下了不朽的传世之作。壁画绘成于北宋绍圣三年（1096），距今已有 900 多年的历史。讲经说法图和佛本生故事是该殿壁画的主体。

06　开化寺大雄宝殿转角斗栱

化寺大雄宝殿梁架

10　开化寺大雄宝殿柱头斗栱

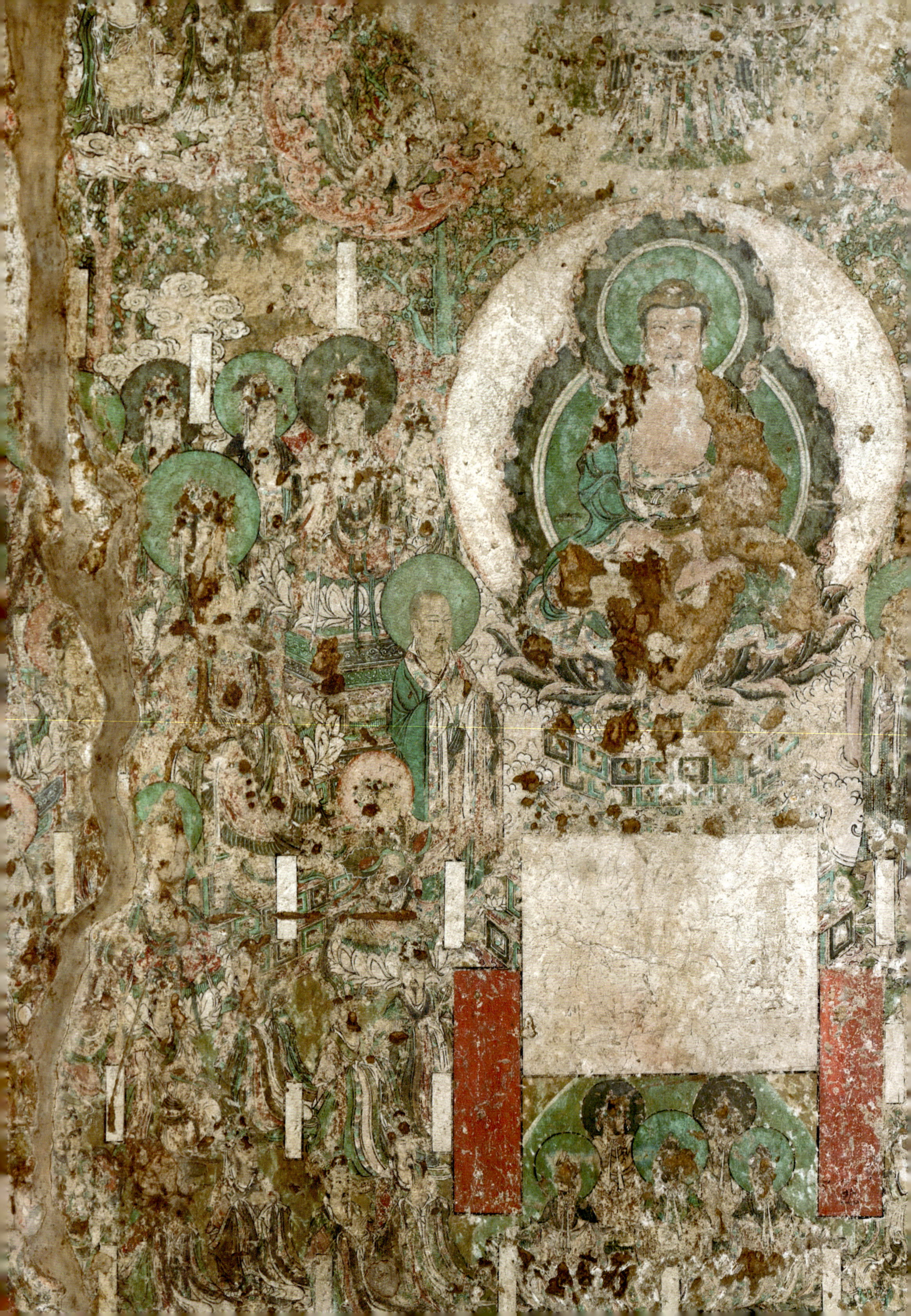

11 开化寺大雄宝殿东山墙壁画

12 开化寺《清凉图》壁画

13　开化寺《清凉图》壁画

（三）观音阁

观音阁，开化寺院内东北角有一座建筑名曰观音阁，大愚住持开化寺，作《心王状奏六贼表》，在审音洞调五音为字母，这儿就是唐昭宗特赐紫卓锡处。五音洞神秘莫测，在寺外舍利山的山腰处，据当地老人们回忆说，五音洞不大，外面用石条垒砌，门楣上刻有“五音洞”三个大字。据《开化寺移修东殿重塑三大士碑记》曰：“邑乘东北隅，山名舍利，中藏古刹，肇始有唐，号曰清凉兰若，入宋更为开化。缘起大愚上人，就山腰穴石室，调五音为字母，名五音洞。更著降魔表文，上之唐昭宗，因赐紫卓锡。是寺之创。”观音阁在观音洞之前，分为上下两层。阁下有泉水涓涓流出，清澈

14 开化寺演法堂正立面

15 开化寺观音阁

17 开化寺文昌阁梁架

18 开化寺维摩净室

甘甜。观音阁面阔三间，进深六椽，前出廊，廊前设置石栏板。屋顶悬山式，筒板布瓦盖顶，琉璃脊饰，巍巍壮观，为金元遗物。檐柱上刻有题记一则。金皇统年间（1141—1149），在高平任县令的王庭直将大愚禅师所作的《心王状奏六贼表》刊刻于石，镶嵌于观音阁的西墙上，保存至今。王庭直并为之写跋，一并刻石。他在跋中说：“以定发慧，以静生觉，天下之成心也，成心之中佛性存焉。观此表真佛子语。”

16　开化寺三大士殿

开化寺观音阁梁架

20　开化寺三大士殿斗栱

（四）大唐舍利山禅师塔

大愚禅师于后唐同光年间逝世。逝世后，弟子们为他建了一座灵塔，名为“大唐舍利山禅师塔”。大愚禅师石塔，位于开化寺东南约500米的山腰处，是一座小型石制的单层塔。建筑平面方形，通高4米，每面阔1.7米，塔身下面施扁平的须弥座。须弥座上置基座，上下两层为仰覆莲瓣，中间雕刻石狮和驯狮者。塔身为青石雕造，南面开方形火焰门，门的两侧雕刻有守门力士各一尊，一力士持剑，一力士持戟。门的上部雕刻有二飞天。塔身东西两面各浮雕侍者一尊。塔身的后壁一层，仰莲两层，仰莲上置宝珠。此石塔与河北云居寺小石塔极为相似。大愚禅师墓塔，雕刻精美，反映了盛唐时期古建筑和雕刻艺术的高超水平，是唐代小石塔的建筑珍品。墓地周围松柏环绕，秀美而幽静，在墓地上还保存有两座元明时期的和尚墓塔。

21　开化寺舍利山禅师塔正面（南向北）

22　开化寺舍利山禅师塔东面（东向西）

23　开化寺移公和尚塔正面（南向北）

24　开化寺移公和尚塔侧面（西南向东北）

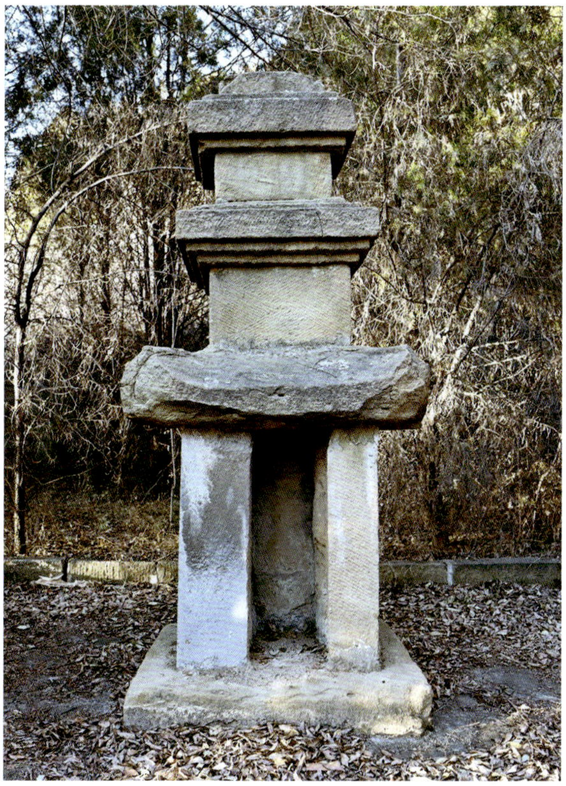

25　开化寺清公和尚塔近景（南向北）

26　开化寺东向西排列第 2 塔正面（北向南）

三、价值特色

大雄宝殿宋代建筑特征显著，用材合理规整，整个建筑充分显示了精巧秀丽的风格，疏朗简洁，风采无限。开化寺大雄宝殿创建于北宋熙宁六年，也就是北宋《营造法式》编修的前后，大雄宝殿无论是在建筑结构，还是在建筑装修、装修色彩方面都反映了宋代建筑的最高成就，而成为我国古建筑艺术宝库中一颗光彩夺目的明珠，具有极高的历史、艺术价值。

殿内梁枋斗栱上的彩绘更是稀有之作，是我国目前保存最为完整的宋代彩绘，所绘古钱纹、海石榴、龙牙蕙草等与北宋朝颁布的建筑专著《营造法式》的纹样极为相似，栱眼壁画尤为精美。

壁画的艺术价值：

1. 存世稀有而罕见。开化寺壁画，是全国保存面积最大，数量最多，表现内容非常丰富，画工极其精妙的宋代寺院壁画。敦煌石窟虽是我国保存壁画最多的地方，面积 4.5 万多平方米，尤以唐代壁画最为精美，但保存的宋代壁画不仅数量少，而且绘画水平也不高。全国其他地方，几乎很难看到宋代壁画。因此，开化寺的宋代壁画，无疑是举世少有的艺术珍品。

2. 文化内涵丰富，是宋代食宿生活的真实写照。开化寺壁画，极其深刻地反映了宋代社会的政治、经济、文化、战争、科技、刑法等各方面的情况，涉及的行业有农业、手工业、商业、建筑、渔业、航运等等，宫廷贵族、官吏、学士、僧侣道人、贼盗恶徒等各类人物皆有表现；生子、娶亲、逃亡、乞火、割肉救母、刺杀双眼等故事描绘得非常生动，是研究宋代社会的大百科全书，比《清明上河图》反映的社会风貌更加全面、广泛、深刻。

3. 高超的艺术水平。开化寺壁画的绘画者是民间画匠郭发。他虽然名不见经传，但绘画技术高超，深通山水、人物、工笔界画，而且结构严谨，笔力遒劲细密，楼台界画和人物并重，人物传神，界线工整，五彩设色，并大量使用沥粉贴金，取得了富丽而朴实的效果。其艺术手法之高，画技之精，完全可以与当时精美的卷轴人物小品相媲美，是十分难得的文化艺术精华。

四、文献撷英

关于开化寺的记载主要有以下几个方面：

（一）创建年代

1. 寺内所藏清康熙三十一年《重修开化寺观音阁记》铭文：“距泫城三十里有舍利山，山上建开化寺，盖后唐武平二年创也。”查后唐无“武平”年号，历史上唯北齐后主高纬于 570—576 年设有“武平”年号（末帝高绍义于 578 年继续沿用），可能由此推定北齐为始创时期。

2. 明万历十四年（1586）《申禁化城土木记》称："此地一盛于唐，龙纪、大顺间建清凉若。"民国五年（1916）《补修开化寺碑文》亦称："泫城东北乡舍利山有开化寺者，为我高十四寺之冠。相传创自有唐，诚古刹也。"据此说法开化寺始建于晚唐昭宗时期。

3. 第三种说法是始建于五代后唐庄宗同光年间，此说有后唐同光年间所建大愚祖师墓塔为证，且清康熙三十一年《开化寺补修中殿记》亦称："寺为大愚禅师卓锡地而肇造于后唐庄宗时。"

（二）祖师灵迹

大愚圆寂后归葬舍利山，其墓塔的塔铭由高平县令、将仕郎、前太子校书王希朋撰写，题为《大唐舍利山禅师塔铭记并序》，落款署有门人灵鉴、院主觉丕以及觉明、觉元、觉海等数十位弟子法名，全文如下：

禅师俗姓刘，法号大愚，本潞城县人也。自丱岁归空，依年受戒，始讲律于东洛，复化道于西周。惠解无伦，敏聪罕类。五言八韵，人间之哲匠词踈；返鹊回鸾，海内之明公笔浅。加以轻清重浊，上惑去疑，达五音之玄门，明四声之妙趣。凡关智艺，世莫能加。著述书篇，流传不少。固得皇都道侣，钦凑如麻；赤县衣冠，敬瞻若市。

后因父母倾殁，葬事将终，身披麻纸之衣，志隐岩溪之畔。遂于峡山石洞中，发愿转《大藏经》及念诸经陀罗尼五十余部，各十万八千遍。又刺血写诸经，共三十卷。并造陀罗尼幢，以报劬劳之德也。其后则不拘小节，了悟大乘。道符佛□，德符禅性。洞晓色空之义，圆明行识之门。

而又因上党重围之后，于高平游历之间，厌处城隍，思居林麓。众仰道德，咸切邀迎。时有僧及俗士王希朋，与县镇官寮、住下□□，共请于舍利山院。果蒙俞允，栖泊禅庐，才不二年，俄构堂宇。问道毳客，雾集云臻；忝学缁徒，摩肩接踵。其郁名扬华夏，声振王侯。须见皈依，遽闻迎命。

于天祐十八年四月八日，蒙府主令公李、郡君夫人杨氏专差星使，请至府庭，留在普通院中。贵得一城瞻敬，莫不冬夏来往。禅伯满堂，无非悟道之人，悉是慕檀之士。师乃坚持绝粒，供养专勤。

奈何去同光元年九月廿三日，化缘□终，视□迁灭，坐□浮世，体不坏伤，精一之行转明，凡百之情益□。春秋七十四，僧腊五十五。莫不上感侯伯，下及官僚。阖城之道俗悲攀，拥之僧尼泣送。旋归山院，益动门人。小僧觉丕等，痛法乳之悲，无阶可报，念师资之道，有失依投，睹尊亲于法堂。

二年，俨若起灵塔于翠巘，不日将成，安厝有期，聊申序述。呜呼，以禅师性格行孤持，意识玄明，平生利济之心，曩日慈悲之便，徵诸往事，万一难陈。含毫强名，辄为记矣。

（三）宋建大殿

北宋时期寺院正式改称“开化寺”，得到更大的发展。明代万历《申禁化城土木记》载：“（寺）再盛于宋，元祐、绍圣中改开化禅林。时则有称腴田万亩者，有称古桧青葱者，耆山鹄苑，表灼支提，要自大愚，栖真□□。”清代顺治年间《开化寺移修东殿重塑三大士碑记》亦载：“入宋更为‘开化’。”实际上天圣八年（1030）《田土铭记》碑上已经出现“开化寺”之名，早于明碑所称的元祐、绍圣。

寺所在的舍利山风光秀丽，环境优美。大观四年（1110）由进士雍黄中撰写、崔静集王羲之书法而成《泽州舍利山开化寺修功德记》描绘道：“其山于高平延谷东北回环三十里余，岩岫翠微，峰峦层聚，崛然而起，衮然而下，或斗或倚，若骤若止，左抱右掩，属峄盘绕。汍泉激扬齐汩而性靡常，图之莫得；磐石蹲踞偃仰而奇且怪，状之勿能。古桧箐葱，珍禽以之扆止；灵井渊净，神龙以之隐藏。其他灌木畅茂，莽草蔓延，冬积雪而煦妪，夏流金而清凉。秋风寥寥兮，籁乎绿竹；春日迟迟兮，笑乎异花。时寺建于其间者，不其美与？”

其山林风貌一直延续至今，历代多有赞誉，如元代至顺《皇元重修特赐舍利山开化禅院碑并序》云：“此寺之峰，邈高平里近三十，乃县之艮隅也。山势连绵，以接本止，舍利之峰，麓势巉岩，危峤巇崄，可绘图焉。以王维云：‘主位唯宜高耸，客山须是奔趋，回抱处僧舍可安’，诚有以也。斯之胜地，实沙门游履净境，是大愚之禅也。”清代顺治《重修西殿碑记》称：“泫邑东舍利一山，开化寺建于其中，规模宏壮，宫殿九重，瑞气祥云，烟雾腾闪，朝晖夕阴，金紫交映，况奇峰拱对，嶐嶐巍巍，松柏苍蔼，郁郁菁菁，龙听经，虎拜佛，气象万状，讵非洋洋乎胜景也欤？”民国时期《两社公议让地留葬小引》亦称：“开化寺庙宇巍峨，佛像尊严，土地□饶，松柏葱翠，诚得舍利山之灵秀”。

（四）壁画

大殿内壁绘满壁画，佛像、人物、建筑、山水、花木刻画精细，笔法娴熟，堪称北宋壁画艺术的罕见杰作。大观四年雍黄中《泽州舍利山开化寺修功德记》碑称：“予尝眷爱斯景而屡往游焉，故僧清宝与予交久而益敬，姑以元祐壬申正月初吉，绘修佛殿功德，迄于绍圣丙子重九，灿然功已。又以崇宁元年夏六月五日，直以兹事询予为记。……愚修此佛殿功德，其东序曰华严，扆壁曰尚生；其西序曰报恩，□壁曰观音，功费数千缗。”文后附有一些捐施官员姓名以及主库僧清谏、供养主僧清道、主持沙门僧清宝法名。碑文证明于元祐七年（1092）正月至绍圣三年（1096）九月，在住持僧清宝等人的主持下，为大殿绘饰壁画。大殿当心间后檐柱内侧亦有墨笔题记，目前仅能辨别出“匠郭”二字，而潘絜兹、丁明夷二先生《开化寺宋代壁画》一文中记载了较早时抄录的两段原文：“丙子六月十五日粉此西壁，画匠郭发记。”“丙子年十月十五日下手揞穀立，至十一月初六日描讫，待来年春上采，画匠郭发记并照壁。”此处“丙子”即绍圣三年，与碑文时间吻合。

04 游仙寺

游仙寺 / YOUXIAN SI

一、遗产概况

游仙寺位于高平市河西镇宰李村西游仙山麓，寺因山而得名，原名慈教院。山势优美，林木葱郁，寺居山坳，清静幽雅。寺院始建于唐大历年间，而后被毁，直到宋淳化年间又在原址上新建寺院，可从历代的维修碑中找到记载。

寺院整体布局对称，现存三进院落，山门建成两层楼宇，为清代样式，名“春秋楼”。第一进主殿毗卢殿，俗称前殿，为北宋原构，也是寺中历史最久、价值最高的古建。二进为中殿三佛殿，梁架结构和铺作层具有金代特征，虽明清补修，依然有金元风格，其左后各有配殿三间。三进是后殿七佛殿，明代建筑，亦有东西配殿五间。

寺内原有古钟一口，晨钟悠扬，晓闻十里，人称游仙晓钟，为高平八景之一。游仙寺被载入《中国名胜辞典》，2001 年 6 月 25 日被国务院公布为第五批全国重点文物保护单位。

01 游仙寺航拍远景

02　游仙寺山门垂脊

03　游仙寺山门正脊鸱吻

二、建筑特点

游仙寺依山而建，结构紧凑，布局合理，殿内保留的三重大殿展示了不同朝代的建筑特征。

（一）宋建毗卢殿

毗卢殿创建于北宋淳化元年（990），面阔三间，进深六架椽，宽深均为10.44米，平面接近正方形。前檐当心间置隔扇门，两次间设坎墙，装四抹隔扇窗，窗额上装障日板，后檐当心间也为隔扇。殿宇单檐歇山顶，筒板布瓦盖顶，屋脊上饰有麒麟、龙、花卉的砖雕，整个建筑举折平缓，出檐深远，古朴秀丽，很有宋代建筑风范。

从梁架结构上看，彻上露明造，殿内用四椽栿后压乳栿用三柱，乳栿压在四椽栿下方与殿内柱相交，内柱上端用斗栱托举乳栿。四椽栿选材简洁，用自然木材略加工制成，四椽栿上方设驼峰托举平梁，平梁上施蜀柱，连结叉手上撑脊榑。2005年对毗卢殿落架大修时，在一处梁栿和楷头相接处发现了元泰定元年（1324）的题记，可见毗卢殿的梁架有后世修缮时更换的情况。虽然原木剥皮直接使用，丁栿弯曲，四椽栿压乳栿，不是宋代早期的做法，但驼峰等构建依旧还是原来的

04　游仙寺毗卢殿正面

样式。

从铺作层看，檐柱有侧角和生起，柱上用普拍枋施阑额，这是宋代建筑中最早使用普拍枋的实例。与最早使用普拍枋的建筑五代大云院正殿不同，游仙寺的普拍枋和阑额均不出头，这更接近现存唐代建筑的特征。檐下斗栱五铺作，柱头为双杪偷心造，补间为单杪单下昂偷心造，耍头亦作昂形，耍头与下昂几乎完全相同，均为劈竹式。这种耍头用长昂型形制在山西宋代建筑比较多见，比如晋祠圣母殿铺作层的运用，但都晚于毗卢殿，可见此处应是北宋建筑形制之先例，是现有古建中长昂耍头之肇始。

毗卢殿与唐五代之前建筑相比，用材已大为减小，铺作层和柱高比例也趋于缩小。屋宇出檐也没早期建筑那么深远，变得更加隽美秀丽。它告别了早期建筑恢宏大气之神韵，开启了宋代建筑纤巧华美之风尚。在建筑构件上的装饰性开始增多，对令栱的看面斫斜，栌斗的欹部顱面逐渐加深。在斗底复刻出皿板，昂面突起锋棱，昂嘴斫尖，与南禅寺佛光寺等建筑已大有不同。昂下增加了单卷瓣爵头形圆和的华头子，耍头做成与昂同样的形状，是宋代建筑中最早的实例，同时沿袭了晋东南五代遗存建筑的做法，也成为宋代以后建筑最常见手法。

05 游仙寺毗卢殿次间斗栱

06 游仙寺毗卢殿梁架

07 游仙寺毗卢殿斗栱

08 游仙寺脊部木构件

09 游仙寺毗卢殿龙雕博风

10 游仙寺毗卢殿戗脊脊饰

（二）金代三佛殿

游仙寺中殿为三佛殿，平面布局为金代特征。殿内梁架规整，结构牢实，梁架结构为四椽栿对乳栿用三柱，平梁上用蜀柱、合楷及叉手，保留了金代风格。三佛殿为悬山式屋顶，前檐插廊，前檐下铺作层为单杪单昂五铺作，单栱计心造；下折式假昂，琴面昂样式，耍头为蚂蚱头样式。三佛殿是金代木构建筑中的佳作，为研究我国宋金时期的古建筑提供了重要实例。

11　游仙寺三佛殿正面

12　游仙寺三佛殿斗栱

13　游仙寺三佛殿斗栱

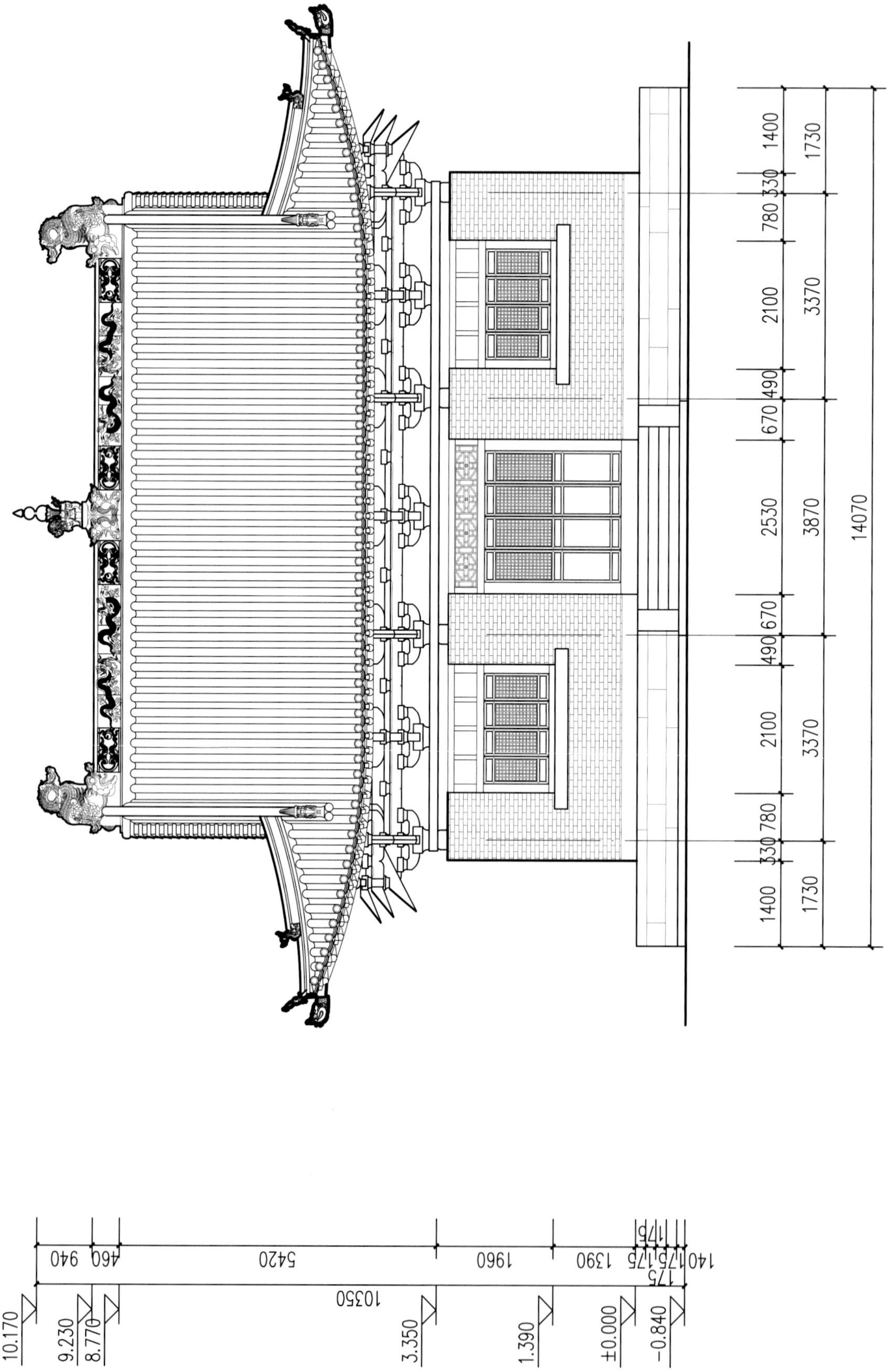

14 游仙寺毗卢殿正立面图资料

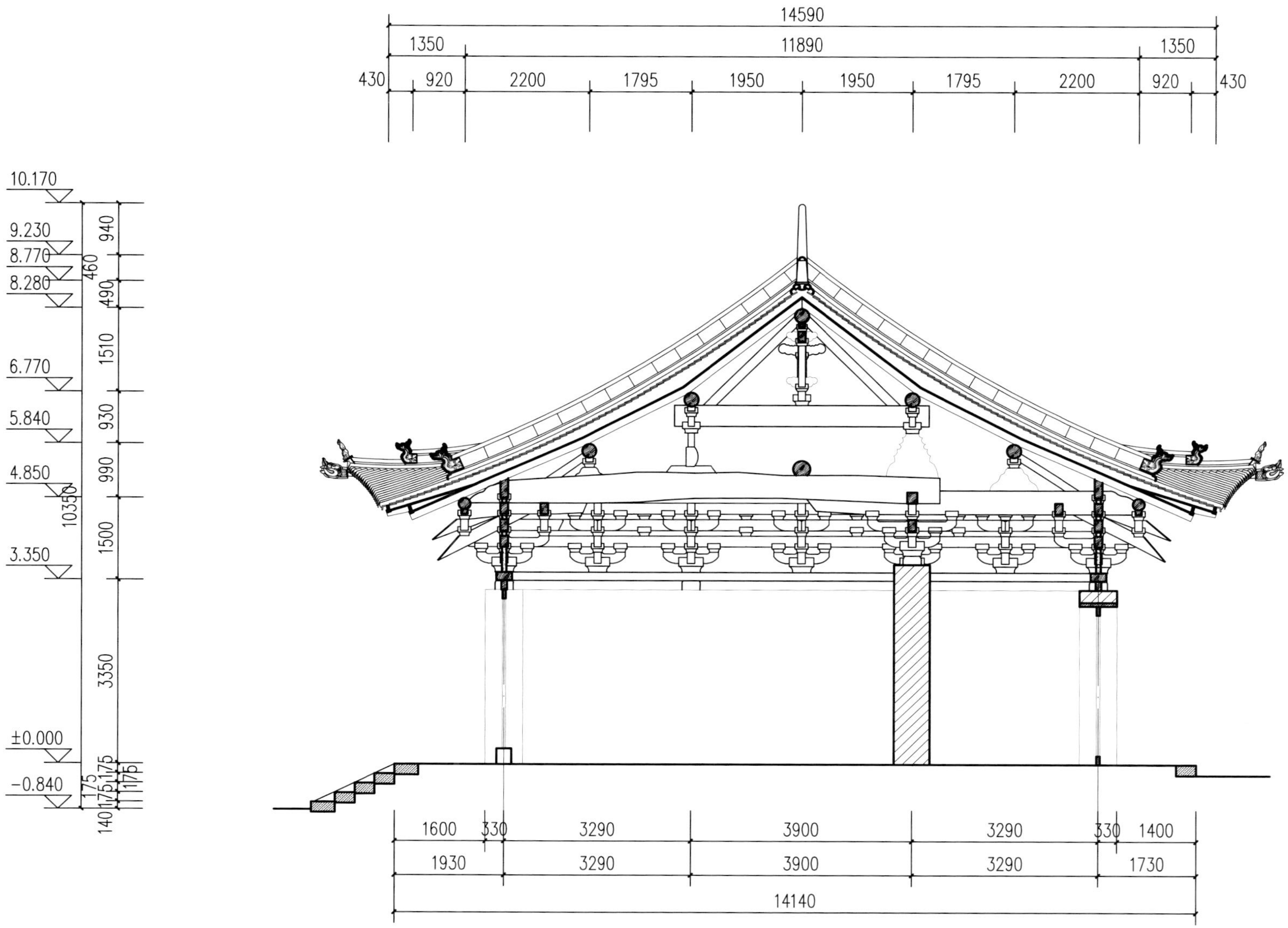

15　游仙寺毗卢殿剖面图资料

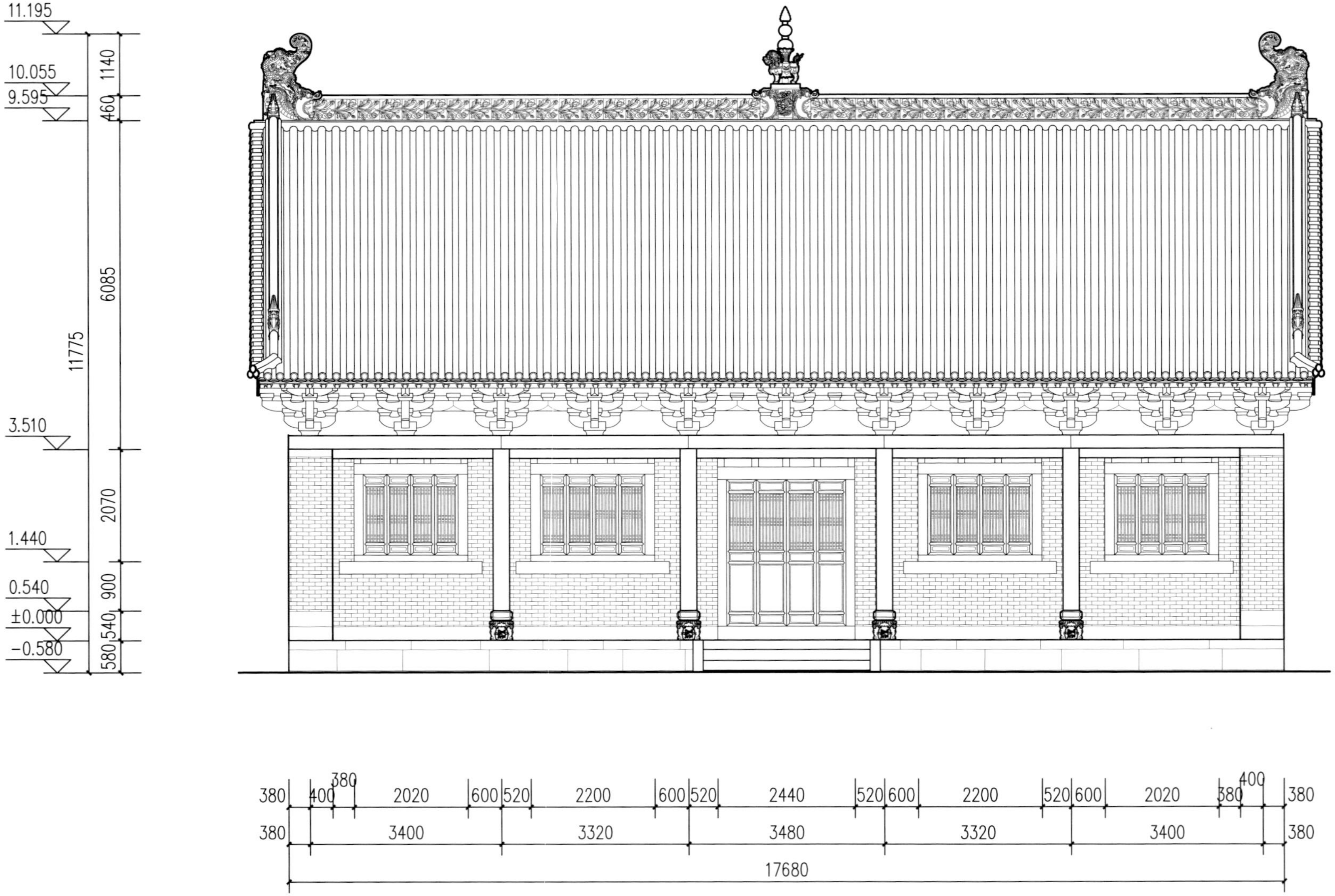

16　游仙寺三佛殿正立面图资料

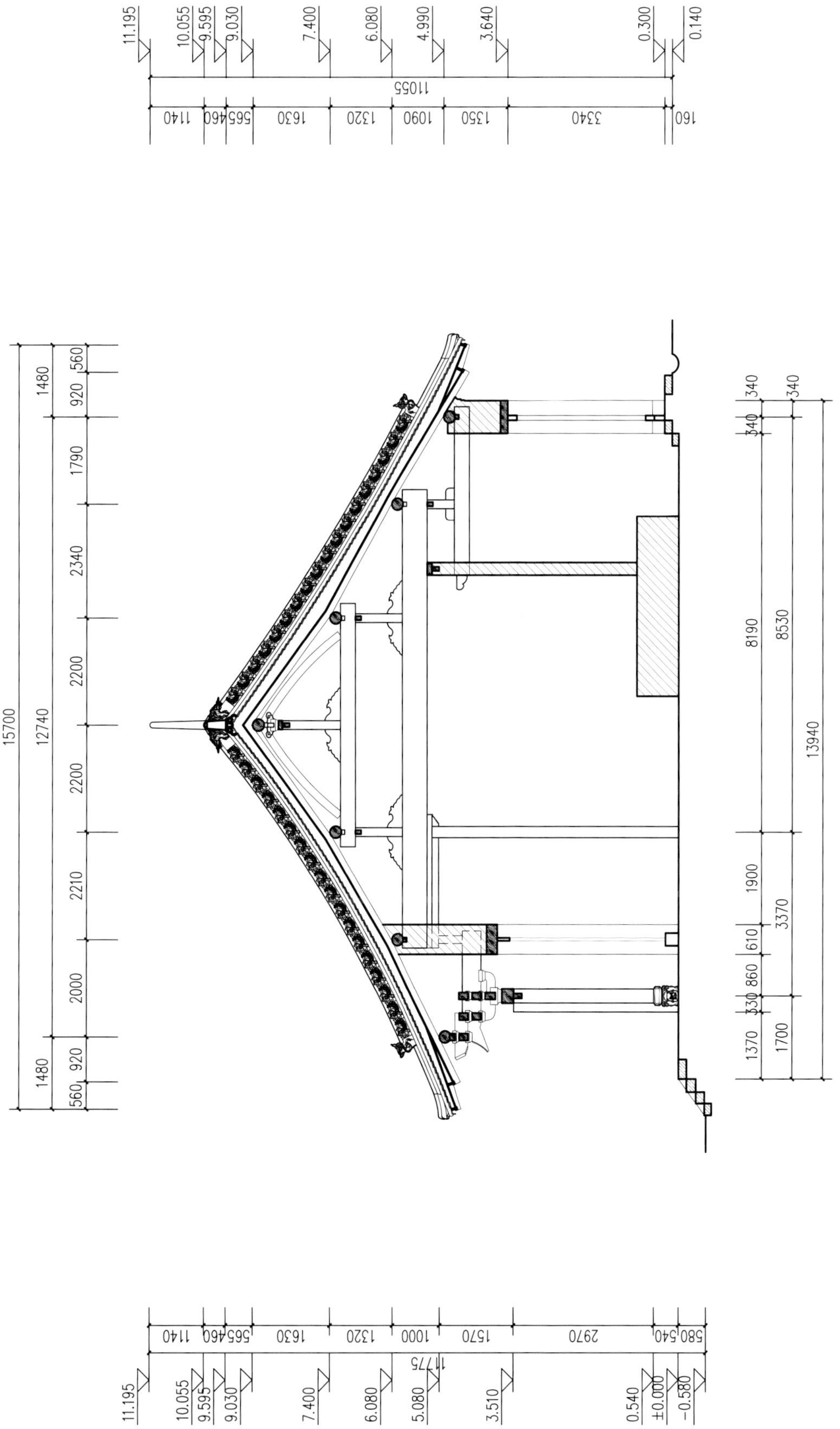

17 游仙寺三佛殿剖面图资料

（三）拱券七佛殿

过三佛殿后门拾级而上，正中为后殿七佛殿。后殿由一排建在佛台上的七个拱券式窑洞组成，这种民居建筑和供奉佛像的佛龛的建筑组合，在晋东南地区还是比较少见。殿内佛龛下的佛台连接一体，贯通东西，在佛台束腰处雕有石柱、兽头，造型生动，活灵活现。在殿外的石柱柱础上有很多精美石刻，内容刻有阴阳八卦，还有道教八仙过海题材的精美石刻。

后殿屋顶为硬山式，这在建筑等级中是最低的形式。一般建筑的正殿大多为歇山顶、悬山顶，但由于建筑采用了特殊的拱券式，所以屋顶随之改变。

18 游仙寺七佛殿正面

19　游仙寺七佛殿脊刹

20　游仙寺七佛殿内景

21　游仙寺七佛殿梁架

22　游仙寺七佛殿柱头斗栱

23　游仙寺七佛殿柱础

24 游仙寺兑明院大门

25 游仙寺东厢房正面

26 游仙寺二进院东配殿

27 游仙寺二进院西配殿

28 游仙寺三进院东配殿

29 游仙寺三进院西配殿

三、价值特色

游仙寺环境清幽，景色优美，建筑布局完整，结构分明。寺内保留的古建筑代系完整，风格迥异，依次呈现出了宋、金、明、清各个时期的建筑杰作，为我们展示了一部恢宏的建筑史诗。

毗卢殿，建于北宋淳化年间，其形制在山西宋代建筑中出现最早，是宋代木构建筑中的优秀作品，为研究山西宋金时期地方建筑技术和手法的重要实例。从它的选材和构架可以看到唐五代建筑稳重雄浑之风，到宋代建筑纤巧瑰丽的风格转变。

三佛殿寺为金代建筑，殿内的平梁上用蜀柱、合楷及叉手，保留了金代独特的民族审美和结构风格。虽柱础等构建后世更换，但依然为我们留下了宋金建筑的实物资料。

除建筑本身的价值之外，其蕴含的文化价值也是值得仔细品味的。游仙寺碑刻丰富，除了对寺院的始建、建筑修缮有准确纪年，对晋东南宋元历史的政权更迭也有十分重要的参考意义。

四、文献撷英

“淡影疏星照露台，鲸音初动梵宫开，惊残一枕游仙梦，多少禅僧入定回。”这是一首收录于清顺治《高平县志》中的题诗《游仙晓钟》，可以想见清初游仙寺梵呗钟鸣、僧侣聚集的盛况。

（一）唐始初建

在游仙寺内，现存一通清乾隆十七年（1752）的《重修游仙寺碑记》，碑文记载：“游仙寺建自唐大历年间，规模宏敞，依山临水，高耸逼天，盖岿乎泫氏一巨观也，仰一方重镇也。”立碑者落款“邑庠生后学弟子”许纳揆。“大历”是唐代宗李豫的年号（766—779），说明游仙寺的创建年代距今应该有1200多年了。“庠生”是科举制度中府、州、县学生员的别称。碑上文字反映了许纳揆有感于游仙寺盛名，组织寺院僧人到附近13个村庄施舍，众善男信女“于是捐谷捐银”，并于清乾隆十二年（1747）开始修建，5年后修缮完成的历史。

清道光十七年（1837）游大深撰文的《重游游仙寺记》中也提到游仙寺始建于唐大历年间（766—779）。虽然寺院唐代建筑没有遗存，但这所寺院在唐代就已经僧侣众多、庙宇巍峨了。

（二）宋代复修

记载游仙寺北宋时期发展的碑刻内容相对丰富。毗卢殿外台明西北角立有一块古碑，正面是北宋康定二年（1041）由乡贡进士阎仪正撰文的《游仙院佛殿记》。碑中记述了潞州延唐寺僧继一“偶云游至此，拨土住持，始则结庵块处，茅茨不剪”，又有寺南河西村乡绅张明“精心好善，奉道崇缘，同构成佛殿一所三间”，并塑画佛像。后张明去世，至康定年间其子“强壮第七指挥使”张玠延请乡贡进士阎仪正撰文记述其父助构佛殿之事，以“序厥事之始因，庆先君之美行”，并勒石刊碑于寺内，以彰显其父之功德。

其文曰：

如来灭后二千岁，始流教于东土，协梦于孝明，繇是莲宫梵宇，崇侈庄严，四海九州，归向钦悦。洎后帝里京邑，信甸藩维，峻岳名山，穷岩幽谷，或泉石之可乐，或景趣之可观，悉皆有缁徒禅侣而依处之。是以名蓝宝刹，胜概相望，祇园柰苑，华缘俯属。其如太行之北、长平已南，地名仙井，大河贯其中曰浮云，名山亘其上曰游仙，其山秀拔嵱嵷，岞盘纡。有上党延唐寺受业释继一，偶云游至此，拨土住持，始则结庵块处，茅茨不剪，淡泊随缘，靡惰厥志。已而岁月增逝，苦行弥洁。则有河西檀郍九河张公明，精心好善，奉道崇缘，同构成佛殿一所三间。基趾雄丽，栋宇高宏。法大壮之新规，贲香城之旧境，雕甍鳞屹，克桷山辉。内饰金容，法具真之毫相；外施丹臒，□冠岭之朝霞。炜烨风清，幽闲景邃。从蓬莱方丈，不足比殊圣之幽丽；岱舆圆峤，不足拟人天之高尚。既而崇饰愈周，茄蓝益盛。至康定中，有张公男强壮第七指挥使玠，以其父没，观行，情动于中，序厥事之始因，庆先君之美行。遂命里中豪侠复好事者八九人议以立石，纪乃成绩。然急善成休。聊述子孙之庆。而奉先思孝，颇增风树之悲。颂遗荫之芳猷，伟成家之硕望。

落款为“时康定纪号之二载岁次辛巳五月十有八日记，进士焦丙、焦遂良立石。将仕郎守高平县尉郭智。小师道进。朝散大夫殿中丞知泽州高平县兼兵马都监何知古。”又记：“彭城刘浩刊字，都料王遂”。“都料”即都料匠，是唐宋时期对建筑匠师的称谓，这位名叫“王遂”的北宋匠师因为此碑而留名后世，非常难得。

明正德九年（1514）的《游仙山慈教院记》中提到一块古碑，碑文记载游仙寺始建于北宋淳化元年（990），由僧辉公主持，本地劝农官姬子政备料督造，游仙寺的寺名由朝廷敕赐名额。这段文字内容记述比较详细，而游仙寺毗卢殿从梁架结构到铺作层都具备宋代早期建筑的特征。此通碑成为官方断代游仙寺毗卢殿建于淳化二年（991）的主要依据。

淳化是宋太宗赵光义用过的年号，宋太宗还在淳化年间多次给上党地区的佛寺敕建赐额，现存高平崇明寺、平顺淳化寺都是那个时间创建并赐名的。

（三）元碑李家

《游仙院佛殿记》背面是大朝甲辰（1244）寺院住持善晖书丹的《十方慈教院施地记》。这通碑是北宋古碑的背面在元代时被再利用，磨平后书刻了《十方慈教院施地记》。书丹人是住持僧善晖，所谓书丹就是撰文人蘸朱砂在碑上书写，再由匠人依笔画刻石。碑文详细记述了李氏后人李克绍为看护寺院附近的祖先坟茔，施地六十亩作寺院田产，供佛斋僧用度。在祭祀日僧侣应为李氏先人祈求冥福，并规定寺院不得买卖土地，李氏子孙不得向寺院索要土地等。从碑文可以看出，李氏一族与游仙寺确实存在特殊的关系。

其文曰：

高平古泫氏县也，拥县皆青山。县之南约十里，一峰巉绝。此群山为秀者，游仙山也。迹山之名，有自来矣。金故李文简公六世祖通敏□隐居于此，百岁而仙去，因名其山曰“游仙”。阳崖松柏之间，殿阁参差者，慈教院也。地即文简公六世祖隐居之所，后为慈教院。自始迄今二百余年，凡两遭兵劫，曾不废坏。近年以来，像教益兴，最为一县之名寺也。乡丈李克绍，一日邀郭下诸友斋于寺，且曰：寺西泊村长畛原，肯播之先茔在焉。旧有赡坟地六十余亩，今与舍弟克守，愿施与此寺，永令种佃。每岁祖先忌日，讽咒供养，并借众力护守坟垄，使松楸繁茂，与此山此寺同于不朽，不亦可乎。众皆曰：善。仍以本县给到公据付本寺僧，见者无不叹仰。李肯播状告见□六十岁，□□年老，又弟兄侄男等俱在。他岁时，祖□坟前常阙祭祀，今与弟肯获、侄男演之□商议得，将泊村先祖□□坟□周围旧日赡坟地土熟地□地，共计六十余亩，并地内应有桑子，四至已里，尽数施与游山十方慈教院，永远为常住。每年所得子粒，尽将供佛斋僧周度。仍于祖先父忌日，请僧众讽咒作供养，并与本家一同看□上□。坟茔内及书案山上松柏青□树木□，施与之后，将来子孙不许□得争夺。如子孙欲立新茔于所施地内，任使拣择起建，寺家不得□阻，亦不得将所施土别行买卖与他人。……若不告给□据，诚恐日后本院无以照验。□行给据付本院收执照用。得此文状□□，勘当是实。县衙□度既是本人自愿，将上件地土舍施，永为常住，□□先请到住持本院僧善晖、□监寺僧善纯收管，为主耕种，不致□□破卖。收到子粒系供佛斋僧外，若遇岁时节□及李宅祖先忌日□，以追荐供养，仍与李宅一同看守，坟茔并树木无致于损坏。务要久远相传，不负愿施之意。须至出给者，右出给公据，付游仙山十方慈教院收执，久远照用。准此。

落款为“大朝甲辰年四月住持本院讲主僧善晖书”，另附“日给主典范仪”“首座僧明浩、监寺僧善纯、僧善真”“捕盗官赵、次官元帅宋、重修慈教院功德主长官姬”等僧俗法号、姓氏。

李克绍的祖父李晏（谥文简）、父亲李仲略都在《金史》中有传，尤其李晏更是金代名臣。李家几代人熟读诗书，参与科举，直至金皇统六年（1146）李晏登经义进士第，李晏历仕熙宗、海陵王、世宗、章宗四朝，尤得世宗完颜雍之信任，曾任翰林学士承旨、西京副留守、吏部侍郎、礼部尚书等要职，一生宦游于华北、辽东、关中，并出使高丽、南宋，是大定、明昌时期的士林领袖与经学权威，在儒士中有极高声望。元初人王恽甚至慨叹“大定明昌五十年，一时文物说游仙”

（李晏自号“游仙野人”）。李晏子李仲略在金大定十九年（1179）中进士，后来曾官任泽州刺史（金代的泽州即现晋城市）。这一时期李氏在高平是无可争议的大望族，家族墓地就在现游仙寺西侧，李晏等先人均葬于此，这就有了前文说的李克绍施墓田给游仙寺的故事。

（四）明代重修

明正德九年（1514）《游仙山慈教院记》记载：

厥后乃有沙门法历门徒了城，云游臻彼，视看殿宇崩摧，墙壁颓败，圣像难存，发心创

……众财共成胜事，截次修崇，逮我□□□大宝，继天立极，抚爱黎元，仙台同法苑共华，玉镜与金轮并转，每以解纲为心，结绳在念，□寰中再整，精……天下重明佛日。建至成化十六年，寺僧了净、仪亮等发心刱建七佛殿五间，妆严华丽，凝然壹新。迨臻成化（二十）三年，寺僧仪永、仪和、心应发心码砌院台，规模已就。又迨弘治九年，有寺僧仪祥欲启诚心，启盖水陆殿两……备，天姿高朗，风神超迈。又至正德七年，有寺僧仪琏、心绵等发心创建法堂，椽檩俱新，璨然完备，□带七佛……硅砌周圆，内外一新，前后换然。叹曰：欲垂不朽，勒于坚珉。谒予求记，再辞弗获。洪惟金仙妙教，法播中天，自……汉至我大明，历二千年，凡且乐善之诚实、高明之智者，皆处恭肃敬，归向慈尊，非假威驱势逼而信受者，皆□乎自然之心也。且斯前后起止，废而复□，钵灯相续，代有人焉。辉乘等创之已前，今洽着瑞峰等复之于后，僧□绵等耳之于末，其前兴作魁阐之制，以为今日继述之功，使百十年荆棘之场，作千万载布金之地，将见朝经□梵祝万年之□。暮鼓晨钟，礼三藐之世尊，游览归诚，同成正觉。愚斐不工，姑顺其请之，是为记耳。

碑记由“□□升僧录司右善世讲经律论大宝禅师曩劫空”撰文，下款为“（大）明正德玖年岁在阏逢阉茂律调赤奋蓂生十荚上澣吉旦沙门仪琏、心绵同立”，另列“高平县僧会司致事官了禅、在任官心坚；本寺住持僧了净，门徒义政、义（斌金）、义永、义彬、义广，师孙心应、心平、心朗、心用、心裕、性朝、性明、性真、性添、德骥、性山”，以及本地崇果院、金峰寺、崇明寺、定林寺、吉祥寺、普照寺等其他佛寺的住持、僧人法号，并注明：“河西木匠张轨，男张让；顺德府内丘县石匠梁原、高智刊。”

05 定林寺

定林寺 / DINGLIN SI

一、遗产概况

定林寺位于高平市城东南 5 公里的米山镇北七佛山南麓，原名永德寺，因寺侧有泉名定林，故名定林寺。定林寺始创年代不详，据寺内现存金大定二年（1162）碑载，该寺至迟在后唐长兴年间（930—933）就已存在，又据寺内雷音殿脊刹题记“泰和四年十一月造”，可知金元两代曾兴工重建，明清屡有修葺。现存建筑除雷音殿为元代遗构外，其余大多为明清建筑。2001 年 5 月 26 日被国务院公布为第五批全国重点文物保护单位，是高平市 22 处“全国重点文物保护单位”中面积最大的一处。

01 定林寺航拍远景

二、建筑特点

定林寺坐北朝南，依山而建。南北长约 90 米，东西宽约 87 米，占地面积约 8000 平方米，平面近似方形。中轴线从南至北依次分布有山门（观音阁）、雷音殿、止涓和门津二洞、七佛殿。在主体建筑两侧，还建有配殿、钟鼓楼、廊庑、偏院和亭阁等，是一处集金元明清多元风格于一体的古建筑群。

定林寺三面环山，山上松柏四季常青，绿树、林泉与古寺交相辉映，古朴雅致。寺区周围有锣鼓洞、迎客松、跑马坪、瘟神洞、磨磨石等自然景观。定林寺西南的大粮山，相传赵将廉颇在此驻扎抗御秦军，曾在此山屯粮，演绎了以沙代粮、积米成山的历史故事。

02 定林寺正立面

定林寺山门外西侧有舞楼，舞楼右侧山墙处有一通立于清乾隆二年（1737）四月初一日的《定林寺创建舞楼记》，石碑上记载了舞楼的修建始末。“寺旧无舞楼，浴佛日则砌台唱戏，住持恒厌其烦苦，而力未逮也，适信善居士牛朔、王乘轩等，有五台进香社余音，爰发善念，创建舞楼，齐心同愿，众咸曰可。”由碑文得知舞楼修建于清乾隆元年（1736）九月，耗时 7 个月，于次年四月落成。

山门外偏右有一伞形古油松，相传，这棵松树植于金代大定年间，虽历经近千年，仍枝繁叶茂。树高约 12 米，胸径 64 厘米，枝下高 4.8 米，平均冠幅直径约 13 米。古松虬枝若龙，既有宾迎八方之姿，亦有跃飞苍穹之势。当地人称其为“腾龙金松”，并于 2002 年 7 月，在树下立碑以记。

定林寺山门是一座明代的复合式楼阁建筑，面阔、进深各三间，平面近方形，重檐歇山顶，屋顶为筒板瓦覆盖，脊、兽均为琉璃制品。主体建筑分为上下两层，一层为砖砌结构，内塑四大天王，也称天王殿；二层为木构阁楼，顶部有藻井，藻井垂莲柱造型生动，色彩明快。四周设围廊，阁内供奉观世音菩萨，因此又名观音阁。天王殿门前有抱厦，形成了“明四暗二”的结构，四层高低错落的滴水檐，檐角高挑，造型独特。阁楼东西各有掖门，掖门旁分别是三层高的钟楼和鼓楼，单檐悬山顶，造型简单质朴。三座建筑一字并肩，上下形成了五层屋檐，层次错落分明，显得气势磅礴。

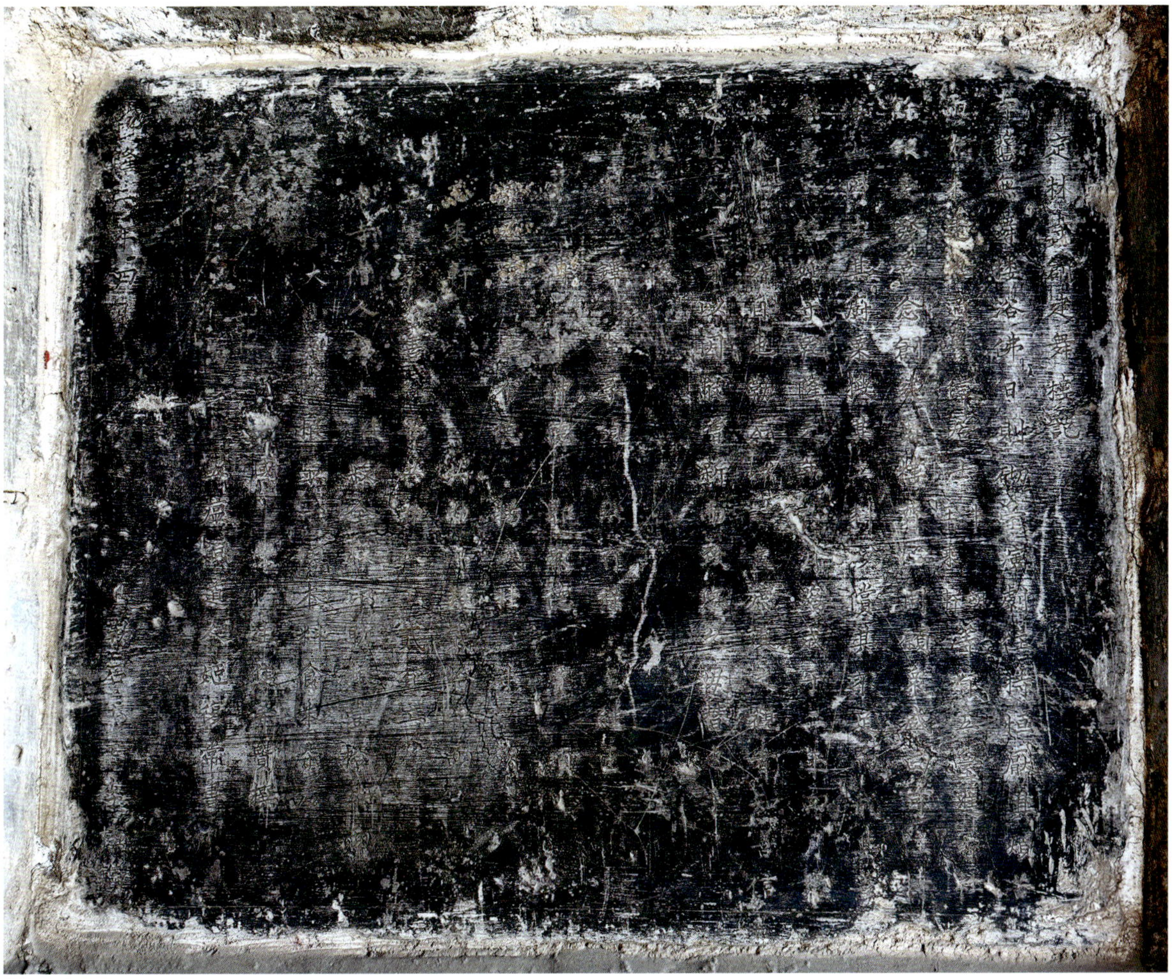

03 清乾隆二年定林寺创建舞楼记

雷音殿面阔三间（10.1 米），进深六椽（10.65 米），建于高 0.81 米的台基之上。单檐歇山顶，平面略呈方形，屋顶为筒板瓦覆盖，上有琉璃脊饰。殿名取“佛音说法，声如雷霆”之意。大殿前、后檐明间辟板门，前檐次间及两山置直棂窗。体量小巧精致，造型隽雅优美。殿顶原琉璃构件为金代遗物，刹脊有金泰和四年（1204）题记。大殿后檐门枕石上有“元代延祐四年（1317）四月初十日记”题记，为大殿的确切建造年代。民间传说此殿为“一夜飞来”，古人有诗云：“古殿号雷音，传闻无经始。六丁驱风

04　定林寺雷音殿远景

05　定林寺雷音殿正脊

06　定林寺雷音殿垂脊

07　定林寺雷音殿山际

雷，一夜飞至此。人皆择地居，佛亦寻山止。此地胜西方，不然佛不尔。”

殿内彻上露明造，梁架为六椽通达内外用二柱。四椽栿后对乳栿用三柱。柱础石与地平，无起凸，柱子为石质，平面方形抹四角，立柱有明显侧角，无明显生起，柱头用阑额、普拍枋，檐下施五铺作斗栱，单杪单下昂。由于间架较小，无补间铺作。

雷音殿斗栱前后与两侧各不相同，正面斗栱为单杪单下昂，下昂为琴面真昂，耍头为昂形。山面斗栱为双下昂无出跳，下昂为琴面假昂，耍头为蚂蚱头。2007 年 7 月对雷音殿落架大修时，发现其木构主要为元代遗作，局部使用了年代更早的建筑构件，内部梁架也保留了许多宋金时期建筑的结构特征。梁架斗栱上的彩绘图纹与宋《营造法式》中的彩画纹样极为一致，是中国古建中保存最完整的宋代风格彩绘图案。

雷音殿前设长方形月台，正面垒石阶四步。月台前原有八边形宋代经幢两座，一为太平兴国二年（977）造，一为雍熙二年（985）造，幢通高 4.4 米，下部为仰覆莲须弥座，束腰部分雕伏狮，幢顶施宝盖、莲座、仰莲和宝珠，幢身八面俱刻经文。这种宋建经幢弥勒出生宝塔在我国较为少见，惜已失。

08　定林寺雷音殿梁架

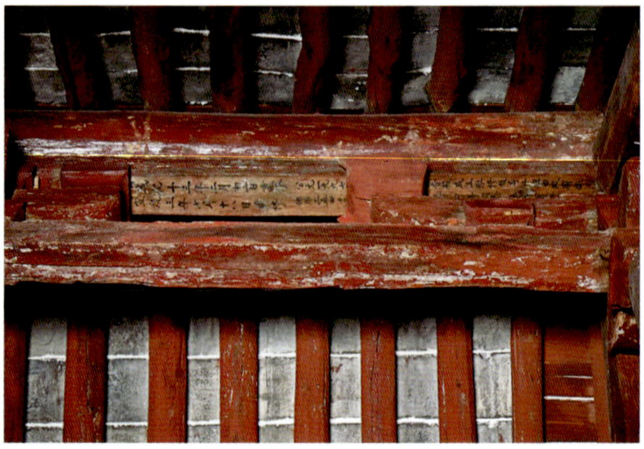

09　定林寺雷音殿明成化十三年重修题记

10　定林寺雷音殿前檐柱头斗栱

11　定林寺雷音殿转角斗栱

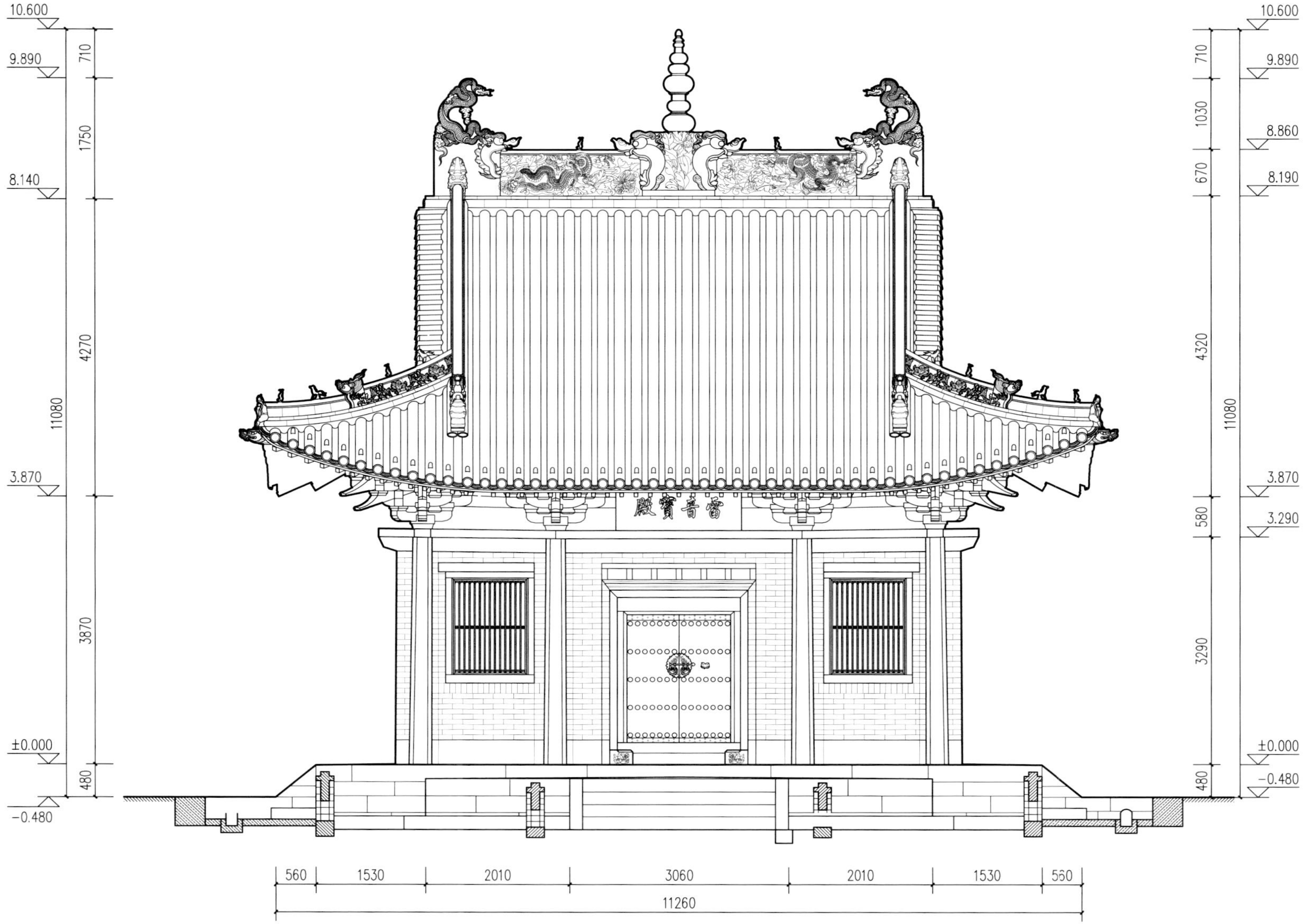

12　定林寺雷音殿正立面图资料

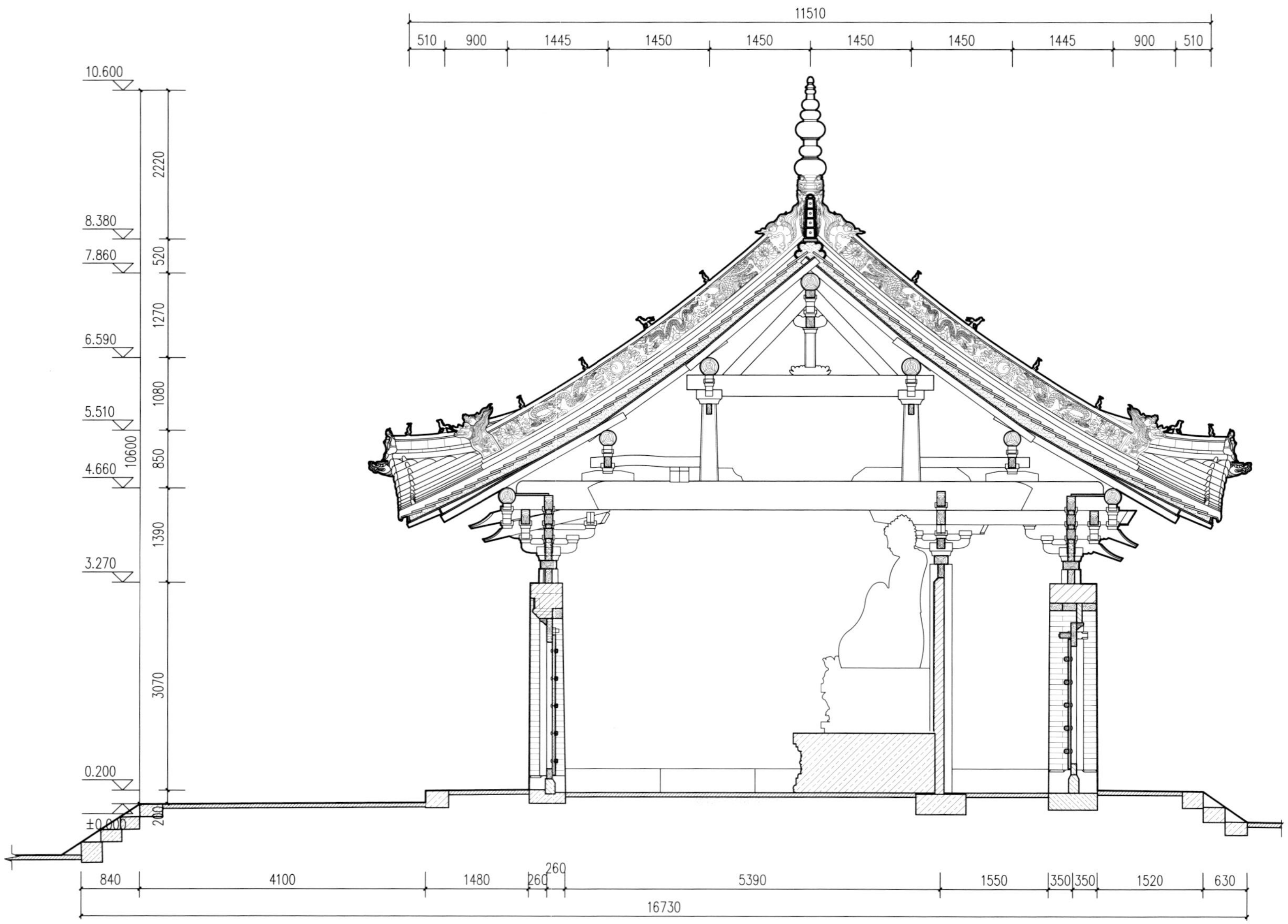

13　定林寺雷音殿横断面图资料

雷音殿东侧为地藏殿，单檐悬山顶。面阔三间，进深四椽，当心间设板门，两次间开破子棂窗，墙体下部青砖砌就，上部土坯垒成。地藏殿外侧阑额上有沥粉贴金绘制的双龙图样，其中间补间铺作下部有直斗（或称“蜀柱”）支撑，这一做法也见于蓟县独乐寺山门和大同下华严寺薄伽教藏殿。殿内栱眼壁绘植物纹样。东壁近年新涂白灰。南、北两壁绘有“地狱十王”图像，成画于明嘉靖四年(1525)。局部沥粉贴金，保存较为完整。

14 定林寺地藏殿正立面

15 定林寺地藏殿梁架

16 定林寺地藏殿斗栱

从画面布局上看，壁画呈对称式分布在两侧，每壁五铺，每铺约 1 米见方，各铺之间以墨线相隔，分别描绘了十王殿的场景。每铺画面布局大致相同，均在上段绘制以各殿主尊王为中心的审判者，下段表现殿前判罚等场面。壁画底部留有椅背式留白，推测为原塑像印痕。印痕将下方壁面隔作竖条状，所绘内容与刑罚场面呼应相接，可视为同铺完整图像。壁画以生死轮回的逻辑，展示了人往生后面见十殿阎君，根据生前所做恶业在地狱受审及轮回的场景。

从人物造型上看，造型较为写实，衣着冠冕、所持器物等均符合对应的身份特征，如判官着圆领袍服，手执文卷；鬼卒均青面獠牙，相貌凶恶，令人生惧；亡者大多描绘为世人模样，生前造恶业者衣衫褴褛，神情恐慌，生前为善者衣冠整齐，气定神闲。整体画面鲜活生动，各色的地狱刑罚给观者以强烈的现场感。

从绘制方式上看，地狱十王图采用了地狱场景人间化的比拟，人物形象生动，生活气息浓郁。从绘画手法上看，兼具卷轴画与壁画的画法特点，构图形式不同于敦煌的十王经绘本，更倾向于教化作用的应用范畴，各补间既是单独故事的独立成画，又交相呼应可形成一组完整的故事链条。每铺画面以墨线为界，以条形渐变色线装饰边缘，呈现出屏风式壁画的过渡样式。

17　定林寺地藏殿北山墙壁画局部

雷音殿后地势逐渐升高，原为三佛殿，今已不存，仅剩基址。善法堂、罗汉堂分列其后，为崖壁上的石砌修行洞，内部各有一股泉水流出，这便是定林泉。洞镌石名“止涓”“问津”，如今泉水改从寺西侧另一石洞流出。泉水涓涓有声，清澈甘美，终年不涸。相传饮用此水，春可驱瘟，夏能消暑，秋可除燥，冬能御寒；亦可明目除翳，止疼解痛，清神益智，延年增寿。清代诗人贾模，患了眼疾，用定林泉水洗后痊愈，曾写诗赞曰：“清泉出腰井，曲折过方丈。老僧夸其甘，煮茗苦相让。我非病渴人，又无七碗量。聊为洗双眸，庶去银海障。”

当地每逢暑伏第一天，亦有带上美酒到定林泉旁“斟酒引蝶”的传统。每到此时，游人蜂拥而至，携带美酒，遍洒山头，蝴蝶漫天飞舞，是定林寺的一大景观“定林蝶舞”。

18　定林寺三佛殿遗址

19　定林寺方丈室正立面

20　定林寺禅室斗栱额枋

21　定林寺三佛殿柱础

22　定林寺三佛殿柱础

23　定林寺三佛殿柱础

沿“善法”“罗汉”二堂间陡峭的石阶攀缘而上，是一个名为“最上乘”的别致小院，北为七佛殿，七佛殿垂笔式雀替，颇为生动。东西为楼阁，院内两侧耸峙二亭，登高远眺，山水楼阁之胜，尽收眼底。

七佛殿月台前，种植着两株苍郁秀雅、四季常青的小叶梧桐，是清乾隆元年南方高僧到定林寺讲经时从江南地区带回。小叶梧桐是一种高大的乔木，喜光，喜温暖湿润气候，耐寒性不强，树形优美，生命力强，有很高的观赏价值。它的叶子、花、根和种子都可以入药，有着较好的药用价值。在古诗中常用其象征高洁美好的品格，如《诗经·大雅·卷阿》中有“凤凰鸣矣，于彼高岗。梧桐生矣，于彼朝阳”的记载。

24 定林寺七佛宝殿正立面

定林寺的东禅院内还有千年牡丹和木瓜树，据传牡丹是金代正隆年间，由本院住持法兴大和尚从洛阳移植而来，迄今已有800余年。木瓜树又名香瓜树，属落叶灌木或小乔木，枝叶茂盛，挺拔清秀。树皮常作片状剥落，痕迹鲜明。春末夏初开花，淡红色。果实为椭圆形，秋季成熟，淡黄色，味酸涩，有香气，故俗称香瓜。北方地区较为少见。树可供观赏，果实经蒸煮和蜜后可供食用。中医学上以果实入药，性温，味酸涩，功能舒筋、祛湿、清肺止咳。主治筋脉拘挛、腰膝酸痛、脚气湿痹等症。木瓜树与小叶梧桐树一样是清代乾隆元年种植的。这两个树种主要栽培于我国长江流域以南地区，能在长江以北的定林寺落地生根，实属难得。

佛教寺庙种植花木的习俗由来已久，唐宋以来的佛教教义明文提倡园圃种植。僧人参禅念佛之余，热衷栽花种树，不仅改善了生活，还美化了环境。加之僧人素食的习俗，种植瓜果树木，既可食用还可入药。园圃种植的兴起，激发了僧人引进、试验新品种的热忱。除了牡丹、小叶梧桐树和木瓜树，寺后山坡上还有2000余株白皮松是乾隆年间僧俗为改善环境而栽植，如今业已郁郁成林。山门前的油松、寺内的牡丹、小叶梧桐、木瓜树和白皮松等既是定林寺历代传承的见证，也是唐宋以来寺庙农禅文化的写照，从侧面反映了定林寺的悠久历史。

25　定林寺七佛宝殿彩绘

26　定林寺七佛宝殿单步梁

27　定林寺七佛宝殿柱头斗栱

三、价值特色

（一）优美的自然环境和丰富多彩的历史传说

定林寺所在的七佛山峰奇壑幽，景色秀丽。定林寺泉自古以来，就有“斟酒引蝶”的传统。据说与宋朝开国皇帝赵匡胤“丹娘化蝶”的故事有关。

近在咫尺的大粮山是长平之战中赵军的指挥中心、瞭望台、粮仓所在地。赵将廉颇在此驻扎两年之久，演绎了以沙代粮、积米成山的历史故事。这里历史悠久，是一处有别于其他山水景观的，独一无二的古代军事、宗教和历史文化旅游景观。

（二）小巧玲珑的元代建筑

元代建筑是宋金建筑与明清建筑的过渡，在我国建筑史上起着承前启后的作用，是草原文明与农耕文明交汇融合过程中的独特产物。元代的木构建筑在吸收和沿用了宋金的传统建造结构与方法的基础上，一方面沿用传统规则的结构方法，另一方面进一步发展了减柱和移柱的“大额”结构，风格多以粗犷大气为主，选材用材不拘，自然原木和弯料常被使用，且不重雕饰，显得古朴、粗犷。然而作为元代建筑的定林寺雷音殿却显得小巧玲珑，略显单薄，应是对宋金建造技艺的传承与延续。2007 年 7 月对雷音殿落架大修时的发现也为雷音殿的小巧结构提供了依据。

（三）精美绝伦的明代壁画

定林寺地藏殿明代壁画构图严整，结构紧凑，具有鲜明的艺术特色。

1. 彩塑壁画遥相呼应

壁画和彩塑在寺观中往往是彼此独立又相互关联的单元。地藏殿所绘内容和殿内彩塑遥相呼应，互为补充与衬托，这种绘塑一体的艺术形式它处并不多见，颇具时代与地域特色。

2. 世俗教化写实呈现

壁画中运用了写实的手法描绘阎王、宫人、官员、小吏、鬼差等形象，人物造型、服饰、场景等均依照身份不同而风格迥异。审判席上的官员保留着早期官方壁画中雍容华贵的形象；被审判的鬼魂严苛粗野，丑陋慌乱，融入了画工对生活细致入微的观察、对世事人情凉薄的感悟，形象比照了现实生活中的场景，以脸谱化的刻画教化民众。

3. 构图严整线条流畅

整幅壁画在构图上匠心独具，充分考虑了观赏者的观看角度与观看心理。将受审鬼魂设置到了与视线齐平、首先看到的位置。这种处理方式在视觉上开门见山，直击内心深处最隐秘、最敏感的地方，使壁画的宣教与教化作用深入人心。

壁画线条流畅，刚柔相济；色调沉着庄重，沥粉贴金的运用更增加了服饰的美感。画面应是依据传统粉本绘制，又充分考虑到了功德主的实际需要，在不影响整体画面效果的前提下，每幅画面的左下角或右下角都题写有功德主花名，既满足了功德主的切身需求，又展示了壁画的完整内容，构图精妙，可见一斑。

四、文献撷英

寺内的 20 余通碑碣不仅记载了历代修葺寺庙的缘起与历程，还侧面反映了当地民风民俗的演变和时代的变迁，不失为研究当地历史人文的珍贵史料。

雷音殿的东配殿一角的《重修大粮山定林寺碑》，立于金大定二年八月中秋，碑文载:“此招提者，赐名定林寺，创建年远，不知源流。唐长兴年间，有僧道能重修。皇统八年，又有僧法兴重修。至正隆改元……”从上述年号可以看出，在后唐长兴年间，金皇统八年、大定二年，定林寺曾进行过多次修缮。根据寺内现存的其他碑文记载，在北宋雍熙年间及明清历代，定林寺均有重修。

明万历四十六年(1618)《重修定林寺记》，碑文载:“殿宇巍峨，廊庑高廊，石栏台阶，体制严整……又崖半石泉涌出，清流可挹，绝胜蓬岛。”由此可见定林寺规模宏大，建筑雄伟，山泉清流，风光旖旎。碑文又载:“下有定林寺，坐镇山前，创造不知昉自何代……相传雷音佛殿，当大唐时，自虚空飞来，想亦善地可居耶，佛且爰止不舍。”根据碑文内容可知，这里还流传着“雷音殿是唐代时一夜从天空飞来”的传说，因此雷音殿也叫飞来殿。

《高平县志·清顺治版点校本》(山西出版传媒集团, 2015 年 3 月) 中记载:“定林寺在县东米山镇，峭石寒泉，悠然可爱。大理卿王邦柱有诗刻石，孝廉李鲸化同游和韵。”

06

羊头山石窟

羊头山石窟 / YANGTOU SHAN SHIKU

一、遗产概况

羊头山石窟，也称清化寺石窟。位于高平市神农镇李家庄村北侧羊头山。北纬 35° 55′ 31.2″，东经 112° 57′ 32.5″。海拔 1206 米。据同治六年《高平县志》记载，羊头山石窟建于北魏太和年间（477—499），北齐、隋唐间屡有建造。羊头山也称首阳山，最高海拔 1297 米，属于太行山支脉，山势高峻，状若羊头因而得名。石窟造像开凿于山坡南侧，与其他石窟不同，羊头山上没有较大面积的陡直崖面开凿石窟，而有较多独立砂质岩体可供开凿。自山顶至山腰、自上而下可分为 10 个独立区域，编为 A 区至 J 区。A、B、C、D、H 区以石窟为主（A 区 1 窟、B 区 2 窟、C 区 3 窟、D 区 4 窟、H 区 9 窟），F、G 区为石窟和摩崖造像混杂（F 区 5、6 窟，G 区 7、8 窟），E、I、J 区为摩崖造像龛为主。共计 9 个洞窟，3 处大型摩崖龛像，北魏至唐代石塔 6 座，千佛造像碑 1 通。2006 年 5 月 25 日被国务院公布为全国第六批重点文物保护单位。

01 羊头山航拍远景

二、石窟概况

(一) A区

A区，位于羊头山顶部，石窟为主，编号第1窟。宽2米，进深1.6米。

窟顶、左壁及窟门前壁大部分缺失，仅剩正壁及右壁。四壁前设低坛。窟内正壁低坛上为一佛二菩萨造像组合，主尊结跏趺坐，头部、双手大部分缺失，着袒右内衣及褒衣博带式袈裟。两侧菩萨立像，大部分缺失。右壁正中开圆拱龛，龛内一佛二弟子造像组合，主尊结跏趺坐，通肩袈裟，可见肉髻，面部缺失。两侧为弟子立像。龛下有四尊结跏趺坐像。窟内部分区域可见千佛。

窟外前侧右根部两处龛像，较小龛像为方形龛，单独坐像，风化严重，双手置于腹前，表现宽大衣袖，较大龛像为圆拱形龛，方形龛柱，三尊坐像，形象与小龛坐像相同，两尊胁侍立像，风化严重。

02　羊头山A区石窟局部

03　羊头山A区石窟局部

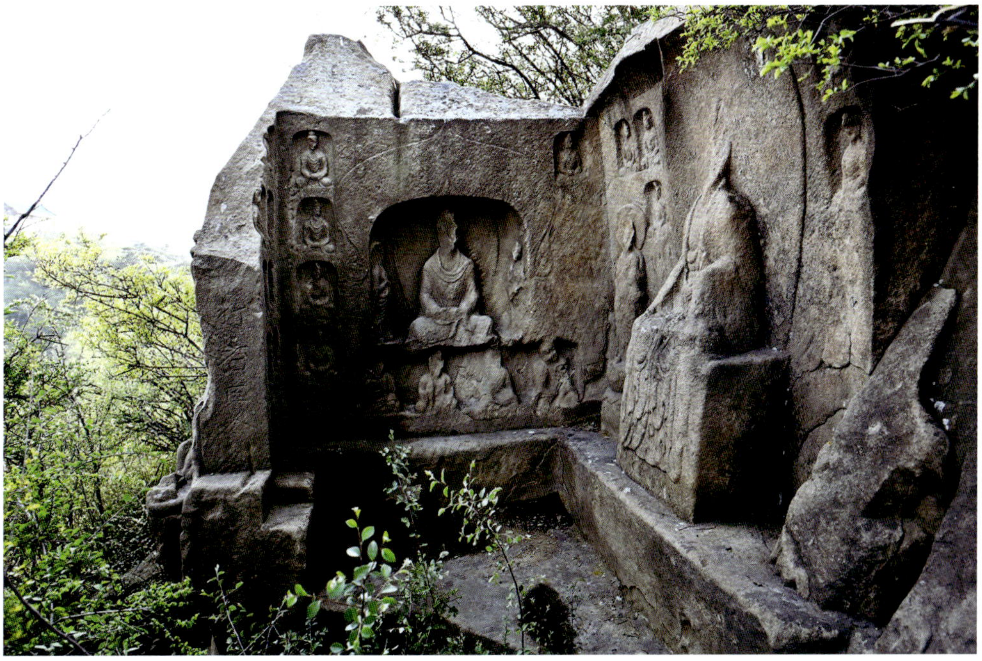

04　羊头山A区石窟局部

（二）B 区

B 区，位于 A 区下方，石窟为主，编号第 2 窟，宽 1.94 米，进深 1.75 米，高 1.95 米。

双重窟门，外窟门圆拱形，尖拱形门楣，雕刻忍冬纹。窟门两侧圆形立柱，雕刻莲花、鸟兽。内窟门长方形，素面。窟外两侧力士立像，面向窟门，带头光，桃尖状，双肩披巾下垂，下身着裙垂至脚踝，足踏蹲狮，左侧力士较残。

窟内正壁开龛，可见一佛二弟子造像组合，主尊造像及左侧胁侍弟子缺失，右侧弟子立像，着袈裟。龛下开凿两个小龛，左龛交脚菩萨，右龛结跏趺坐像。左、右及前壁面刻有千佛。窟顶雕刻莲花。

窟外西壁开龛，圆拱形，一佛二菩萨造像组合，主尊结跏趺坐，头部缺失，双领下垂式袈裟，一手上举，一手下垂，裙摆下垂，刻划密集衣纹。左侧菩萨立像，头部残损，左手下垂持物，右手上举至胸侧，双肩披巾，下身着裙，右侧菩萨胸前双手合十，其余与左侧菩萨相同。

05　羊头山 B 区石窟内景

06　羊头山 B 区石窟内景

07　羊头山 B 区石窟

（三）C 区

C 区，位于 B 区下方，石窟为主，编号第 3 窟，宽 0.98 米，进深 0.91 米，高 1.05 米。

崖面正中开窟门，平面近似方形。风化严重，正壁开龛一佛二菩萨造像组合，大部分缺失。左壁开一尖拱形龛，内雕一佛二弟子二菩萨造像组合，右壁开一尖拱形龛，内雕一佛二弟子二菩萨造像组合。

08　羊头山 C 区石窟正面

09　羊头山 C 区石窟内景

（四）D 区

D 区，位于 C 区下方，石窟为主，编号第 4 窟，宽、进深均 2.85 米，高 2.25 米。

窟面正中双重窟门，外窟门尖拱形门楣，楣面上雕刻忍冬纹。窟门两侧圆形立柱，雕刻莲花、鸟兽，呈回首状。内窟门方形，素面。窟外两侧力士立像，面向窟门，面部残，桃尖状，带头光，双肩披巾下垂，身形健硕。力士旁刻千佛小龛。窟内设低坛，四壁遍布千佛小龛，多尖拱形龛楣，主尊结禅定印，高肉髻，通肩袈裟。

10　羊头山 D 区 石窟局部

11　羊头山 D 区石窟内景

12　羊头山 D 区石窟内景

13　羊头山 D 区石窟内景

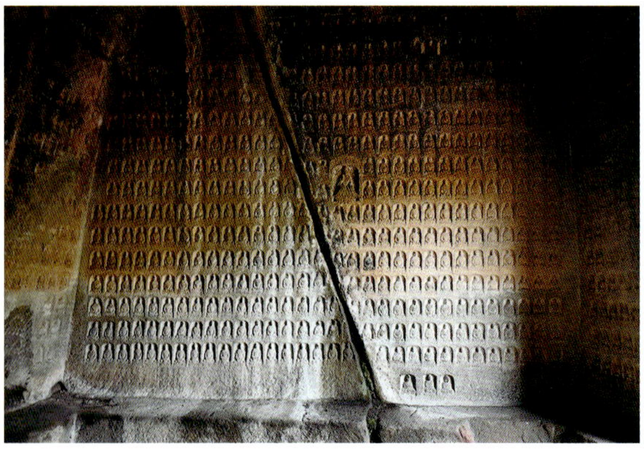

14　羊头山 D 区石窟内景

（五）E区

E区，位于D区下方较远位置，摩崖造像龛为主，东、南、西面摩崖龛像，部分掩埋于泥沙中。

东面正中开龛宽 1.48 米，高 0.8 米，可见一佛二菩萨组合造像。主尊头部缺失，双手禅定印样式，通肩袈裟，深"U"形衣纹，胸部系带下垂，胸部以下位置掩埋。胁侍菩萨立像，双肩披巾，向上漂浮状，胸前持物，下身着裙。正中龛外右侧刻千佛。正中龛左侧开龛，圆拱形，仅见龛顶部。南面龛宽 1.57 米，高 0.98 米，尖拱形龛楣，正中结跏趺坐佛像，两侧雕刻面向正中的跪姿供养像，龛内可辨一佛二菩萨造像组合，主尊袒右内衣，袒右袈裟偏搭右肩，左右胁侍仅见头部。周围刻坐佛小龛。西面可辨龛五处，均为一佛二菩萨造像组合。

15 羊头山 E 区摩崖龛像整体

16 羊头山 E 区摩崖龛像南面

17 羊头山 E 区摩崖龛像局部南面

18 羊头山 E 区摩崖龛像局部东面

（六）F 区

F 区，位于 E 区下方，整体较大巨石，东西略长，该区域洞窟与摩崖造像并存。东西南面均有造像，顶部石塔两座，圆雕结跏趺坐佛像一尊。

19 羊头山 F 区正面—南面全景

20 羊头山 F 区柱础

21 羊头山 F 区局部

22 羊头山 F 区石塔

东面开凿洞窟，编号第5窟，面阔1.2米，进深0.9米。窟面正中双重窟门，外窟门圆拱形，尖拱形门楣，雕刻忍冬纹。窟门两侧圆形立柱，雕刻莲花、鸟兽，呈回首状。内窟门方形，素面。窟外两侧力士立像，桃尖状，带头光，双肩披巾下垂，下身着裙垂至脚踝，足踏兽。窟内正壁开圆拱形龛，仅可辨一佛二菩萨造像组合。窟内左壁正中开龛，与正壁龛形一致，一佛二菩萨造像组合，主尊面部残损，结跏趺坐，通肩袈裟，胸前“U”形衣纹，双手结禅定印。左侧胁侍菩萨损毁，右侧胁侍菩萨立于莲台上，下身着裙。窟内右壁与左壁，对称开龛，一佛二菩萨造像组合，主尊头部损毁，袒右式袈裟，结跏趺坐，双手结禅定印。胁侍菩萨损毁严重。

西面开凿四个圆拱形龛像，靠上一个较大龛像，靠下三个一致较小龛像。靠上龛内正中主尊结跏趺坐像，坐于方形束腰座上。靠下龛像内可辨一佛二菩萨造像组合，主尊结跏趺坐于圆形莲座之上，胁侍菩萨立于莲台之上。

23　羊头山F区第5窟

24　羊头山F区第5窟右壁

25　羊头山F区石窟西面

26　羊头山F区第5窟左壁

南面开凿洞窟，编号第 6 窟，宽 2.9 米，进深 2.3 米，高 2.8 米。窟面正中双重窟门，外窟门圆拱形，尖拱形门楣，雕刻忍冬纹。窟门两侧方形立柱，雕刻莲花、鸟兽，呈回首状。内窟门方形，素面。窟外两侧力士立像，桃尖状，带头光，一手持物，一手举于胸前，双肩披巾下垂，下身着裙垂至脚踝，足踏蹲狮。窟内三壁正中开龛，正壁圆拱形龛，一佛二菩萨造像组合，主尊褒衣博带式袈裟，有身光，结跏趺坐，两侧胁侍菩萨立于莲台之上，双肩披巾绕手臂下垂，下身着裙。左壁与右壁对称开圆拱形龛，龛内一佛二菩萨造像组合，形象与正壁造像相似。正壁正中大龛左侧开上下两个小龛，一佛二菩萨造像组合，底部刻题记。左壁正中大龛右侧开小龛，一佛二菩萨组合造像，底部台基开三小龛，禅定佛样式。右壁底部台基开一个禅定佛小龛。窟顶素面。前壁上部分损毁，正中刻禅定佛龛，下部刻千佛。

27　羊头山 F 区第 6 窟

28　羊头山 F 区第 6 窟前壁

29　羊头山 F 区第 6 窟前壁

30　羊头山 F 区第 6 窟前壁

南面第 6 窟左侧开凿摩崖龛像，面阔 3.2 米，进深 1.2 米。龛内二佛并坐像，两侧左右胁侍菩萨，主尊形象一致，舟形背光，刻千佛，头部残损，双手禅定印状，内着僧衹支，袒右袈裟偏搭右肩，结跏趺坐，胁侍菩萨立于台上，一手上举，一手下垂，双肩披巾绕手臂下垂，下身着裙垂至脚踝。除此有较小龛像，多一佛二菩萨造像组合。

31　羊头山 F 区第 6 窟正壁

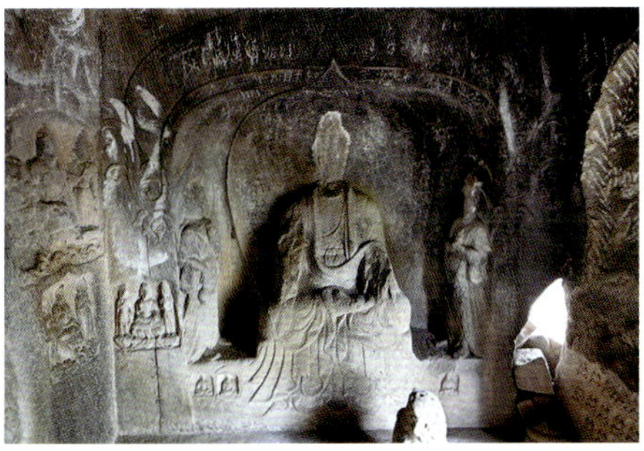

32　羊头山 F 区第 6 窟左壁

33　羊头山 F 区第 6 窟右壁

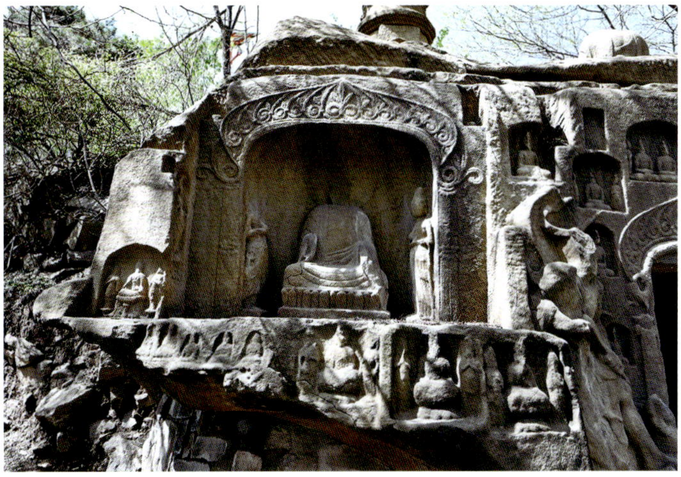

34　羊头山 F 区第 6 窟窟外右侧

35　羊头山 F 区石窟南面

（七）G 区

G 区，位于 F 区下方，石窟和摩崖造像混杂，东西南北均有造像，东面开凿洞窟，编号第 7 窟，南面开凿洞窟，编号第 8 窟，其余崖面均为摩崖龛像。

东面开凿第 7 窟，面阔 1.8 米，进深 0.8 米。圆拱形窟门，尖拱形门楣，方形门柱。三壁开龛，正壁圆拱形龛，一佛二菩萨造像组合，主尊如来，褒衣博带式袈裟，结跏趺坐，胁侍菩萨立于台上，双肩披巾，绕臂下垂，下身着裙。左壁和右壁对称开龛，左壁龛造像与正壁相似。右壁主尊结禅定印，内着僧祇支，外着袒右式袈裟，偏搭右肩，胁侍菩萨立像。

36　羊头山 G 区正面

37　羊头山 G 区第 7 窟

38　羊头山 G 区第 7 窟内景

39　羊头山 G 区第 7 窟内景

40　羊头山 G 区第 7 窟内景

南面开凿第8窟，面阔2.4米，进深1.7米，高2.2米。窟门两侧立佛，形象相近，高约1.4米，较大舟形身光，素面，高肉髻，面部残损，右臂上举，手至胸侧，左手握袈裟衣角。右侧立佛内着僧祇支，袒右袈裟偏搭右肩，绕右肘部，下摆上搭左肘下垂。下身着裙至脚踝处。双重窟门，外窟门门楣尖拱形，雕刻忍冬纹饰，圆形门柱，内窟门方形，素面。窟内四壁均刻千佛。窟内正壁，圆拱形龛，方形龛柱，一佛二菩萨造像组合，主尊结跏趺坐，一手上举，一手下垂，褒衣博带式袈裟，裳悬座。胁侍菩萨立于莲台上，一手上举，一手提物，头戴冠，两侧冠带下垂，颈戴项圈，上身袒右内衣，双肩披巾，绕双臂下垂，腰部系带，下身着裙，垂至脚踝。窟内左壁，圆拱形龛，一佛二菩萨组合造像，主尊造像不存，胁侍菩萨除双手胸前合十外与正壁胁侍菩萨相似。窟内右壁，与左壁对称开龛，一佛二菩萨组合造像，主尊结跏趺坐，通肩袈裟，多重"U"形衣纹，双手结禅定印。两侧胁侍菩萨胸前双手合十立于莲台上，头戴冠，颈部戴项圈和璎珞，戴臂钏，双肩披巾，下身着裙。

南面除8窟外，开凿多处小龛，多一佛二菩萨造像组合，结跏趺坐像，风化严重。第8窟右侧龛，一佛二菩萨造像，主尊倚坐像，厚重"U"形衣纹，胁侍菩萨立像。

41　羊头山G区第8窟

42　羊头山G区第8窟右壁

43　羊头山G区第8窟正壁

44　羊头山G区第8窟左壁

北面开四龛，左右各一龛，中间上下两龛，其余大部分刻千佛。右侧和中间上部龛主尊着褒衣博带式袈裟，悬裳座，结跏趺坐于方座上，胁侍菩萨立于莲台上。中间下部龛，一佛二菩萨，主尊较残，着双领下垂式袈裟，胁侍菩萨立于两侧。左侧龛较大，三尊并列结跏趺坐像，头部均残，主尊着双领下垂式袈裟，左右胁侍菩萨坐像双手叠于腹前，颈部带璎珞，双肩披巾下垂。

45　羊头山 G 区北面

46　羊头山 G 区北面局部

47　羊头山 G 区北面局部

48　羊头山 G 区北面左侧龛

西面开圆拱形龛，一佛二弟子二菩萨组合，均带桃尖形头光，主尊头部残，结跏趺坐于仰莲座上，内着僧祇支，外着双领下垂式袈裟。两弟子立于莲台主尊侧，着佛衣，外侧胁侍菩萨残。

49 羊头山 G 区局部

50 羊头山 G 区西面

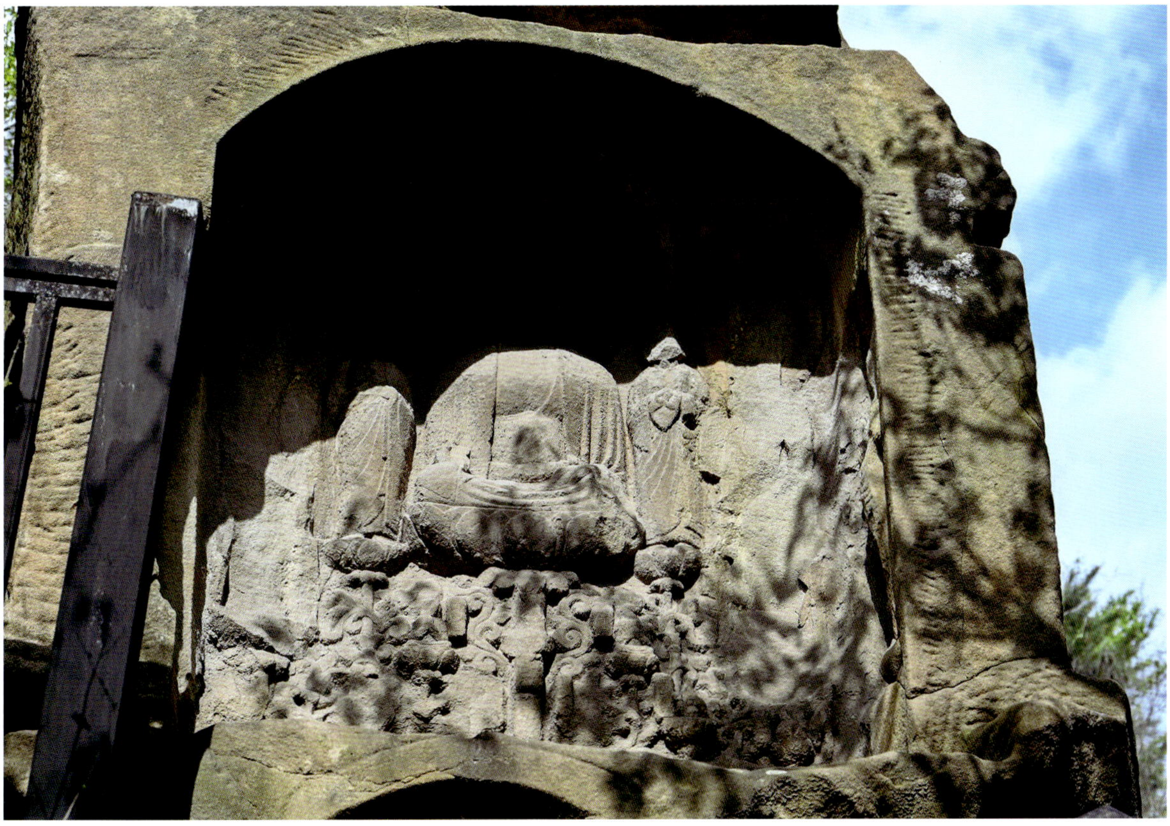
51 羊头山 G 区西面局部

（八）H 区

H 区，位于 G 区西侧，石窟为主，南面开凿洞窟且布满千佛小龛，编号第 9 窟，面阔 2 米，进深 1.6 米。

正中开重形窟门，外窟门尖拱形，门楣刻划忍冬纹饰，圆形门柱，柱首雕刻鸟兽，内窟门方形，素面。窟门两侧立力士像，左侧力士像面向前方，风化严重，尖拱形，有头光，高发髻，面部残损，左臂下垂，手握衣角，右臂残损，可见袈裟搭左肩部，下垂至膝盖处，下身着裙垂至脚踝，其足部右侧雕刻卧兽。窟门右侧力士像，面向窟门方向，双臂肌肉发达，手臂上举，左腿上抬，右腿直立，上身披巾，下身着裙。窟内三壁开龛，四壁均雕凿千佛小龛，窟顶素面。窟内正壁圆拱形龛，一佛二菩萨造像组合，主尊结跏趺坐，高肉髻，左手下垂，右臂上举，袒右内衣，腰间系带，褒衣博带式袈裟。右侧菩萨损毁严重，左侧菩萨立像，束发髻，头两侧垂带至肩部，颈部戴项圈，左臂下垂，手提瓶，右手上举至胸前，内着僧祇支，腰间系带，双肩披巾，绕双臂间下垂至身侧，下身着裙。窟内左壁圆拱形龛，尖拱龛楣，方形龛柱，一佛二菩萨造像组合。主尊结跏趺坐于方座上，

52　羊头山 H 区石窟正面

高肉髻，双手结禅定印，内着僧祇支，腰间系带，刻划平行衣纹，袈裟绕右肩右肘部，上翻搭左前臂，悬裳座。左侧菩萨损毁，右侧菩萨双手合十于胸前，其余部分与正壁胁侍菩萨相似。窟内右壁与左壁对称开龛，一佛二菩萨造像组合，主尊结跏趺坐于方座上，有身光，面部残损，双手结禅定印，通肩袈裟，刻划多重“U”形衣纹。左侧菩萨双手合十于胸前立于莲台上，其余部分与正壁胁侍菩萨相似。右侧胁侍菩萨损毁。

53　羊头山 H 区石窟局部

54　羊头山 H 区石窟局部

头山 H 区石窟内景

56　羊头山 H 区石窟内景

57　羊头山 H 区石窟内景

（九）I 区

I 区，位于 G 区下方位置，摩崖造像龛为主。西面与南面开龛造像。

西面开龛三处，左侧龛，尖拱形龛楣，龛楣正中刻划摩尼宝珠，一佛二弟子二菩萨造像组合，主尊结跏趺坐于仰莲座上，面部残损，带桃尖头光，高肉髻，左臂下垂，手至左腿侧，右臂上举，手至胸右侧，袒右内衣，袒右袈裟，右臂覆衣，未表现腿部轮廓。弟子立于主尊身侧，双手胸前合十，着袈裟。胁侍菩萨立于仰莲台上，面部残损，一手上举，一手下垂提瓶，双肩披巾，绕手臂下垂身侧，下身着裙。中间龛，圆拱形龛，一佛四菩萨组合，主尊身形较宽，其余形象与左侧龛相同，靠近主尊两侧胁侍菩萨双手合十，有头光，靠外两侧胁侍菩萨一手上举，一手下垂

58 羊头山 I 区石窟西面

持物，菩萨均双肩披巾，绕肘部下垂，下身着裙。右侧龛，圆拱形，可辨一佛二菩萨造像，残损较严重，造像形象与中间龛相近。

南侧崖面开龛数量多，上下三层，造像样式相近，除一处龛造像组合为一佛二弟子二菩萨，其余龛造像为一佛二菩萨组合，主尊结跏趺坐于仰莲座上，桃尖头光，高肉髻，左臂下垂，手至左腿侧，右臂上举，手至胸右侧，袒右内衣，袒右袈裟，右臂覆衣，下身着裙，未表现腿部轮廓。胁侍菩萨立于仰莲台上，高发髻，手臂姿态多有不同，双肩披巾，绕手臂下垂，下身着裙。胁侍弟子，立于主尊身侧，双手胸前合十，着袈裟。

59 羊头山I区石窟南面

（十）J区

J区，位于I区下方，仅南崖面开一龛，面阔1.2米，进深1米，高1.4米。

尖拱形龛楣，两侧尾端回卷，楣面上刻划忍冬纹，方形龛柱。龛内一佛二弟子二菩萨二天王组合造像。主尊结跏趺坐于仰莲座上，头残损，带桃尖头光，袒右内衣，袒右袈裟，右臂覆衣，左臂下垂，手至左腿侧，右臂上举。莲座下有粗壮主莲茎，同时分化出六枝小莲茎莲台，分别承托二弟子、二菩萨及二跪姿供养人。左侧弟子为老者形象，立像，双手合十，袒右内衣，袒右袈裟偏搭右肩，下身着裙。右侧弟子为青年形象。两侧胁侍菩萨高发髻，戴项圈，一手上举持物，一手下垂，戴腕钏，左肩至右肋下斜披络腋，下身着裙。两侧天王，半跏趺坐样，一手上举持金刚杵状物，一手抚膝，头戴兜鍪，身

60 羊头山J区石窟正面

61 羊头山J区石窟内景

62 羊头山J区石窟内景

63 羊头山J区石窟内景

着盔甲，双肩披巾，飘至身侧，脚踏小鬼。

千佛造像碑，位于F区前侧，宽1米，高4米，厚0.4米。造像碑中上部分满雕千佛，共有小佛像2240余尊，碑底部开龛，南面开龛一处，一佛二菩萨造像组合，主尊结跏趺坐，头部缺失，内着僧祇支，袒右袈裟偏搭右肩部，双手胸前结禅定印。两侧胁侍菩萨立于莲台之上，一手下垂持物，一手上举于身侧，双肩披巾身前“X”形交叉，下身着裙。西面开龛两处，均为一佛二菩萨造像组合，形象相同，主尊结跏趺坐于莲台之上，一手下垂抚膝，一手上举胸侧，左侧胁侍菩萨左手下垂，右手上举胸前，右侧菩萨双手胸前合十，均双肩披巾，下身着裙。东面开龛一处，一佛二菩萨造像组合，主尊结跏趺坐于莲台之上，一手下垂抚膝，一手上举胸侧，两侧菩萨双手胸前交叉状，立姿，头部损毁。

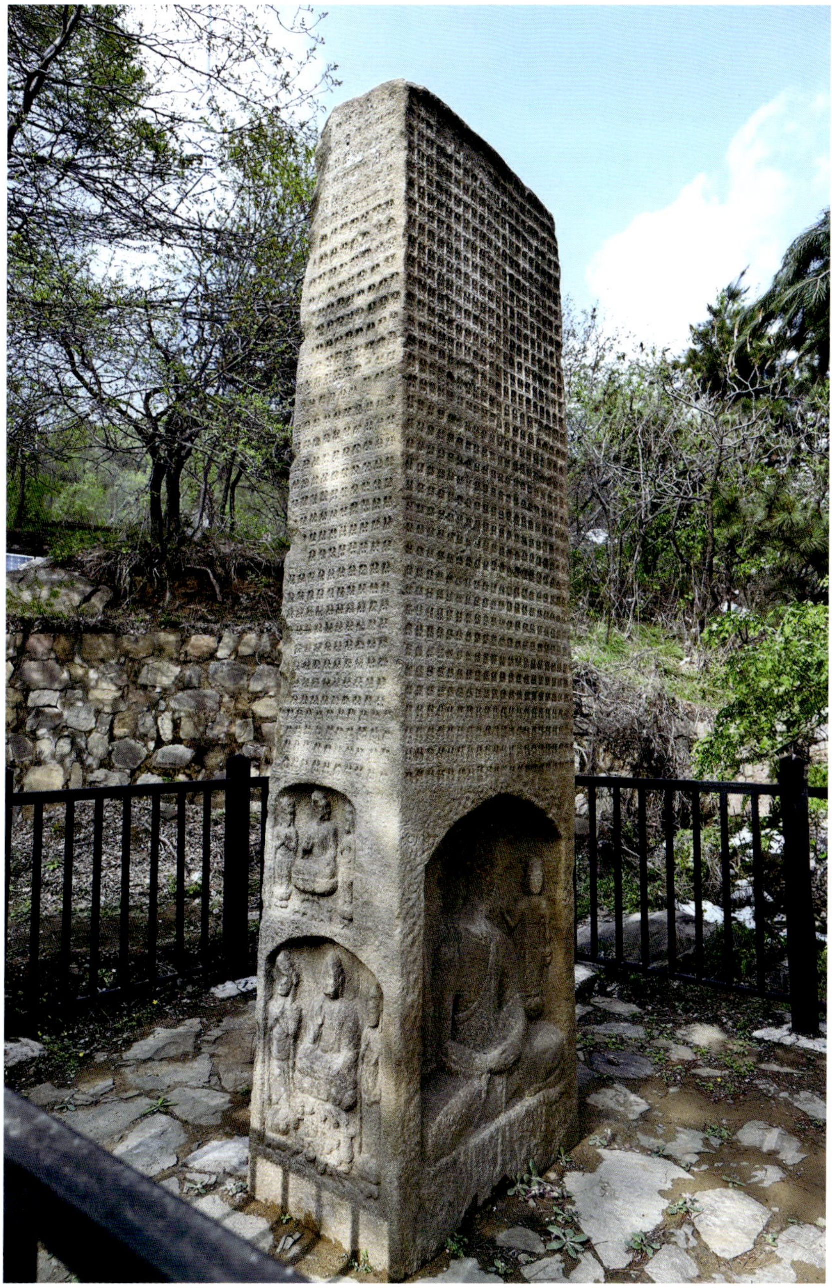

64 羊头山千佛碑侧面

二、价值特色

羊头山石窟始建于北魏，北齐、隋唐均有续凿，建设过程历经百余年，对于研究、认识晋城乃至晋东南地区石窟发展史具有重要意义。石窟单独岩体雕凿，凹凸起伏，奇异纷呈，形象逼真，反映出古代工匠精湛的雕凿技艺、纯熟而洗练的雕刻手法，虽出自民间工匠之手，但雕工精细，栩栩如生，具有较高的艺术审美价值。窟龛内外壁面齐整，多座岩体四面满雕佛像，将赋存岩体开发利用至极致。造像千余尊。窟龛大小不一，其内雕凿有佛、菩萨、天王、力士、供养人等多种造像，类型齐全，形态各异，雕工精细，栩栩如生。

晋东南地区是连接我国两个石窟寺开凿中心平城（大同）和洛阳的交通要道，是山西省石窟寺分布最为集中的区域。羊头山石窟的造像艺术先后受到云冈石窟、龙门石窟的强烈影响，风格鲜明。羊头山石窟作为石窟艺术的“中转站”，不断吸收云冈、龙门造像艺术精华，是平城至洛阳佛教和石窟造像艺术传播发展的历史见证，对于研究两京之间文化交流、交通路线等，均具有极高的历史价值。

三、文献撷英

B 区第 2 窟，供养人题名“维那田□□、李万受、韩伯五、比丘尼曼莲”等。

F 区第 6 窟，题记“郭遥罗妻杨□□金为名室主女鸳鸯……”。

G 区第 8 窟壁面题记“五十主佛子李欣妻张福女……”，第 8 窟左壁佛座题名“堪主李留居、妻□冬英、李兴、李胡奴……”。

I 区南面龛造像题记，“乾封元年八月廿日……”。

清乾隆《高平县志》卷一九所引《羊头山新记》记载：“羊头山有清化寺，建自后魏孝文帝太和之岁，初名定国寺，北齐时改名宏福寺，隋末寺废，唐武则天天授二年重建，改今额。”

羊头山清化寺碑，唐天授二年（691）立，碑文摘要：“窃闻称若盘编缢罗类□□□多从过□麟□有词□乎之闻□□□□□暨之天□□□□□□□□□□□□□□□□□□□□□汉所以昆明之补华后□开言郧□之录□□勒于田记看乃质宜闸化□□□盖于天□□□□□□□□□□□□□□□□□□动手三千□曷□而解皿□□□□用非可而或汉询□□又乃羊头沐□□□□□山水盖□此山炎帝之所居也，昔者摄提纪岁之后。燧人化火之前，穴处巢居，茹毛饮血。”

07

西李门二仙庙

西李门二仙庙 / XILIMEN ERXIAN MIAO

一、遗产概况

西李门二仙庙又名真泽二仙宫，1986 年 8 月 18 日被山西省人民政府公布为第二批省级文物保护单位，2006 年 5 月 25 日被国务院公布为全国重点文物保护单位。

二仙庙多出现于晋南、晋东南地区，二仙属于地域性民间崇拜之神，仙传典籍未曾记载，从晋东南地区各个二仙庙现存碑刻，可以大致了解形成二仙崇拜的概况。大唐广平郡乐公二女灵圣通仙，于晚唐时期民间开始信仰二仙。北宋时期统治者大力扶持信仰道教，民间信众逐步增加，二仙信仰已经扩展至整个晋东南地区，至崇宁四年（1105）和政和元年（1111），二仙信仰得到了统治者的认可，二仙被敕封为“冲惠”“冲淑”真人，庙号“真泽”。二仙信仰至金代达到了鼎盛，庙宇行宫大量修建，关于二仙的仙传故事日益丰富，逐渐形成了一套较为完善的信仰体系。元明清各代由于统治阶级的摒弃，二仙信仰未能得到进一步拓展，但当地民间信众甚多，庙会盛行。直至近代，二仙信仰文化中已增加了大量民俗文化内容，形成了具有浓郁地方文化特点的文化现象。

西李门二仙庙目前尚存山门及山门东西耳房便门、前院东西厢房、前殿、后院东西厢房、东西梳妆楼、后殿及后殿耳房等建筑。戏台与山门之间东西廊房毁坏无存，现为空地，戏台主体亦新中国成立后随意建造，后殿东西耳房之侧为新中国成立后随意搭建的耳房。

现存二仙庙建筑群局部基础不均匀下沉，墙体开裂，柱子倾斜，局部梁架歪闪，瓦顶杂草丛生，屋面坍塌，墙面壁画被毁，院落排水设施毁坏，前院被人为拆除改造，总体保存情况较差，急需修缮。

01 西李门二仙庙航拍远景

二、建筑特点

西李门二仙庙创建于唐，金正隆二年（1157）、大定二年（1162）及明清均有修葺。总平面的建筑布局保留了金代布局特点，并保存了部分金代建筑及构件，其余大部分为明清时期建筑。该庙坐北面南，二进院落，东西宽 32.85 米，南北长 84.76 米，占地面积 2784.4 平方米。中轴线上有山门（清，面阔三间，中辟板门，悬山式屋顶，灰筒板瓦屋面）、中殿、后殿（面阔、进深均三间，悬山式屋顶，经明清多次重修，主体已改变，部分结构如台基、门砧石、斗栱仍保留原有形制），两侧建廊庑配殿，山门外建倒座午楼一座。

主体建筑中殿，创建于金正隆二年，青条石台基，高 1.15 米，前设石雕须弥座式月台，面阔三间（12.88 米），进深三间（13.29 米），单檐歇山顶，灰筒板瓦屋面。梁架结构为六架椽屋四椽栿对前乳栿通檐用三柱，前一间设廊。檐下柱头斗栱五铺作双昂重栱造。前檐用方形抹楞石柱，莲瓣覆盆柱础，青石雕门框，门砧石上雕有卧狮。明门辟双扇板门，两次间置棂窗。二仙庙处于一高岗之上，东侧有民用住宅一排，其余三面均为耕地。

西李门二仙庙历代均有不同程度的修缮和修建，现存最完整的金代建筑遗构是前殿，后殿及后殿西耳房铺作以下多金代遗物，余皆为明清遗构，平面总体布局基本保持了原有格局。

西李门二仙庙在平面布局上采用的是东西严格对称格局，与晋东南地区其他寺庙相比，在建筑布局上基本一致。

02　西李门二仙庙山门背面

03　西李门二仙庙东厢房

04　西李门二仙庙山门西耳房

05　西李门二仙庙山门梁架、斗栱

06　西李门二仙庙山门斗栱

07　西李门二仙庙山门石柱

08　西李门二仙庙山门石柱

09　西李门二仙庙山门柱础

（一）前殿

前殿建在高1.15米的石砌台基之上，面阔三间，进深三间，梁架结构为四椽栿前对乳栿用三柱，单檐歇山布瓦顶，施琉璃脊兽，前出敞廊。柱间用阑额与普拍枋连接，呈“T”形。普拍枋上施五铺作斗栱，其上为四椽栿梁架，四椽栿上施蜀柱与合楷，前檐合楷与劄牵相连成为一体，平梁与劄牵结点处用把头交项做斗栱，承托上部替木与槫。脊部结构与其他结点不同，采用通长丁华抹颏栱与替木，加强了两缝梁架间的连接，蜀柱两侧采用大叉手支撑，增强了梁架结构的稳定性。

柱头铺作施五铺作双下昂，前檐明间施补间铺作一朵，为双杪五铺作，其余各间无补间铺作。前檐明间辟板门，次间置直棂窗。殿顶举折平缓，出檐深远。

从铺作用材、装修式样及大殿举折出檐等方面分析，前殿具有较强的金代建筑特征。前檐门额上刻金“正隆二年岁次丁丑仲秋二十日谨记”施门框题记。题记年代与建筑特征相符，可以断定前殿为金代建筑。

殿前施石砌须弥座月台，束腰壸门内线刻云龙、花卉等图案，其中两幅珍贵的线刻“方巾舞图”和“对戏图”，是研究中国古代戏剧的宝贵资料。从须弥座雕饰特征分析，该座应为金代遗物。

10 西李门二仙庙前殿

11　西李门二仙庙前殿梁架

12　西李门二仙庙前殿斗栱

15　西李门二仙庙前殿石雕

16　西李门二仙庙前殿石雕

18　西李门二仙庙前殿石雕

19　西李门二

13　西李门二仙庙前殿梁架

14　西李门二仙庙前殿转角斗栱

17　西李门二仙庙正隆二年题记

20　西李门二仙庙前殿供桌

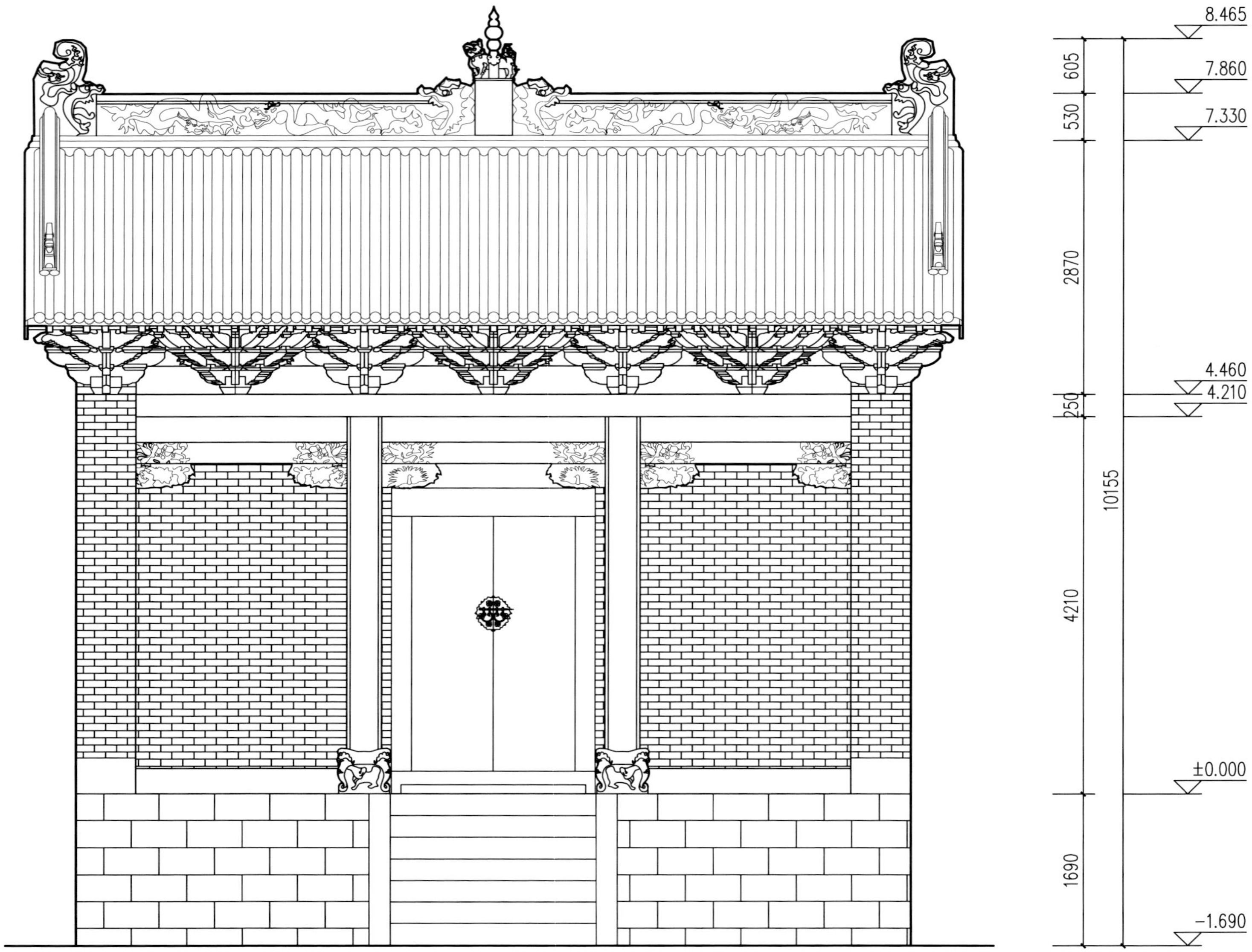

21　西李门二仙庙山门正立面图资料

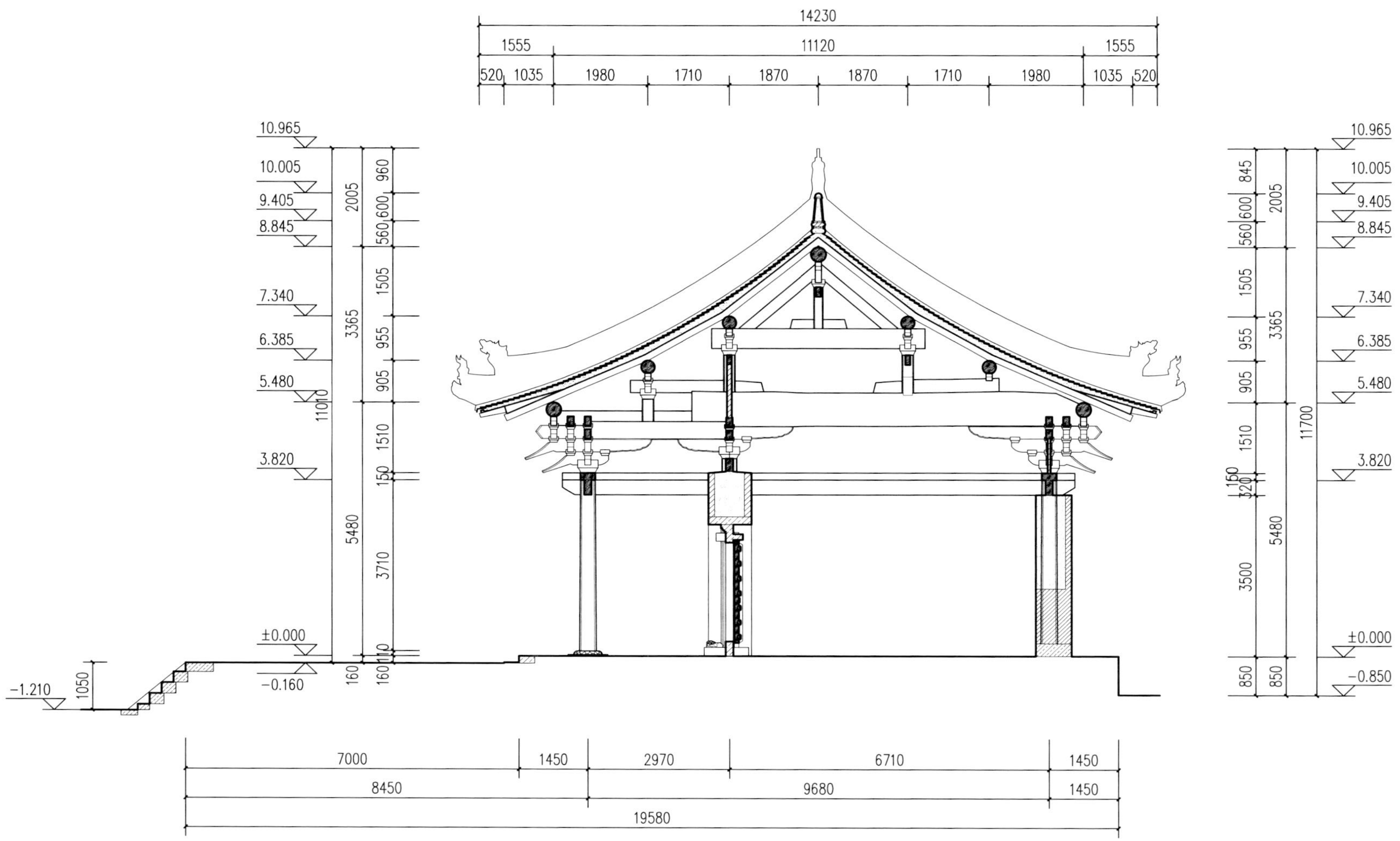

22 西李门二仙庙前殿剖面图资料

（二）后殿

后殿墙体、装修及材料的年代最早为民国或更晚之遗构，与附近一般民居建筑制作手法基本一致，建筑结构及举架与当地寺庙类建筑风格不甚协调。但残存部分基石，刻有题记，表明基础部分保留了金代遗物。从前檐保留斗栱特征分析，前檐斗栱及柱子、普拍枋、阑额等应为金代遗构。

23　西李门二仙庙后殿正面

24　西李门二仙庙后殿明间斗栱

25　西李门二仙庙后殿柱础

26　西李门二仙庙东梳妆楼正面

29　西李门二仙庙二进院西厢房

30　西李门二仙庙后殿柱头斗栱

27　西李门二仙庙后殿西耳房

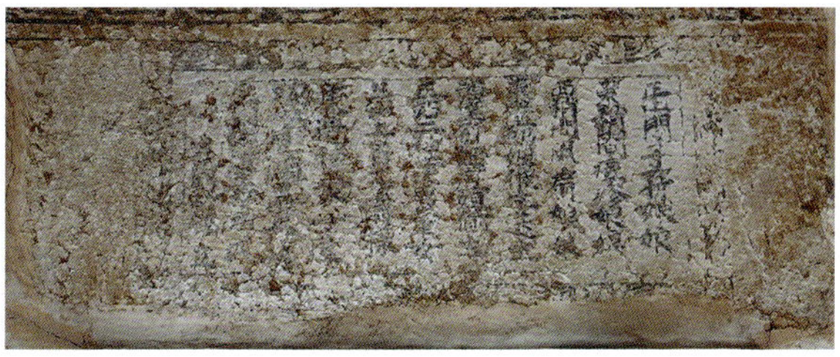

31　西李门二仙庙后殿西耳房门头题记

28　西李门二仙庙后殿东耳房壁画

32　西李门二仙庙东偏房壁画

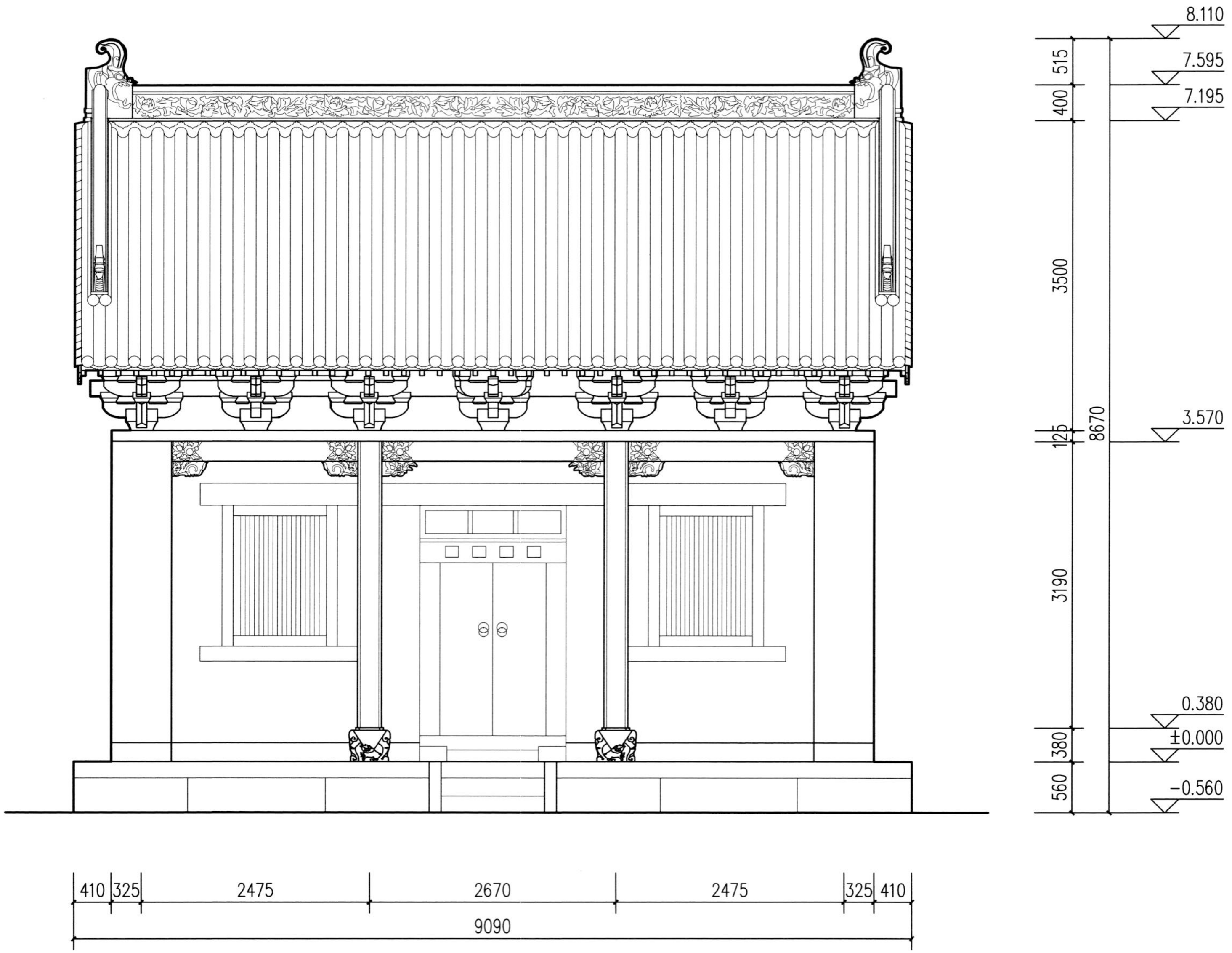

33　西李门二仙庙后殿正立面图资料

三、价值特色

西李门二仙庙是一处具有很高的历史、艺术、科学价值的传统式建筑群，具有综合的展示利用价值。

（一）历史价值

西李门二仙庙因崇祀唐代乐氏二仙女而得名，蕴藏着深厚的民间文化内涵，是一座建筑格局保存较完整的古代建筑群，融金明清及民国等各时期建筑遗构于一院，为研究我国晋东南地区古建筑区域文化提供了重要的实物资料，具有很高的历史价值。

西李门二仙庙现存建筑除前殿为金代遗构外，其余为明清时期的建筑。前殿从外观形式、内部梁架结构及门额上刻金“正隆二年岁次丁丑仲秋二十日谨记”施门框题记来判断，为金代遗构，展示了金代建筑的风貌，与境内其他金代建筑相对照，其建筑结构技术和建造手法是晋东南地方金代建造技术的真实体现，具有很高的研究价值。

（二）艺术价值

前殿内后檐及前檐墙上部现存壁画约 16 平方米，殿内外栱眼壁画约 8 平方米。殿前施石砌须弥座月台为金代遗物，束腰壸门内线刻云龙、花卉等图案，其中两幅珍贵的线刻“方巾舞图”和“对戏图”是研究中国古代戏剧的重要资料。

西李门二仙庙现存前殿为金代木构架，其建筑风格和结构手法既反映了该地区强烈的地方特色，也反映了山西境内金代木结构建筑的共性，是研究山西省境内木结构建筑区期特征及古建筑技术传承的实物资料，具有很高的艺术价值。山西古代木结构建筑技术和手法特点的地域性，大体可划分为北部区域（忻州、大同、朔州）、中部区域（太原、吕梁、晋中、阳泉）、东南部区域（长治、晋城）和西南部区域（临汾、运城）四个区域。而区域建筑特征的形成是由地域自然条件和历史条件以及民族文化所决定的。其中丁栿自然弯材及梁栿过渡构件完全是晋东南金代木结构的地方手法，是研究山西境内区域建造技术传承的重要依据，具有很高的学术价值。

（三）科学价值

前殿面阔三间，进深六椽，梁架为四椽栿对乳栿用三柱，单檐歇山布瓦顶，前一间为敞廊。大木构件建造规整，用材规范，屋顶举折平缓，出檐深远，较为完整地保留了金代建筑的风貌，具有极高的科学价值。

（四）民俗文化价值

西李门二仙庙是祭祀地方女神冲惠、冲淑二真人的寺庙。相传唐代有二姊妹，生母病故，不堪继母虐待，常仰天痛哭，感动天神，下降黄龙，二女乘龙升天，遂成仙女。二仙女非常关心民间疾苦，遇有求雨、求药、求子女者，有求必应，上党一带辗转流传，极为崇信，遂建庙祀之。对二仙的信仰，反映了封建社会老百姓对美的追求，对幸福生活的向往，同时也从另一个侧面抨击了封建礼制。二仙庙蕴含着丰富的历史民间故事，是研究晋东南地区民俗文化的实物资料，承载着厚重的地方民俗文化，是古代地方民众感情上的一种寄托，具有很高的民俗文化价值。

四、文献撷英

庙内存金大定二年（1162）石碣一方、清光绪六年（1880）《纪荒警示碑》一通、光绪十六年（1890）《永禁兴窑碑》一通。

《纪荒警示碑》（前殿前廊下），清代圆首方座青石质碑，通高 2.27 米，其中身高 2 米、宽 0.57 米、厚 0.2 米，座高 0.27 米、宽 0.59 米、长 0.92 米。碑文楷书，额书“纪荒警示碑”，碑文记述清光绪三年丁丑之岁，山西大旱，遭灾八十余州县。高平县户口逃亡，十村九空，人伦泯灭，“父食子、兄食弟、夫食妇、妇食夫，婴儿幼女抛弃道旁”，警告后世务农积粟，荒不为灾，各保室家，永终天年。光绪六年立石，本里乡贡史纪横撰文，邑痒生牛炳箕书丹，牛新年刻石。

另有光绪十六年《永禁兴窑碑》一通。

《砌基阶记》（后殿台基陡版上），金代。方形青石记事碣，高 1.5 米、宽 0.4 米，砌于后殿台基上。碣文楷书记载，庙自唐代创修至今已数百年，乡人修葺台基始末。金大定二年三月十五日立石。撰文、书丹、刻工不详。能辨认“唐建立修……大定三年……” 等字迹。

1. 唐代创建，年代不详。

2. 金正隆二年（1157），建前殿。

3. 金正隆二年（1157），建后殿西耳房（后殿西耳房门额）。现存西耳房斗栱为金代遗物，梁架为 20 世纪中叶之末改建。

4. 金正隆三年（1158），重修正殿、梳妆楼，《举义□□□□□重□献□□□□》（后殿台明东碣）。现状正殿铺作为金代遗物，梁架为明清遗构，梳妆楼现状为明清遗构。

5. 金大定三年（1163），砌后殿基石。《举义乡□壁村砌基阶记》（后殿台明西碣）。

6. 金代建山门，清代重建，年代不详。现柱础为金代遗物，余皆清代遗物。

7. 清代至 20 世纪均有不同程度修缮与改建。

8. 20 世纪 80 年代在原位置上增建了戏台（原戏台已无存）。戏台前台明尚存，从台明须弥座做法及雕刻图案特征分析，该须弥座台明至迟为明代遗物。

08

二郎庙

二郎庙 / ERLANG MIAO

一、遗产概况

二郎庙位于高平市区西北 8.5 公里寺庄镇王报村北的山岗上，是一处保存比较完整的道教建筑群。庙内共保存明清建筑 14 座，金代建筑 1 座。戏台位于二郎庙最南端，戏台东西两侧设南房、大门，左右对称。

二郎庙坐北朝南，为一进式院落。与其他庙宇相比，形制规整的二郎庙面积不大，1785 平方米左右，自南向北沿中轴线依次排列有戏台、献殿、正殿，两侧为朵殿、角楼，一字并列。正殿两侧各建耳殿三间，院内东西廊庑各十间，廊庑北部东西对称各建有配殿一座。正殿面阔三间，进深六椽；献殿面阔三间，进深四椽，二者均为明代遗构。献殿中央还摆放有明万历九年（1581）石雕供桌一张，雕刻异常精美。2006 年 5 月 25 日，二郎庙被国务院公布为第六批全国重点文物保护单位。

01　二郎庙航拍远景

二、建筑特点

(一)戏台

二郎庙戏台是一间亭榭式建筑，为单开间，平面为方形，面阔 5.02 米，进深 5 米。屋顶为单檐歇山顶，举折平缓。戏台檐下，大额枋和替木都伸出柱外，断面垂直截去，无任何雕饰。大额枋较宽厚，不用阑额，而在柱头上置大额枋。柱头出绰幕枋，额枋上施四辅作斗栱，每面各设补间斗栱两朵。所有斗栱的华栱与耍头均为琴面真昂，琴面昂身较短，昂嘴略近扁平。四转角斗栱皆三缝，出 45 度由昂、斜昂，正、侧面耍头则为蚂蚱头。戏台内无梁枋，斗栱为偷心造，昂尾由内跳华栱、靴楔承托，与大角梁一道托举起承椽枋，形成一个线条优美的屋顶弧线。

内檐四角设抹角梁，用来承托大角梁的后尾，抹角梁放在补间斗栱昂的柱头枋上。东西平槫和南北两系头栿首尾相搭，成为一"井"字形正方构架。四角老角梁尾直通并承挑于平槫与系头栿交点之下，为平衡角梁尾端向下的垂直力矩，另在四角补间斗栱中心上方位置和檐槫相平各施抹角梁一道，其中点恰好支承于老角梁尾中部之下方。再在系头栿上安装合楷蜀柱叉手和丁华抹颏栱，上施通替与脊槫。整座建筑构架简洁，设计合理，线条优美，给人一种自然流畅的感觉，与已经发现的金墓舞台模型相似。梁架部分的脊槫、采金、老角梁、仔角梁、抹角梁等，为自然直材，木质坚硬耐用。

02 二郎庙正立面

戏台采用须弥座式台基，这是金代高级别建筑所常用的。台基呈方形，宽 7.4 米，侧宽 5.9 米，高 1.4 米，四角立柱为粗大的圆木石对柱，通高 3.13 米，木柱收分、侧角甚是明显，透漏出宋金时期典型的雄浑大气的建筑风格。其中圆木柱高 2.65 米。圆石柱露明部分高 0.48 米，斗栱的立面高度仅有 0.62 米，为柱高的五分之一。

二郎庙戏台造型古老质朴，结构简洁，柱间三面有墙围合，台口敞开正对献殿。古代戏台功能大多是为酬神而修建。舞台可表演面积不到 20 平方米，如果把乐队和后台的位置考虑在内，前边供表演的面积也就能容 2~3 位演员。这说明那时候的戏曲规模不大，可能只是说唱、滑稽戏或民间秧歌表演，远没有明清时的戏曲成熟丰富。整座戏台从形制、构件及营造方式上都与宋代官方颁布的《营造法式》中的规定基本相符。二郎庙戏台是我国目前发现年代最早的戏台，弥足珍贵。

03　二郎庙脊块

04　二郎庙梁架、木基层

05　二郎庙柱头斗栱

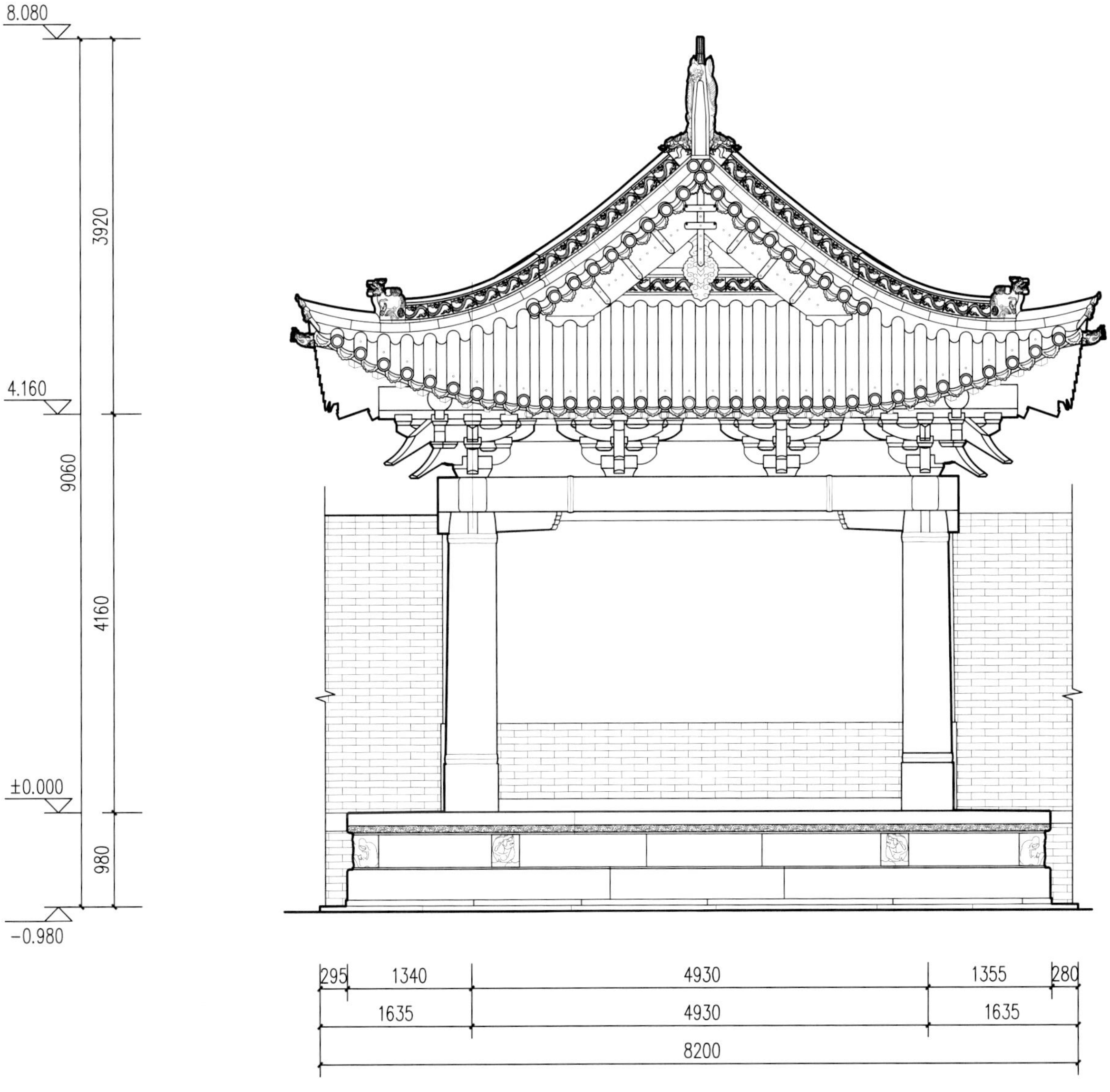

06　二郎庙戏台正立面图资料

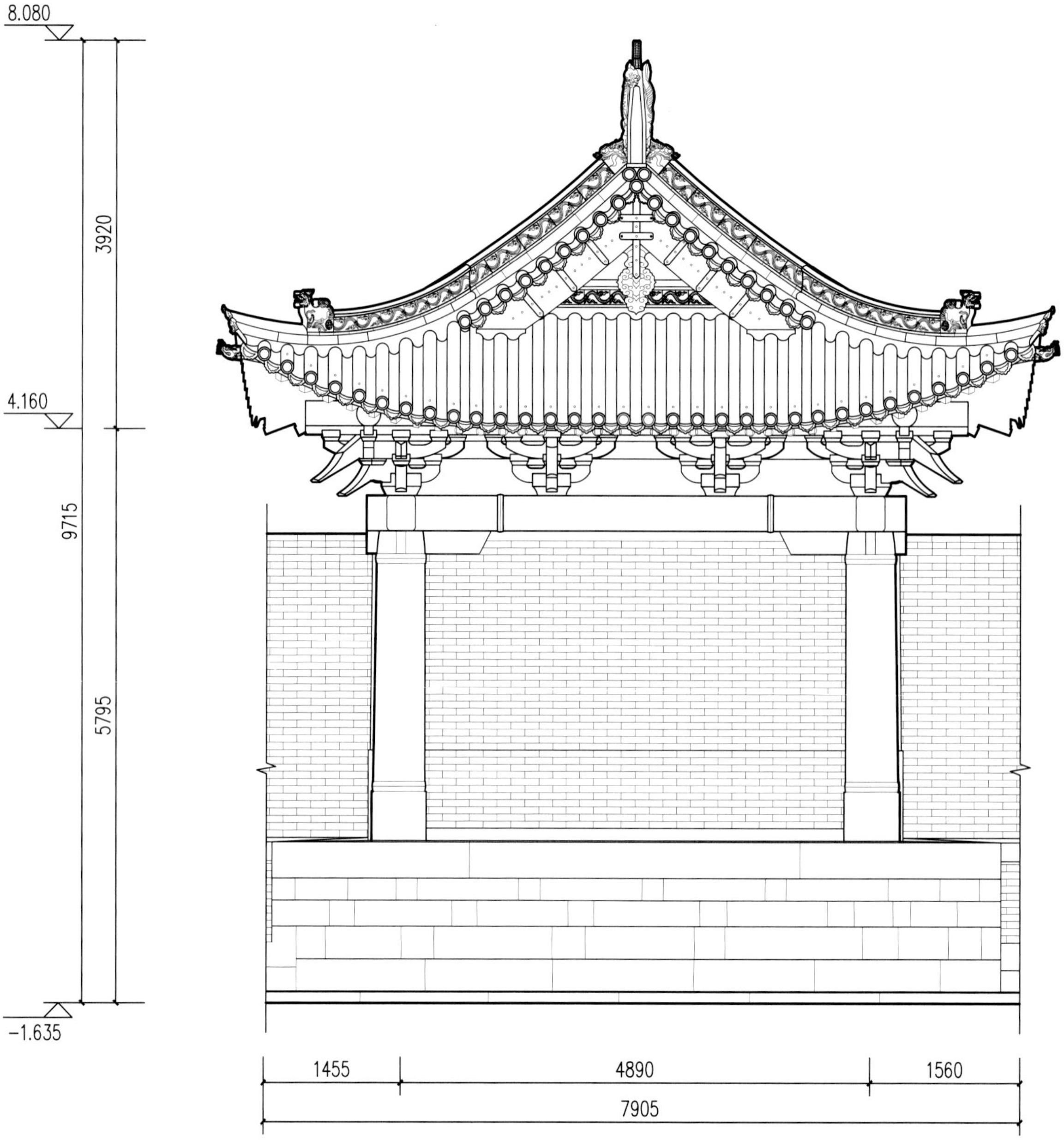

07　二郎庙戏台背立面图资料

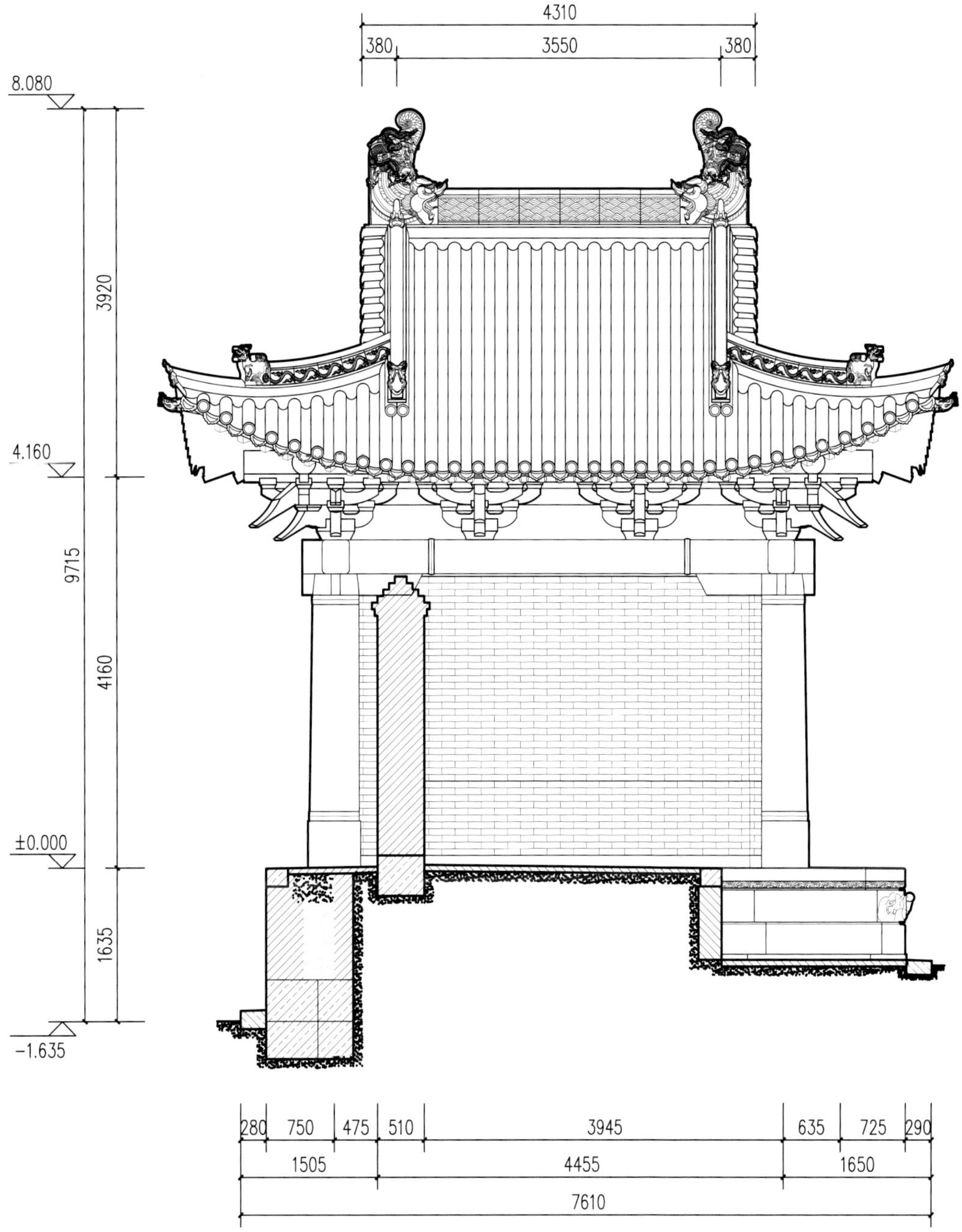

08　二郎庙戏台剖面图资料

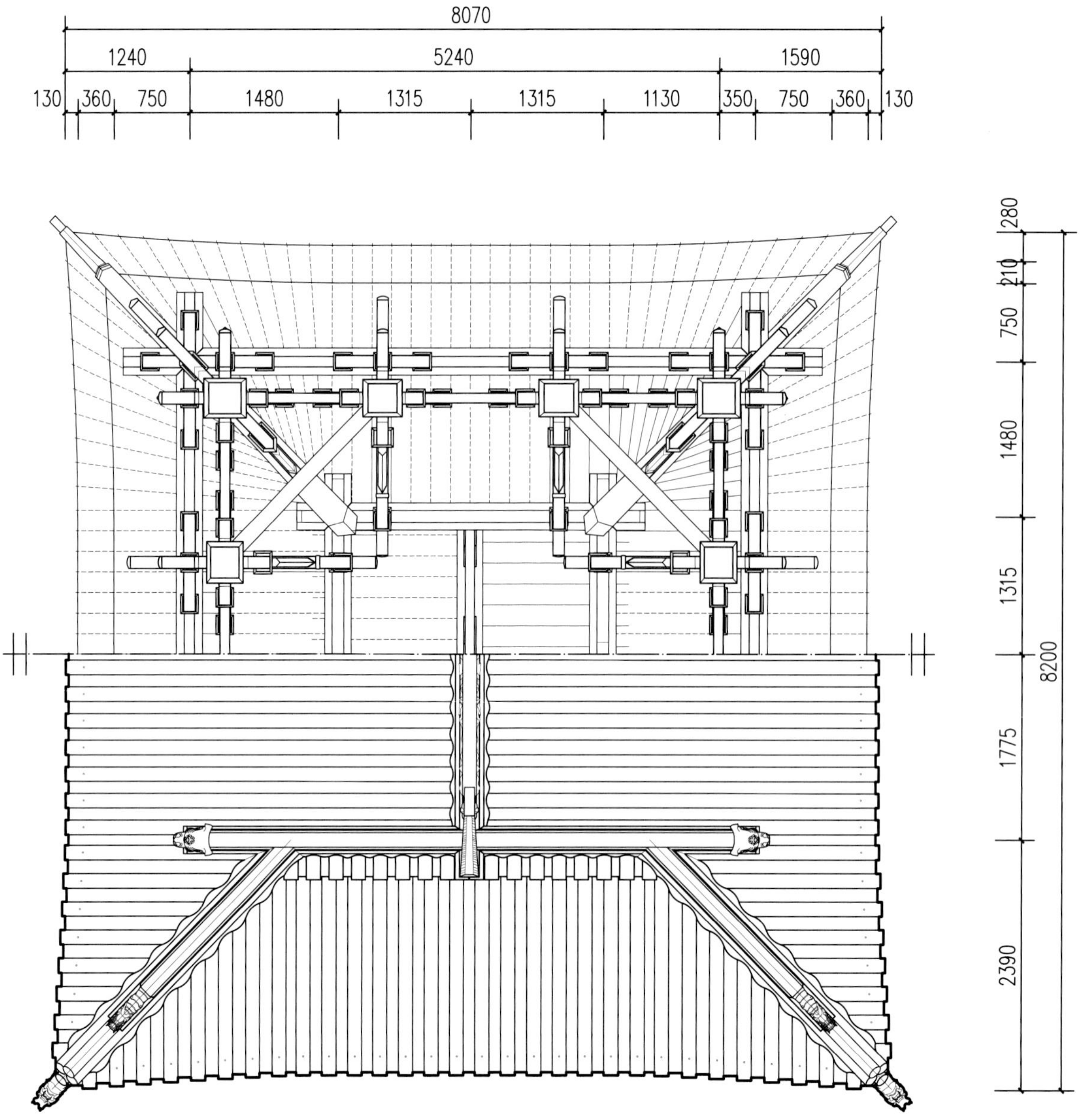

09　二郎庙戏台梁架仰视、屋顶俯视图资料

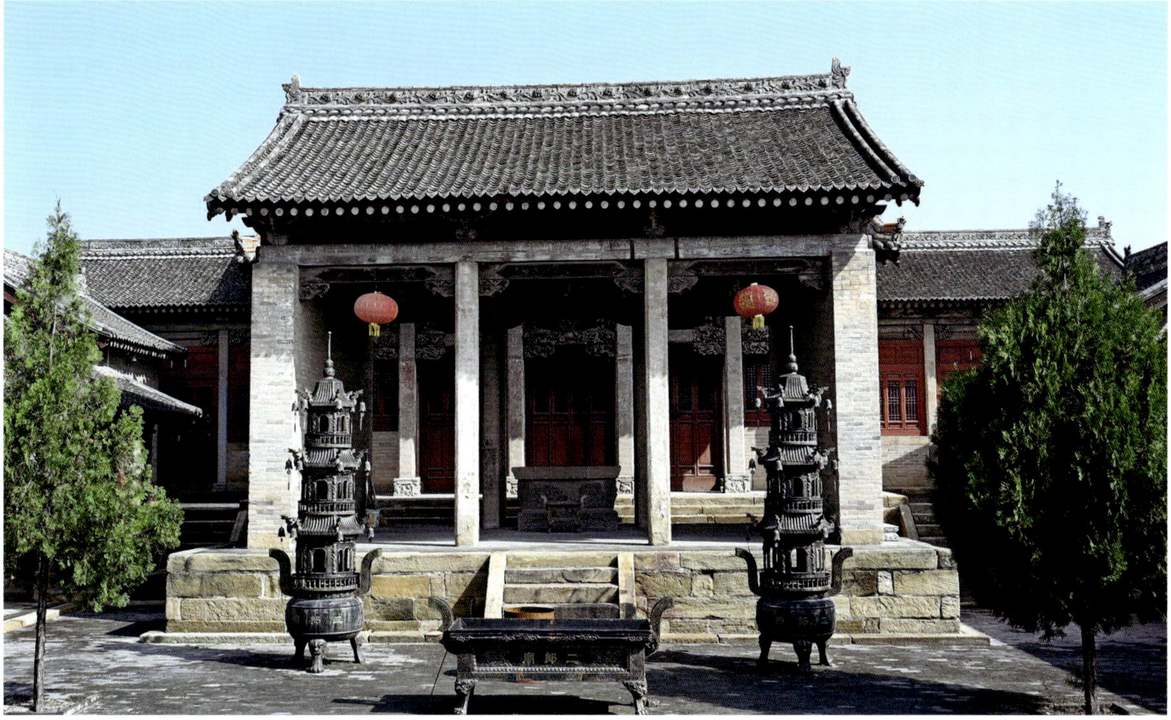

10　二郎庙献殿正立面

11　二郎庙献殿梁架

12　二郎庙供桌

13　二郎庙供桌

14　二郎庙供桌

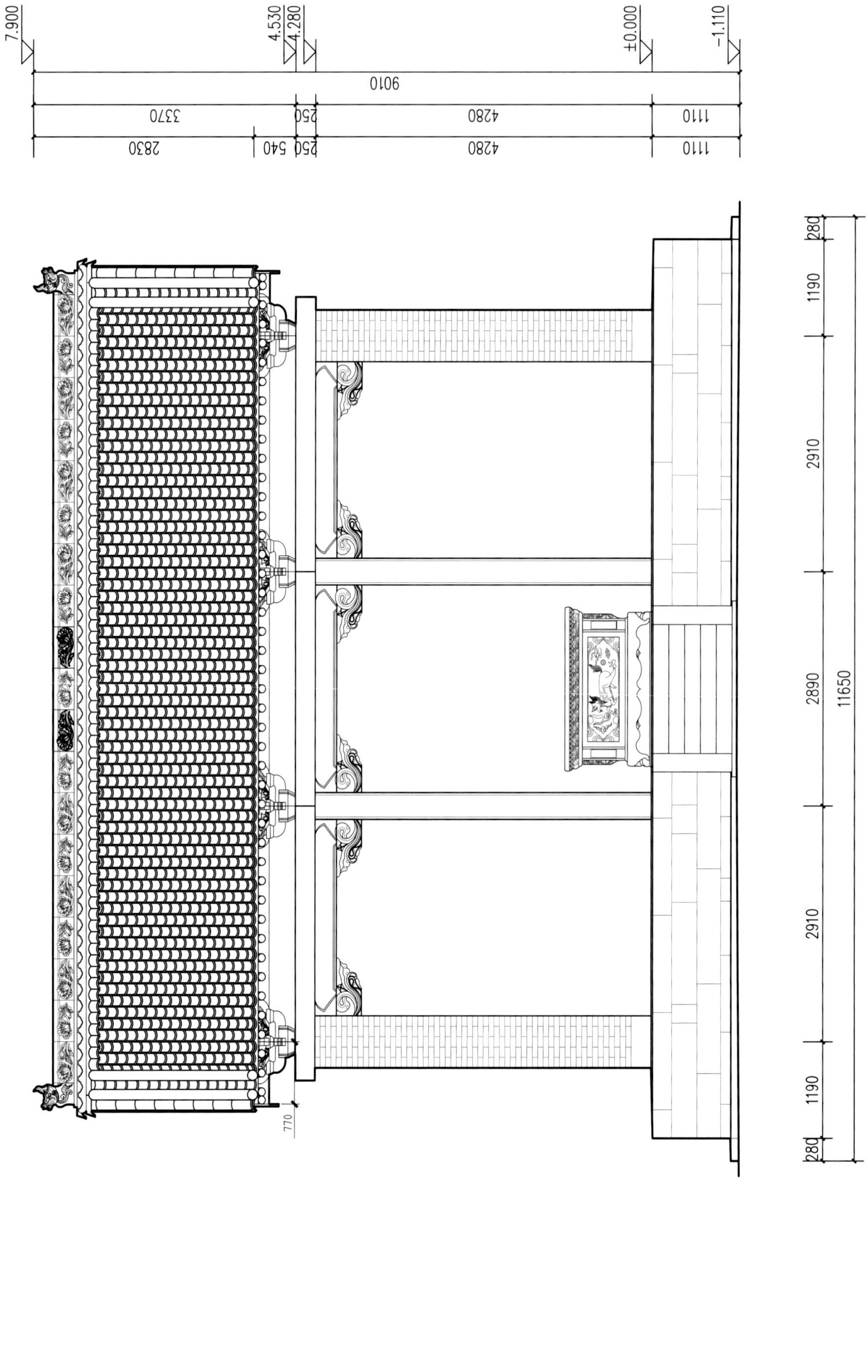

15 二郎庙献殿正立面图资料

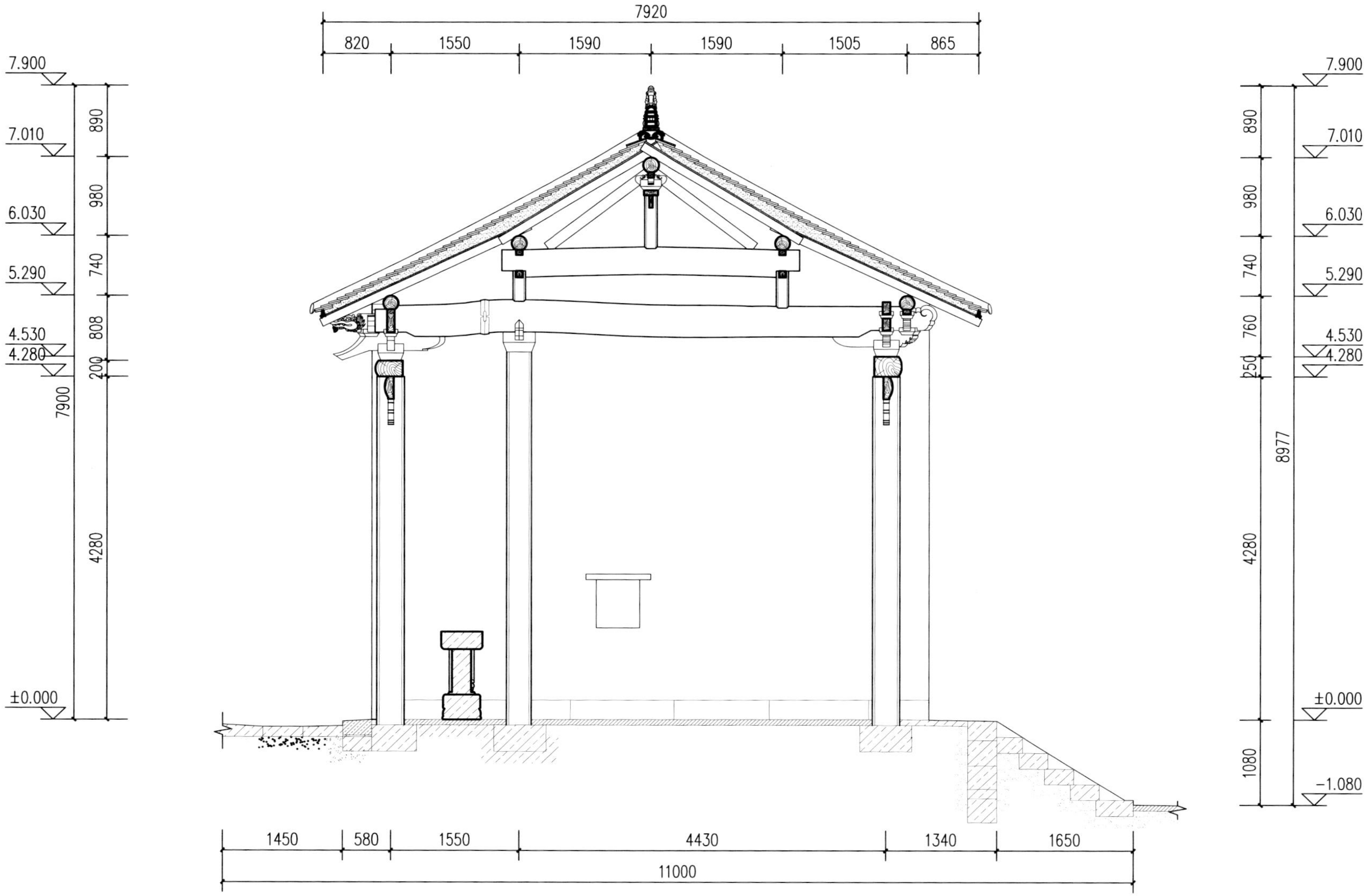

16　二郎庙献殿横断面图资料

17　二郎庙额枋、斗栱

（二）正殿

二郎庙正殿为明代建筑，前廊设石柱，柱础为方形，四周雕刻供案图案。上面雕刻奇花异草、飞禽瑞兽，装饰考究。柱头雀替雕梁画栋，采用通梁镂空雕刻，展现晋东南独特的审美和艺术特征。

18　二郎庙补间斗拱

19　二郎庙额枋、雀替

20　二郎庙额枋、雀替

21　二郎庙额枋、雀替

22　二郎庙额枋、雀替

23　二郎庙额枋、雀替

24　二郎庙梁架、木基层

25　二郎庙柱础

26　二郎庙柱础

27　二郎庙柱础

28　二郎庙柱础

29　二郎庙柱础

30　二郎庙柱础

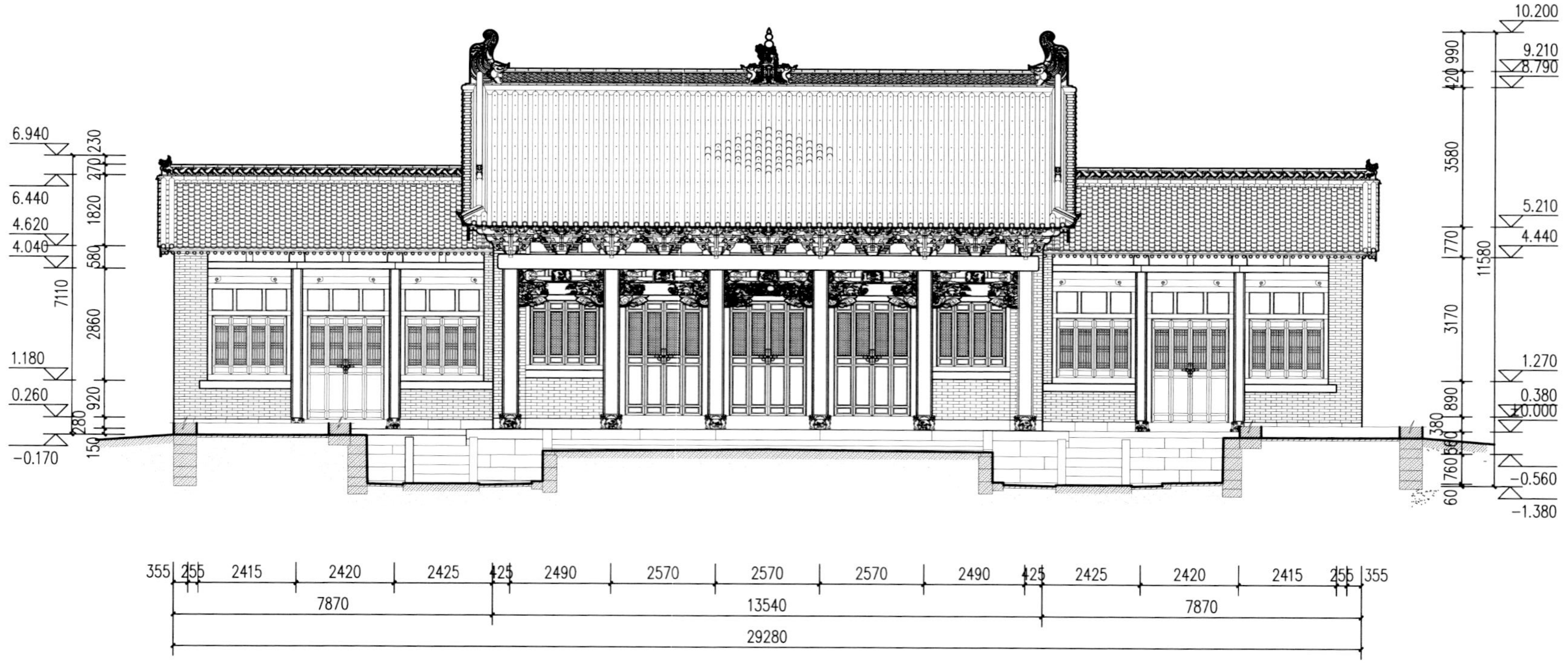

31 二郎庙正殿及东西耳殿正立面图资料

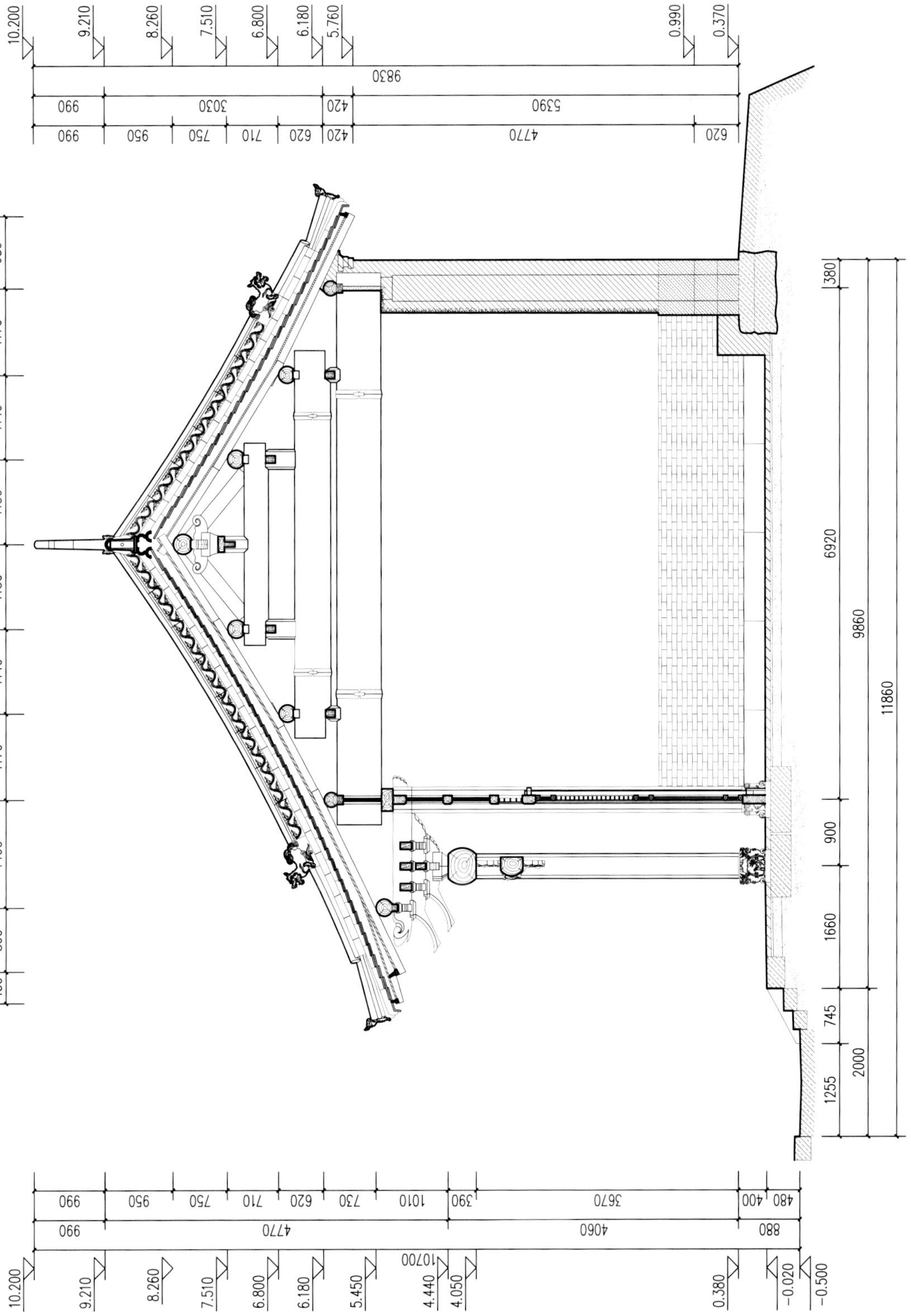

32　二郎庙正殿横断面图资料

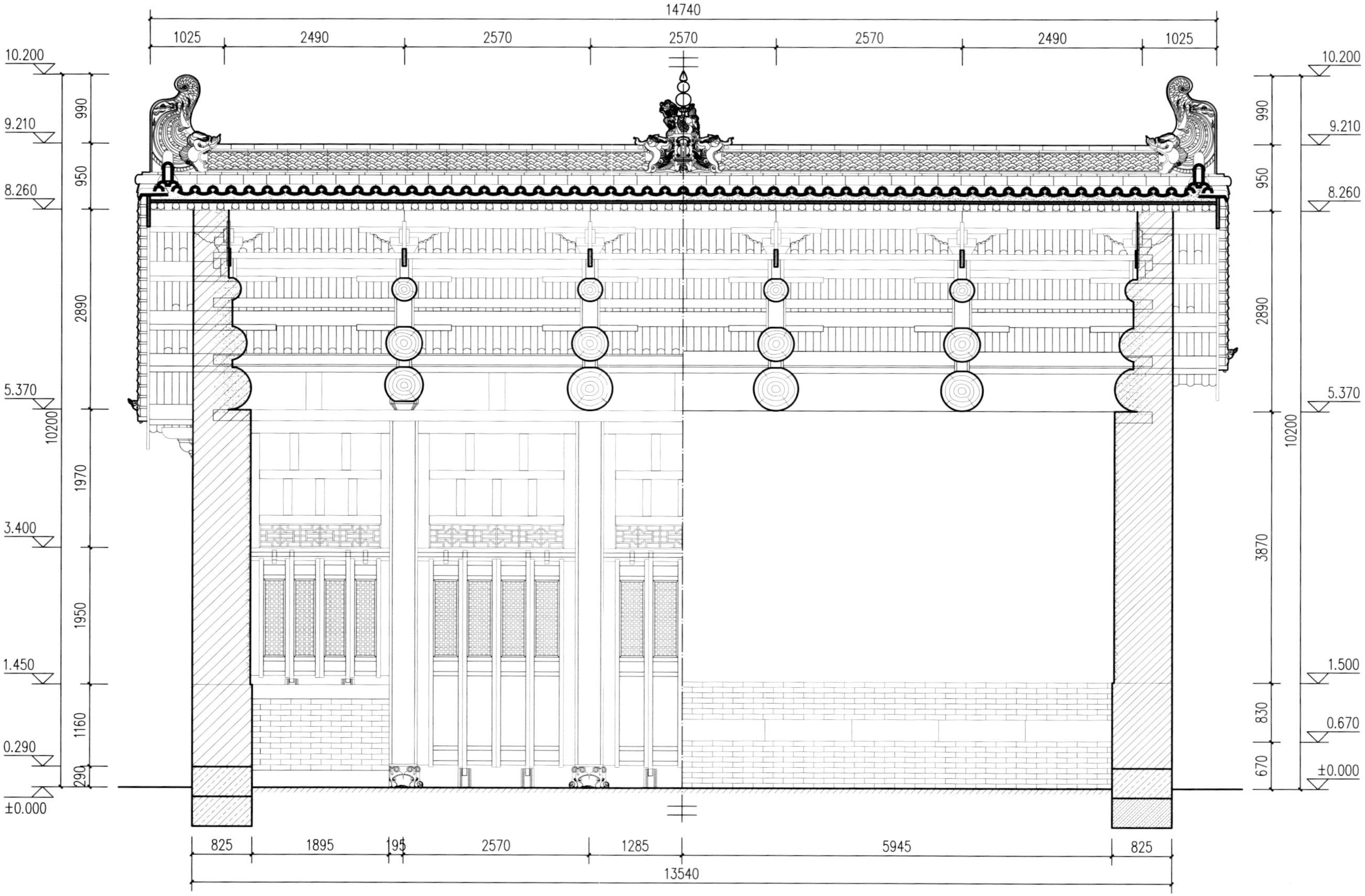

33 二郎庙正殿纵断面图资料

三、价值特色

（一）二郎文化

在中国古代传说和民间俗神信仰中，“二郎神”可谓是家喻户晓的神话人物。由于受地域文化的影响，北方神庙中虽说供奉二郎神的不少，可专门修建庙宇的，却并不多见。

王报二郎庙创建年代至今无从考究，不过最迟唐代时就已有了。由于年代久远，寺庙原来匾牌早已失落。对于这庙里供奉的二郎神到底是谁，在王报村流传着两种说法。第一种说法认为，庙里的二郎神为三只眼的杨戬，他力大无穷，法术无边，旁有神兽哮天犬。另一种说法认为是先秦蜀郡守李冰之子李二郎，他因随父治水被尊为二郎神，而且历代文人墨客在庙中殿阁廊庑所题匾额、楹联及壁嵌碑文石刻，都毫无例外地把二郎神当作先秦蜀郡守李冰之子李二郎来赞颂。

但道教却与民间传说有所不同。据《三教源搜神大全》记载，二郎原型为隋代四川嘉州太守赵昱，因持刀江中斩蛟为民除害而被奉为神明，先后受到唐太宗、宋真宗敕封圣号。千百年来，二郎神成为天界忠勇之神灵，民间百姓求他除恶扬善、祈祷福佑，封建统治者则求他永保江山社稷。这也就成为宋元时期的戏曲乃至后来的《西游记》《封神演义》等小说中二郎神形象的重要出处之一。

二郎庙殿内塑像，融合了三种说法，分别塑造了赵二郎、李二郎、杨二郎三尊塑像，也算是对历代二郎神崇拜的综合之举。

（二）戏台奇珍

山西南部地区享有“中国戏曲摇篮”之美誉，古戏台承载着文化，散落在三晋古地的每一个角落，更是文物古建的一道靓丽景观。戏曲形成发展经历了漫长的历史演变，早在春秋战国时代，山西就有悠久的乐舞文化传统，到了汉代，歌舞百戏十分兴盛。进入宋金时期，山西杂剧已相当繁荣，从金墓发掘的戏曲砖雕就可见当时的盛况。在张择端的《清明上河图》中，描绘了在宋都东京的勾栏瓦舍。北宋时期，由山西泽州说唱艺人孔三传创设的诸宫调厥功至伟，成为勾栏瓦肆中极具竞争性的新秀，惊艳了中国戏曲发展史。他“首创诸宫调古传”，“编成传奇灵怪，入曲说唱”，完成了文学与音乐的结合，为元杂剧的形成奠定了基础。至元代，山西已是全国戏曲艺术的中心，并诞生了以关汉卿为代表的一大批优秀剧作家。戏曲的兴盛促进了戏台建筑的发展。金元时期戏曲演出场所得到飞跃，由原来的露台、撂地为场变成了立四柱、加顶盖的正式舞楼，包含戏曲元素的各种傩祭、蜡祭、大戏、小戏，遍及太行山两侧城乡的各个角落。真可谓“演千秋史事尽是悲欢离合，看满台角色无非善恶忠奸”。

全国现存可查古戏台 2 万余座，以山西数量最多、历史最久，且部分保存完好。山西戏台最新的统计数字为 3719 座，而在晋东南地区，古戏台的存量惊人，上党地区的古戏台居然有 2000 多座。宋代以前的戏台仅见于文字记载，建筑实例早已荡然无存，类似临汾牛王庙的元代戏台已属罕见，王报二郎庙金代戏台，那就更弥足珍贵了。

文物部门认为二郎庙戏台是我国目前发现年代最早的戏台，比之前被一直认为是我国最古老戏台的山西临汾尧都区牛王庙戏台还早 138 年。该戏台的发现为研究我国戏剧发展史提供了实物资料，折射出中华戏台文化至关重要的一个章节，具有极其重要的文物价值。

四、文献撷英

二郎庙戏台须弥座较为简陋，上下均为砂石条，中央束腰处由4块长方形青石板围就，上有线刻图画，依稀可辨莲花、藤条、化生童子、牡丹等等。值得注意的是在台基右下方束腰石板（1.26米×0.32米）上刻有铭文："时大定二十三年岁次癸卯秋十有三日，石匠赵显、赵志刊。"石板左上角还刻有"博士李皋"四字。这说明戏台是在金大定二十三年（1183）创建的，距离现在已经840多年了，是我国现存最早的神庙戏楼。

随着王报戏台金代题记的发现，中国戏曲舞台的建筑实例被提早到1183年，比牛王庙戏台还早138年，改写了中国戏曲考古的历史。

附录：

山西现存主要金元古戏台：

1. 高平王报村二郎戏台
2. 临汾尧都区魏村牛王庙元代戏台
3. 临汾翼城县乔泽庙元代戏台
4. 晋城泽州冶底东岳庙戏台
5. 芮城永乐宫龙虎殿戏台
6. 永济董村三郎庙戏台
7. 沁水海龙池天齐庙戏台
8. 临汾东羊村东岳庙戏台
9. 吕梁石楼县张家河圣母庙戏台
10. 临汾尧都区王曲村东岳庙元代戏台
11. 临汾翼城曹公四圣宫戏台
12. 高平炎帝中庙戏台

这些戏台历史久远，见证了戏曲的沧桑巨变，成为戏曲逐渐从城市勾栏瓦舍走向乡野村间的主要标志。

09

中坪二仙宫

中坪二仙宫 / ZHONGPING ER XIAN GONG

一、遗产概况

中坪二仙宫位于高平市北诗镇中坪村西北 500 米的翠屏山南麓的卧龙岗上。二仙宫为单进院落，坐北朝南，东西宽 30 米，南北长 68 米，占地面积 2040 平方米。整个建筑沿中轴线对称布置，布局严谨，形制规整。最南边是山门和戏楼，两侧妆楼，东西两侧为配殿，正殿带左右耳殿，居最北。根据东耳殿明天启七年（1627）碑刻记载，二仙庙“东庑九间创自唐昭宗天祐之末年也”，由此可以推断正殿的创建年代应更早。中坪二仙宫创建于唐末。金大定十二年（1172）重建，后历代均有修葺、增建，现存正殿最古，主体结构为金代创建、元代修缮。1996 年公布为省级文物保护单位，2006 年 5 月 25 日被国务院公布为第六批全国重点文物保护单位。

01 中坪二仙宫航拍近景

02　中坪二仙宫戏楼、妆楼

03　中坪二仙宫脊块

04　中坪二仙宫额枋、雀替

05　中坪二仙宫梁架、檩枋

06　中坪二仙宫木基层、梁架

二、建筑特点

二仙宫正殿为二仙殿，是金代建筑历经元代修缮。正殿坐落于石砌台基上，面阔三间，进深六椽，平面为正方形，单檐歇山顶。屋面以筒瓦排布，屋脊饰以琉璃。梁架结构为六架椽屋四椽栿前对乳栿通檐用三柱。脊部屋架采用叉手、合楷、蜀柱、丁华抹颏栱组合的结构。两山靠后檐一侧柱头铺作通过爬梁架于四椽栿上。前廊檐置四根抹角方形石柱，内侧角收分明显，这种梁架结构的运用具有典型的金元时期特征。

从铺作层看，柱头施五铺作双昂斗栱，补间施五铺作双杪斗栱，转角铺作五铺作双昂出斜昂。前檐柱头铺作两朵，外部为五铺作出双下昂（假昂）计心造，内转则为四铺作单杪偷心造，耍头里转为乳栿，壁内可见隐刻重栱。前檐明间次间补间铺作共计三朵，外部依旧为五铺作出两杪计心造，内转六铺作双杪偷心造。这种做法和清代的五踩双翘鎏金斗栱挑金做法极为相似。后檐柱头铺作共计两朵，外部为五铺作出一杪一昂计心造，内转四铺作单杪偷心造。

两面山墙柱头铺作共计四朵，外部为五铺作出一杪一昂计心造，内转四铺作单杪偷心造。靠近前檐两朵铺作耍头里转为枋通长安置，靠后檐两朵铺作耍头里转为楷头承接爬梁。

前檐转角铺作有两朵，呈 45 度方向施两层角昂和一层由昂（假昂）、一层角衬枋。大角梁叠于牛脊榑和角衬枋之上。角昂和由昂里转为角华栱三跳，角衬枋里转为靴楔置于最上层角华栱跳头的散斗之上，向内托起大角梁。大角梁尾安替木，承接下平榑和系头栿。角昂两侧的两层搭交正昂和蚂蚱形耍头分别与另一侧泥道栱和两层隐刻慢栱相列。鸳鸯交手栱与正出耍头、由昂相交，通过替木承接牛脊

07　中坪二仙宫远景

槫。后檐转角铺作两朵，形制与前檐转角铺作类似，唯一区别在于改出三昂为出一杪两昂。

尤为珍贵的是在神龛内的二仙神像之下，有一座保存完好的用青石雕刻须弥座式神台。神台高约0.8米，座面呈正方形，面长约3米。神龛须弥台座雕刻精美，以壶门柱子层作为主体，仿木构枋层众多，主次分明。这种形制十分符合宋代《营造法式》中记载的垒砌须弥座、叠涩座殿阶基的做法。神台束腰处镶有数十余幅精美石雕，分别雕琢牡丹、莲花、梅花、忍冬花、宝相花等各种缠枝花卉，其中上层雕刻的仰莲和下层雕刻的合莲是典型的宋代样式。这些荷花、莲瓣及飞龙的石雕图案新颖，刀工娴熟，技法精湛，让观者赞叹不已。

更惊奇的是镶嵌在神台束腰的一块石碑，镌刻时间为“金大定十二年九月”，最后落款为“维那靳琪等”。“维那”并不是汉语体系，而是源出梵汉兼举之词，旧称悦众、寺护，为寺中统理僧众杂事之职僧。而二仙宫作为祭祀“地方神”的神庙，并非佛教寺庙，出现“维那”一职，显得扑朔迷离。但他详细记录了本村维那（佛教团体活动组织者）组织重修正殿的历史，保存至今显得弥足珍贵。

08　中坪二仙宫脊块

09　中坪二仙宫梁架、檩枋

10　中坪二仙宫梁架

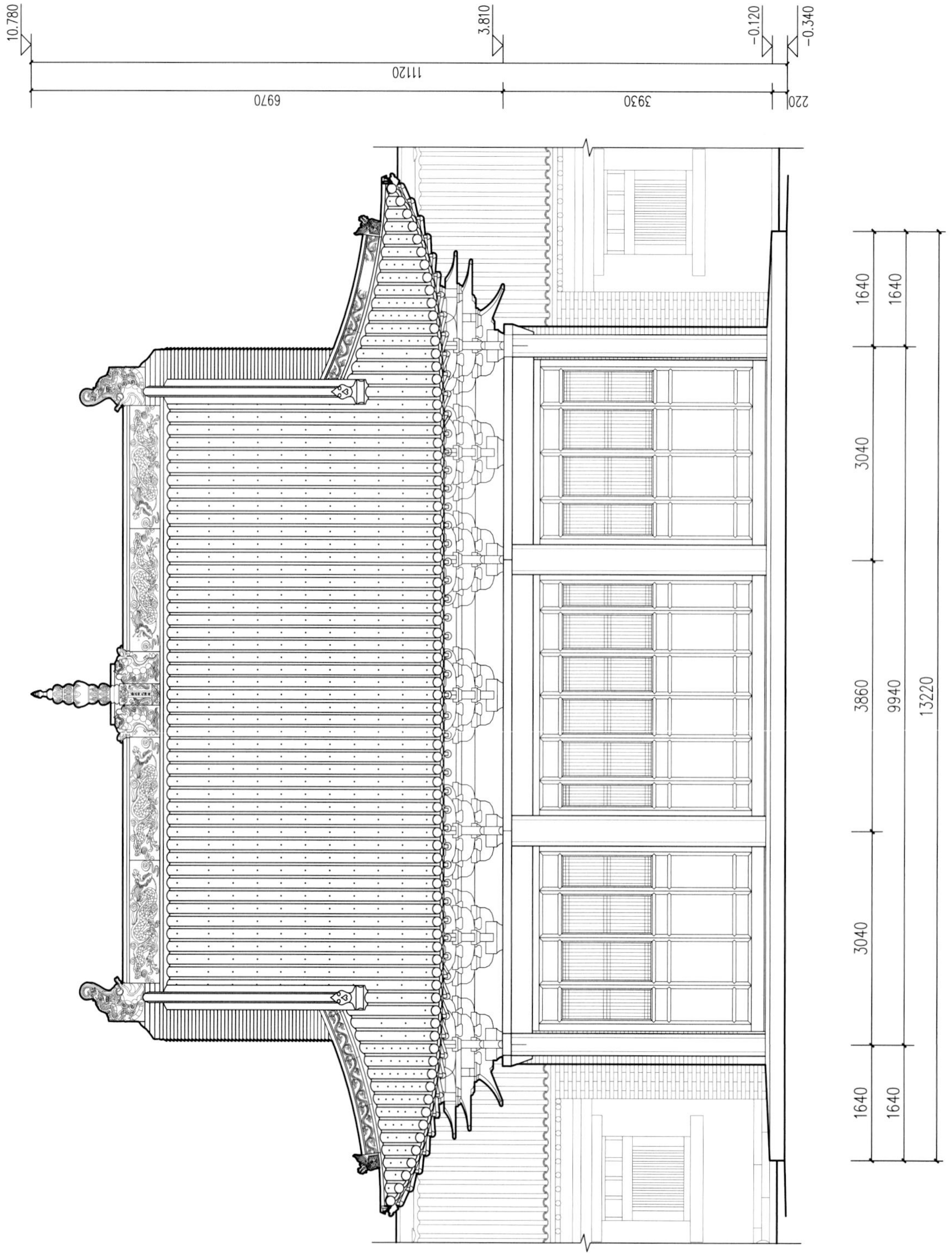

11　中坪二仙宫大殿正立面图资料

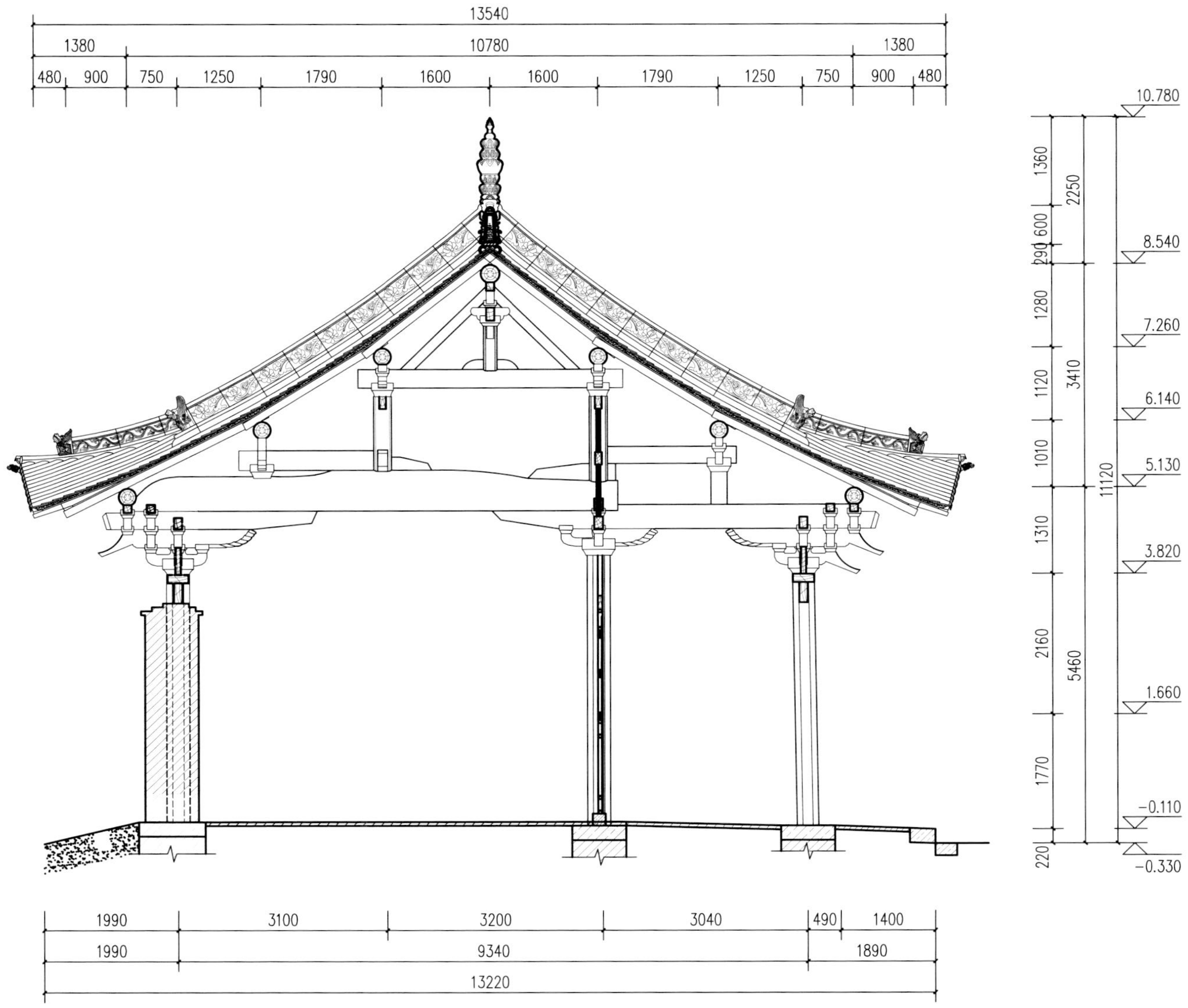

12 中坪二仙宫大殿剖面图资料

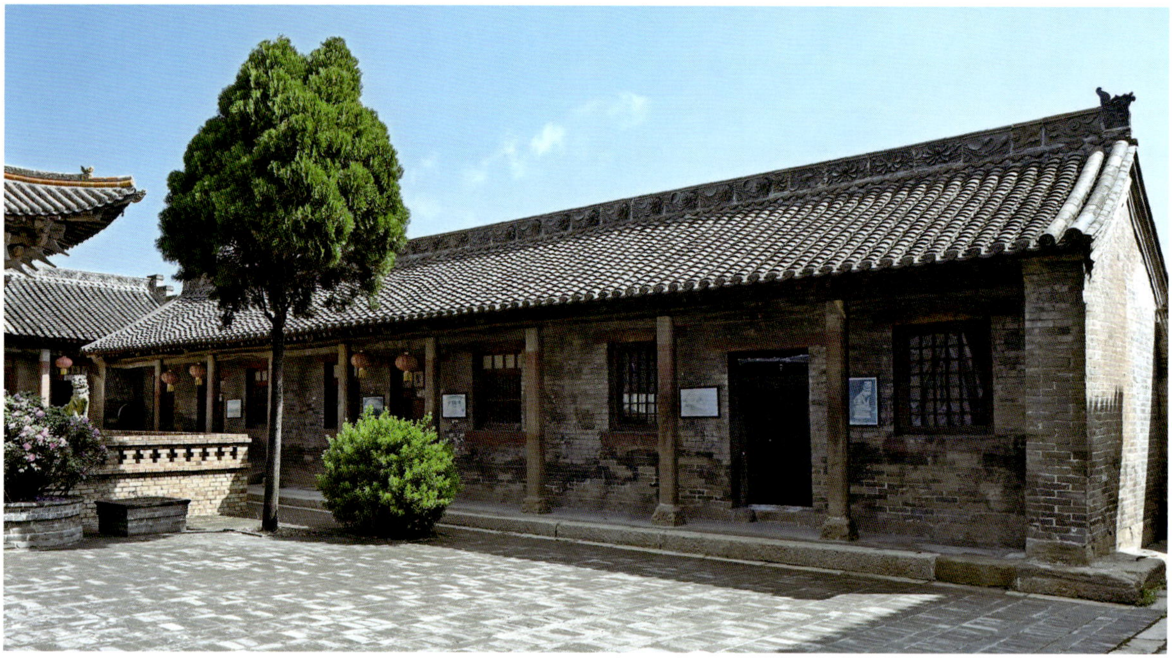

13　中坪二仙宫东厢房正立面

14　中坪二仙宫西厢房正立面

15　中坪二仙宫东耳殿

16　中坪二仙宫西厢房梁架

三、价值特色

二仙宫整座庙宇布局严谨、结构完美、建筑科学、艺术精湛、庄严大方，特别是正殿斗栱结构上保留有上党地区金代营造的诸多手法，其中叉手、合楷、蜀柱、丁华抹颏栱组合的结构尤为特殊。在我国现存古代木构建筑遗物中堪称瑰宝，具有很高的历史和艺术价值。

殿内保存青石雕刻须弥座式神台是为数不多的金代神坛精品。它题记清晰，雕刻精美，风格类似宋代十三份须弥座台基。其形制符合宋代《营造法式》中的垒砌须弥座、叠涩座殿阶基，对研究宋金台基须弥座具有很高的实物参考意义。

四、文献撷英

二仙宫的石刻碑记较多，现存石碑墙碑 20 余通。在主殿神台之上束腰处的碑刻年代最久，最为珍贵。

神台上的石碑题记："翠屏一景，水清山秀。中建真人行宫，乃时祈祭之所。原夫真人显圣迹于秦关，施德泽于黎庶。今者宫室既备，藻饰鸠全。奈何基址已坏，柱础难存，真人无可安坐。今有本地维纳谨发虔诚，各舍己财，仍招良匠，遂甃基地，继功于后。岁易年迁，恐不知其首，故记之耳，直书年日而已。"时间为"金大定十二年九月"，最后落款为"维纳靳琪等"。这里记录了创建于唐代的二仙宫，曾在金大定年间重建，也佐证了二仙宫主殿金代建筑保留至今完好无损的原真性。

除金代题记碑外，最早的石碑为立于"元至元五年(1339) 仲冬十一月"的《大元国泽州高平县举义乡话壁村翠屏山重修真泽行宫之记》，详细记载了"二仙"的传说及重修二仙宫的过程。

二仙宫明代碑碣最多，共计 12 通，横跨万历、天启、崇祯各个不同时期。这些碑文清晰地记载二仙宫所经历的过往。

《重修二仙宫碑记》刻于"明万历二十九年(1601) 秋仲月望日"。碑文记载："二仙神庙，其来远矣。灵感唐昭宗之前，褒封以旌在庙，共晓圣母之灵应，而芳名以上彻于堂皇。"另一通刻于明天启七年的《重修二仙宫壁记》也记载"创自唐昭宗天祐之末年也，其来远矣……重修于元朝至元三年"。"天祐"为唐昭宗末期使用的年号，唐昭宗李晔于 889—904 年在位。这也是人们推断二仙宫距今已有 1100 多年历史的重要依据。

二仙宫最后一次维修是在清同治二年至十二年(1863—1873)。这通用赑屃驮的大石碑也是二仙宫最具有工艺价值的珍品。《重修二仙庙碑记》立于殿东，高 3.46 米、宽 0.68 米、厚 0.25 米。碑刻采用石灰岩，碑首均为方形，上刻高浮雕双龙戏珠图案，云盘以“万”字锦地纹作地，造型栩栩如生，雕工玲珑剔透。碑首碑额刻“真泽圣”，背面刻“万善同归”。碑首边除老子训教图、几何图纹外，还有琴棋书画。碑身边框以“万”字锦地纹作地，雕刻花卉、缠枝、龙纹等；鳌座雕工相对简约，以鼓形为主体，写生雕出鳌首。碑文主要记录了昔日各村社、个人、字号所捐赠的名目。虽是清代石碑，却是按宋代赑屃鳌座碑之形制所造。

无独有偶，二仙宫还保留着另一通一模一样的石碑，碑铭为《翠屏山灵贶王庙重修碑记》。两碑均为清同治十二年九月立，只是碑首、碑身雕刻的图案有所不同。从雕刻工艺来看，完全出自同一匠人之手。两通石碑雕工精美，具有较高的工艺价值。

10 清梦观

清梦观 / QINGMENG GUAN

一、遗产概况

清梦观位于高平市城东北 12.5 公里的铁炉村东。坐北朝南，南北长 65 米，东西宽 37 米，占地面积 2405 平方米。二进式院落。山门、中殿、后殿依中轴线向北延伸，左右建钟鼓楼、配殿、厢房、耳殿。

观内主体建筑三清殿为元代建筑，始建于元世祖中统二年(1261)。大殿外观古朴庄重，元代建筑的粗犷风格显著。房梁饰以彩绘为元代官式彩绘之版本。殿内四壁满绘壁画，为研究道教文化提供了翔实资料。后殿重建于明代，其余为清代建筑。整个建筑严谨对称，颇具特色。2006 年 5 月 25 日被国务院公布为第六批全国重点文物保护单位。

01 清梦观航拍远景

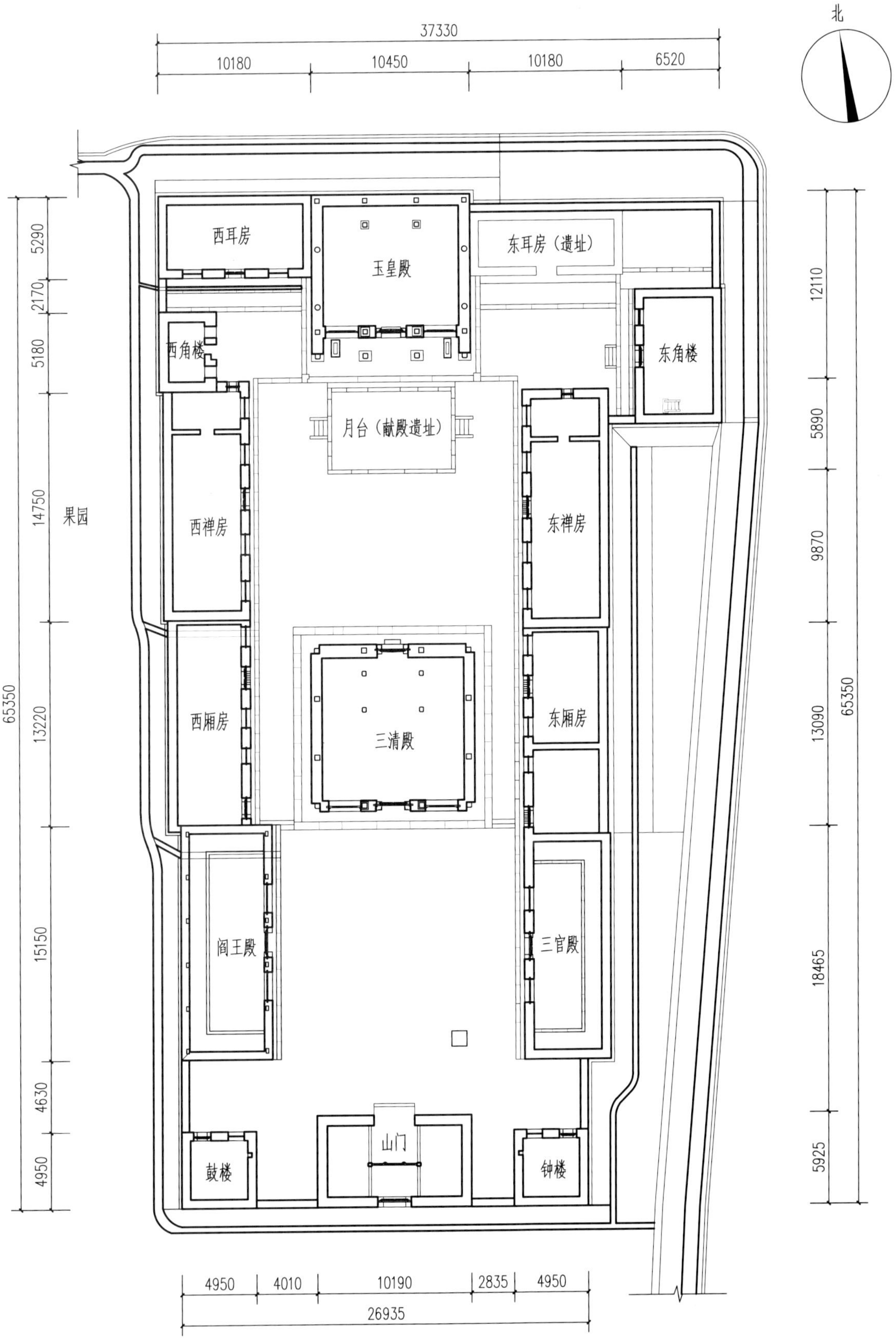

北
37330
10180
10450
10180
6520
西耳房
玉皇殿
东耳房（遗址）
西角楼
东角楼
月台（献殿遗址）
果园
西禅房
东禅房
三清殿
西厢房
东厢房
阎王殿
三官殿
山门
鼓楼
钟楼
5290
2170
5180
14750
65350
13220
15150
4630
4950
12110
5890
9870
13090
65350
18465
5925
4950
4010
10190
2835
4950
26935

02　清梦观总平面图资料

二、建筑特点

清梦观所处小山叫四坪山，环境清幽，遍植花木。镂空的山门屏风、古色古香的灰墙青瓦、五色斑斓的琉璃，都显示这是一处绝佳的修仙场所。清梦观三清殿是其中最具价值的一处建筑，距今 750 多年。它始建于元世祖中统二年，单檐歇山顶，坐落在 0.4 米高的石砌台基上，造型古朴大方。面阔三间，进深三间，

03　清梦观山门及钟鼓楼近景

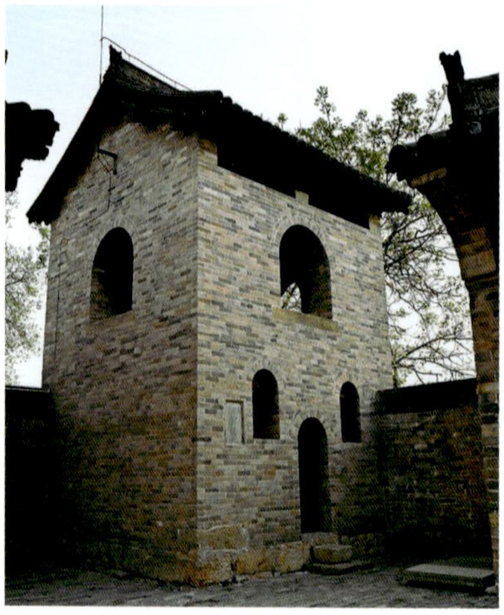

04　清梦观鼓楼

05　清梦观三官殿

06

平面呈方形，屋顶以灰筒板瓦平铺，屋脊有琉璃脊饰，色彩艳丽。柱头斗栱单昂四铺作，补间斗栱单杪四铺作，转角斗栱单昂四铺作出斜昂，柱底素覆盆柱础。正面明间开板门，每扇门上饰 5 排门钉，每排 6 个，次间安直棂窗。

07　清梦观明隆庆元年重修阎王殿题碑壁画

殿近景

08　清梦观阎王殿梁架

梁架结构是六架椽屋五椽栿对前劄牵通檐用三柱，即除去前后两侧的檐柱，殿内尚有一排内柱，大梁架在后檐柱和内柱上支撑托起五架椽子。前劄牵，也就是另外一侧的小梁，架在内柱和前面一侧的檐柱上，托着一架椽子。这种结构既能节省材料，又结实耐用，巧妙解决了力学对选材苛刻的运用难题。尤其是在元代大木料短缺的情况下频频采用，展现了元代建筑古朴粗犷、不拘形式的建筑风格。

更加难得的是大殿屋顶梁架布满彩绘，应是元代建筑同时期遗留样式，颇具特色。五架梁底面为红底绿线的枋心锦彩画，五架梁下用作托接梁身的楷头，通体以朱红为底色，用墨绿绘制缠枝花卉，花朵分青白两种颜色，红色花蕊做装饰。整个梁架以青绿色为主，色彩鲜艳，描金的龙凤造型生动，

09 清梦观三清殿正立面

10 清梦观三清殿斗栱

11 清梦观三清殿斗栱

展翅探爪飞舞于梁枋之上。彩绘富丽堂皇，大气磅礴。这种彩绘为典型的元代官式彩绘，在晋东南建筑中保留如此完整，难能可贵。房梁上方还留有明代悬塑一组，但局部损坏。两侧为双龙，中间作圆形太极状，应该是道家向往的仙山海岛。

12 清梦观三清殿梁架

13 清梦观三清殿彩画

14 清梦观三清殿彩画

15 清梦观三清殿彩画

16 清梦观三清殿彩画

17 清梦观三清殿彩画

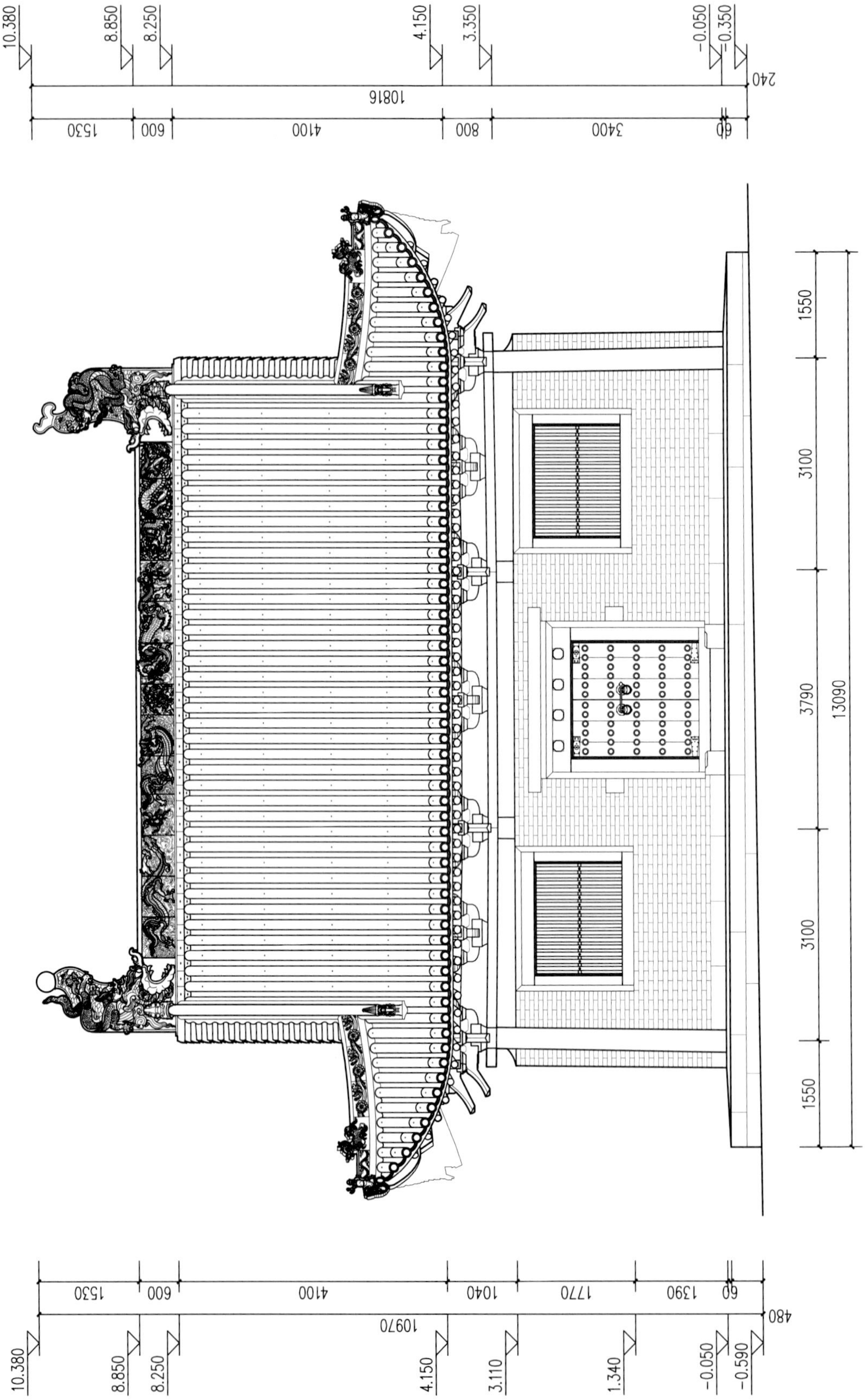

18 清梦观三清殿南立面图资料

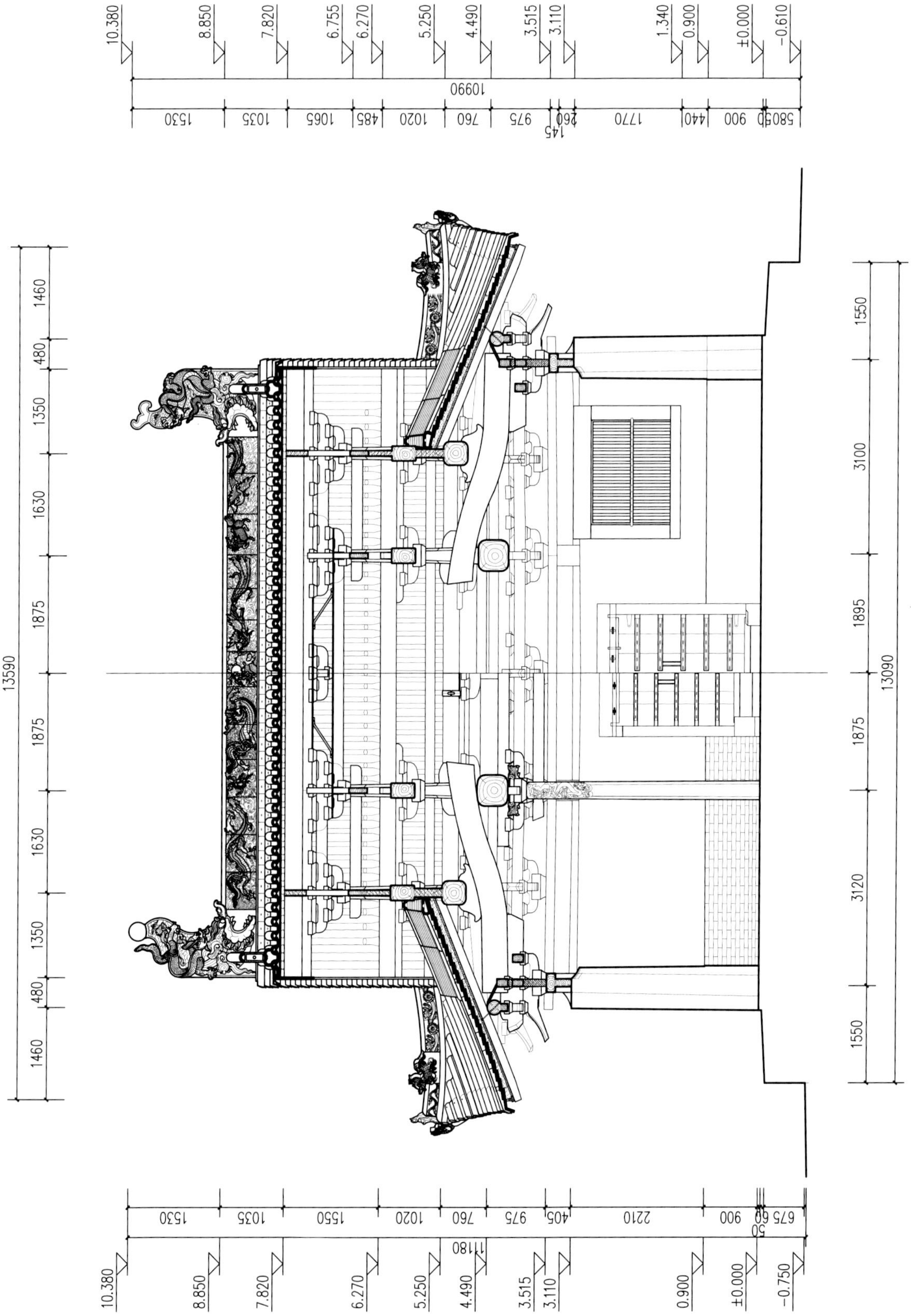

19 清梦观三清殿纵断面图资料

此外，清梦观后殿玉皇殿虽为明代重修，但根据清梦观内现存碑文和梁架考证可知，该殿木构架风格和建筑手法，还是保留了元代建筑遗留格局。殿前有一座乐台，也称享殿，一般为做法事、讲道、祭祀、祈福之场所。在台基上保留完整的圆雕角兽，造型十分生动可爱。玉皇殿悬山顶，面阔三间，进深六椽，殿前有廊，柱头上有斗栱，单昂四铺作，耍头呈昂形。殿内梁架情况和三清殿略不同，为四椽栿前后劄牵通檐用四柱，前劄牵下为前廊，即殿内中间有两排内柱，内柱之间是托着四架椽的大梁，内柱外侧与檐柱之间是劄牵，分别托着一架椽，其中南侧一面在内柱间砌墙开门窗，前面形成前廊。

梁架上也绘满了色彩艳丽的绿底彩绘，应该是元代木构架的原有纹样。玉皇殿也就成为研究由元至明地方建筑风格过渡演变的实例。

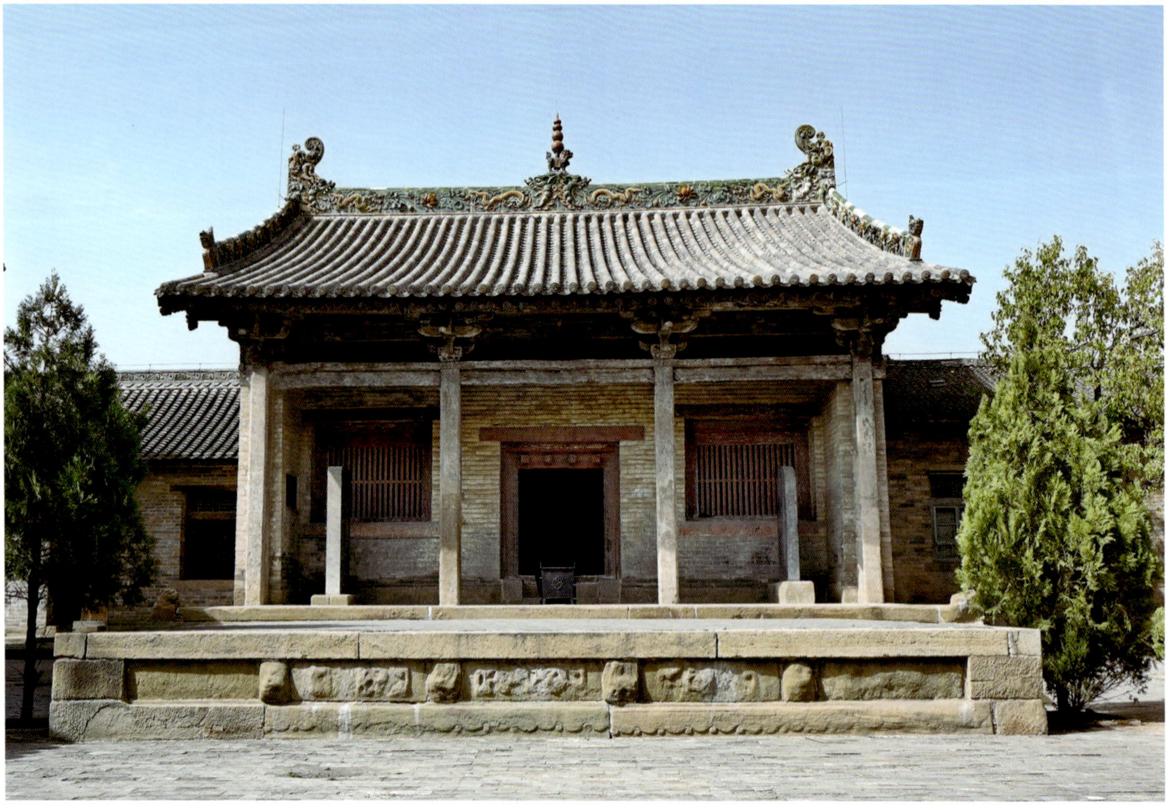

20　清梦观玉皇殿正立面

21　清梦观玉皇殿梁架

22　清梦观柱头斗栱

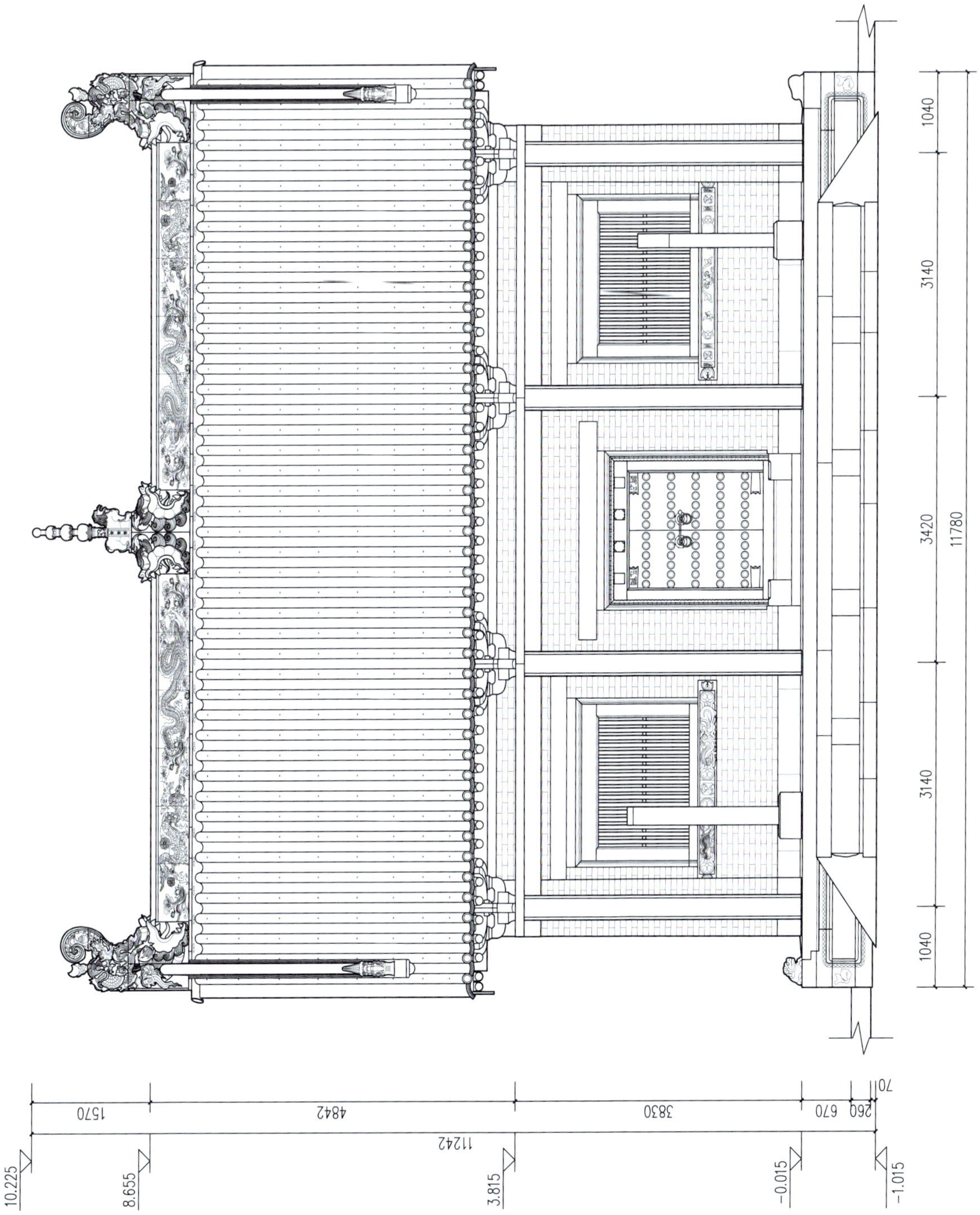

23 清梦观玉皇殿正立面图资料

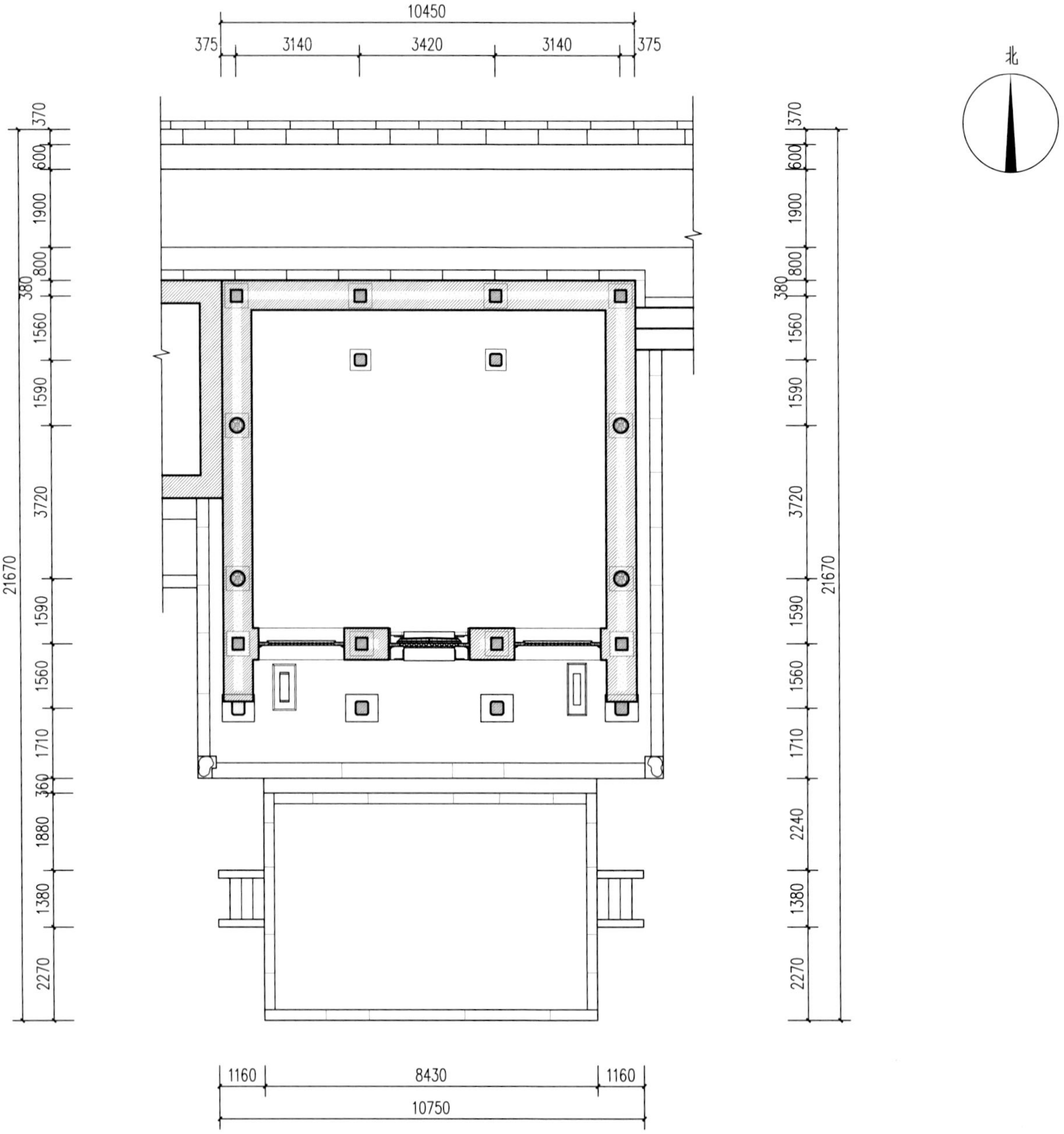

24　清梦观玉皇殿平面图资料

三、价值特色

（一）元建木构彩绘

清梦观三清殿是建于750多年前的元代建筑，尤其是殿内梁架上彩绘尤为特殊。朱红为底色，绘以墨绿色缠枝花，是典型元代官式彩绘。它保留如此完整，难能可贵，为研究山西金元时期道教建筑的发展提供了珍贵的实物史料。

此外，清梦观玉皇殿使用构件及木构架风格，依旧保留了元代遗构的诸多做法。这为研究晋东南明代建筑提供了实物资料，也成为研究由元至明地方建筑风格过渡演变的实例，具有较高的历史、艺术价值。

25　清梦观玉皇殿柱头斗栱

26　清梦观三清殿栱眼壁画

27　清梦观三清殿栱眼壁画

28　清梦观三清殿栱眼壁画

29　清梦观三清殿栱眼壁画

30　清梦观三清殿栱眼壁画

（二）壁画艺术特色

三清殿内最为珍贵的是大殿内墙壁上绘满了壁画。四面墙壁上的壁画有所不同：

南墙上的壁画是两幅人物画，形象饱满，非常传神。画面中两人，一人身穿白袍，面目清秀，一人身穿绿袍，器宇轩昂。两人都头戴道冠，手持白色笏板，神情庄重。这二位原为老子门下弟子。一名叫尹喜，一名为张道陵，相传老子一传尹喜开创文始派，又传张道陵开创正一派。

尹喜楼观派简称尹喜派、楼观派或文始派，为早期道教派别之一。它是在我国西北地区兴起的道教派别，传播影响的核心在陕西周至县终南山麓，以楼观为传道根据地。楼观道尊尹喜为祖师，尹喜的原型则是来源于春秋时代与老子齐名的道家关尹。

张道陵，是道家正一派的创始人，师从太上老君，被“授以三天正法，命为天师”，后世尊称为“老祖天师”“正一真人”“三天扶教大法师”，著书有《老子想尔注》，弟子达3000多人。张道陵所创始的正一派是以老子为教主，为最高信仰，符箓斋醮为传播方式，以追求长生不死和成仙为最高境界的一种宗教组织。

东、西、北三面墙的壁画，以连环画的形式，讲述道教教化故事。每幅都在一个四方格内，四方格长约0.4米、高约0.3米，壁画连贯，篇幅紧凑。北壁壁画因建筑板门的设置，分为东西两面墙壁。故事人物和情节都用固定尺寸四方格围住。从第一幅到第八十一幅，难能可贵的是每幅都有标题，一

31　清梦观三清殿前墙壁画

32　清梦观三清殿前墙壁画

个故事连着一个故事，如同现在的连环画卷。标题的字迹可辨，为研究道教太上老君四处游走教化的事迹提供了实物资料，生动再现了壁画绘制时期当地人们的生产、生活场景。

壁画所绘的道教故事，是太上老君八十一化图。全国的道教宫观保留完整的太上老君八十一化图并不是很多，在陕西浮山老君洞有线刻画、在甘肃平凉崆峒山老君楼有壁画、在陕西佳县白云观三清殿有壁画、在河北蔚县老君观三清殿有壁画等。而清梦观的壁画正是非常完整展现道教这一内容的图画。从绘画的风格和题材设计看，清梦观的壁画和道教圣地崆峒山绝顶老君洞中的太上老君八十一化图极为相似，甚至可以说是互有关联，一脉相承，对研究道教史迹、传承、典籍具有极高的历史艺术价值。

壁画色彩饱满瑰丽，以朱砂、石青石绿为画面主色调。人物造型众多，但都形神兼备、活灵活现，绘画线条起转颇具功力，用笔流畅自然灵动。壁画故事复杂多变，内容展现方式多样，有坐轿出行的达官贵人，有黎民百姓的生活风情。有宴会筵席，有车马出行，有住宅屋宇，有饮食起居。更多表现道教领袖于市井生活教导感悟众生的场面，画面细腻写实，人物准确传神，构思巧妙，匠心独具。

清梦观的壁画正是完整展现道教内容的图画。壁画人物造型灵活生动，形象饱满，非常传神。壁画色彩饱满瑰丽，绘画用笔线条流畅、准确灵动。从绘画的风格和题材内容上看，清梦观的壁画具有很高的艺术价值。

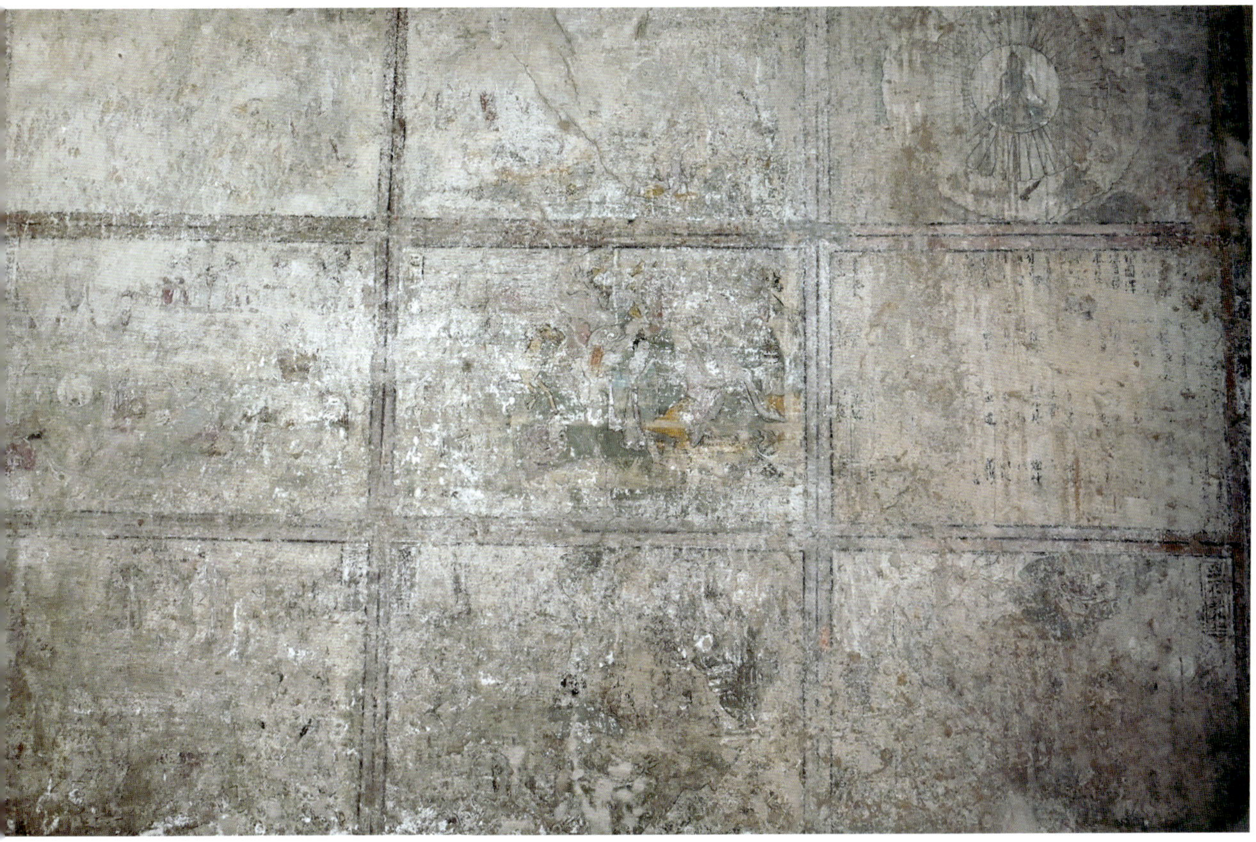

清梦观三清殿东山墙壁画

34 清梦观三清殿西山墙壁

四、文献撷英

清代《高平县志》中对清梦观的来源，有这样的记载：“金姬志真，皇统中游五岳，归语所亲曰‘人生一梦耳’，舍宅作观名‘清梦’，服紫衣为道。”就是说，金代的姬志真游五岳后，感叹“人生一梦”，于是将自己的舍宅作观，名“清梦”。

三清殿前东西分别立有两通碑，西面碑刻为《重修清梦观碑》，记载清梦观破损严重，于明万历四十年（1612）、清嘉庆二十二年（1817）、道光四年（1824）岁次甲申九月均有重修。东面为《创建清梦观记》，碑文记载，清梦观创建于元世祖中统二年，也就是南宋景定二年，创建者是道人姬志玄，详细记载了清梦观从建造到兴盛的全过程。现摘录如下：

创建清梦观记

三洞讲经渊静大师姬志真撰

乡贡进士阎庭琇书丹

进士姬汝弼篆额

夫道者，天得之清而覆，地得之载而宁。万耀得之而常明，四序得之而不忒。圣人得之所以垂世立教而为天下式。灵源一发，众派争流。开辟已来师资受授，薪焰相续，代不乏人。历久或渝，浇醇散朴。近代重阳复出，建立扫除，别传教外，辅之以清静真实，应之以柔顺谦冲。所以具天地之人大全，完古人之大体也。道传东海数子，皆能服膺，以至鼓舞唱和，其风渐著。逮乎皇朝应运，奄有诸夏。上遣使征栖霞长春真人。既及行在，问答有契，特旨复燕建长春宫，主盟玄教，蠲免门下赋役。特以课诵熏修仰报皇恩。自是玄风广被，道日重明。参谒者雾集云骈，营建者星罗棋布。诸方异域胥如也。

兹古泫之东北，里不及舍，依阜聚落曰石村。逾岗而东望，大山曰四垂。山之石出岫，婉转起伏，至西而极，其首曰神堆。松岗下临故第，前依削壁，立观曰清梦。原自姬公先生之来而崇建焉，实祖居之地也。先生讳志玄，道号洞明子。性浑厚，喜清澹，幼有出尘之虑。贞祐南迁之末，兵尘骚屑，靡有孑遗。方河朔预宁，先生避地于齐赵之间，闻长春之风而悦之，乃易衣而道。久之，历太原、经台山，杖履所及，观宇随立。户外之履尝满，将□而祝之者众。年已长矣，策杖而来载经父母之邦，复造先人之庐。顾荆榛草木之缗合，几泯灭而遗土矣。其徒悯斯覆绝，为之营葺焉。于是垦擗土石，开通正路，剥阜填虚，平高就下，日往月来，其功乃完。

立正殿以奉高真，序堂厨以集清众，祝诞皇祚，祈福官民，养浩栖真，尊师报本，宜矣。甫成之始，真人额之曰清梦焉。盖取先生往反之际，倏忽之间，形物变迁，人世革易，犹炊黍之未熟，磨镜之未明，皆自冥冥而去矣。庸非梦乎？以今况昔，则昔之梦浑也；以昔况今，则今之梦清也。昔梦今梦，犹在梦中。未审今之言梦者，其觉者乎？其梦者乎？未至大觉，焉知大梦？先生特其觉者欤，则视向之胶扰尘物，宁介意焉，故为之应梦尔。

余以同邻而处，同族而亲，从事于道而偕老之至故，闻清梦主人之言，喜为之寐语云。其铭曰：

伟至道之冲虚，贯洪纤而有余。

唯朝彻之独有，启洞明之六如。

效周蝶之往复，亦栩栩而蘧蘧。

今神仙之洞府，曩祖宗之故居。

笑采薪之争鹿，嗟没渊而为鱼。

听钧天之广乐，步黄帝之华胥。

顾彼此之物化，寓玄冥而复初。

名斯观于清梦，为觉者之蓬卢。

大朝中统二年九月二十三日。

本观尊宿道士夷然子李志□、李志方，知观赵志通、朱志完立石，门人……

本观住持道士张志久□、阎志正、赵志□

本师赐紫崇道大师洞明子姬志玄，门人台州明阳观道士刘志冲……

张壁长春观住持道士同尘子陈志冲、

赐紫渊静大师王志深、

陈坘比社清真观道士质真子郭志朴；

米山显圣观赐紫悮正大师邢志端、李志仪；

石匠张道清刊

11 古中庙

古中庙 / GU ZHONG MIAO

一、遗产概况

古中庙又名炎帝中庙，位于高平市城东北 10.5 公里的神农镇中庙村。该庙创建年代不详，坐北朝南，占地面积约 1.2 万平方米，寺庙依山势而建，建筑规模宏大。分为上下两院，下院建筑有舞台、看楼、香积厨等。上院有山门、太子殿、正殿（元祖殿）、耳殿（关帝殿、先蚕殿、药王殿、娘娘殿）、厢房等。2006 年 5 月 25 日被国务院公布为第六批全国重点文物保护单位。

01　古中庙航拍远景

二、建筑特点

古中庙下院东向开门，拱券式门洞上有“古中庙”三个大字，门为新建。庙内建筑沿中轴线依次顺地势而建。院南坐南朝北原有古戏台，已毁，现存舞台建于 20 世纪 70 年代。戏台西为禅房，东为看楼。

02　古中庙东配楼正立面

03　古中庙东配楼雕刻

上院山门位于中轴线之南，面阔三间，进深五椽。在前檐金檩位置于次间砌筑分心墙，明间设板门一道，形成了前檐出廊的平面，后檐三间敞开，单檐悬山干槎瓦屋顶，琉璃正脊。山门面阔三间，在明间前后檐各立石柱两根，两山及前金檩位置砌墙承重。前后檐平板枋上施柱头科共四朵，形制为一斗二升交麻叶，麻叶头系四架梁、单步梁出头制成，与之十字相交在大斗内出正心瓜栱托承随檩枋。前檐柱础四面浮雕独角兽及八个面目威严的兽头，寓意镇守庙门。

04　古中庙山门及东西耳殿角楼南面

05　古中庙山门背立面

山门西面的门洞上方，有明代石刻“炎帝中庙”匾额一块，落款为“明天启二年（1622）”，距今已有400余年历史。“炎帝中庙”字迹遒劲，十分醒目。匾额通常应位于庙门的正上方，“炎帝中庙”四个字却在西面的门洞上，庙内清道光年间的碑文给出了答案，“炎帝中庙”下方原是旧庙门，当地人认为该门建偏了，于是在最后一次重修时，将其用砖封堵，重设了门的位置，始成今日格局。

06 古中庙山门远景

07 古中庙山门垫板

08 古中庙山门垫板

09 古中庙山门垫板

10 古中庙山门斗栱

11 古中庙山门东耳殿及东角楼近景

12 古中庙山门西耳殿及西角楼近景

13 古中庙明天启二年题记

14 古中庙明天启二年题记

15 古中庙原山门牌匾

16 古中庙山门东耳殿斗栱

山门正对面为太子殿，太子殿东西两侧分别为柱五殿、精卫殿。

太子殿为元代遗构，创建于元至正二十一年（1361），坐落在高1.2米的石砌台基上，面阔三间，进深四椽，平面方形，单檐歇山顶，筒板布瓦屋面，是庙内现存最古老的建筑。周檐施大额枋，柱头斗栱为五铺作双下昂。角柱四根，柱础为素面方形。柱头之间用小檐额四面联构，柱头之上承托大檐额一道，形成柱额圈梁框架。另在前后檐额下支顶附柱各两根，将其立面分割成三小间，直柱造、无侧脚。殿身角柱几乎无修饰，坚硬的柏木去皮后稍加砍斫即成，元风显著，收分侧脚较为明显，亦有宋金遗韵。

17　古中庙太子殿脊饰

18　古中庙太子殿南立面

太子殿构架小巧精致，实际上更接近四架椽屋的亭式结构，在转角铺作内侧、正侧两面素枋与平棊枋之间施抹角梁、抹角枋各一道，大角梁尾叠压枋上，角梁背部通过五铺作重杪襻间斗栱承托四面交构的搭交平槫。殿内施八角藻井，位于殿内襻间斗栱之上、脊部由戗之下，利用平槫缝的襻间出斗栱八朵，在其出跳栱上继续向殿中央叠涩栱枋而成，中悬垂莲柱。整体看是一个平面为八边形的伞状结构，又如一朵盛开的莲花。整座建筑因不施横向梁栿，故俗称无梁殿。转角斗栱上置角神，整体显得古朴典雅，庄重稳健。

19　古中庙太子殿斗栱

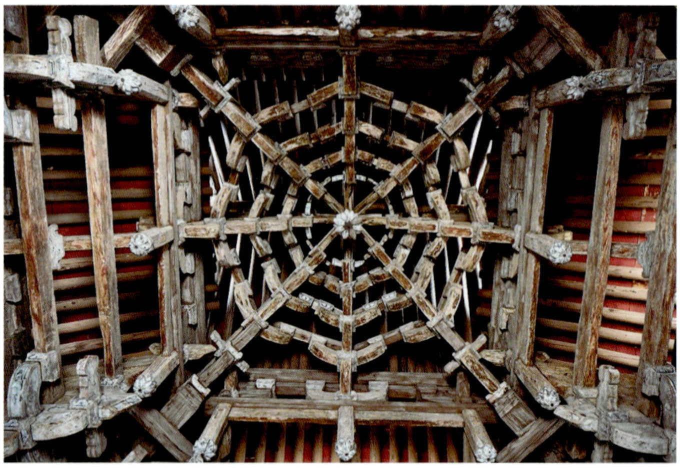

20　古中庙太子殿藻井

21　古中庙太子殿花窗

22　古中庙太子殿转角斗栱

23　古中庙太子殿转角斗栱

太子殿前后各辟一门，殿内东墙壁上嵌有石碑一方，名为《创修神农太子祠并子孙殿志》，碑身左右刻双龙祥云图案。东西壁各开圆形花窗，花窗外饰仰莲，中为素面青石，内层为木制素面窗框。整座建筑小巧精致，形制独特，是我国现存有关祭祀始祖炎帝最早的建筑。

24　古中庙西配殿及高禖祠

25　古中庙西配殿梁架

26　古中庙西配殿柱头斗栱

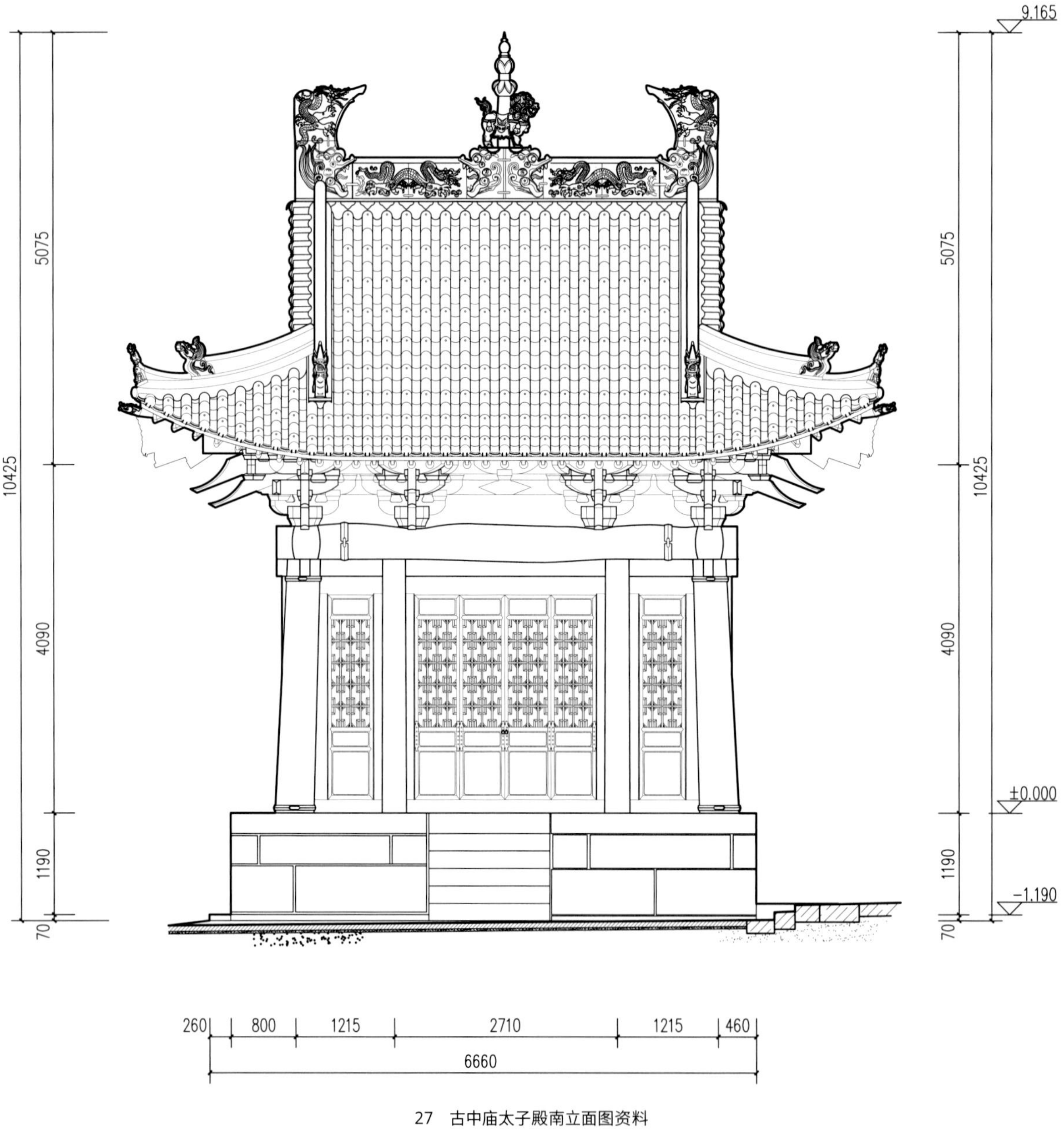

27　古中庙太子殿南立面图资料

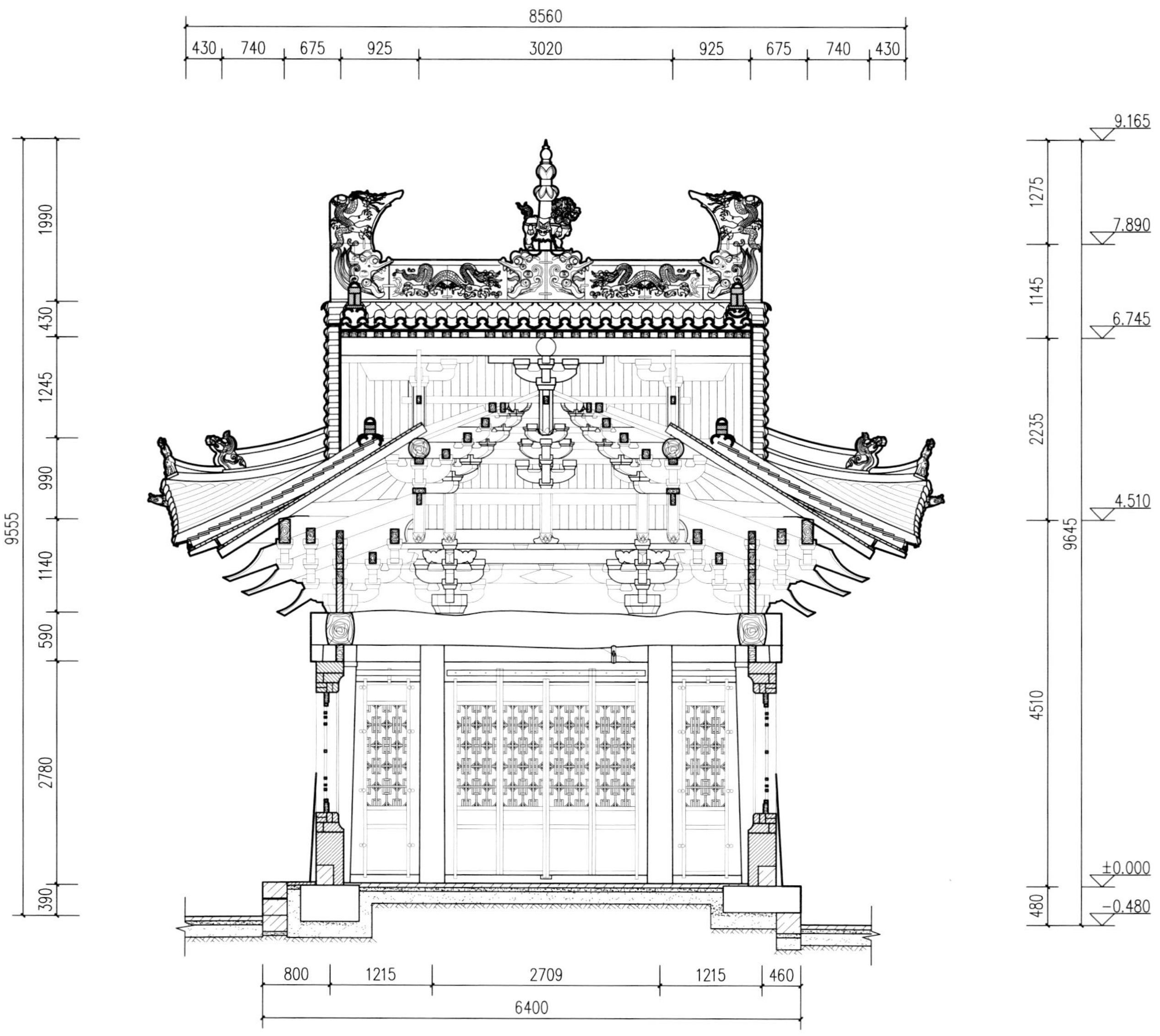

28　古中庙太子殿纵断面图资料

太子殿后的正殿又名元祖殿，创建时代不详，面阔三间，进深六椽，前檐两椽出廊，单檐悬山顶，筒板布瓦盖顶，琉璃脊饰。正殿前檐台基石雕陡板处有“至正四年（1344）岁次甲申后二月二十五日记”题记，正殿屋脊琉璃正脊上也有同年份题记。由此可以推断，早在太子殿之前，后殿已经存在。

该殿立柱仅设置在明间，由前檐至后檐共 8 根，两次间山墙承重。柱子断面方形、四角混棱起线。檐柱头与山墙之间三间皆施通间雕花雀替纵向联络，团花、鸟兽及龙形雕饰保存完整，极为精美。柱头之上施大檐额；前廊檐下补间斗栱为 45 度斜栱，中间耍头雕刻成龙头，口中含珠。金柱头承双步梁尾，再上叠承平板枋、五架梁。金柱、前檐柱下设青石雕础石共四块，础石平面方形，四面雕刻祥瑞禽兽图案。

29　古中庙正殿正立面

31　古中庙正殿斗栱

32　古中庙正殿柱础

33　古中庙正殿

元祖殿内由屏风隔断分为内外两部分，梁架内外独立，均有彩绘。彩绘主要分布在室内、室外和屏风隔断上部。室内梁架结构彩绘，内部梁架结构由两朵梁起架，分为大梁、二梁，并均有彩绘；外部梁架结构为横梁一层加斗栱起架，绘有彩绘；元祖殿内外梁架结构上的彩绘图案均为浮雕画艺，屏风隔断上部有工笔画和山水画 66 幅，整体建筑结构精巧，做工精细，十分精美。

大殿前廊东山墙上，有一块清康熙九年（1670）的碑刻，记叙了始祖炎帝开粒食之源的伟大功勋，碑中充分阐述了炎帝的农事之功，其祭祀之因重要且必要。

30　古中庙正殿装修彩绘

34　古中庙正殿柱础

35　古中庙正殿柱础

36　古中庙娘娘殿及药王殿

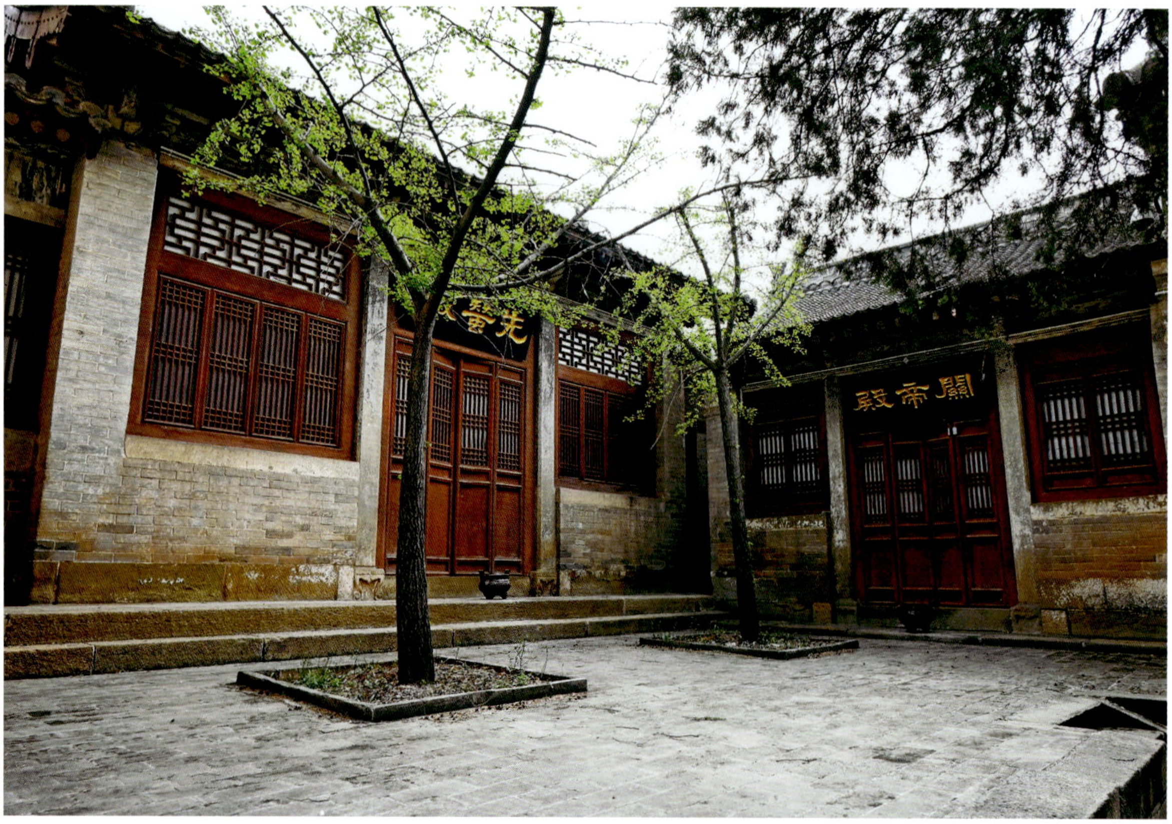

37　古中庙蚕神殿及关帝殿

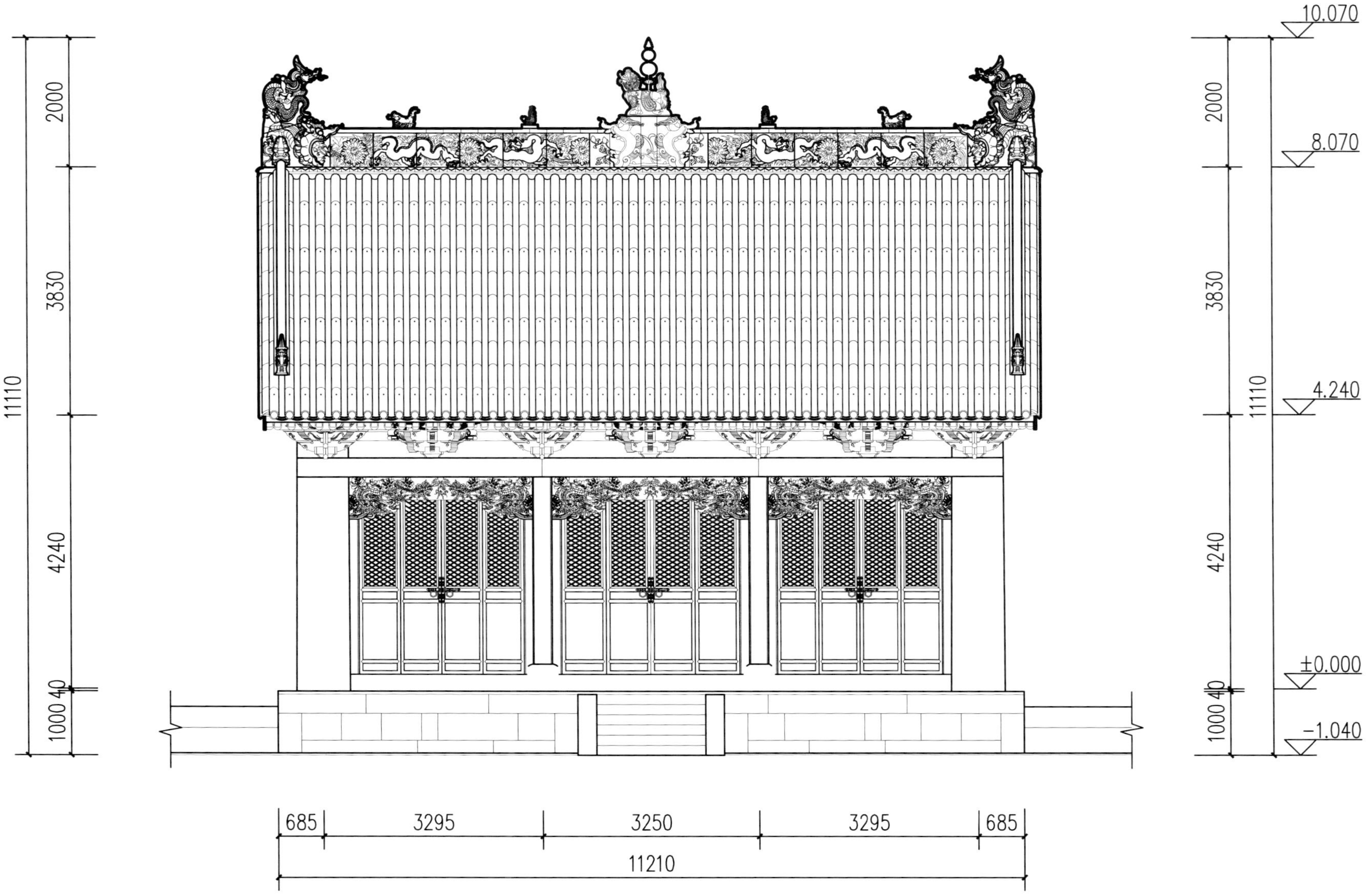

38　古中庙正殿正立面图资料

三、价值特色

（一）炎帝信仰的重要载体

高平及上党地区是炎帝创建伊耆国，发展农业生产，种五谷教民稼穑的中心区域。始祖炎帝在这里创业、献身并安葬于此。以高平羊头山为中心的上党地区，分布着以“神农”命名的遗迹不胜枚举，如“神农城”“神农洞”“神农泉”“神农井”“神农池”“神农庙”“神农殿”“神农祠”“神农乡”“神农药王庙”等。

以高平炎帝陵为中心分布着羊头山神农上庙、炎帝陵五谷庙、炎帝行宫、团西村炎帝寝宫、炎帝中庙（古中庙）、炎帝高庙、中村炎帝庙、赤祥村炎帝庙、西沙院村炎帝庙、邢村炎帝庙、三甲北村炎帝庙等庙宇院落。还有众多与炎帝神农氏有关的遗址遗迹、碑记石刻、故事传说、地名村名以及祭祀场所及独特祭祀习俗。据不完全统计，高平祭祀炎帝的神庙就有40余处，大多选择在炎帝有过活动的地区。当地有句俗语“长平百里，帝庙百所”。

高平保存的炎帝庙还有高、上、中、下之分。高庙是祭祀高祖、远祖之庙；上庙是祭祀始祖的庙，即庄里村炎帝的陵寝之庙；而中、下庙则是遍布在民间的祭祀之庙。目前可考证的由官方所建规模较大的有三所，分别是炎帝上庙、炎帝中庙（古中庙）、炎帝下庙。上庙亦称高庙，建在羊头山顶，现仅存遗址；下庙建在高平市市区，已不存在；唯有古中庙保存完整。古中庙所在的中庙村原名下台，据传说这里是炎帝长年累月办理公务、处理政事的主要活动地，所以后人在此建庙祭祀炎帝，并命名为中庙。

（二）古中庙的建筑及研究价值

现存的元代建筑太子殿，歇山顶建筑，殿内采用由两层铺作组成的八边形藻井形成的无梁殿结构形式，形制独特，匠人们极尽精巧之能事，营造出穹顶上若莲花盛放的绝美艺术。在现存的元代建筑中类型别具一格，是元代无梁殿中的精品，艺术价值极高。

山门清代石柱础雕刻精美，雀替等木雕形象生动，雕刻图案以人物、神话、戏曲故事为主，间有其他富有吉祥寓意的图案如四季花卉、福禄寿喜等，在传统的祭祀建筑中，这些带有吉祥寓意的图案，也反映了居民对美好生活的期盼和向往。

古中庙建筑屋面琉璃吻兽、脊饰等不论是构思还是造型，在当时乃至今天看来都具有其独特的艺术生命力，集中体现了中华民族的智慧与中国民间艺人的高超技艺。

古中庙太子殿使用了元代普遍采用的大额枋之制，柱高不越间广，柱高与铺作高之比例等，均符合元代建筑特征。太子殿梁架部分结构复杂，工艺技术精湛，对研究元代建造技艺与建筑艺术发展有极为重要的意义。

古中庙保存有元明清历代建筑之精华，琉璃作、砖作、大木作、彩画作等均反映了各个时期的科学技术水平，是当地科学技术发展的重要环节及实物遗存，为研究各类工程技术及施工技术的发展及演变提供了实物依据，是不可多得的科学研究场所。

（三）古中庙的空间营造价值

古中庙的祭祀空间营造以“一线三行”形成闭合式布局，主要建筑沿中轴线设置，依次为戏台（新）、太子殿（献殿功能）、正殿，东西两侧设耳殿、配殿、厢房等，配殿内供奉民间神灵。在中轴线的这四座建筑分别位于逐层抬高的地形上，与其两侧的配殿等形成了三进院落。

三行：与中轴线十字相交、东西一字排列的称“行”。第一行是山门居中，两侧各建耳房三间、耳房之旁东西角楼各一座；第二行是太子殿居中，其两侧坐北向南建配殿各三间、与配殿山墙毗邻建禅室东西各一间；第三行正殿居中，其两侧坐北向南建配殿各三间，西殿曰药王殿、娘娘殿；东殿曰先蚕殿、关帝殿，配殿与正殿之间利用两建筑的山墙建夹室一间，配殿再外建耳房东西各一间。这一字并列的七座建筑的后墙相连，将院落北端完全封闭。

东西对称：山门以南、戏台之北的第二层平台上，西侧建厅室五间，与之对称建二层五间的配楼一座；山门与太子殿之间的院落，东西对称建配殿各三间，东曰阎王殿、西曰高禖祠；主院即太子殿与正殿之间的院落东西对称建廊庑各七间；廊庑之北对称建关帝殿、奶奶殿各三间。这样对称的布局手法衬托出庄严的感觉。

古中庙分为上下两院，功能分布合理，上院主祭祀，下院祭神娱乐。同时，戏台与正殿相对的建筑形式，在当地布局方式称为“爷庙对戏楼”，在炎帝祭祀建筑中普遍应用，如团西村炎帝寝宫、故关炎帝行宫等，此类布局方式在晋东南其他祭祀建筑中相当普遍。

建筑平面空间序列特征突出：轴线贯通、主次分明、内外有别、秩序井然，其建筑平面布局体现了封建宗法社会礼仪、尊卑、秩序、等级等传统思想。

古中庙的整体空间自下院始，各级台阶拾级而上，这种空间布局方式正是对炎帝文化崇拜的表现手法，体现了古代尊卑、等级思想在建筑群中的运用，规划布局合理有序，符合人民的祭祀心理及对神灵的敬畏。

古中庙的另一特点是庙宇建筑建在不同年代。这样当主体殿堂建成后，历代善士本着祈报、还愿的思想在主殿之间隙见缝插针地增扩建各种“神祠”，因此一些建筑的屋檐、翼角又形成了相互搭压、穿插的关系，使庙宇建筑紧凑，且空间上错落有致。不仅如此，还要在相邻建筑的墙上再辟门洞，形成了进一室而达数殿的风格。这种一线多行、东西对称、随地形依次抬升的总体建筑布局在晋东南较为典型。

古中庙作为祭祀始祖炎帝最早的主要庙院，具有重要的文物价值和研究价值。

四、文献撷英

庙内现存石碑石碣 21 通（块），分布于院中各处，是对古中庙历史重要的佐证。择部分碑刻信息如下：

太子殿内东壁《创建神农太子祠并子孙殿志》碑。此碑勒石于元至正二十一年二月，碑文记载了下太村（今中庙村）人王德诚与妻杜氏从至正十五年（1355）开始，历经六年多时间创建太子祠、子孙殿并塑像之事。同时有羊头山周边村每年都要到羊头山举行祭祀炎帝活动，即沿传至今在羊头山举行的游伏庙会的记载。元至正二十一年二月，被当地一位名为宋士常的乡贡进士撰文记载并刻碑以记。

正殿（元祖殿）前廊东壁下玻璃罩内的明万历十二年（1584）九月无名碑，碑身周边镌刻缠枝花图案，保存完好，碑文记录了下台村（今中庙村）王希孟等 40 多人打造石桌、献台之事，特别是碑文记载“古有敕封神农炎帝庙”，侧面体现了当地炎帝庙是由官方敕封与支持的。

正殿（元祖殿）前廊东壁上清康熙九年立的《重修炎帝庙并各祠碑殿记》，碑身周边刻缠枝花图案，保存完整，碑文记述了炎帝庙于至元年间重修至今已 300 余年，因天旱三次，祷雨三次应验，庙院狭小，予以重修，并补葺蚕神、药王、舞楼等殿之事，并记述了神农炎帝播百草，尝百草，为民养生立命之功德。还记载了高平室内炎帝庙有上、中、下座。其碑云：“吾泫有上中下三庙。在换马者为上，在县治东关者为下，而余乡则其中矣。奉敕建立，其来远矣。”“奉敕建立，其来远矣！创兴之始，杳不可考，重修则于至元之年”。“至正”为元惠宗年号。从“奉敕建立”可以看出，作为祭祀神农炎帝三大庙宇之一的炎帝中庙（古中庙），是奉皇帝之命所建，其祭祀之礼也应是官府来主持的。这充分说明，在清代或清代以前高平祭祀炎帝的庙即有上、中、下之说。

碑文中还记叙了始祖炎帝开粒食之源的伟大功勋，其云：“稽古圣人继天立极，各有造于世，而丰功伟绩，利赖无穷，莫有逾于炎帝之农事开先者矣。语云：食者民之天。盖民非食无以为生，食非谷无以为籍。当帝之时，茹毛饮血，黍稷稻粱之属，虽天植之以颐养。人而隐而弗辨，熟知有稼穑之维宝哉。帝亲尝百草，乃得其味，于天造晦明之初，是帝之德，在养生立命，而帝之功，在亿万斯年也。其神要矣，其祀正矣。”充分阐述了炎帝的农事之功，其祭祀之因重要且必要。

山门门廊东清道光年间《重修大庙并合村堂阁殿宇表颂碑记》，此碑勒石于清道光十年（1830）七月，碑身两边镌刻神仙人物、缠枝花图案，保存完整。碑文记叙了炎帝庙正殿瓦坏渗漏，左右神殿、东西禅仓库厨俱损。殷日序等人见此情景，会同众社首合议同心协力修建之事，同时记录了雇请高明堪舆指点，将明天启二年（1622）刻有“炎帝中庙”门匾的大门移修于中，戏台移修于南，增置庙地，创修西厅房、戏房、游廊等事宜。又记录了当时四方筹资，但工程浩大、钱财不足，将庙中古柏一株伐卖筹钱之事。碑文还赁颂炎帝“生成万物、庇阴苍生”的丰功伟绩。

清宣统三年（1911）《重修炎帝庙暨村中诸神殿碑记》中记载：“本邑北界羊头山上有高庙，城东关有下庙，下台村建庙未知创自何代，称为中庙。”

从以上碑刻中可以看出，炎帝中庙是奉皇帝的敕封令创建的，到底是哪个朝代皇帝下的敕封令，因年代久远，没有文字记载可考证。但最早的重修时间则是在至元之年。至元，是元世祖忽必烈的年号。

1992 年 10 月版的《高平县志》上，有一段关于下台村“古中庙”的记载：“古中庙位于县城北 10 公里团池乡下台村，创建年代不详，现为元代建筑。有山门、无梁殿、后大殿，两侧有配殿。主体建筑无梁殿一间见方，屋顶用藻井支撑，整个建筑用砖石砌成，仿木构建筑，建筑独特，是本县唯一的无梁建筑，保护完整，为县级文物保护单位。”

另周边相关遗迹中亦有碑文提到了炎帝中庙（古中庙），如羊头山神农庙内曾存元延祐元年（1314）立石的《乃庚后歌碑》，上刻：“神农遗迹在羊山，祠宇重修构此间。”炎帝中庙（古中庙）太子殿建于元至正年间，而中村炎帝庙是创建于元大德年间。

12 大周村古寺庙建筑群

大周村古寺庙建筑群 / DAZHOU CUN GU SIMIAO JIANZHU QUN

一、遗产概况

大周村古寺庙建筑群位于高平市西南 20 公里处的马村镇大周村。大周村原名周纂镇，与东周村、西周村并称“三周纂”。村名来历说法不一，一说是该村早在商周时期就已建村，所以有东周、西周、大周的称谓；一说因后周大将杨纂镇守此地而得名，村中武氏家谱中《周纂纪略》记载：“后周时，曾遣大将杨纂以镇此地。地以人重，引以为名焉。”

大周村历史悠久，古迹众多，现存资圣寺、汤王庙、五虎庙、元帝阁、百子桥、地道、砖塔及明清时期大院等多处古建筑，时间跨度从宋金元到明清，形成了独具晋东南地方特色的古建筑群落。2013 年 3 月 5 日，大周村古寺庙建筑群（资圣寺、五虎庙、汤王庙、元帝阁）被国务院公布为第七批全国重点文物保护单位。

01　大周村古寺庙建筑群航拍远景

二、建筑特点

大周村古寺庙建筑群均为公共建筑，分布在大周村内不同区域，纵览这些古迹，可以清晰地看到大周村千百年来的兴衰更替。这些建筑既是宗教信仰的遗存，也是民间崇拜的见证，反映了大周村多种文化共存共荣、互为补益的特点。

（一）资圣寺

资圣寺位于大周村东大街路南，是一座坐北朝南的二进四合院。占地面积约 2112 平方米，始建年代无考。现存建筑有天王殿、钟鼓楼、毗卢殿（南殿）、雷音殿（后殿）、东西配殿及山门外观音阁等。寺内素朴葱郁，古韵犹存，曾被载入《中国名胜词典》。

02　大周村古寺庙建筑群资圣寺航拍（由南向北）

天王殿面阔三间，进深四椽，单檐硬山筒瓦屋顶，平面呈长方形，建于高约1.5米的砖砌台基之上。始建年代无考，揆其形制，应为明代建筑。正面柱身粗矮，古镜式柱础，柱间以额枋连接，柱上普拍枋为一整根粗大的原木。斗栱为双下昂五铺作计心造，上接昂形耍头，琴面昂，卷杀圆润，明间及梢间皆设补间斗栱。正中明间辟板门，次间各开一窗。东西各有偏门以供进出。左右为钟鼓楼。

04 大周村古寺庙建筑群资圣寺天王殿背面

03 大周村古寺庙建筑群资圣寺天王殿

05 大周村古寺庙建筑群资圣寺钟楼

06 大周村古寺庙建筑群资圣寺醮盆

毗卢殿又称南殿，建于高约 0.55 米的单阶石砌台基之上，始创年代无考。大殿面阔、进深各三间，平面近似方形，单檐歇山顶，筒版布瓦屋面，出檐深远，举折平缓。脊兽、力士等均为三彩琉璃制成，多为明清时期所造，少数为宋代原件，纹饰清晰、栩栩如生，形制、色釉皆佳。

07 大周村古寺庙建筑群资圣寺毗卢殿正面

08 大周村古寺庙建筑群资圣寺毗卢殿背面

09　大周村古寺庙建筑群资圣寺毗卢殿垂脊脊饰

10　大周村古寺庙建筑群资圣寺毗卢殿垂脊

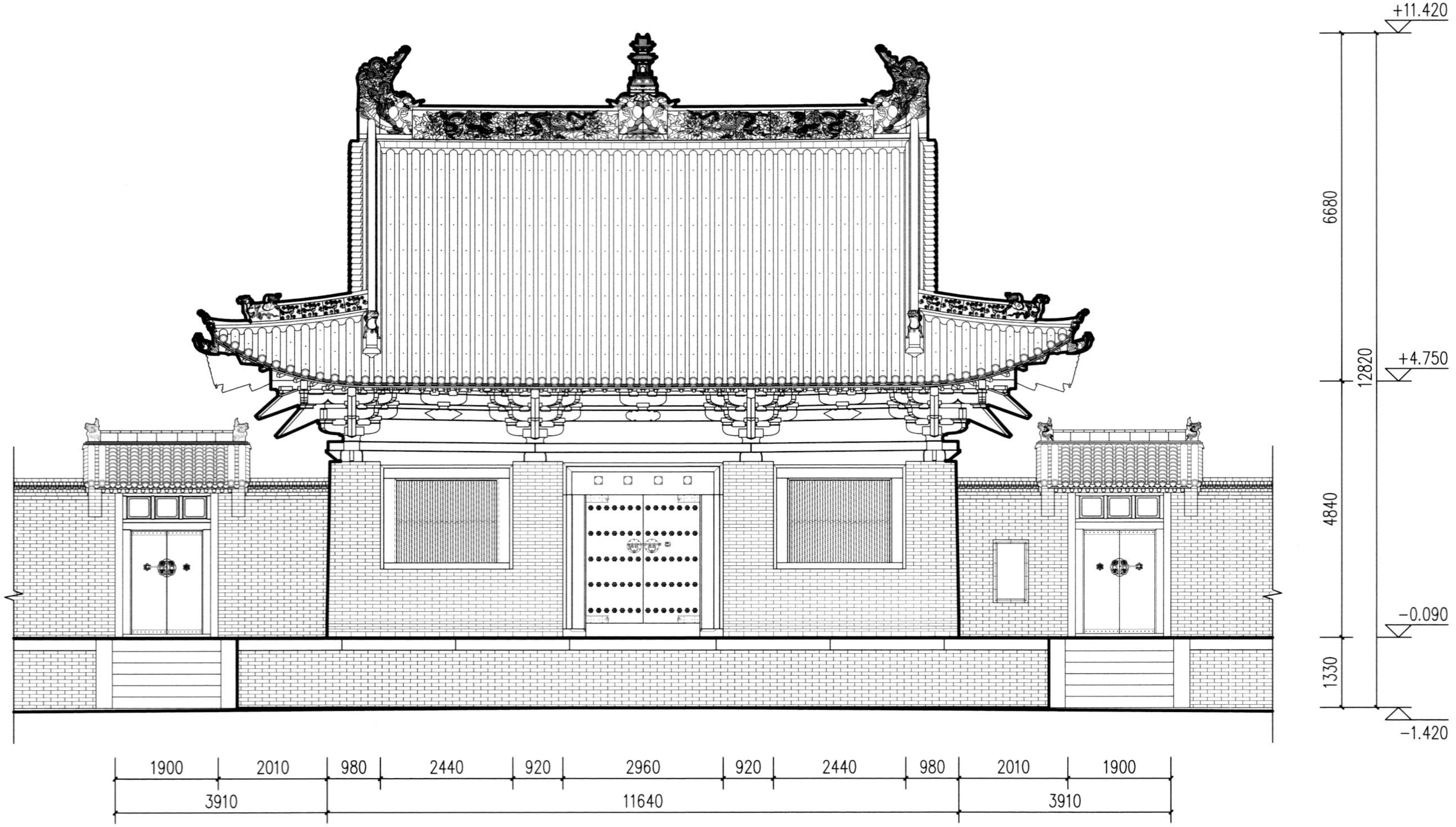

11　大周村古寺庙建筑群资圣寺毗卢殿南立面图资料

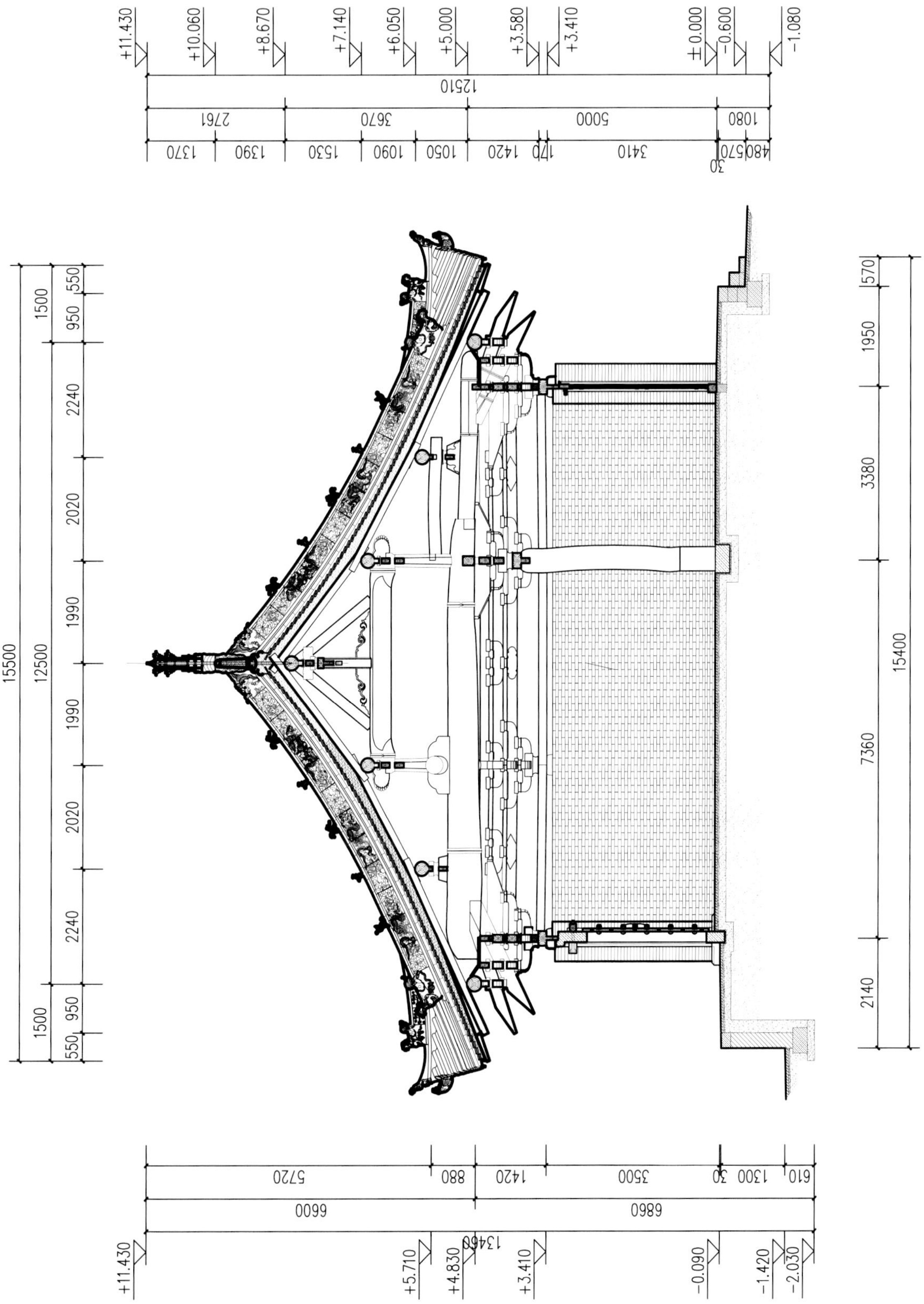

12 大周村古寺庙建筑群资圣寺毗卢殿横断面图资料

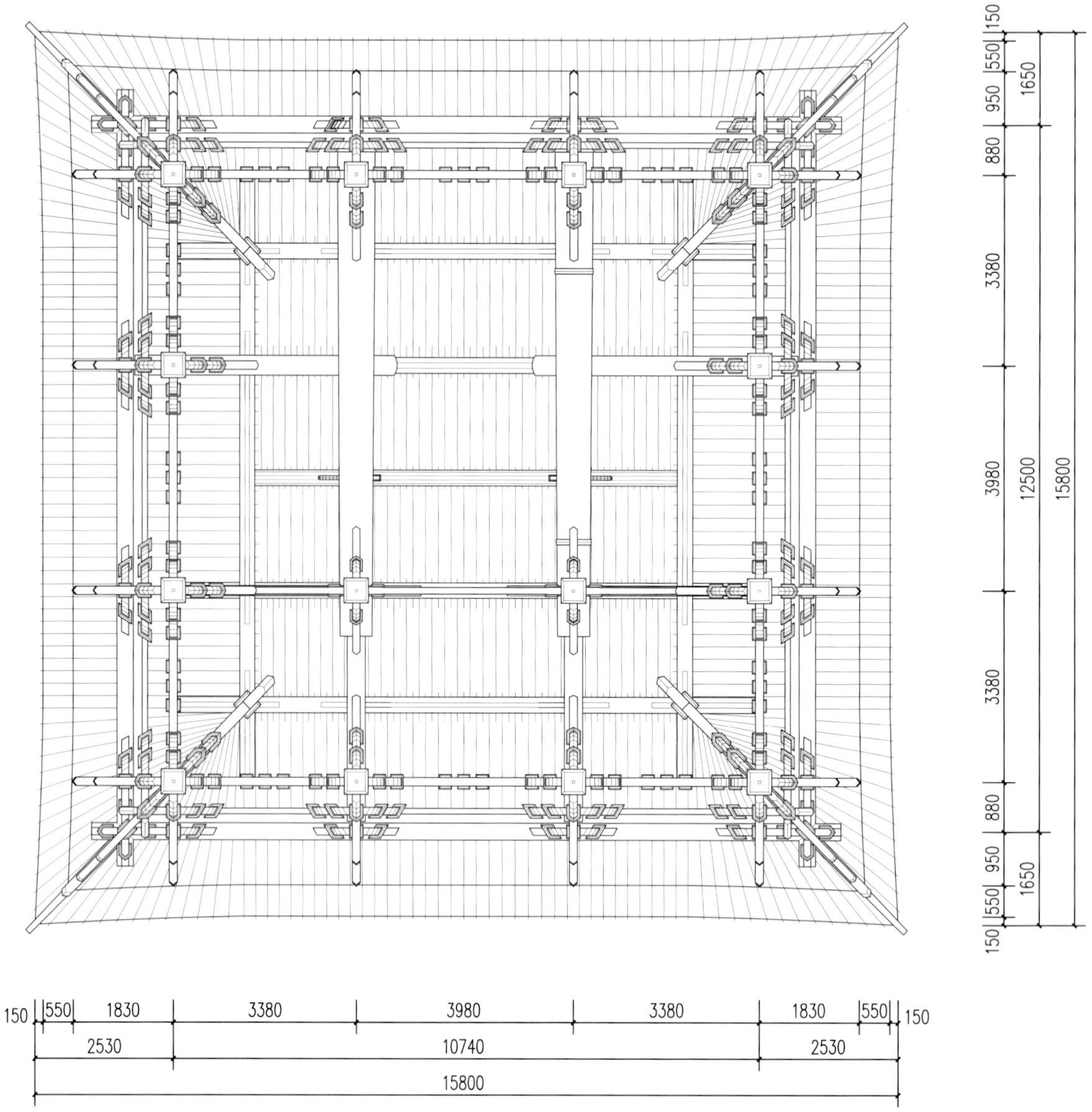

13 大周村古寺庙建筑群资圣寺毗卢殿梁架仰视图资料

毗卢殿主体结构为宋代遗存，后世历代多有修葺，但仍保持着宋代建筑风貌。大殿明间和次间间距相等，明间门扇为四重斜格菱花格子门。次间各开一窗，门窗应皆为明代重修时所加。檐柱为直柱，柱头无卷杀，有明显的生起和侧脚的做法。柱间以阑额连接，柱头上设有扁且宽的普拍枋。

柱头铺作为单杪单昂五铺作，上接昂形耍头。栌斗上泥道栱与华栱成十字相交，泥道栱上第一道柱头枋上隐刻壁内慢栱。第一跳华栱上施瓜子栱与慢栱，为重栱计心造，华栱之上以一交互斗承接瓜子栱，瓜子栱上为下昂，下昂为劈竹真昂，下昂与第二重足材慢栱相交，第二重足材慢栱亦隐刻出栱的轮廓，两重正心枋之间齐心斗连接，昂上用交互斗承接令栱，令栱与上面的昂形耍头相接，上以散斗接替木，昂之下不出华头子。替木上承撩檐槫，瓜子栱之上以散斗承接单材慢栱，单材慢栱上以散斗承接罗汉枋，是宋代中期建筑惯用的做法。大殿铺作层做法古朴原始，宋韵卓然。

14　大周村古寺庙建筑群资圣寺毗卢殿斗栱

15　大周村古寺庙建筑群资圣寺毗卢殿斗栱

16　大周村古寺庙建筑群资圣寺毗卢殿斗栱

17　大周村古寺庙建筑群资圣寺毗卢殿斗栱

18　大周村古寺庙建筑群资圣寺毗卢殿转角斗栱

19　大周村古寺庙建筑群资圣寺毗卢殿转角斗栱

毗卢殿补间铺作未施于普拍枋之上，而是在正心枋之间以齐心斗连接，只有在最上层正心枋上才施一斗三升铺作，承接脊榑。

毗卢殿的外檐铺作通过多条枋水平联系，而水平枋之间通过齐心斗来垂直传力，整个结构环环交互，形成一个受力系统，有效地增加了檐下受压面，具有很强的弹性。

殿内采用彻上露明造。与《营造法式》中记载的“六架椽屋，乳栿对四椽栿，用三柱”的形制相符。两前内柱间用柱头阑额、柱间由额连接，内柱柱头铺作多为单杪单栱十字形，铺作之间用枋连接，上下枋之间连以散斗。铺作之上，通过一根外伸的梯形木块来承接大梁，其作用相当于后世所见的雀替。而两后内柱减去，一根大梁横跨四个椽架，这根大梁上安置斜起之梁，承接歇山屋檐下部。此梁架粗大原始，未加砍斫修饰，平梁之上大叉手和侏儒柱并用，此用材做法风格多见于元代建筑。据史料记载，元成宗大德七年（1303）山西发生 8 级地震，房屋损毁无数，推测此为当年修缮资圣寺所留。殿内梁栿上尚存有彩画，为后世修缮时补绘。

20　大周村古寺庙建筑群资圣寺毗卢殿梁架

21　大周村古寺庙建筑群资圣寺毗卢殿梁架

22　大周村古寺庙建筑群资圣寺毗卢殿彩绘

23　大周村古寺庙建筑群资圣寺毗卢殿彩绘

24　大周村古寺庙建筑群资圣寺毗卢殿彩绘

雷音殿为中轴线上的最后一座大殿，面阔五间，进深六椽，平面呈长方形，坐落在一个两层的石砌矮台基上，单檐悬山顶。内外两圈立柱，内圈减柱，外圈柱有明显的生起和侧脚，正立面原为明间次间开斜格子门，两侧梢间开窗，近代翻修时，改为仅明间开门，次间开窗。柱身粗壮，柱础为石质。柱上施双下昂计心造斗栱，象鼻昂，龙首耍头。除明间中心柱置一 45 度斜栱外，其余补间皆置单杪单昂计心造斗栱。

25 大周村古寺庙建筑群资圣寺雷音殿正面

26 大周村古寺庙建筑群资圣寺雷音殿斗栱

27 大周村古寺庙建筑群资圣寺雷音殿梁架

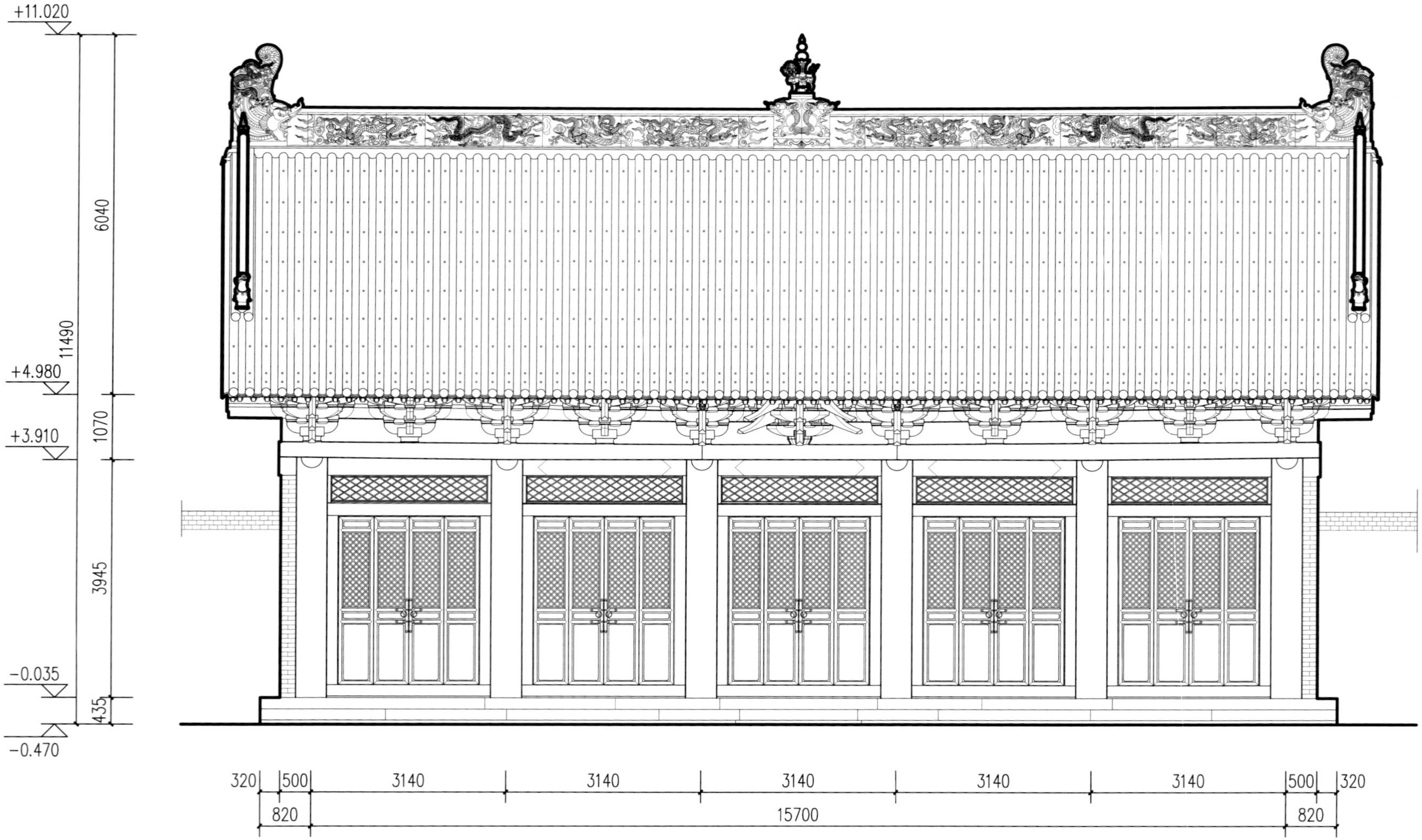

28 大周村古寺庙建筑群资圣寺雷音殿正立面图资料

观音阁位于寺南的山门之外，与资圣寺临街相对。始建年代不详，观其形制结构特点，应为明代建筑。原为大周村正南门城楼，后城墙被毁，观音阁也被填土至几与地平。两侧原有建筑于1995年拆除。

观音阁面阔三间，进深二间，平面呈长方形，坐落于约1米高的石砌台阶上，是一座单体二层过街楼阁式建筑。基座为一桥两孔的做法，下有门洞可穿行，以利“风水”的通过。观音阁一层为砖石结构，柱头斗栱三踩单翘，蚂蚱头，角科出斜翘。墙上明间开门，次间各开一窗洞。大门为拼板式。上有门钉，造型简洁古朴。一层内有楼梯可通向二层。二层为单檐歇山顶木构，角柱粗大，出檐深远。柱头上施双下昂重栱计心造斗栱，上接昂形耍头。大斗制成八瓣梅花形和方形，龙首形耍头，角科出斜昂。斗栱之间用枋连接，两枋之间由坐斗承接，结构井然，环环相扣。

29 大周村古寺庙建筑群观音阁

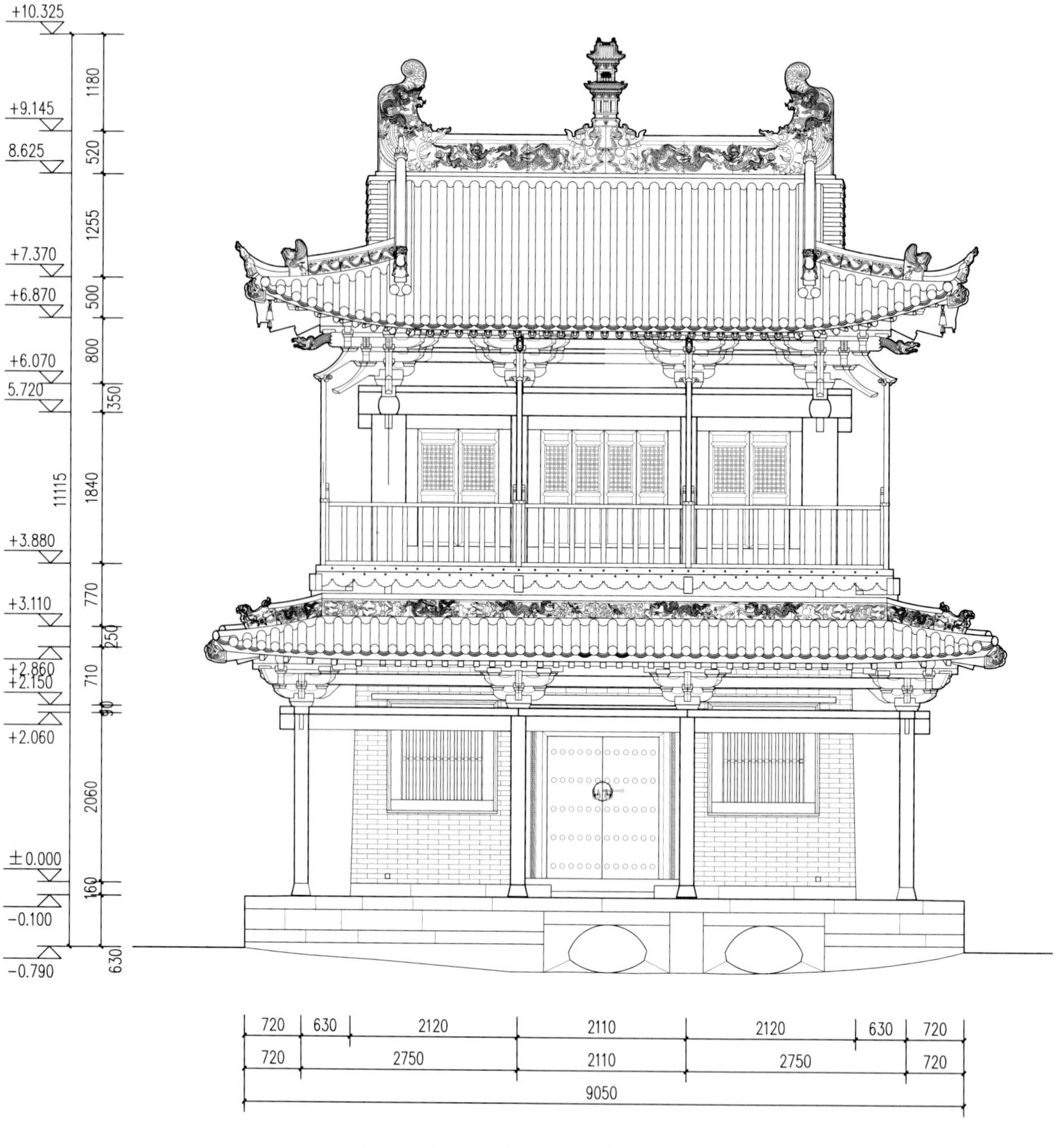

30　大周村古寺庙建筑群观音阁正立面图资料

（二）五虎庙

五虎庙位于大周村南侧，坐东朝西，占地面积约 95 平方米，为供奉五虎上将的庙宇。原有一进院落，山门与资圣寺山门建筑共同围合成南门内的一片小广场。山门建筑现已拆除，仅存正殿一座。正殿推测应为明代所建，面阔五间，进深六椽，平面呈长方形，坐落在一个高约 1 米的高台上，单檐悬山顶。殿内无柱，四周围以砖墙，檐柱皆隐于墙体内。庙内现存金大定元年（1161）佛教造像碑和金元明清时期碑刻。

31　大周村古寺庙建筑群五虎庙

32　大周村古寺庙建筑群雀替、阑额木雕

（三）汤王庙

汤王庙位于东大街路北，占地面积约751平方米，坐北朝南，山门正对资圣寺西侧大街，始建年代无考。据庙内明万历年间石碑《重修汤王庙东廊并神厨记》载：“高平西南四十里许周纂镇，宋平泉里也。其里民建庙，所主神曰汤王。”由此可见，汤王庙为酬谢汤王神君降雨的恩德而建，始建应不晚于宋朝。揆其形制，现存的汤王庙应为元代重修后的作品。明弘治元年（1488）、明嘉靖四十一年（1562）曾有修葺。

汤王庙山门建于高台之上，面阔三间，进深六椽，单檐歇山顶，左右各开掖门，东西为钟楼和鼓楼，均为村人近年补建。

33 大周村古寺庙建筑群汤王庙航拍近景

正殿汤王殿，面阔五间，进深六椽，平面呈长方形，单檐悬山顶，筒板瓦屋面。建于一高约 0.8 米的单层石砌台基之上。汤王庙梁架布置极不规整，前檐用横跨三间的大通额，并减去明间两根檐柱，使前檐仅用四柱。将明间和次间合为一个大间，梢间不变。柱身极为粗大，古镜式柱础，柱身有卷杀，自下而上呈梭形。柱间以阑额连接，阑额上用普拍枋，其中间的普拍枋为一整根巨大粗木，未经修直，呈拱形，长度未及五间，左右各有半间空缺，用材虽粗粝豪放，但符合受力原理，剑走偏锋，别具一格。普拍枋上施铺作，未严格按照柱子轴线布置。檐下柱头铺作为双下昂计心造，琴面假昂，昂状耍头；当心间补间铺作置 45 度斜向栱。补间铺作置 45 度斜向栱。昂首呈象鼻状，龙首耍头，卷杀柔和圆润。

34　大周村古寺庙建筑群汤王庙正殿

35　大周村古寺庙建筑群汤王庙正殿梁架

36　大周村古寺庙建筑群汤王庙正殿梁架

汤王殿殿内为彻上露明造。采用移柱减柱造，减去前部四根内柱，六椽栿跨度达四步间架。后部当心间金柱向两边挪动，位于次间中部，以增大内部空间。内柱之间以由额连接，由于间距较大，其柱头之上以两层阑额连接。这三层阑额层层累叠，相互之间无间隙。阑额之上为檐内铺作，单杪十字铺作。四椽栿和平梁之间，除了用短直柱连接外，还采用了托脚，平梁之上侏儒柱和大叉手并用。

整个汤王殿构架做法极为灵活，随着实际需求变化。这种灵活性很大一部分依赖于其采用的巨大木材。其所用材大多为未经修直的整根原木，极不规整，表现出元代统治者“崇尚自然、敬畏自然”的质朴思想及元代建筑的粗犷、奔放，也间接反映出元代山西地区建筑木材的匮乏。汤王殿梁架上尚存一些彩画，为黄绿色系，较为少见。正脊和垂脊上亦有大量精美的琉璃雕饰。

37　大周村古寺庙建筑群汤王庙斗栱

38　大周村古寺庙建筑群汤王庙斗栱

39　大周村古寺庙建筑群汤王庙斗栱

40　大周村古寺庙建筑群汤王庙脊饰

41　大周村古寺庙建筑群汤王庙脊饰

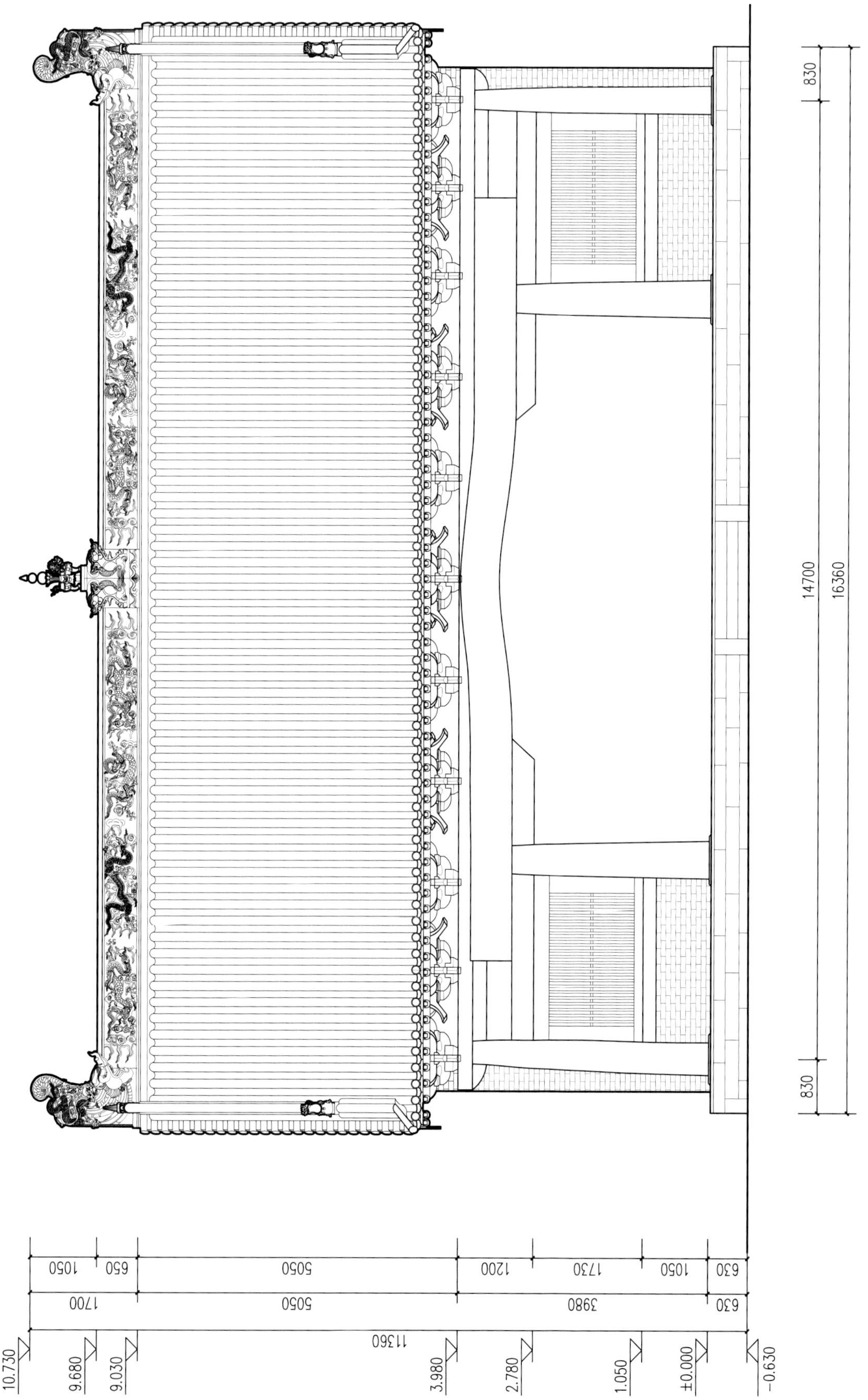

42　大周村古寺庙建筑群大殿正立面图资料

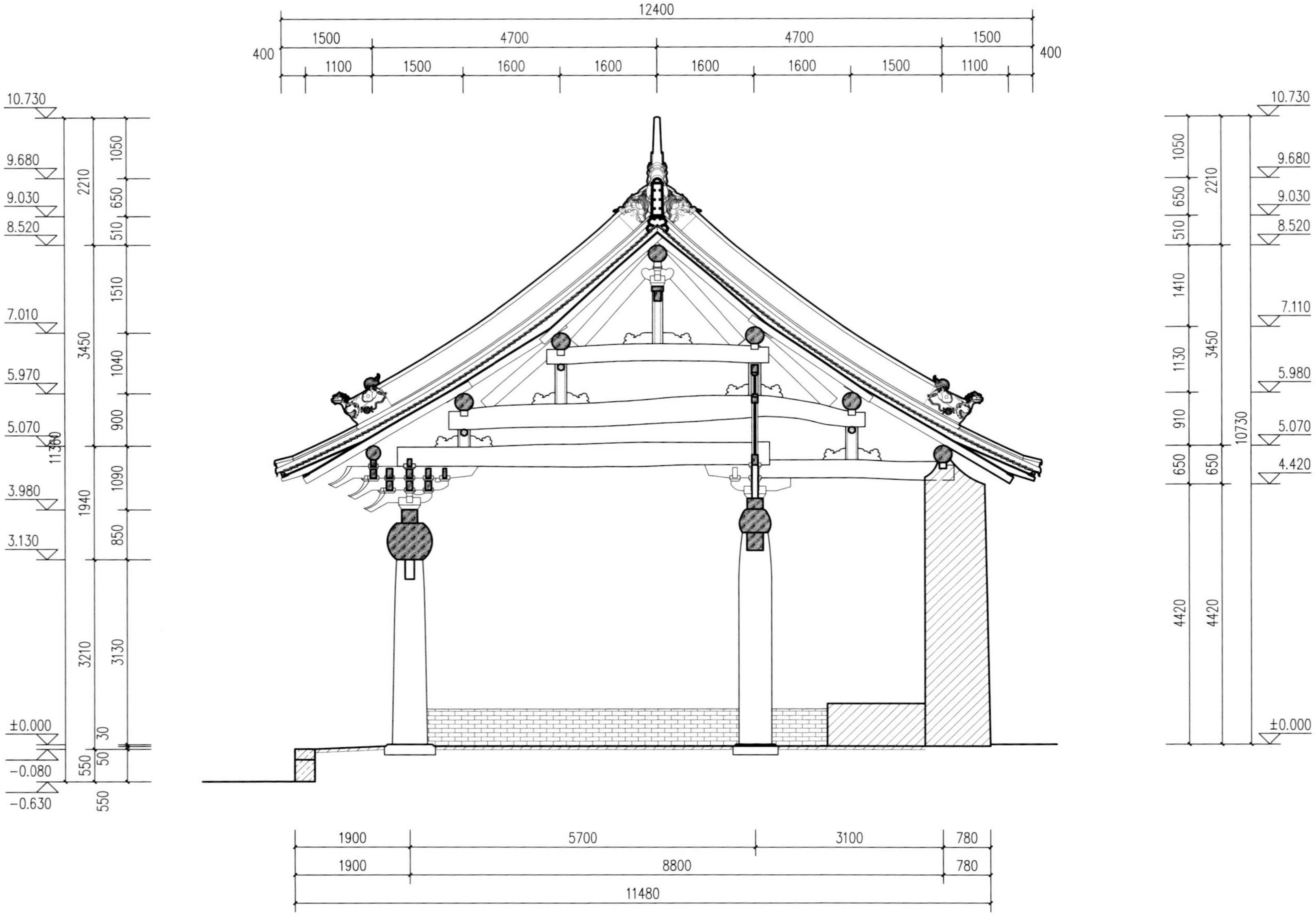

43 大周村古寺庙建筑群大殿剖面图资料

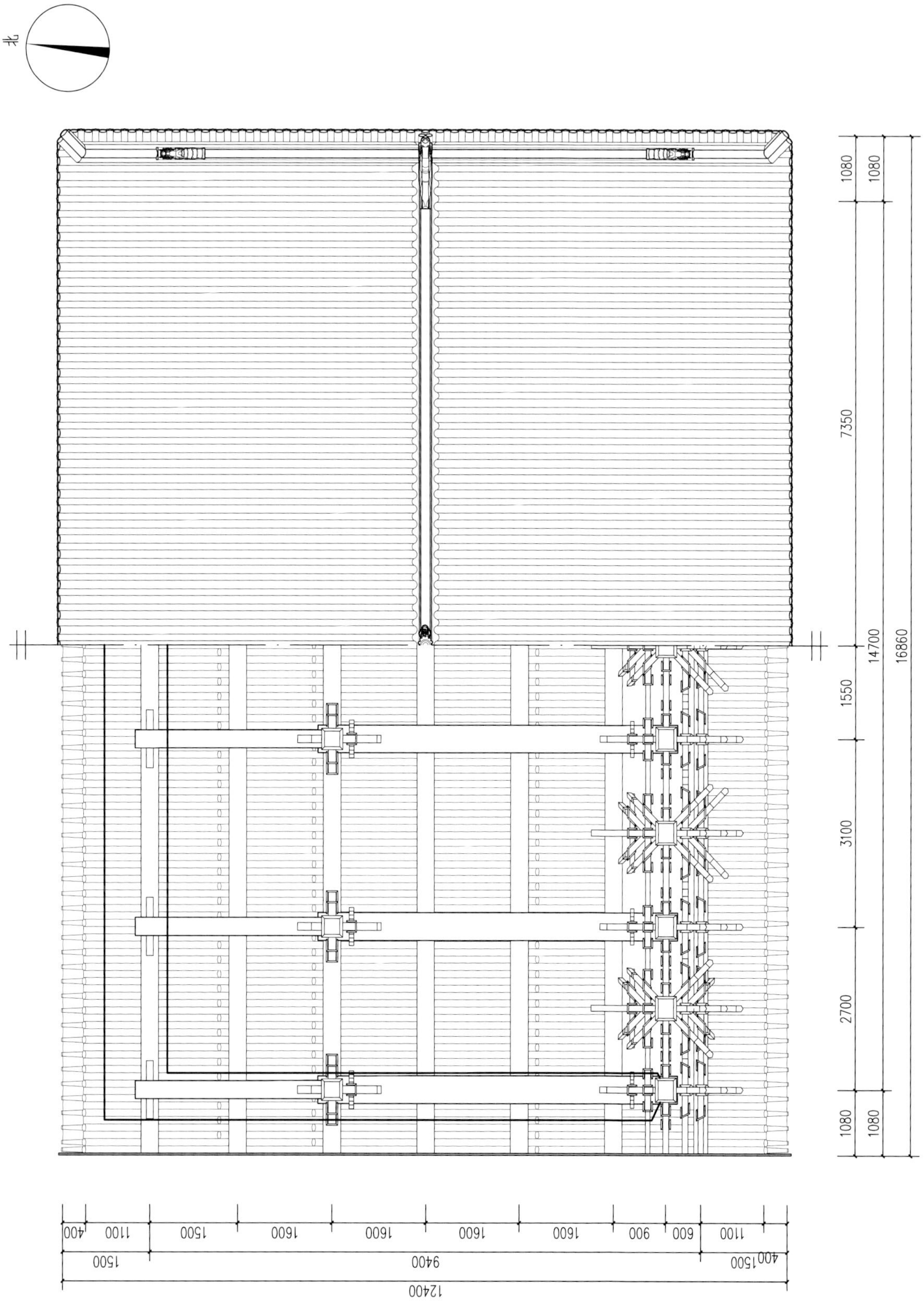

44 大周村古寺庙建筑群大殿梁架仰视、屋面俯视图资料

配殿具有明代风格。两翼看廊位于汤王殿东西两侧，为旧时看戏时所用的廊庑。看廊面阔七间，进深四椽，平面呈长方形，建于一低矮台基之上，单檐悬山顶。揆其形制，应建于明代。

45　大周村古寺庙建筑群汤王庙东廊房

46　大周村古寺庙建筑群汤王庙西廊房

47　大周村古寺庙建筑群汤王庙石雕

48　大周村古寺庙建筑群汤王庙雕刻

（四）元帝阁

元帝阁位于大周村西，坐西朝东，一进院落，占地面积约491平方米，清代建筑。

49 大周村古寺庙建筑群元帝阁航拍

50 大周村古寺庙建筑群元帝阁正面

51 大周村古寺庙建筑群元帝阁斗栱与脊饰

52 大周村古寺庙建筑群文峰塔

三、价值特色

（一）历史悠久的建筑群落

大周村地处交通要道，周围群山环抱，北依黄花岭，西面为香山，村南为崛山，其北有古寨、张家、沟头等小村拱卫，其南与大阳镇（古阳阿县）相邻，历来为兵家必争和商贾往来之地。当地广泛流传着赵匡胤路经大周村的故事，因此大周村在宋代修建了大量宗教建筑，号称“大小七十二全神庙”。虽传说可信度不大，但也从侧面反映出大周村宋金元时期的繁荣。

大周村是一座典型的晋东南古村镇，布局严整，规划有致。整个村落按照五行八卦方位排列，五行按照东南西北中五门楼排列，八卦按八门增修东北、西北、东南、西南四门，下有错综复杂的地道。村中还散布着诸如举三庙、火神庙、五道将军庙、土地庙、财神庙、三皇五帝庙、南佛堂、北佛堂、奶奶堂、小关帝庙、油王庙、落灵庵、祖师殿等多座小型寺庙和针工阁等众多阁楼以及西城门、西南城门、百子桥及关帝塔等公共建筑。此外，村中还曾有天齐庙、全神庙、山神庙、城隍庙、东岳庙、西庵、大王庙等众多庙宇，惜均已毁。

明清时期，晋商贸易繁盛，大周村商贾云集，街上遍布约 30 座大小圪洞和众多大院，多建于清代，较完整的有武家大院、焦家大院、刘家大花园、琚家大院、程家大院等。其庙宇、阁楼、角门具有较高的保护和研究价值，柱头、穿梁、飞檐、屋脊、门窗工艺精巧，保存完好，彰显着这座古村的人文魅力。

2012 年大周村被列入中国传统村落名单；2014 年，大周村被列入第六批中国历史文化名村名单。

大周村古寺庙建筑群保存完整，资圣寺、五虎庙和观音阁位于村子中央，古时各种里社活动都在这里举行，是大周村重要的民俗文化活动中心区域。纵览这些古迹，我们可以清晰地看到大周村千百年来的兴衰更替。在大周村，佛教文化、道教文化、儒教文化等交织融汇，使得村内寺庙楼阁观堂密集，府邸宏伟丰富，绽放出绚丽的光彩。

（二）独具特色的建筑群落

资圣寺主殿毗卢殿内保存完整的宋代结构加上元代修缮时遗留的痕迹，是建筑艺术历史变迁的见证和珍贵实例。

汤王庙原为宣圣庙（已毁）的最后一重大殿，宣圣庙为供奉孔子的庙宇，将汤王和孔子同奉于一座庙宇，可见当地百姓对于信仰的务实性和对汤王的尊崇。汤王庙主祀成汤，是商朝的开创者。山西历史悠久，尧、舜、禹和汤王信仰在山西有着广泛的人文基础。

自古以来，贤帝圣王的祭祀均由国家层面开展，但山西晋东南地区的成汤信仰之所以兴盛并非政治和伦理的需要，而是地方志等文献中记载“商立国不久遇连年大旱，汤帝以身祈雨于桑林”的故事发生地就是晋城市阳城境内的析城山。如北宋初期地理志《太平寰宇记》卷十四河东道载：“析城山在县西南七十五里。《禹贡》曰：底柱析城至于王屋，应劭注，《汉书》云：析山，在阳城西南即此也，山岭有汤王池，俗传旱祈雨于此。”宋代的多处碑刻也记录了晋城各地重修或修缮汤王庙的事宜，由此可见，以晋城为代表的东南地区对成汤的信仰最晚兴起于宋初，到宋末时已深入人心，并成为典型的能赐雨润民的雨神。该信仰也以阳城为中心向外辐射，大周村也深受其影响。

大周村古寺庙建筑群类型丰富，保存较为完整，宋金元及后世历代建筑均有遗存，具有重要的历史价值和文化价值。

四、文献撷英

资圣寺内存碑碣数通，其中元代造像碑两通、明万历记事碑一通、清代重修资圣寺碑三通。

元代造像碑一为元至元十九年（1282）的《资圣寺创兴田土记》，撰文者是舍利山开化寺的僧人释文海，碑文刻在一块北朝风格造像碑的背面。

另一为元元统二年（1334）的《合同文书碑》。经有关专家考证，元统二年的《合同文书碑》是国内现存最早的合同文书记载，极具研究价值。

明代碑为明万历二十六年（1598）的《资圣寺新建水陆阁记》；清代石碑为乾隆四十五年（1780）《重修地王神庙记》、道光十五年（1835）《重修毗卢伽蓝罗汉三殿记》、道光十六年（1836）《重修资圣寺记》。

汤王庙明弘治元年（1488）无名碑一通；明嘉靖四十一年（1562）《重修汤王庙东廊并神厨记》。

元帝阁清道光十一年（1831）《地亩碑记》。

部分碑文内容选录：

资圣寺创兴田土记

□夫至理难名，盖回超于蹄象，优功可纪，乃迩备于言论。伏惟我长老钦公，道号紫岩，悟达摩之至理，久立丛林；顺禹稷之优功，创兴田土。既将事并成于□□□丰碑永树于纯禧，不命氏族，宁徽宗祖师，本霍邑，姓有氏，礼香严寺讲经，大德义远为师。受具已□□□□初参大愚，次见辖牛，后得法于安闲脚下松溪老人处，密传心印。庚戌年受潞州长官任立等□州官疏请，开堂住持长子妙觉禅寺。癸丑年，受泽州长官郭天佑疏请，住持获泽乾明禅寺。丙辰年受中书南哥疏请，住持紫严宝峰招提。大王抄忽赐织金，伽梨大王也，孙□以师礼敬之。己未年，受本村乡耆疏请，驻锡于斯。至元七年，蒙诏诣阙，获睹龙颜，受赭黄袈裟，始自开堂，终于是刹。建白圆宗四踞道场，饧赭方袍。三亲君后，气象则宝峰胜概，赈恤则资圣尤谌。焚香宴坐，寂无一点尘埃：垂语胜任，兼有五宗规矩。□□利人，孜孜未合。金牛羞挑来不遇，铁酸□擘破难逢。慧命禅悦休餐色力，粟食可济。寻获随于世辟，乃勉换于家风。况形骸为修道之具，非节粒以何生，畴垄为衣食之元，不贸易而何得。遂罄己之箧筒，乃尽为之懋。迁置土田两顷之余，供常住三尊之膳，少合观音妙旨。大同居士玄门，赓乎开钵之场，永以展盂之地。食前五观，祝圣寿以无穷，斋启四洪，抑蒸民之有庆。更兼立石之费，仍来砻错之庸。凡属货土之资财，亦积檀那之衬利。异饫均于内外，庶饷遍于存亡。但血气之生灵，皆法餐之哺啜。一日方丈侍者待余茶毕，将前事谓为刻石，以令后裔不使堕致。余勿敢拒，故录其备云（下略）

舍利山开化寺忝讲释文海书

高平县定林寺本县都纲释崇安

泽州前僧正洪福寺讲经大德释守敬

泽州前僧正本县崇果院释通泰

泽州晋城前县令张佑夫人□□君官张云翼

至元十九年岁次壬午癸丑月初□日癸巳段宝立石

资圣寺合同文书碑

晋城县宋家岭住人宋顺，今将高平县周纂村元买到庄窠地土一段□□□□□□□□后坡白地一段地 20 亩，其他四至：东至道、南至沟、外至道、西至塄，北至□□□□□□□□□□北塄。墓东、墓西一段，计地八亩，其地东至沟，下至水心，南至段社长，西至沟，下至水心□□□□□□□张大奇地一段，计地八亩，东至沟下至小张三，南至塄，西至道，北至李十七奇□□□□□□地一段，计地六亩，东至沟，下至水心，南至张四奇，西二至南一截至道北一载□□□□□□□又接墓张三奇地一段，计地十一亩，东至沟，下至水心，南至张七奇。四至□□□□□□□□张用沙河南地一段，计地七亩半，东至赵二奇，南至道，西至道，北至沟，下至水心。又后岭上段社长地一段，计地四亩，东至沟，下至道，南至李七奇，西二至南一载至塄下，□庵家墓北一截至墓，北至塄。各处土木相连，令来因为远近相不便兑使与高平县周纂资圣寺，永远为主。资圣寺□□元旧碑文上宋家岭庄窠地上一所围场上地一段，计□三拾伍亩。东至宋士奇，南至道，西至塄，北至塄，□□地二十亩，南至水沟子，西至枣树塄，北至塄□背上地一所大斜等，高下不平，难大量估计分亩，东□至□□南至沟，下至水心，西至室崖，北至车道。又车道北地一所，不计分亩，四至东二至西截至道地一截□□□□□□南至道，西至塄下宋十二，北至□吴村沟，下至水心。又屋宇地步一所，不计分亩□□土行。凡使之数兑□宋家岭宋顺永远为主。两言定各不许悔，如悔之人，罚银二千两□□□□□□□□罚起今来将兑文书照使为据，又重修佛殿法堂。宋顺出合同文书地钱钞□□□□□□□□□

元统二年十二月日立。兑□文字人宋顺

官牙人：宋德玉

见人：周七奇，张八叔，常八叔

资圣寺新建水陆阁记

赐进士出身承德郎吏部文选清吏司员外郎可庭冯养志撰

子不语神，恐涉惑异。有如言远而敬，亦弗能蔑，兹圣人以神道设教也。寺故无水陆阁，僧车湛洎广缘辟地，创构七楹，峻级层甍，金碧炳焕，巍然称大观焉。既竣事，而问记于余。余闻阁名“水陆”，以祀水陆神也。夫上天下地，广川大岳，未不有神，名既不齐，位亦随异，故玄武以之镇北极，大士以之宰西方。辟诸官府殊途，卑尊攸判，有国若此，神亦如之，岂谓一室之中，足妥群灵，崇明祀也。语有之，天不人不因，人不天不成。故夫幽明一理也，神人一道也。通乎鬼神之精状者，可与言民义矣。今夫民之愿欲，最无涯也，猾黠懭悍之性，又最难化诲也。建以三典，议以八辟，纠以五刑，国家之法不犁然具邪，而何民之罔戒？载胥及溺，亡虚日也，狃于习观，而徼幸于万一之可逃也。神之为道，虽曰无方，要以感而遂通，捷于景响，故人有善念，神必从之，不与福期，福自集矣；人有恶念，神必从之，不与祸期，祸自集矣。漠然也，而意可求。优然也，而诚可假，章灼徵应，若或临之。参验人区一亡或爽。盖廓之，则四大未尽其都而约焉。即近在几席，神之区域，已如钧天广莫，莫可穷极，已在礼民。教有三重，祭居一焉。道路防庸，亦所不废；矧曰神功阁而祀之夫，岂不可！今规御既新，盼蠁可即入其阈而登拜者，能无惕然省乎！有泆行而人不及知，及知之而狙诈以逃，不丽于法。或丽于法者什九，而幸脱者什一。一对越间，当必有悚汗涔淫下者。是可以观民心，是可以兴民行矣。昔吴道玄画景云地狱变相，都人士咸惧罪修福田，两市屠沽鱼肉不集。盖见相发心，威于谷钺，此其意何殊焉！虽然见相非相，发心非心，相旋见旋，晦心倏发倏灭，一念精白，尸居渊默，如对神明，亡责亡非，奚烦告戒。有如多行不义，如鬼如狂，顾假率作以奉庄严焉，求媚于神于以要祥而致福，必无幸矣。故谓神之有不报者，非也；谓神之无不报者，亦非也。吉凶悔吝，存乎人而已。语曰："同于涉河，自拔者济，需援者没。"斯言虽细，可以况大。敬谛大众，而为之记。若乃经费颠末及应募输金姓名，则有司存，不具载。

明万历二十六年岁次戊戌夏五月望后之吉立。

创修天地阳水陆阁，新画水陆圣像一百二十位，共成四十轴。募缘住持僧湛洎号清菴，俗姓车，本镇东宅西里人。修钟鼓楼二座，金粧诸天圣像一堂，修三灵侯殿金圣像五瘟神。嘉靖三十六年同师澄江号映空，古寨南里，俗姓武。师徒同往南京，印造五大部尊经诸品经，梁皇诸忏，立一镇之风水，保概境之人安。湛洎等设立常住，大众同饭五十余载，佛天护佑，遵依长行。湛洎将已资修理东楼四间，自七岁削发，今六十五岁云。

禅林宗派，妙缘惠性，澄湛智定，明道兴隆，善果能正。

湛洎徒智文书

玉工李应山刻

重修地王神殿记

资圣寺之地王殿□寺俱建，历年久，势倾栋折□崩，神将厂马，见者愀然，罔不兴感。余每欲重加修葺，而未敢专厥事，盖以其为乡之公庙，而不欲自矜功也。乾隆乙已岁，姪继绍病，祷于神，既愈。乃据情告同乡以重修。故此至丁未独力出资，请工构料毁故□儿筑新垣，宏其庙宇，中塑地王像，旁置十殿阎罗，其下六曹各司以次。□序昭旧制也，有子庙成之，明年命彼画工绘之藻彩，绚以金碧，乃即俱。优□设祭享，勤对越展虔诚。洋匕乎，如在其上，如在其劳。寝成孔安神人，以和盖至是，而余之志以遂，愿以酬焉。总计□用资财百有余金，观成之日，即拟勒石以志，而未果者，于今又三年矣。兹持据始末，以为记，匪施劳也，亦以见神之庇佑为无方而庙貌之更新盖有自也。

大清乾隆庚岁六月穀旦

国子监李锦率姪继绍敬立

重修毗卢伽蓝罗汉三殿记

西里常氏，祖籍陵川，其徙居周篆，盖十代于兹矣。家世庄农，耕织为生。迨瑜等始业木工，凡三十余年。本村外镇起盖住宅极多，而修建庙宇，亦复不少。时乎坐间，谈及资圣寺倾圮颓毁，辄心焉戚戚，以己人微言轻，弗克勤劝善果，深以为憾。又以偌大庄村，其中论家户，有贫寒者，亦有富厚，讲人才，有练达者，更有老成，曾无三五人焉，出而斡旋，为之谋鼎新者，是则可慨也。维时言之有意，听之无心。讵伊于道光三年，忽将伽蓝殿竟重修焉。又三年，复将罗汉殿亦重修焉。及十三年，该寺兴工，随将毗卢殿一体均重修焉。工竣，揖余而进之曰："向与台翁所谈资圣寺工程，瑜蓄念久矣。缘力不从心，无可如何。爰与胞弟珍、堂兄琪，度德量力，勉随摇会一道，仰逼神庥。现蒙佛力垂佑，营运多年，得钱三百余千，谨将三殿修葺，完全复旧如新，瑜志既遂，愿台翁为文一叙之，何如?”予不禁欢然有喜焉。窃常瑜本业农兼业工者也，以业工而注念于社庙，偶尔话及，伤感顿兴，是其善根于心者既深，殊不觉形于□者弥切也。由是设心破已，仗义输财，日积月累，罔敢懈驰，谋于始，以成于终，非乐善不倦，能之乎? 矧夫独力筹画，不令人知，直待厥功告成，而始白焉。斯其深藏不露，则与伐善施劳者之相去奚啻天渊耶! 兹者请叙勒石，予特嘉其好善，美其真诚，援笔叙之。后之览者，或亦有感而兴起焉，则幸甚望甚! 此记。

邑庠生宾谷武煊旸撰并书

信士常琪、常珍，率男侄德新、德超、德江、德山、德宽、德修、德均，孙蕙英、茂芬、熏沐敬立

道光乙未夏六月上浣之吉

玉工申金魁敬镌

重修资圣寺记

闻尝读诸史而知世道人心。有一时之盛，必有一时之衰，有一时之衰，终有一时之盛。历唐虞三代，岂惟家国天下为然，即荒村僻壤，亦无有不然者。如我大周纂，非泫西一乡镇乎，烟火数百家，庙堂二十余处，而其间规模宏阔、制度完美者，厥惟古刹资圣寺焉，载在县志，属于两社。四围群房，一进数院，内建有雷音、毗卢、伽蓝、天王、罗汉、十王、六瘟诸殿，及水陆阁、东西禅房，左右钟鼓，靡不毕备；山门外对面有观音阁。在昔盛时，庙貌威严，金碧炫耀，不诚《西遨》一部足壮观瞻哉! 斯其规模如此，至若焚修香火田有九十余亩，其器具之精者，如经磬、木鱼、蒲团、衣钵；粗者如牛具、车辆、农器、碾磨，及陈设一切，无所不完，亦无所不美。斯其制度又如此，加以贤主持于中调度，凡僧众中赋质聪慧者，专事经忏晨昏诵课，愚蠢者，尽力田亩，及时躬耕，所以井井有条，内外整肃而无不咸宜者。其盛为何如也! 迨后气运衰，人情变，长老匪恶，沙弥效尤，昼则浮卢呼白，夜则酒地花天。以是正人君子深恶而不前；邪僻小人欣幸以插入，或图□福，或谋资财，交相浸耗，而存蓄有不空匮，大事有不败坏耶? 日久年深，则各殿上盖，吞脊滚陷矣，瓦坡飘零矣，下截墙垣，硝碱者有之，根石崩裂者亦有之。且东禅房久为瓦砾，树株成林，而水陆阁、□□毁，空余白地。荒凉如斯，不深可慨。而无如贪得之夫，遍体滓秽，总缄□而扪舌；亦有廉静之子，中怀坦白，徒愤激以郗。爵似此破坏残缺，因循观望，然而不一败涂地者，匪子攸闻。庚寅夏日，正中门前老槐，忽无风自倒，其身材稍节，闭塞街冲，人行则绕道，车驼则转弯，偌大庄村，谁其闻问。幸有东西里事李耀礼等，责不容辞，合力承担，变为钱文，随于次年秋，倡首纠众，计亩捐谷，立意重修。窃斯举也，其殆衰极当盛，而老槐特为之兆欤，抑诸佛有灵，或冥冥以责成其该里事欤，均未可知。惟是所捐谷石，为数无多，经费不充，若之何其。爰制疏簿，捐于本境，募诸四方，得钱六百二十二千零，鸠工庀材，除西里常瑜独力承修毗卢、伽蓝、罗汉三殿外，自山以至雷音大殿，凡上盖之滚陷飘零，下截之硝碱崩裂，与夫东禅房之瓦砾，暨前后院落墙垣台阶，悉皆修整，复旧如初。所谓“有盛必有衰，有衰终有盛”，亶其然乎! 惟水陆阁始系前明万历二十六年本寺湛洎禅师募缘创修，继系敏政武公、应儿刘公、春英杨公、敏学武公、伊四家重修。阁下右壁立有墙碣，其文则曰:“水陆一阁系合寺之瞻，如衣之有领，人身之有眉目也。人第见其无神圣像貌之可观，故虽见其倾圮，殊不以为意，曾无为此阁谋一鼎新者。予四人各出资斧，

共成斯举。功毕之日，勒以为记，时康熙之戊甲也。”云云。未系嘉庆十六年七月分，适有世代豪强者未同大社折毁，当此大工正兴，理宜一体重修，奈根椽片瓦尽失其名，虽可因仍而实同乎。创始工程过大，安敢轻举，姑留遗址，以待后之善士修复可也。阅七载，厥功告成，倡首者请为之记。余学疏才庸，本不善纷华靡丽，极力铺张，尤不喜粉饰太平，虔诞敷衍。兹既勒石垂后，谨按盛衰始末，据事直书，俾作善者益加奋励，作不善者知所警省焉云尔。是为记。

邑庠生宾谷武煊旸半间氏撰

邑庠生屺瞻邵思会奉先氏书

道光岁次丙申十一月吉旦

汤王庙无名碑

成汤乃商之先君也，其所以享宗祀于悠父者果，何自而然耶？盖以其一德至功之所致也。所谓一德至功者，何观其社稷宗庙，罔不只□德，何一耶？防罪救民创业□统。功何至耶？德一功至如此。是以亿有血气者，莫不仰慕于千百载之下，岂特当时为然而后世有不然焉。昔大宋摄提岁，其镇善士张瑗乃者曰：右之汤帝所焚身祷雨者，非为一身一家计也，盖所以忧天下之民不遂其身故耳，其正可不追乎？于是愿施厢基一所，社首李璲辈因之而建厥堂，东西廊厦，既宣圣殿两远（院）三门。或因风烈而兽颓瓦裂者，或因岁久而栋桡门□者，皆不得如初焉。镇中神首李璨毕恒□之曰：其神威放动之圣也，其庙又前人之蛊也，使今不因旧功而修之，将必至于大坏矣。于是备酒厥财，请工营补舍宇，更新而不复有倾圮之势，门庭□敞而自是添阀阅之威，辉然蚀日之还□，璨若琳琅之所萃，格之者足以壮赫人之仪，瞻之者足以惶人之意。其李氏子亦可谓克绍克继，而能斡前人之蛊者也。厥后五福来酬，岂待卜而始知也哉。不然，《□经》何以曰：积善之家，必有余庆。矛故以是为叙云。

□计开祷首姓名于后一十二人共成

□盛是李璨、□何后、秦韬、武直段、李茂、武□、杨子通、李□、赵璨、杨□

本社梓匠武城武经　瓦匠赵玹　石匠韩泽

大明弘治元年孟秋七月二十日书写李节。

重修汤王庙东廊并神厨记

高平西南四十里许周纂镇，宋平泉里也。其里民建庙，所主神曰汤王。夫汤王□□□□君□□□□□□□□行罔弗慎，因岁大旱，祷雨于桑林之野，顷刻而雨，润乎千里，其有功于生民大矣。绘像□列者曰白□□曰煌□曰武安王曰圣仙姑咸配享焉。盖自汉唐宋及我大明，凡春祈秋报，议祷水官十二人，靡不斋戒祇肃，虔祀典隆。宫殿所以酬其德业之盛也。岁弘治辛酉社首武杰辈，嘉靖戊申社首李时中辈，重修正殿，稽志有征。嘉靖辛亥，牛子东川，协何子宗乾，李子鋘等，谨□会计创建大成殷伍楹、院植松柏花卉；又建药王祠、子孙祠各三楹，内金饰形像，戏楼五楹，内筑石段数层。门屏墙垣，炳然一新。厥功不亦懋哉！厥后相继修葺，二年一周。今嘉靖庚申春仲二日，牛子与董子朝宾及□三父孟书等，□复应水官谓，神殿坚饰，不可妄图，东廊后址及奉祀厨所颓圮，若不修举，后益倾。□□遂卜良辰，鸠工积石，以为□成之谋。其高一丈，其长数十丈，不虞之绩，就于月，其资费皆出于十二人。又造神朝銮□数项，并铜锡响器□，显神威之盛。诚所谓不废相续修葺之业而已矣。

此虽十二人俱有其功，然经营谋犹劳心而苦于有为者，牛子之力居多焉。何也？建修之绩夫固不容以枚举，稽其独宿神所，不畏寒暑，忘其货殖，功成方回私家。噫！亦可谓□难矣。自是而后，□应水官者，精白乃心，竭力以终迭迁之功可也。故镌石永垂不朽，亦以为积善者劝，作恶者惩也。牛子大仁，号东川，四子君宠、实、寀、宜，孙化龙、回山，西里人。是为记。

邑庠生仁山李时昌篆

邑庠生晦斋杨士撰

邑镇人隐阁秦槛书

玉工张壮刊

嘉靖四十一年岁次壬戌仲春二日立

奉祀水官：牛大仁、秦松、秦林、董朝宾、杨孟书、杨秀、杨佩、杨坎、杨孟登、武大思、董让。

本镇东宅西里奉神，水官李大观，同男李荣，孙李增，独修汤帝大殿后墙五间，永以为记 万历己亥二月初□立

元帝阁地亩碑记

岁庚寅后，目下瀚偶游斯阁，煮茗□谈，忽惠师出石碣示：方亦子云自大士神。以后得之友细阁乃系国处顺治年间，有一常道长和守政者主阁，自出己资，置有□地三十三亩三分柴厘，为本阁□修资斧，若出外境住庙者，不得借□缠光郎在，阁道人祇，许耕种，不许私卖，镇人亦不许私卖，不然，执碑到官，以私相买卖治罪。故同镇者，讳□武公牛立，武公敏政，武公勒石记其地亩于后，名缘由阁里予有感焉穷。常道长设心远虑勒石，垂以诚为书，美书善茅斯石，树过于壁而藏之于殿。者何查本阁地亩于与碣上，厥载现缺西沙河南与沙河南两处，共上地一十二亩一分三厘。兹其后，按手主阁者，私卖恶其害己，而故去藏之欤，□因公兹圣卖，恐留疑案而然。欤享属远年均未可定，既经立法于前，尤当垂戒于后，兹仅依现在地亩厘刻树立，俾后永照，书形非特□修资，常道长用心良苦，亦始终不泯矣，此记。

大清道光十一年岁次辛卯夏五月合社全主持公立

13 三王村三嵕庙

三王村三嵕庙 / SANWANG CUN SANZONG MIAO

一、遗产概况

三王村三嵕庙，位于高平市米山镇三王村南坡地上，始建年代不详。现存一进院落，西侧为主院，东侧是偏院，占地面积约为1592平方米。据庙内已失残碑得知，三嵕庙重修于北宋宣和年间（1119—1125），主祭三嵕兼祀道教诸神。正殿为金代建筑，其余皆为清代建筑。2013年3月5日被国务院公布为第七批全国重点文物保护单位。

01 三王村三嵕庙航拍近景

二、建筑特点

三峻庙坐北朝南，院南开门。山门左右原有朵殿、角楼各一座，均已毁。主院现存建筑自南而北依次有倒座戏台的山门、献殿（只剩台基）、三峻殿、东西配楼及廊庑。东侧偏院北侧建祖师殿，祖师殿左右为排屋数间，均无塑像。

山门是一座城堡式的二层砖结构建筑，外观一层，实为两层。一层中间辟门，倒座戏台，有台无顶，大门从台下穿过。二层为联排开敞式房屋，墙上有通风口。

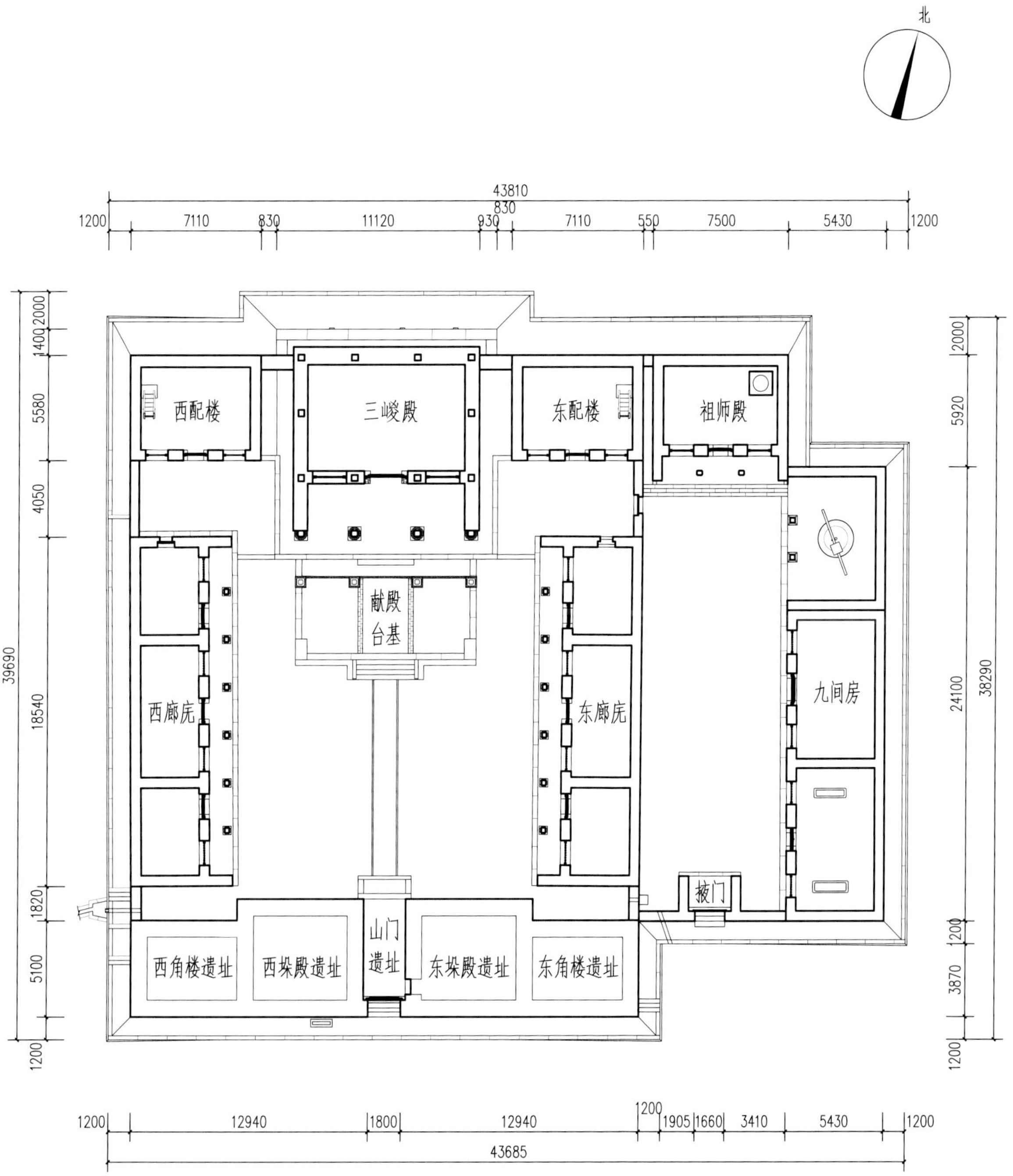

02　三王村三峻庙总平面图资料

山门与三嵕殿之间是宽阔的庭院空间，便于开展祭祀活动。三嵕殿前月台原为献殿，现仅存台基及柱础石四座。根据残存柱础石形制判断，应为清代所建。献殿的主要作用是祭祀时用来摆放供品，也可作为主祭人或有身份的祭祀参与者的活动场所，在紧邻正殿前建献殿的做法在晋东南一带非常普遍，用材和做工大多较为粗糙。

03　三王村三嵕庙献殿台基

04　三王村三嵕庙献殿柱础

05　三王村三嵕庙献殿柱础

06　三王村三嵕庙献殿柱础

07　三王村三嵕庙献殿柱础

08　三王村三嵕庙三嵕殿脊饰

三峻殿建于石砌台基之上，面阔三间，进深六椽，平面呈正方形。单檐歇山顶，筒板瓦屋面，琉璃脊饰。前檐设廊，进深二椽。前廊四根立柱皆为石柱，有明显收分，廊柱下方施青石雕覆莲柱础。前檐明间辟板门，两次间置直棂窗。门下槛及门砧石均以青石雕成，门墩石上雕卧兽一尊。

前廊下柱头斗栱四铺作单杪里转成替木托乳栿下皮，蚂蚱头由乳栿出头砍制而成。仅前檐设补间铺作，均为四铺作出单昂，昂为琴面，昂嘴在后代维修时被锯掉，里转五铺作双杪，昂尾制成挑斡抵下金檩。补间铺作共三朵，当心间补间铺作栌斗为八棱形瓜斗，次间补间铺作栌斗为圜斗，颇有特色。转角斗栱四铺作单杪，出斜昂，上承由昂，里转五铺作双杪，偷心造，昂尾抵由昂后尾下皮。

09　三王村三峻庙三峻殿远景

前檐柱头斗栱四铺作，无补间铺作。殿内梁架结构为六架椽，四椽栿对前乳栿通檐用三柱，断面规整。金柱柱头用襻间斗栱承替木托四椽栿、内额。四椽栿之上用驼峰承下金檩，用蜀柱、合楷托平梁、上金檩。平梁之上用叉手、蜀柱托脊槫。山面上使用自然弯曲的丁栿，一端置于山柱柱头斗栱之上，一端置于四椽栿上皮。殿内无塑像。梁架与斗栱稳健庄重、朴实疏朗，虽历代屡有修葺，却完整地保存着宋金木结构建筑之风格。栱眼壁有壁画，内容为山石、花鸟、松柏等，前廊内墙里转亦存有龙形云纹壁画，均为清代彩绘。殿内塑像已毁无存，供牌位一座。

10　三王村三嵕庙三嵕殿梁架

11　三王村三嵕庙三嵕殿梁架局部

12　三王村三嵕庙三嵕殿前檐廊梁架

13　三王村三嵕庙三嵕殿斗栱

14　三王村三嵕庙三嵕殿转角斗栱

15　三王村三嵕庙三嵕殿壁画彩绘

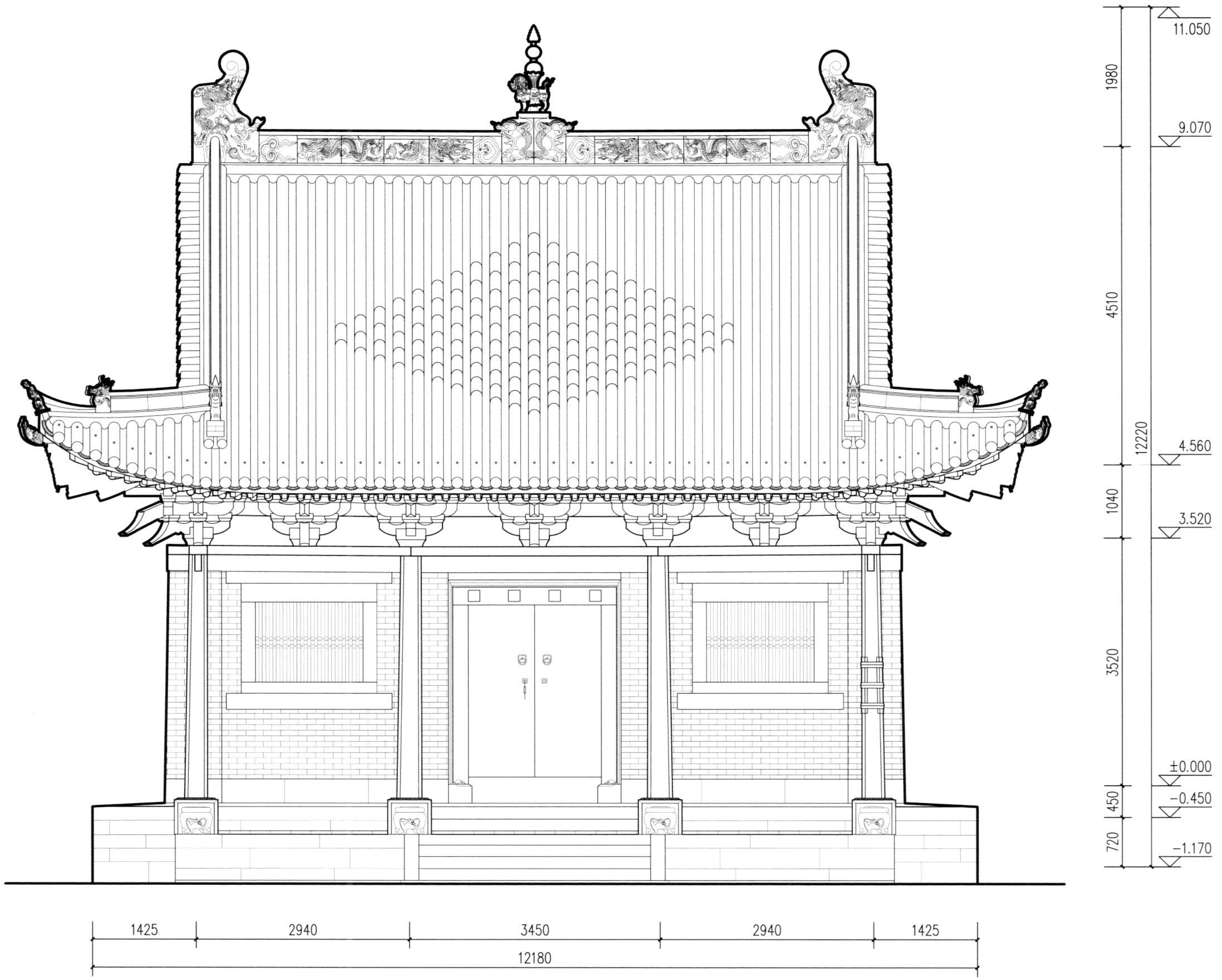

16　三王村三峻庙三峻殿正立面图资料

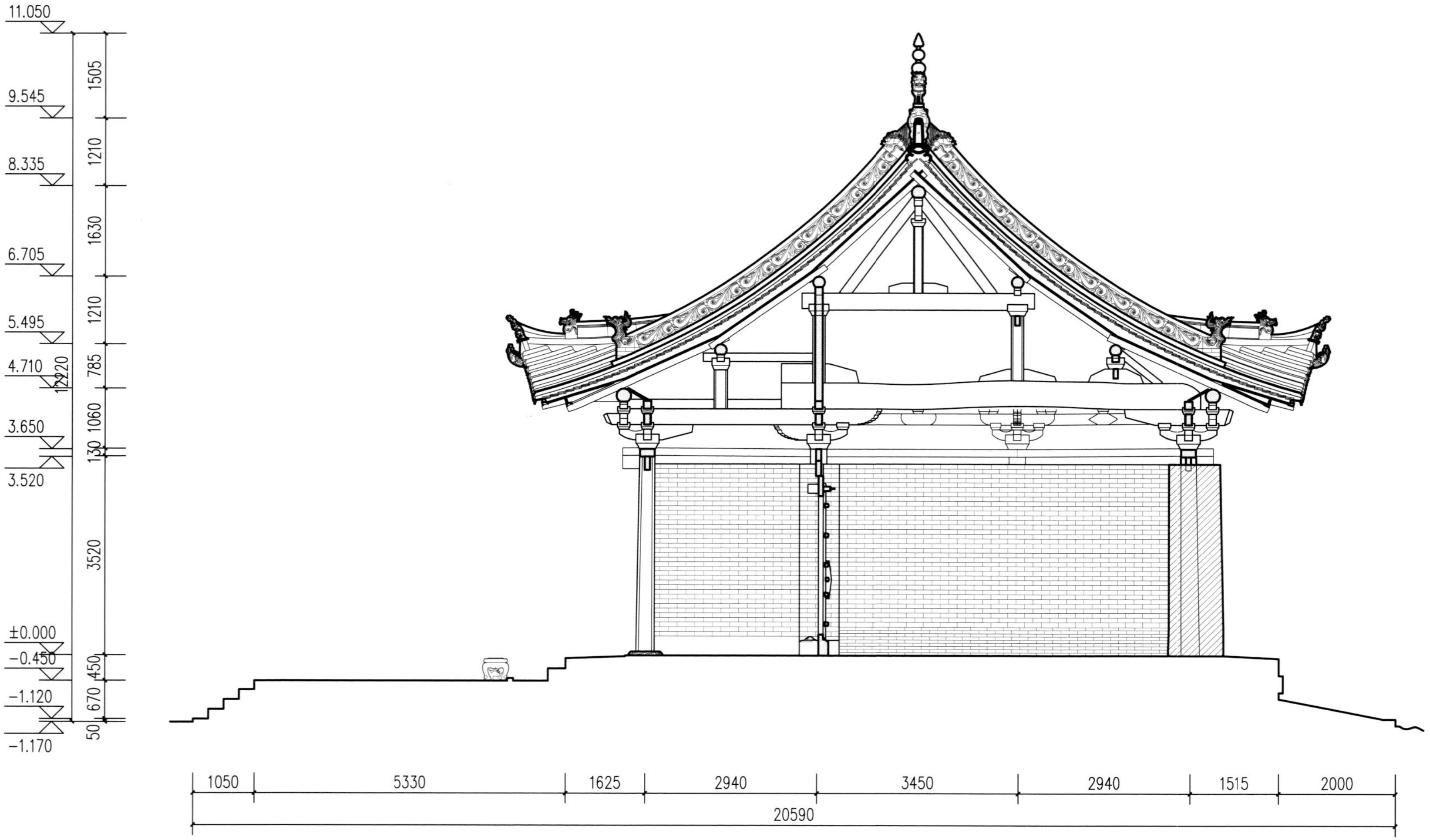

17　三王村三嵕庙三嵕殿横断面资料

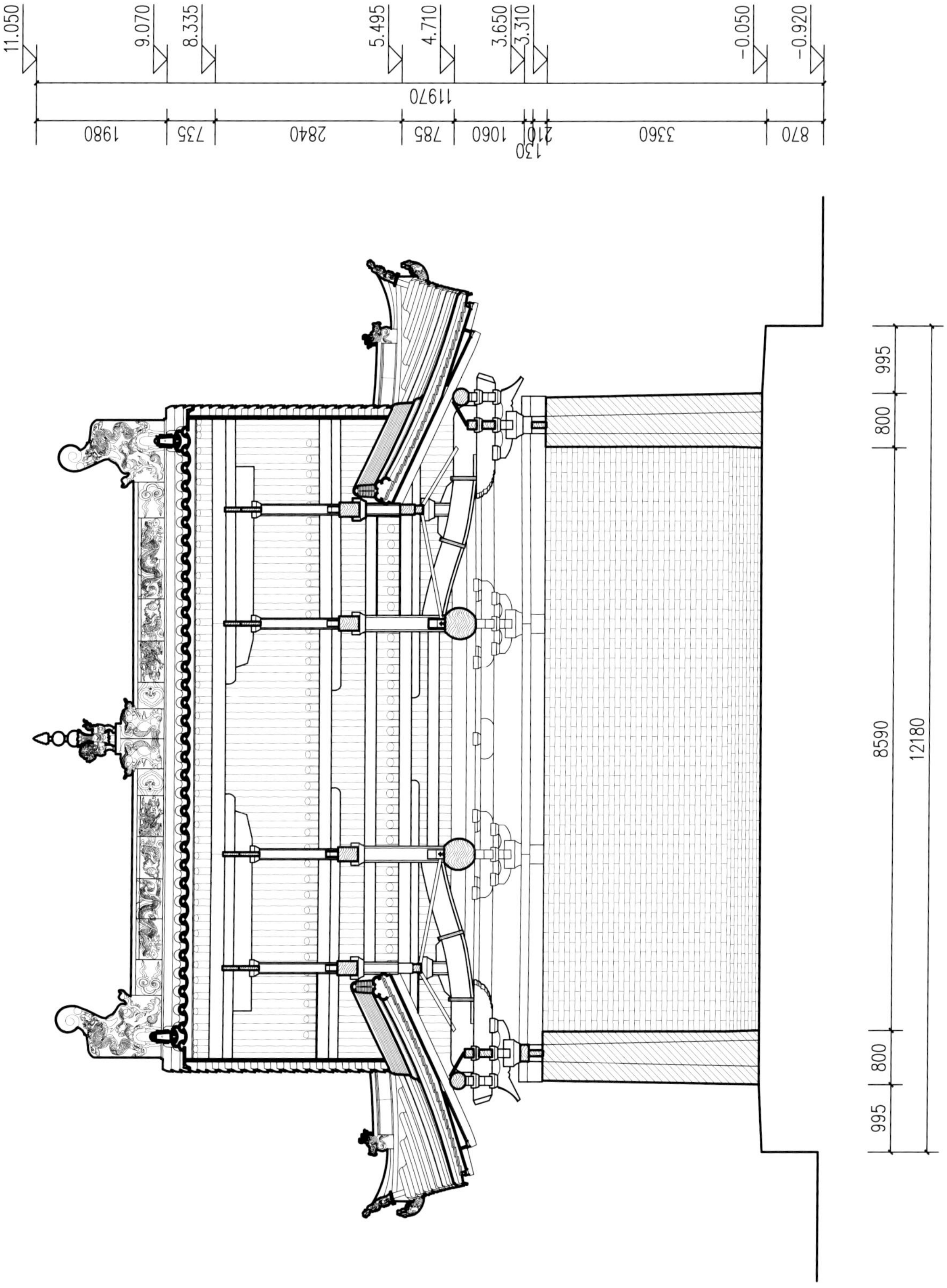

18　三王村三嵕庙三嵕殿纵断面（后视）资料

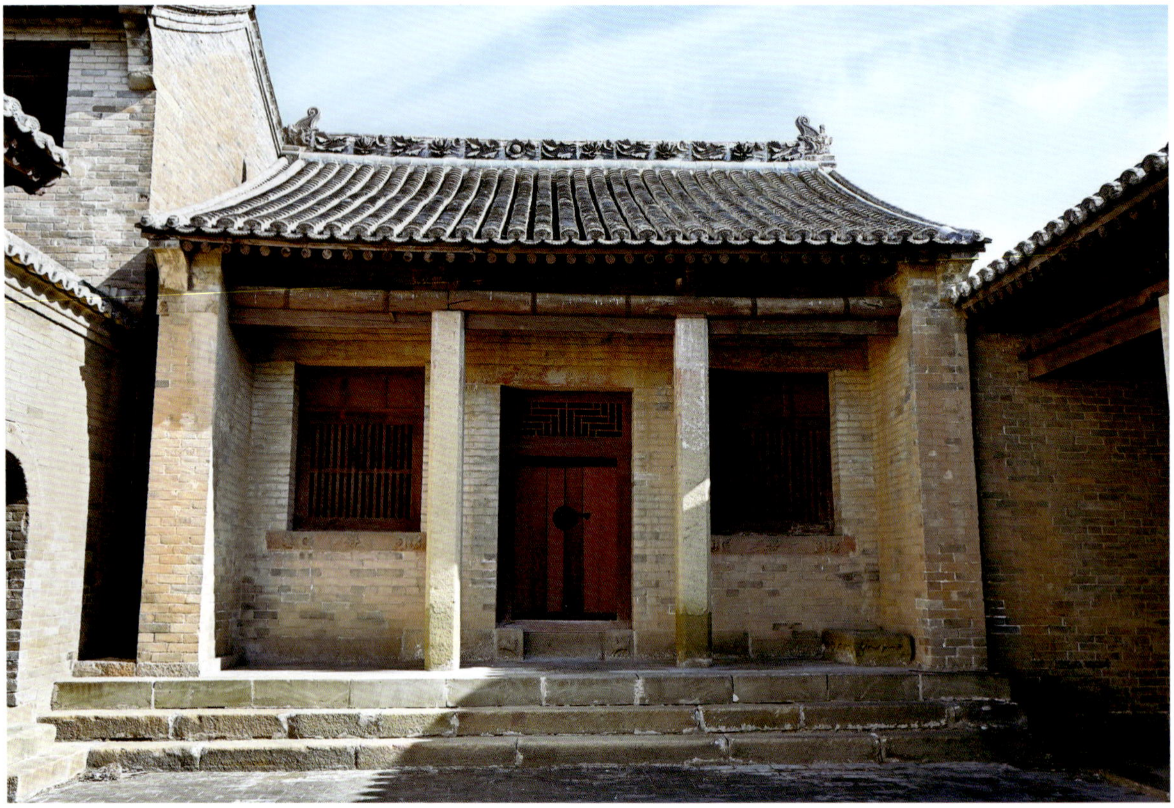

19　三王村三嵕庙祖师殿

20　三王村三嵕庙祖师殿室内壁画

三、价值特色

（一）三嵕信仰的渊源及对晋东南地区的影响

1. 三嵕信仰的起源

三嵕，原为山名，位于山西省长治市屯留县西北，俗称老爷山。早期的三嵕信仰与山有关，后世不断演变，由北宋宣和伊始，三嵕的信仰在山川神祇的基础上夹杂着后羿的信仰。

现存长子县宋村乡小关村三嵕庙内金贞元元年（1153）张陟撰《潞州长子县钦崇乡小关管重修灵贶庙碑》载："逮宋崇宁间，缘屯留县申请：山川神祇，有不举者为不敬。郡守敷奏于朝，敕赐三峻山，以'灵贶'为额。继而，诏书褒答曰：'祭祀驭神，必隆德秩□赏称德，奚□幽明正直无私。庙食乐土，雨暘之应有感必通。其启微□之封用厚，一方之庇，尚绥祉福。□答民心，可特封显应侯。载在祀典，有司岁时省，祭以礼焉。'"由此可见，宋崇宁年间敕封时，三峻信仰还只是原始的山川自然神信仰，而最晚至北宋宣和四年，三峻神的神性已不简单的是山川自然神信仰，还夹杂着羿／后羿神之说。长子县色头镇琚村护国灵贶王庙内北宋宣和四年张曦撰《紫云山新建灵贶王庙记》载："潞之长子县紫云山灵贶庙者，实出于屯留三嵕，盖山神也。或谓之后羿，或曰三王，语尤不经莫可考据。"这里的三嵕已经由山川信仰的自然崇拜开始叠加了后羿信仰的成分。

泽州三嵕庙金天眷元年（1138）庐躁撰《三嵕庙记》碑载："然，三嵕之神典祀载之旧矣。俚俗莫究□□，历世相传曰：'善射之羿也'。"可见从北宋宣和年间到金代，基本上已经将羿／后羿列入三嵕神奉祀序列。

金元以后，相关碑文所载，皆是赞扬羿／后羿之神如何伟大，润泽一方，为民谋福祉，已无其他神性的描述。可见金元以后，三嵕神信仰基本上等同于羿／后羿神信仰。而实际上羿和后羿在历史上的记载并非统一，亦有歧义。一为神话故事中的"善射之羿"；二为《左传》中记载的有穷氏"后羿"，为有穷氏首领，善于骑射。后世由于记述或讹传，逐渐将羿和后羿混为一谈。到了元明清时期，碑文及地方志中大多将三嵕神认为是后羿，并附会了后羿的故事和传说。

明代时，明太祖朱元璋以"前代封号渎礼不经"为由，改赐其为"三嵕之神"，由此三嵕信仰彻底摆脱了早期的山川自然崇拜，而成为专属后羿的信仰，三嵕庙也就成了专祀后羿的场所。

2. 山西晋东南地区的三嵕信仰

晋东南地区古称"上党"，华夏文明典籍中记载的"精卫填海""女娲补天""羿射九日""神农尝百草"等神话故事均起源于此，也因此留下了许多奉祀地方神灵的本土神祠，三嵕庙就是其中之一。《淮南子》载"尧使羿射九乌于三嵕之山"，明确记载了羿射日之地为"三嵕之山"。《明一统志》卷二十一载："三嵕山在屯留县西北三十五里”，可见羿射日之地为屯留三嵕山，山上建有三嵕庙，供奉后羿大神。而当地百姓奉祀三嵕神的缘由也可以从碑文中找到答案。

长子县色头镇琚村护国灵贶王庙内北宋宣和四年张曦撰《紫云山新建灵贶王庙记》载：“俗传神主风雹，故民敬畏，异于他神……雹潜消兮，甘雨其滂，苗稼兴兮，岁丰穰。”

长子县宋村乡小关村三嵕庙内金贞元元年张陟撰《潞州长子县钦崇乡小关管重修灵贶王庙碑》记载：“乡民岁祀，雩□水旱，兴云漉润，殆不旋踵，露足下土，反丰年于旱暵，起讴吟于愁叹，可谓能御大灾，能捍大患，有功于民者也。”

由上述碑刻记载来看，三嵕神主掌风雹、司自然风雨之职的神职在宋代已经成形，在以后历朝的发展过程中相对稳定，没有出现其他职能。由于三嵕之神独具“呼风、唤雨、司雹”的功能，能为这里的百姓呼风雨、消雹灾、保庄稼，结合晋东南地区的自然环境特点，三嵕神便自然而然地被当成了护佑风调雨顺、化雹润田、祈求农业丰收的神祇。因此三嵕信仰风靡上党地区，出现了大量三嵕庙祭祀建筑群并延续至今。高平距离屯留 70 多公里，自然也深受其影响。

这种将神灵职能与自然社会相结合的表现，是民众心中对生活环境中超自然力量存有敬畏的情感体现，源于原始的自然神灵崇拜。而三嵕信仰能够在民间社会的流传主要依赖于地方志的记载和神话故事在历代民众中的口耳相传。这些文字性记载使得神话传说更有本土意味，神话传说在不断被附会其他故事内容时逐渐丰富，使得神灵的形象更加活灵活现，加深了民众对该地域神灵信仰的强烈认同感。这种独有的文化现象饱含了本地域的历史人文特色。

（二）三王村三嵕庙的价值特色

三王村三嵕庙据说是由北庄、太平、东栈、三王和杨家庄五个村庄集资兴建的。三嵕庙所在的山岭也象征性地被当作了三嵕神的封地，人们习惯称之为“张嵕岭”。如果说选址体现出了修建的背景，那么三嵕庙的整体布局则体现了实用功能和祭祀功能在空间上的完美结合。从山门到正殿，宽阔的院内面积便于开展大型的祈雨、消雹及其他祭祀活动，戏台倒座，既能酬神亦可娱人，东西廊庑可供歇息暂避。山门关闭后，形成了封闭式的空间。

三王村三嵕庙整体建筑格局完整清晰、主从分明。金代的木构建筑时代特征较为明显，具有重要的历史价值和研究价值。

四、文献撷英

三王三嵕庙现存清代石碑一通。

14 高平嘉祥寺

高平嘉祥寺 / GAOPING JIAXIANG SI

一、遗产概况

嘉祥寺位于高平市三甲镇赤祥村西约 50 米处，是一座坐北朝南的群组建筑，占地面积近 1500 平方米。现存二进院落，中轴线上依次排列天王殿、毗卢殿、大雄宝殿，两侧为东西耳房、观音殿、地藏殿、西厢房、西禅房、寮房、五观堂。毗卢殿为金代遗构，大雄宝殿为元代遗构，天王殿为明代遗构，其余为清代建筑。大雄宝殿东设偏院，现存东西耳房、厢房和藏经阁。山门位于嘉祥寺东南端，北侧设照壁一座，东侧有古井、井亭和碑亭。古井为原龙王庙的遗址。附属文物：五代后周广顺三年（953）石经幢 2 通，明崇祯四年（1631）石质寺额 1 通、古柏 3 棵，明万历四十一年（1613）、清乾隆三十四年（1769）、清乾隆五十六年（1791）碑碣 3 通。毗卢殿内墙残存壁画。毗卢殿和大雄宝殿栱眼壁画及梁枋间、大木构件上彩绘鲜艳。1996 年 1 月 12 日被公布为第三批山西省文物保护单位。2013 年 3 月 5 日被国务院公布为第七批全国重点文物保护单位。

嘉祥寺始建年代不详。据《大周泽州高平县故李君墓志铭并序》记载：“今天宝九载岁次庚寅十一月……改迁奉葬于赤祥村西百步坤地其兆域……前临邃谷峗岸深泉，后载伽蓝巍圣德。”可推测唐天宝九年（750）已存在。寺名和村名的来源为“寺为降祥之区，而村为受祥之地”。

01　高平嘉祥寺航拍近景

据《嘉祥寺补修佛殿后墙记》记载，明万历五年（1577）医官张云路和本村善士捐资修缮七佛殿。明万历四十一年，本村太医院吏目张汝恩独备资财，修缮三佛正殿。据《重修嘉祥碑记》记载，清乾隆三十四年，本村村民朱锦、田文贵各出资二百两，并同僧人志洛募资千余两，修缮嘉祥寺，并进行彩绘。又重修高楼三间，另建平房四间。据《补修嘉祥寺创建西林书院碑记》记载，清乾隆五十六年，里中岁贡生陈逊、伊候推，守府田培玉，太学生田种玉、张润、杜增义，踊跃捐资修缮寺庙，并在嘉祥寺西边空地上，创建廊房30余间，设乡校，并命名为“西林书院”。今已不存。

1947—1996年，嘉祥寺作为学校使用。2000年对天王殿及钟楼进行修缮，并进行彩绘。2005年三佛殿重砌东西山墙新塑十八罗汉，并进行彩绘，修缮了东偏院藏经阁。2022年对嘉祥寺进行整体保护性修缮。

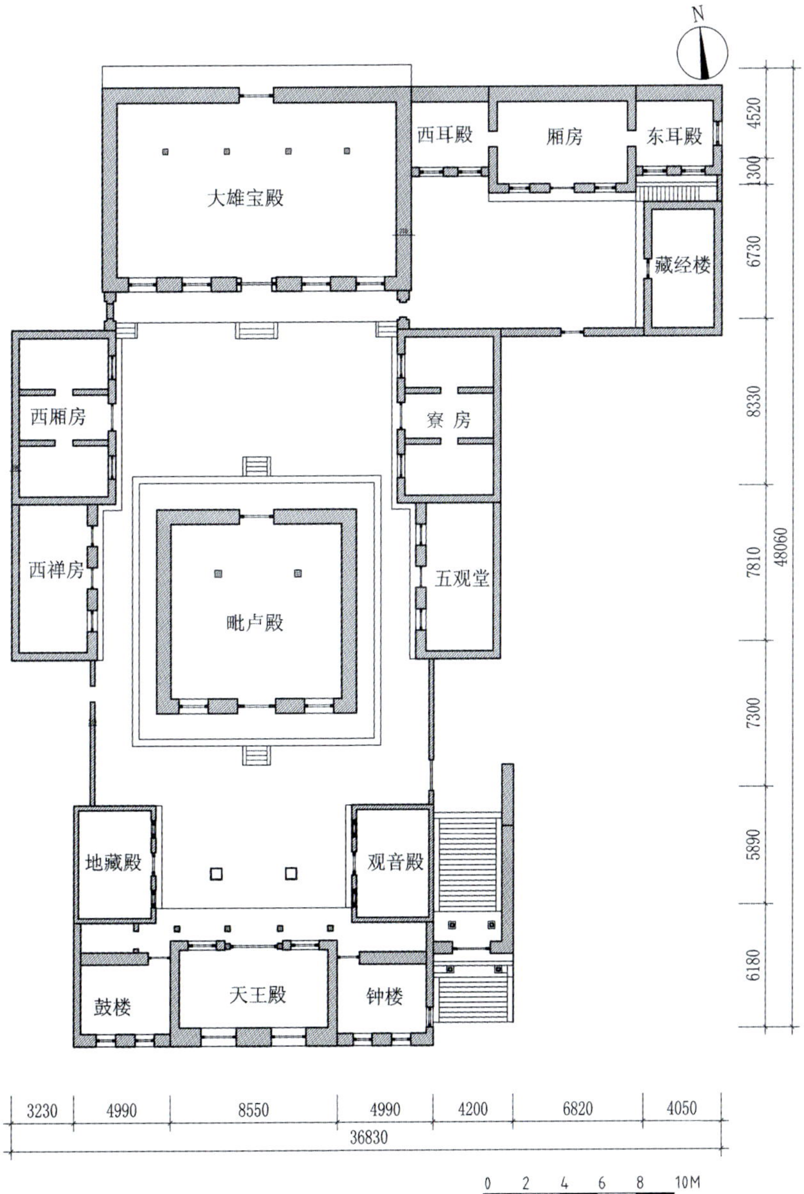

02 高平嘉祥寺总平面图资料

03 高平嘉祥寺山门正立面

二、建筑特点

（一）山门

位于嘉祥寺东南角，为清代木构。坐北朝南，面阔一间，进深两椽，单檐悬山顶，仰合瓦屋面，灰陶脊饰，两侧置吻兽，前后出垂脊。前后檐石柱各两根，柱头科斗栱为一斗二升四攒。双步梁通搭于前后檐柱斗栱上，上立脊瓜柱托脊檩。墙体位于脊檩下，中间辟板门。

（二）照壁

与主院门相对而立，一字影壁，占地约 2 平方米。屋顶灰陶仰合瓦屋面，两侧筒瓦梢垄，灰陶正脊，两端设望兽，三踩斗栱，栱眼壁雕饰八仙，影壁中心雕饰龙纹，上侧叉角为凤凰，下侧为麒麟。

04 高平嘉祥寺碑亭

05 高平嘉祥寺影壁

（三）天王殿

位于中轴线南端，为明代木构。坐落在高台之上，坐南朝北，面阔三间，单檐悬山顶。灰陶筒瓦屋面，正脊为盘龙纹饰，两端设灰陶吻兽，垂脊为花草脊饰，前后设灰陶垂兽。前檐明间设四扇六抹方格隔扇门，两次间各设四扇四抹方格隔扇窗。

12 根石柱形成柱网，前檐廊柱 4 根，前檐金柱 4 根，后檐檐柱 4 根。廊柱上设柱头科斗栱四攒，为三踩单下昂。下昂为假昂，昂尾作卷云头。平身科为三踩单下昂并出斜栱，栱均为花瓣异形栱。

梁架结构为六檩前出廊式，抱头梁后端插于金柱中，前端架于廊柱斗栱上出卷云式耍头。五架梁通搭于前檐金柱与后檐檐柱之上，梁头承替木、下金檩（后檐檩）。五架梁上立金瓜柱，上托三架梁（三架梁两端斗栱出头成卷云式）、替木、金檩，三架梁上立脊瓜柱，柱头施坐斗，横向施丁华抹颏栱，纵向施捧节令栱托脊檩。叉手斜撑脊檩。金瓜柱、脊瓜柱柱头设金枋与脊枋纵向拉结梁架。

06 高平嘉祥寺天王殿正立面

（四）毗卢殿

位于中轴线上，为金代遗构。面阔三间，进深六椽，单檐歇山式，屋面举折平缓，出檐深远。灰陶筒板瓦屋面，黄绿琉璃脊饰。

坐落在高 0.83 米的台基上，东西长 12.9 米，南北宽 12.76 米，台明基本呈矩形，占地面积 164.6 平方米。台帮由黄砂石砌成，台面铺墁十字缝方砖，前后当心间有垂带踏垛。台基很好地起到了稳固基础、防水避潮的作用。

台基上 14 根柱子组成柱网，前后檐柱各 4 根，东西山墙内各设 2 根金柱，后檐内柱 2 根，前檐不设内柱。前檐设柱头铺作两朵，为四铺作单昂里转单杪偷心造。泥道栱上隐刻慢栱，单昂与泥道栱相交，直接施于栌斗内。令栱为异形栱，上承橑檐槫。补间铺作为短柱子上施散斗隐刻横栱承橑檐槫。转角铺作两朵，为五铺作双昂里转单杪。老角梁后尾搭于抹梁栿上。内柱铺作为四铺作单杪里转楷头。毗卢殿栌斗为方形栌斗，昂为琴面昂，均为假昂，昂下隐刻华头子。前后檐上各置阑额、普拍枋纵向连构。前檐当心间辟板门、两次间设四抹隔扇窗，后檐明间辟板门。

07 高平嘉祥寺毗卢殿正立面

梁架结构为四椽栿对乳栿通檐用三柱，彻上露明造。乳栿搭于后檐柱与内柱铺作上，四椽栿搭于前檐柱与乳栿之上。四椽栿前端置驼峰、乳栿上立蜀柱，驼峰、乳栿上各设栌斗，实拍襻间与劄牵交构于斗内，承托前后檐下平槫。四椽栿上的上平槫位置下分别立蜀柱设栌斗，置实拍襻间斗栱与平梁交构。平梁正中立蜀柱设栌斗，横向出丁华抹颏栱，设重栱承托脊槫。蜀柱由合楷稳固，两侧由叉手捧戗。脊部使用两材襻间，半栱连身对隐，隔间上下相闪。各蜀柱设顺脊串、顺身串拉结梁架。前丁栿较弯，后尾插于四椽栿上的蜀柱间，后丁栿较圆直，架于内柱斗栱上。系头栿架于前后丁栿的蜀柱栌斗上。梁架结构使用了两材襻间、实拍襻间、顺脊串、顺身串等，金代梁架结构基本保存完整。

08 高平嘉祥寺毗卢殿脊饰

09 高平嘉祥寺毗卢殿脊刹

10 高平嘉祥寺毗卢殿梁架

11 高平嘉祥寺毗卢殿梁架

12 高平嘉祥寺毗卢殿转角斗栱

13 高平嘉祥寺毗卢殿斗栱

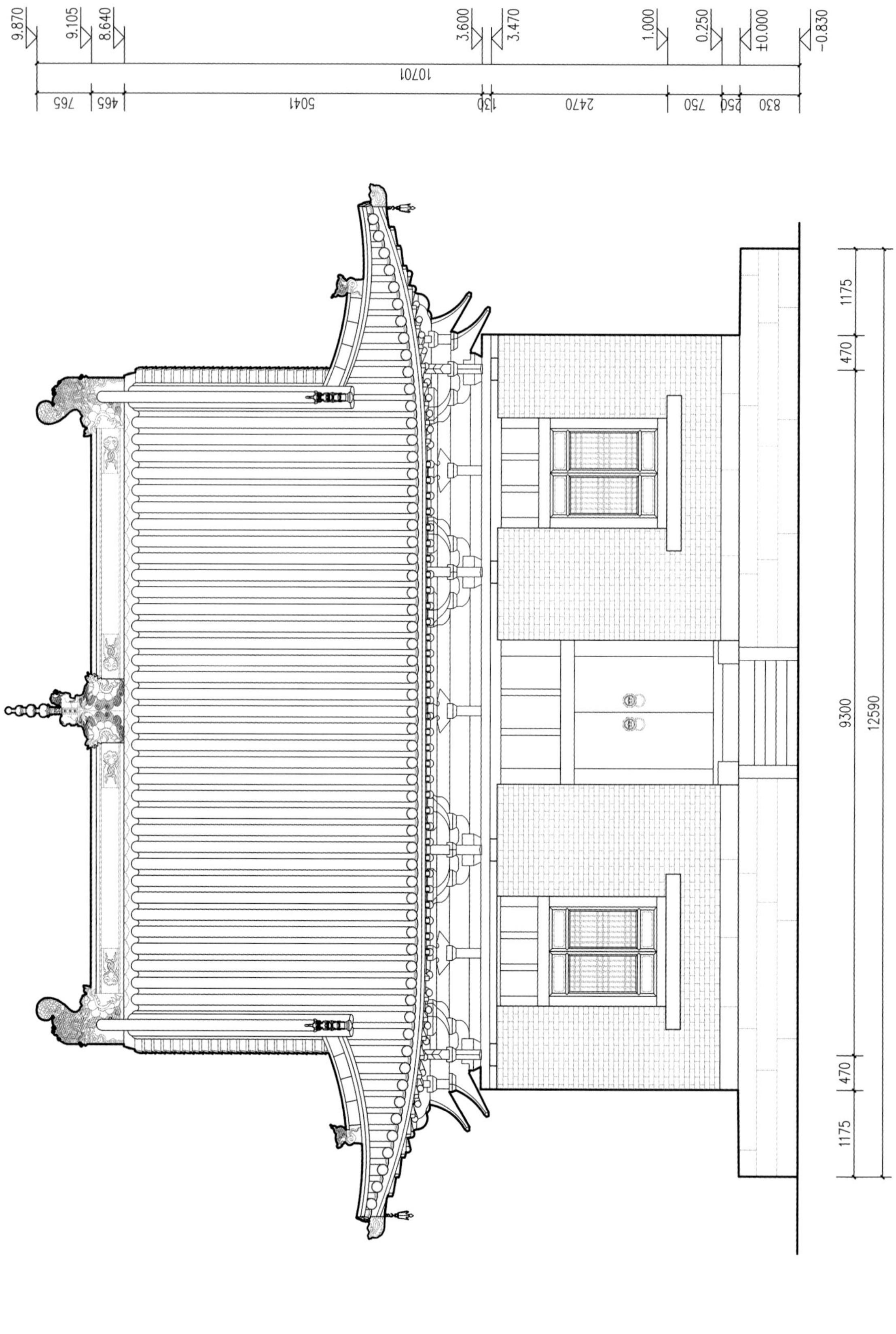

14 高平嘉祥寺毗卢殿南立面图资料

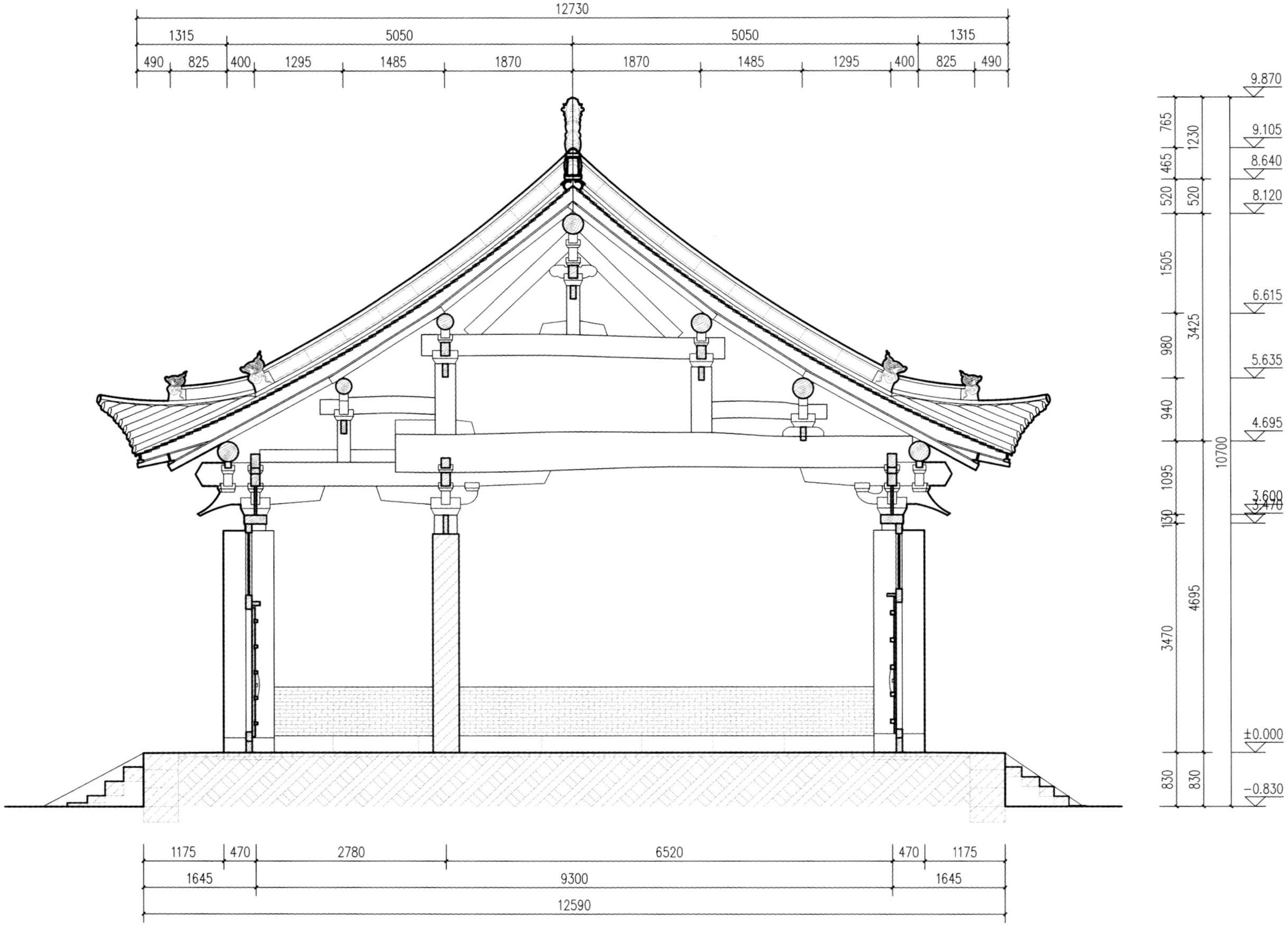

15　高平嘉祥寺毗卢殿剖面图资料

（五）大雄宝殿

又名三佛殿，位于中轴线北端，为元代遗构。坐北朝南，面阔五间，进深六椽，单檐悬山顶建筑，举折平缓，灰陶筒板瓦屋面。正脊为素琉璃脊，两端设琉璃吻兽，楼阁式脊刹。

柱网通面阔 15.08 米，通进深 9.41 米。20 根立柱形成柱网，前后檐各用柱 6 根，东西山墙内各设 2 根金柱，后檐内柱 4 根，不设前檐内柱。内柱为方形抹棱石柱，莲瓣覆盆柱础。檐柱见明显的收分和侧脚。前檐柱头铺作六朵，为四铺作单下昂里转单杪。前檐当心间设四扇六抹方格隔扇门，两次间各设四扇方格隔扇窗。

梁架结构为六架椽屋四椽栿对乳栿通檐用三柱。乳栿架于后檐柱和后檐内柱斗栱上，四椽栿前端架于前檐柱柱头斗栱上，后端压在乳栿上。四椽栿前端置大斗安捧节令栱承前檐下平槫，后檐乳栿上立蜀柱安装实拍襻间斗栱承托后檐下平槫，在四椽栿前后上平槫位置下分别立蜀柱，置襻间斗栱承托上平槫，襻间斗栱捧节令栱造，与平梁相交，梁中立蜀柱安装襻间承托脊槫，两侧由叉手捧戗。

16　高平嘉祥寺大雄宝殿正立面

17　高平嘉祥寺大雄宝殿东侧立面

18　高平嘉祥寺大雄宝殿梁架

19　高平嘉祥寺大雄宝殿梁架

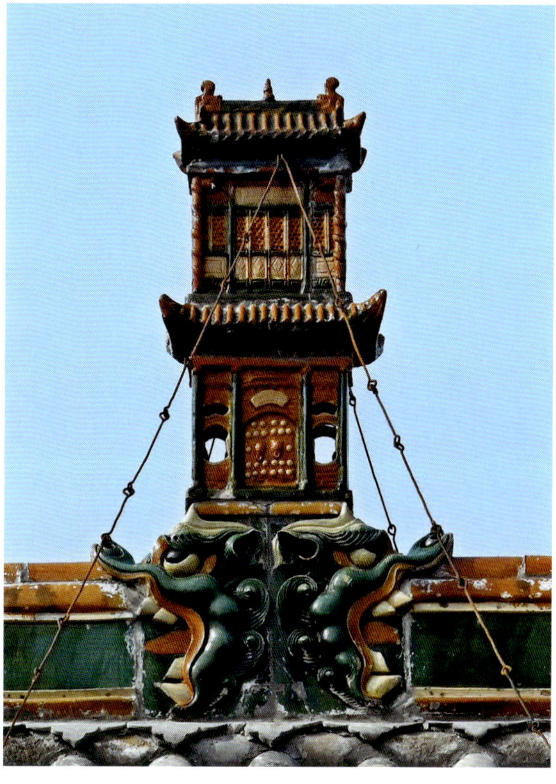

20　高平嘉祥寺大雄宝殿脊饰

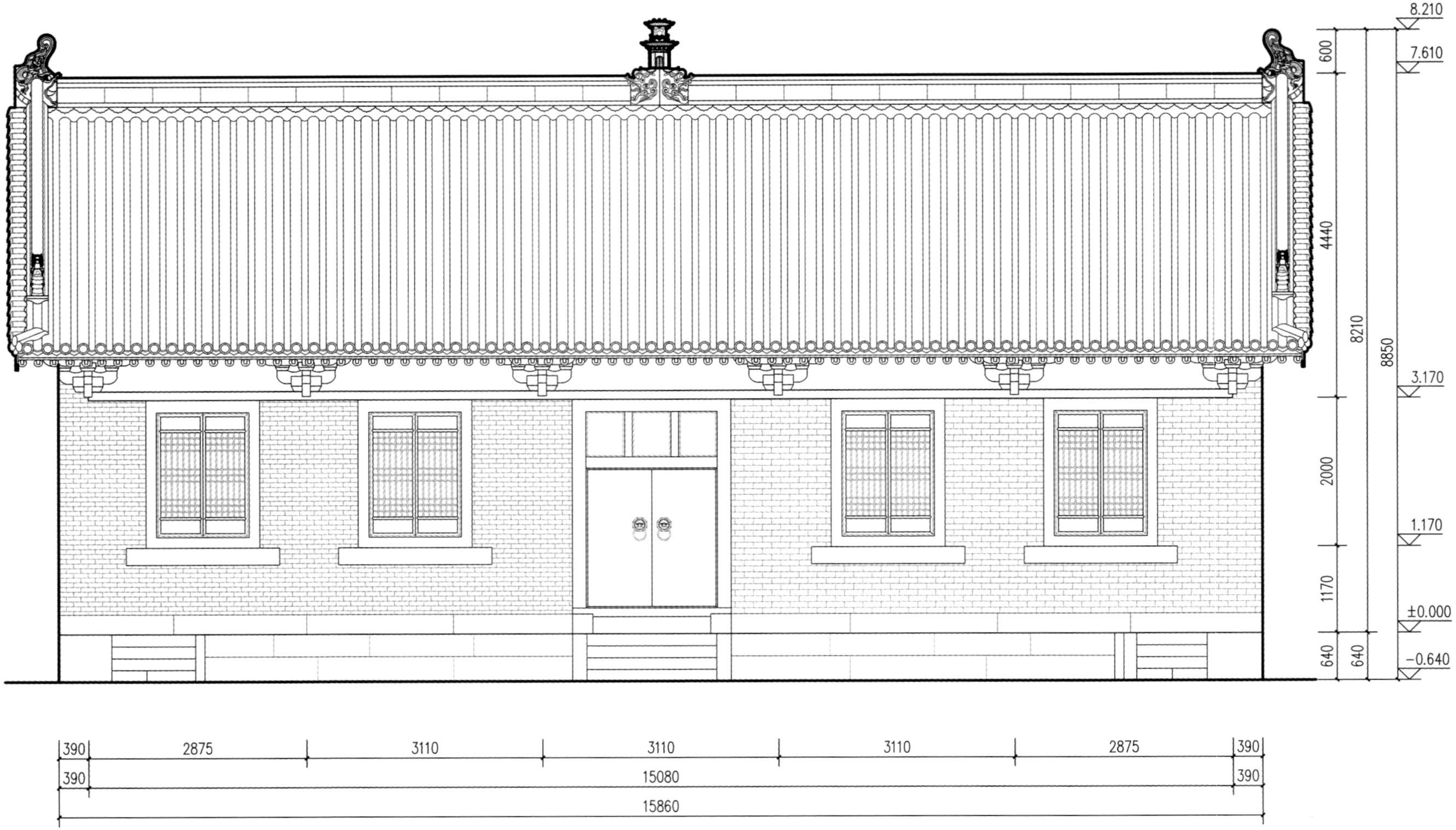

21　高平嘉祥寺观音殿正立面资料

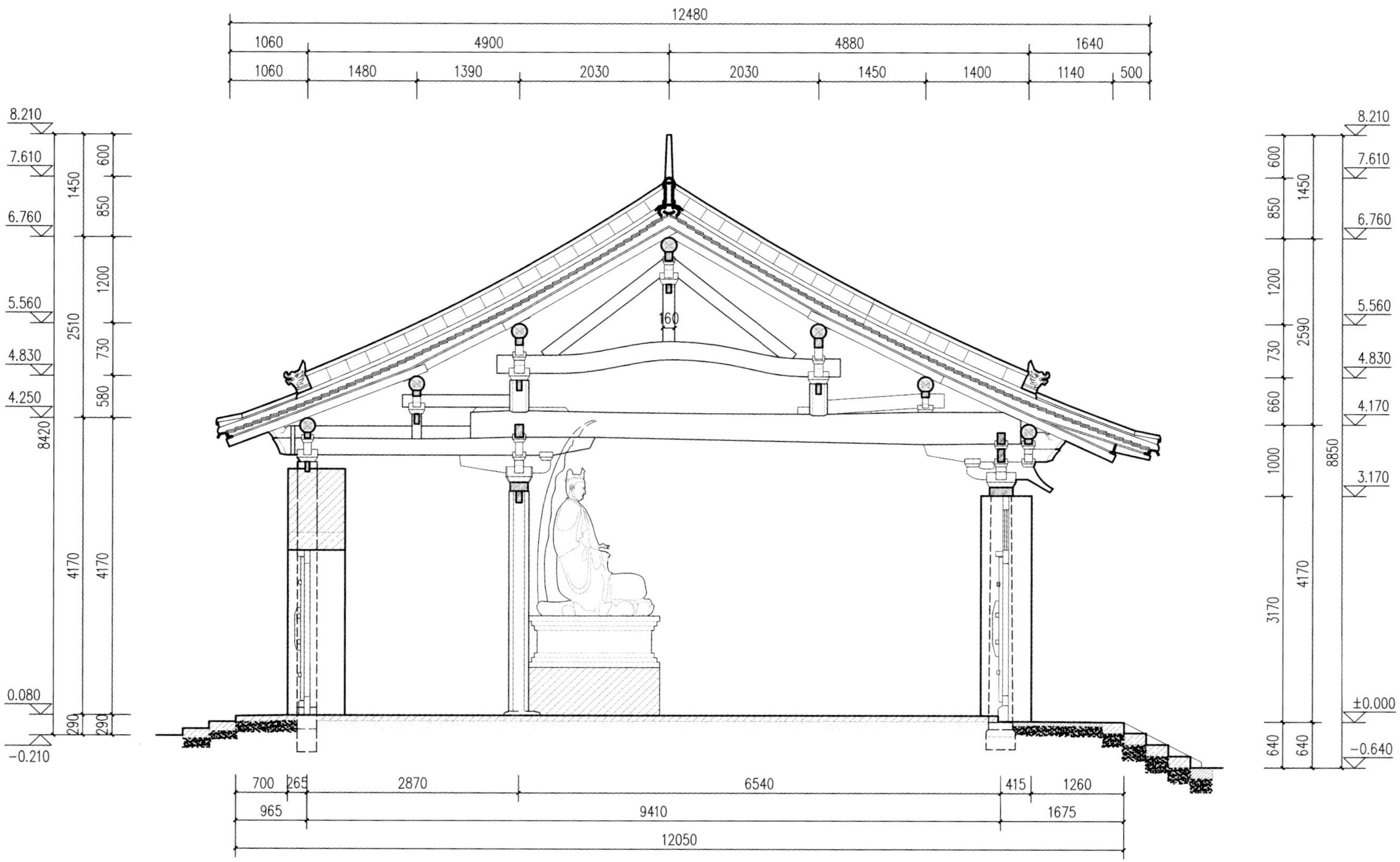

22 高平嘉祥寺西厢房正立面资料

（六）东西耳房

位于天王殿东西两侧，钟楼、鼓楼建筑形制基本一致。坐南面北，面阔两间，梁架为五檩无廊式，单檐悬山顶，屋顶灰陶脊饰、仰合瓦屋面。正脊为灰陶花草式样，两端设吻兽，前后设垂脊灰陶花草式样，两端设望兽。

五架梁架于前后檐平板枋之上。五架梁上施瓜柱，柱头承三架梁，梁头承托替木、金檩；三架梁上立瓜柱，柱头承托坐斗，上施丁华抹颏栱，承托短替、脊檩，弧形叉手承托脊檩。

（七）观音殿、地藏殿

两者建筑形制基本一致，位于中轴线东西两侧，为清代木构。面阔三间，单檐硬山顶，灰陶脊饰屋顶、仰合瓦屋面。正脊为灰陶花草式样，两端设吻兽。垂脊设望兽。前檐明间辟四扇六抹隔扇门，次间辟方格窗。

梁架结构为五檩无廊式。五架梁通搭于后檐墙及前檐柱平板枋之上。五架梁上施瓜柱，柱头承三架梁，梁头承托短替及前后金檩；三架梁中立瓜柱，柱头承托单栱及短替、脊檩，两侧叉手交于丁华抹颏栱。金瓜柱、脊瓜柱柱头设金枋与脊枋纵向拉结梁架。

23　高平嘉祥寺观音殿正立面

（八）五观堂、西禅房

位于中轴线东西两侧，建筑形制基本一致，为清代木构。面阔三间，五檩无廊式，单檐硬山顶，仰合瓦屋面，灰陶花卉脊饰，两端设吻兽。前后坡设垂脊。前檐明间设板门，两次间设方格窗。

（九）寮房、西厢房

寮房坐东朝西，西厢房坐西朝东，位于中轴线两侧，二者建筑形制一致，五观堂和寮房共用一堵山墙，西厢房和西禅房共用一堵山墙。面阔三间，五檩无廊式，单檐硬山顶，屋顶灰陶脊饰、仰合瓦屋面。屋面为灰陶，正脊为花卉图案，两端设望兽。装修前檐明间设板门，两次间设方格窗。为清代木构。

24　高平嘉祥寺西厢房正立面

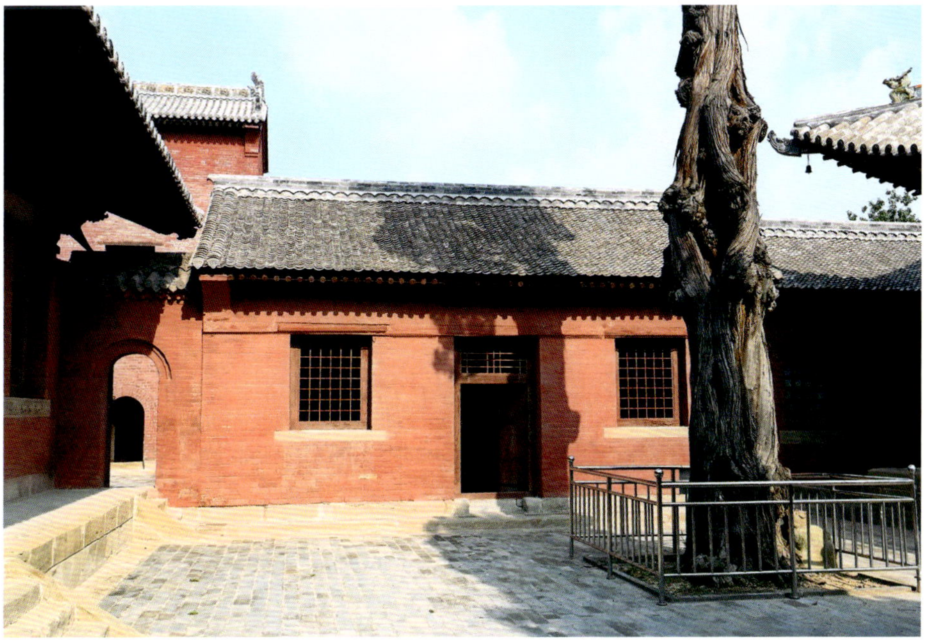

25　高平嘉祥寺寮房正立面

（十）偏院厢房

位于院落北侧，坐北朝南，面阔三间，进深四椽，五檩无廊式，单檐硬山顶，仰合瓦屋面，灰陶捏花正脊。明间设板门，两次间设直棂窗。

（十一）偏院东耳房

位于偏院厢房东侧，坐北朝南，面阔两间，进深四椽，单檐硬山顶，筒瓦屋面，灰陶捏花正脊。檩子直接搭于两山墙之上，在前檐和东山墙设窗。

（十二）偏院西耳房

位于偏院厢房房西侧，坐北朝南，面阔三间，进深四椽，单檐硬山顶，灰陶筒瓦屋面，灰陶捏花正脊，梁架结构为五檩无廊式，五架梁通搭于前后檐墙上。前檐设方格窗。

（十三）偏院藏经楼

位于偏院东南角，为三层单檐硬山顶建筑。坐东朝西，面阔三间，进深四椽，灰陶筒瓦屋面，捏花素脊，两侧置吻兽。北山墙设台阶通往二层，二层室内设台阶通往三层。梁架为五檩无廊式，一二层大梁直接架于前后檐，梁上置楞木及楼板，承托上层地面。前檐一层明间设板门，二三层设方格窗。

26　高平嘉祥寺偏院厢房

27　高平嘉祥寺偏院厢房、西耳房

28　高平嘉祥寺偏院大门

29　高平嘉祥寺偏院藏经阁

三、价值特色

毗卢殿南现存两座青石质经幢，雕刻于五代后周广顺三年（953）。东幢通高约 4 米，西幢通高约 4.2 米。两经幢幢顶、幢身、幢座基本保存完好。幢顶由天盖、莲座和宝珠组成。幢身为八棱柱形，东幢刻有“佛顶尊胜陀罗尼经”，西幢刻“佛说阿弥陀佛经”，幢身下设仰莲座、八角出狮头座、覆莲座、须弥座。幢座、幢顶运用浅浮雕与高浮雕的雕刻手法，雕饰出花卉、流苏、石狮、飞天、龙纹等，纹饰精美，栩栩如生，具有极高的宗教价值和艺术价值。

毗卢殿的四面墙壁上绘满壁画，面积约 80 平方米，是明代水陆画的珍贵遗存。壁画中人物所着衣饰大红大绿，表情丰富，面部扁圆，身形丰满。用墨线勾勒轮廓，用晕染法来刻画人物面部，使得人物生动飘逸。可惜的是壁画被一层白灰覆盖，人物显现不清晰。

30　高平嘉祥寺经幢

31　高平嘉祥寺经幢

32　高平嘉祥寺经幢

33 高平嘉祥寺毗卢殿壁画

34　高平嘉祥寺毗卢殿正立面走马板彩画

35　高平嘉祥寺毗卢殿背立面走马板彩画

四、文献撷英

寺内现存石碑三通，明万历年间一通，清乾隆年间两通。

嘉祥寺补修后墙记［明万历四十一年（1613）］

……今于万历肆拾壹年柒月内，今有本村太医院吏目张汝恩，慨然无吝，独备资财，置买砖石，匠作工食，应用等物，将墙砖包，创修三佛大士，中墙照壁。通绩修整；又于七佛殿，施添压窗贰根；先日十王殿，施银叁两，石柱贰根，水陆殿施梁贰根。前岁万历伍年叁月吉日，七佛殿后墙风雨损坏，有汝恩父医官张，号双楼，讳云路，见得工程浩大，独立难成，纠同本村善士人等各舍资帛，将墙砖包有路……

重修嘉祥寺碑记［清乾隆三十四年（1769）］

……于是鸠工庀材，率作兴事。倾者起之，缺者补之，旧者新之，废者举之。督工办事，虽严寒盛暑不辞其瘁也。越六年而其工告竣矣。将见昔之榱桷陨离者，今则鸳瓦坚牢矣；昔之瓦石颓垛者，今则垣壁整齐矣；昔之栋折燕泥者，今则画彩增辉矣；昔之圣像云泥者，今则光焰闪灼矣。又重修高楼三间，另建平房四间，内外次第，齐舍整肃。……余儒生也，试即以儒言佛。佛之慧照无方，吾儒之万物一体也；佛之普渡众生，吾儒之与人为善也；佛之金粟舍利，吾儒之利物和义也；佛之法门不二，吾儒之至诚无息也；恒河之沙，可以说法，即吾儒千变万化，无非道妙也。昔人有言：佛，日也，道，月也；儒，五星也。佛与儒、道不并流于终古欤！此乡之人重儒道者多矣，而敬佛法者亦复不少，其因声教而悟者耶，其因缘而觉者耶。不然，何以共相鼓舞，乐善好施，而众心惟一也……

补修嘉祥寺创建西林书院碑记［清乾隆五十六年（1791）］

邑之东北二十余里，有赤祥村，古称丰溢乡，今编户徘徊北里。居民稠密，比屋连塍者，七百余家。其同社则三，北山村暨南河村。凡遇祈报，咸集是村寺庙中，虔诚拜礼。村之西北有嘉祥寺，建始于五代后周广顺二年，历宋、金、明，代有修理，碑志载在前后殿中，历历可考。……见夫村名“赤祥”，寺曰“嘉祥”，可知寺为降祥之区，而村为受祥之地。昔人命名，期于休祥洊至，永庇斯民，意良善也。寺之规模广廓，中殿三佛、后殿七佛。后东殿诸天，后西殿阎罗，前转果殿大佛，南殿观音大士，皆前代次第建立。周廊回转，委曲深邃。虽云壮观，而寺之东西绰有余地，盖亦前人力有未逮，留其余以俟后之修葺也。我朝乾隆三十五年，心田公之父，募缘补葺之东偏僧舍，完缮砚磨，棚厦悉具。……今日建立寺西一带房屋三十余间，莫若续程子乡校之设，俾有志进修者，朝夕吟咏其间。”询谋佥同，遂题其额为“西林书院”，盖取西园翰墨林之意。……

15

石末宣圣庙

石末宣圣庙 / SHIMO XUANSHENG MIAO

一、遗产概况

石末宣圣庙位于高平市石末乡石末村中，当地人又称文庙，是当地群众专为祭祀孔子的场所。据记载，石末宣圣庙建于元大德八年（1304），始初仅有主院。后在元泰定三年（1326）绘塑大殿内塑像。经历世代更替，庙宇坍塌，于明正德十五年（1520）重修。后在民国十二年至二十一年（1923—1932）之间，修筑了仓房院及山门后垣基础，修东西配殿，始成现状。2013 年 3 月 5 日被国务院公布为第七批全国重点文物保护单位。

01　石末宣圣庙航拍远景

二、建筑特点

宣圣庙坐北朝南，全庙为主院带仓房院，主院南北长38.11米，东西宽27.85米，仓房院南北长19.99米，东西宽9.82米，占地面积约1240平方米。主院中轴线上从南至北依次建有山门（倒座戏台）、正殿，正殿两侧设东西耳殿，两厢设东西配殿，东西厦子，山门两侧设东西妆楼。仓房院中轴线从南至北依次为大门、正房、东西厢房。

庙内现存元泰定三年、明万历八年（1580）、民国二十一年（1932）碑碣3通，栱眼壁及大殿后檐局部残存壁画，栱眼壁及梁枋间、大木构件上有色彩鲜艳的彩绘，主要描绘的是龙的图案。

其历史沿革，正殿须弥座束腰部位题记记载："……人督视匠石，取石于山，辇石于河，□久不少怠，期于必成□己。盖□始于大德八年□月之春，而断手于是年九月之秋，文石既具，以弟冯昕为纪介嘱记……"可知宣圣庙创建于元大德八年。

据庙内《宣圣庙记碑刻》记载："高平县举东乡石末里碑记：藉以栋宇经营盛立大成之教，至贤绘塑严行释奠之仪，匪独力而可兴，以□功而乃就，鸠资立石，悉数芳名，今列维那人等姓名于后……"元泰定三年绘塑大殿内塑像。

据庙内明万历八年《山西泽州高平县举东乡石末镇碑记》记载："因先原系正德十五年重修古迹，先师孔圣庙工完未记。今因本镇设立乡约于先，□手惟那张忠、赵友□等率领本镇同心协力各施资材闻名于后……"明正德十五年重修。

据庙内《重修白马寺玉帝庙三教堂碑》记载："盖习古之祀神国有定例，天子祭天地，诸侯祭……石末居县之东南，距城四十五里，名之曰镇，镇之东偏有白马寺一所，考其残碑，先有……三教堂一所，北有三教大殿五楹，东北三官殿三楹，西北高禖殿三楹，东西配房各七楹，正南舞楼十一楹。溯始寻源创建于元大德八年，几经朝代几番修筑奈无记载，今见大殿坍塌、舞蹈楼倾圮，若不即时重修诚不足以栖神同人，虽早萌修志，为因资财所困。越明年，重修大殿，以及东北、西北各偏殿，延至十三年，重建舞楼后垣之基础，修筑东西配房，连日成之。斯时也，可妥神像可随人愿。十七年，创修街南市楼房三楹。庙东意欲增修院宇，资乏工止。十九年春，增修仓楼四楹、西厦四楹。秋八月，大军莅境驻扎不去，供给秣支应差役一月，数资耗财无算，财尽力疲，中途而憩，更兼连年蒇收歉薄，迨至今夏，窃思功亏一篑，若不勉力成之，祇恐后人笑其萎靡，遂增修仓房院东房三楹、门楼、墙垣继次整齐……大中华民国二十一年□次壬申夏历十一月中完。"

民国十二年（1923），重修大殿、东耳殿、西耳殿。

民国十三年（1924），重建山门后垣基础，修东配殿、西配殿。

民国十九年（1930），修建仓房院仓楼和西房。

民国二十一年（1932），修建仓房院东房及门楼墙垣。

由以上文献内容结合现存建筑形制分析可知，宣圣庙正殿为元代遗构，戏台、正殿东西耳殿、东西配殿、东西妆楼、东西厦子为清代建筑，仓房院大门、正房、东西厢房为民国建筑。宣圣庙整体布局有规矩、有讲究、有象征、有寄托，雕梁画栋、斗栱飞檐、高耸挺拔。

（一）正殿

正殿为元代建筑，坐北面南，是宣圣庙的主殿，面阔五间，进深六椽。梁架结构为四椽栿对后乳栿通檐用三柱，露明造。单檐不厦两头造。灰陶筒板瓦屋面，黄绿琉璃脊饰。殿内柱网减柱造，只在后檐用内柱，内柱间用大额枋及绰幕枋纵向联构。柱头铺作为五铺作双昂重栱计心造。各间用补间斗栱一朵，明间一朵五铺作双杪重栱计心造，并出45度斜栱。次、梢间一致，五铺作双杪重栱计心造里转出双杪。补间斗栱里转皆用挑斡和靴楔。

02 石末宣圣庙正殿

03 石末宣圣庙正殿木基层

04 石末宣圣庙正殿梁架

05　石末宣圣庙正殿吻兽

06　石末宣圣庙正殿吻兽

07　石末宣圣庙正殿壁画

08 石末宣圣庙正殿斗栱彩画

09 石末宣圣庙正殿斗栱彩画

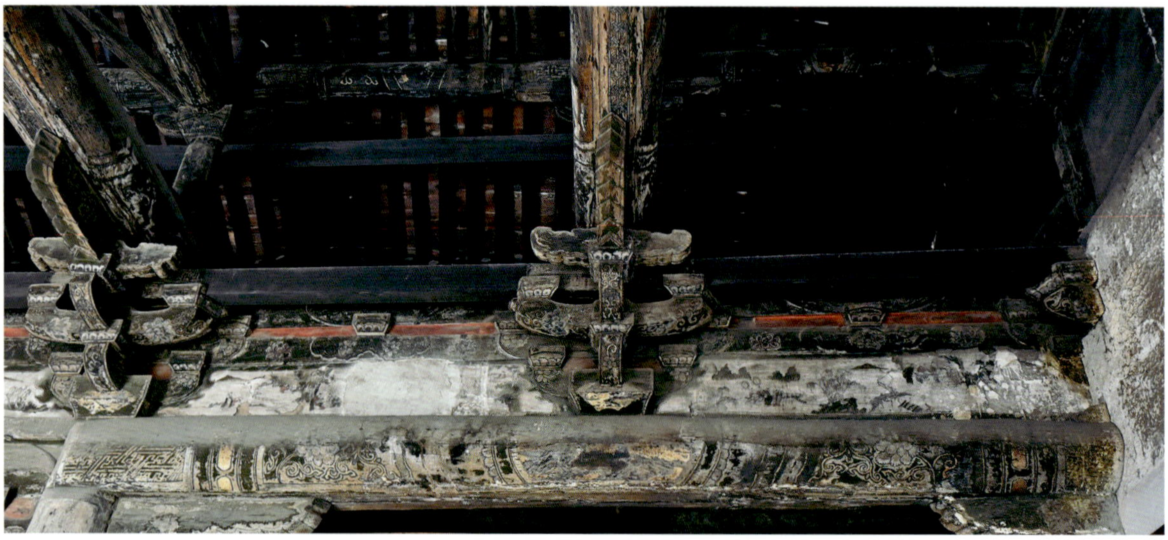

10 石末宣圣庙正殿斗栱彩画

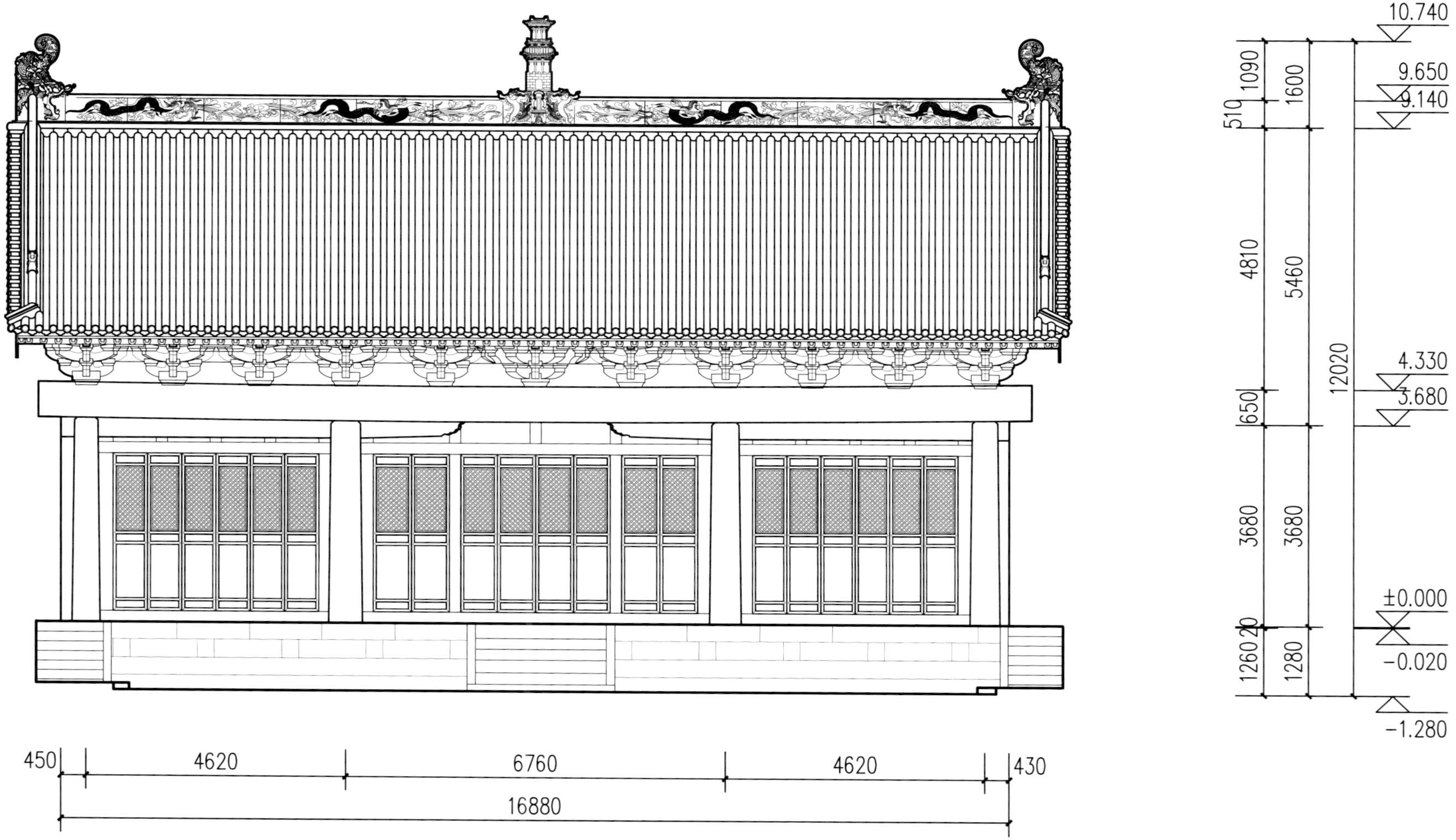

11 石末宣圣庙正殿正立面图资料

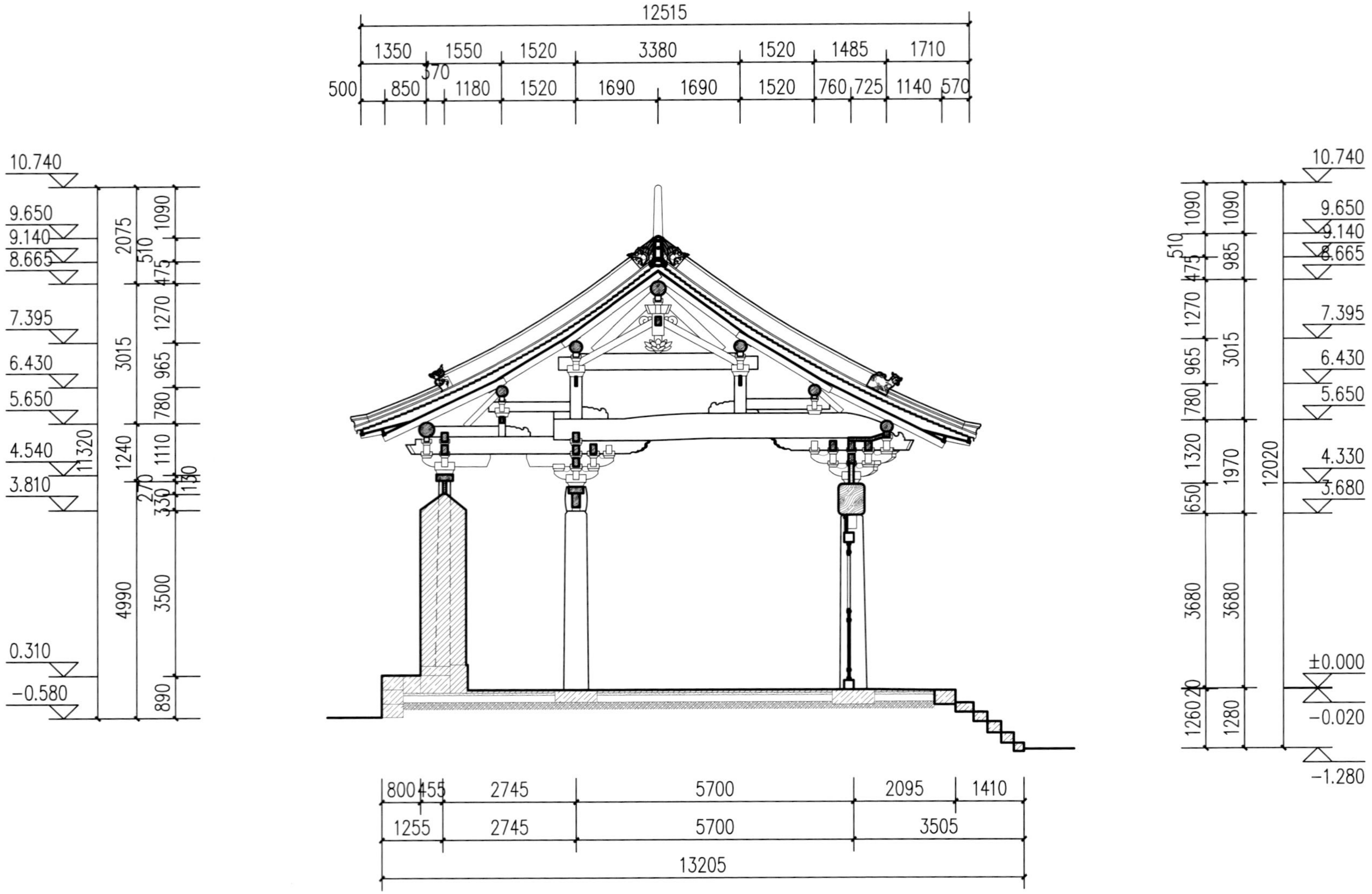
12515
1350
1550
1520
3380
1520
1485
1710
500
850
370
1180
1520
1690
1690
1520
760
725
1140
570
10.740
9.650
9.140
8.665
7.395
6.430
5.650
4.540
3.810
0.310
−0.580
11320
2075
3015
1240
4990
1090
510
475
1270
965
780
1110
270
330
130
3500
890
10.740
9.650
9.140
8.665
7.395
6.430
5.650
4.330
3.680
±0.000
−0.020
−1.280
12020
1090
985
3015
1970
3680
1280
1090
510
475
1270
965
780
1320
650
3680
1260
20
800
455
2745
5700
2095
1410
1255
2745
5700
3505
13205

12　石末宣圣庙正殿剖面图资料

（二）山门

山门亦称过路戏台，清代建筑，坐南朝北，面阔五间，五间无廊，两层，单檐悬山顶，一层为进出庙宇的通道，二层为戏台。

（三）东西配殿

东西配殿，清代建筑，高二层，面阔七间，六檩前廊式，单檐悬山顶，屋顶灰陶脊饰、仰合瓦屋面。

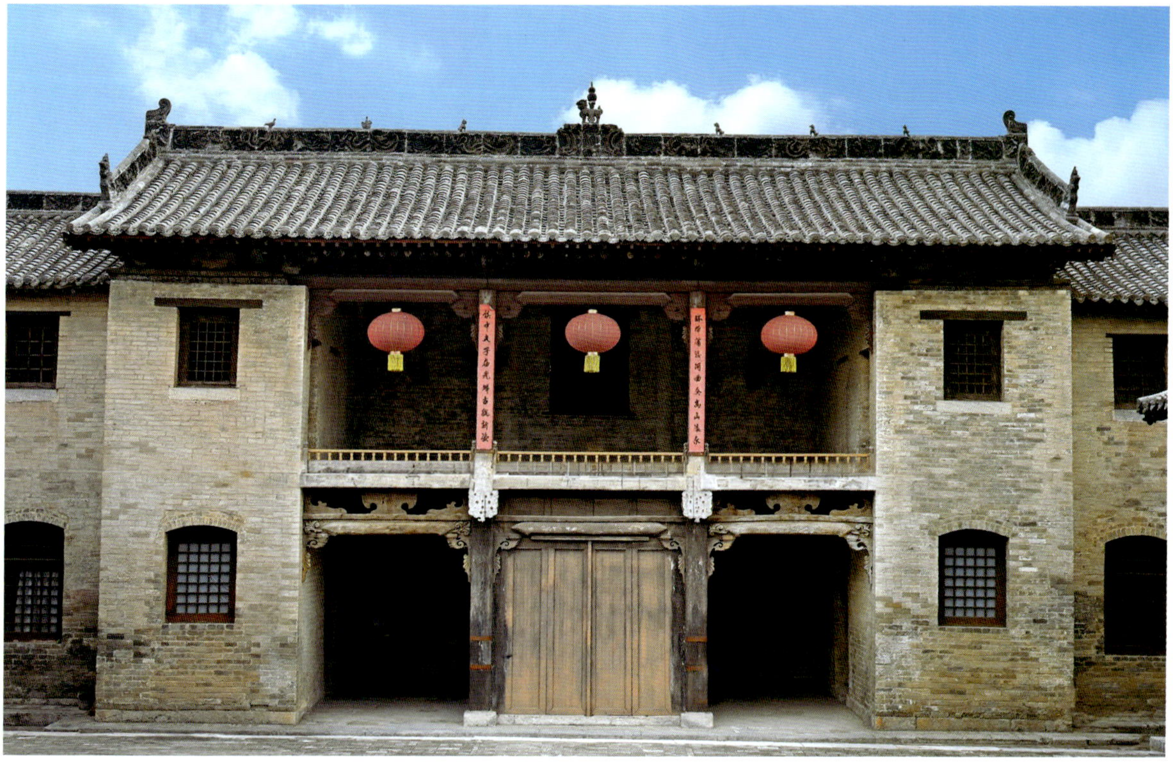

13　石末宣圣庙戏台

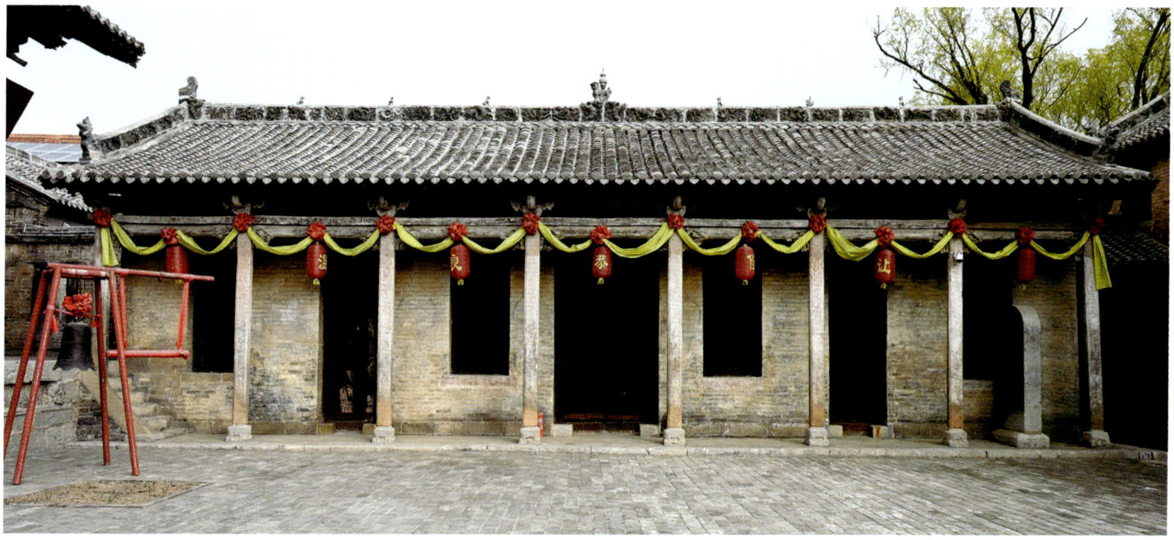

14　石末宣圣庙东配殿

（四）正殿东西耳殿

正殿东西耳殿，清代建筑，位于正殿东西两侧，坐北面南，面阔三间，五檩无廊式，单檐悬山顶，屋顶灰陶脊饰、仰合瓦屋面。

（五）山门东西妆楼

山门东西妆楼，清代建筑，坐南面北，二层，面阔三间，五檩无廊式，单檐悬山顶，屋顶灰陶脊饰。

15　石末宣圣庙西妆楼

16　石末宣圣庙正殿东耳殿

17　石末宣圣庙正殿东耳殿壁画

（六）东西厦子

东西厦子位于东西配殿与东西妆楼之间，一层，面阔一间，进深两椽。檐檩及脊檩搭设于东西配殿与东西妆楼之上。后檐墙体为外包砖砌筑形制。屋面整体为灰陶，仰合瓦，两端设望兽，瓦件形制多样，正脊为花卉图案。

（七）主院院落

主院院落的正殿东西耳殿与东西配殿之间设围墙，蓑衣顶，青砖砌筑，下部设墙基石，东侧围墙设板门通往仓房院。院面整体铺墁条砖，在山门与正殿之间设甬道，雨水自正殿东西耳殿前檐排往正殿须弥座预留水道，后排往院面流经东西配殿前檐在汇入山门前檐的排水通道，从东西厦子后檐预留的排水口流入院落外侧并入村镇的雨水设施，院落外侧设散水。

（八）仓房院院落

仓房院院落的正房与西厢房之间设围墙，蓑衣顶，现已不存在。院面为素土地面，雨水自正房前檐流经东西厢房从大门阶条石预留的排水口排出院外并入村镇的雨水设施，院落外侧设散水。

（九）仓房院大门

仓房院大门位于院落中轴线南侧，一层，面阔一间，进深一椽，单檐硬山顶。地面条砖铺面。墙体为外包砖砌筑形式。脊檩与檐檩搭设于两山墙之上；灰陶仰合瓦屋面，两端设望兽，正脊为花卉图案，板门改制。

（十）仓房院正房

仓房院正房位于院落中轴线北侧，坐北朝南，面阔四间，进深四椽，单檐硬山顶，二层建筑。

（十一）仓房院东厢房

仓房院东厢房位于院落中轴线东侧，坐东朝西，一层，面阔三间，进深两椽，单檐硬山顶。地面条砖工字缝铺墁，通面阔为 7.05 米，通进深为 2.59 米。墙体四周围合，南山墙与院墙共用一堵，外包砖砌筑形式。梁架结构为三檩无廊式建筑，前檐出圆椽，后檐为封护檐。圆椽之上铺设荆笆，前檐口铺设望板。前檐墙体明间辟门，两次间设窗，为原有形制，现全部不存、封堵。屋面为灰陶，仰合瓦梢垄两垄筒瓦，边砌披水瓦，灰陶捏花正脊，北侧置望兽，现已不存。

（十二）仓房院西厢房

仓房院西厢房位于院落中轴线西侧，坐西朝东，一层，面阔四间，进深两椽，单坡硬山顶建筑。地面条砖工字缝铺墁，通面阔 10.21 米，通进深 3.48 米。墙体四周围合，后檐墙体与主院东配殿共用一堵，南山墙与院墙共用一堵，外包砖砌筑形式。梁架结构为三檩无廊式建筑，双步梁通搭前后檐墙之上，中立金瓜柱，纵向金枋拉结稳固，上坐单步梁施短替承托金檩，单步梁中立脊瓜柱，纵向脊枋拉结稳固，柱头施短替承托脊檩。装修为明间设板门，其余各间设方格窗扇，现全部改制不存。屋面为灰陶，仰合瓦梢垄两垄筒瓦，边砌披水瓦，灰陶捏花正脊，北侧置望兽，现已不存。

三、价值特色

（一）历史价值

石末宣圣庙创建于元大德八年，保存有元、清、民国三个时期的建筑，建筑平面布局完整。该庙历经时代更替，建筑形制演变至今，含有丰富的历史信息，具有较高的历史价值。

寺内现存碑刻历史脉络基本完整，寺院建筑时代信息丰富，弥补了史料记载的不足，为研究宣圣庙自身历史提供了实物资料。

石末宣圣庙提供了自宋以来晋城地区兴办乡学、提倡儒学教育的实例，对研究地方教育和文化发展具有重要作用。

石末宣圣庙还是清乾隆年间著名学者司昌龄的重要活动场所之一，与之相关的传说故事及村内相关碑刻尚存，真实地反映了清代文化名人活动的历史环境。

（二）艺术价值

宣圣庙建筑布局完整，高低错落有致。正殿结构古朴大方，梁架彩绘精美。彩画去除了繁杂的绘画色彩，进行了抽象简化，用线条的形式保留了骨架，形成了大气简约的抽象装饰图案，具有极高的艺术价值。

宣圣庙是体现地方耕读文化的重要景观，与周边传统民居共同构成了石末村独特的人文景观。

（三）科学价值

宋辽后期出现减柱法，金元时期加大内额，元代出现了移柱造。正殿始建于元代早期，同时采用减柱造与移柱造，时代特色保留完整，是研究古建筑从金末到元初这一转型时期的典型实物资料，对考证古建筑发展历史具有重要意义，具有很高的科学研究价值。

四、文献撷英

宣圣庙作为用于神明崇拜的坛庙祠堂类建筑，传世的文献多留存在庙内的几通碑碣上。

16

良户玉虚观

良户玉虚观 / LIANGHU YUXU GUAN

一、遗产概况

良户玉虚观位于高平市西17公里的原村乡良户村中，占地面积约1500平方米。坐北朝南，二进院落，中轴线建有南房、三清殿、玉皇殿，两侧为山门、三官殿、东西耳殿。玉虚观因村中地形限制，山门位于东侧，不在中轴线上，建筑布局较为独特。庙外东南侧建有清代魁楼1座。现存三清殿、玉皇殿为元代建筑，其余为明清建筑。庙内现存元至元十六年（1279）碑1通，清代补修碑2通。2013年3月5日被国务院公布为第七批全国重点文物保护单位。

良户玉虚观原建于原村河河边，位于高平、沁水的重要通道上。后因治理河道，河流向南偏行，玉虚观因此搬迁至良户村中。玉虚观最早的年代记录是玉皇殿须弥座台明上刻有“金大定十八年四月十六日”的石刻题记，推定玉虚观的创建年代至迟为金大定十八年（1178）。据《新修玉虚观碑记》记载，该寺观最初为佛教寺院，蒙古宪宗五年（1255），全真教丘处机的弟子申志谨，道号圆素子，高平人氏，游历诸方，认为此地为福地，便在此立庵主持，易庵为观，并定名为“玉虚观”。修正殿三间，东西云堂、左右庑、次东斋厨挟室。

明正德十五年（1520），本观住持袁道绒募化重修殿宇，改造山门，庙貌复旧。明嘉靖九年（1530），重修正殿。

据《重修玉虚观碑记》记载，清乾隆二十年（1755），生员田舜聪及钟乡里善士捐资维修，首事郭柏岚勤劳督率，维修药王殿。据《玉虚观重修碑记》记载，清嘉庆十七年（1812），三官殿倾颓，全村士庶共议重修，村里经商者，信善者捐资“将各殿上盖一切重新，俱装修以焕彩；山门禅室、彻底重修，仍旧基而改观，且南面临河，难以壮观；又建南房七间，以镇离位”。据《创修魁楼碑记》记载，清道光十八年（1838），社友田子平、崔云溪等数十家捐资，又广为募化，新修魁星楼及西登云堂。清咸丰七年（1857），创修歌舞楼，现已不存。民国时期，魁星楼作为女子学校使用。新中国成立后，玉虚观作为学校使用，1965年学校搬迁。1966年，玉虚观内塑像全部被破坏。70年代，正殿作为粮库使用，后搬迁。2010年，村民集资对魁星楼进行维修。2015年11月对玉虚观进行整体性保护修缮。

01　良户玉虚观航拍远景

二、建筑特点

（一）南房及魁星楼登云堂

南房，位于中轴线南端，坐南朝北，面阔七间，单檐硬山顶，仰合瓦屋面。灰陶吻兽、灰陶雕花正脊。魁星楼登云堂，面阔一间，建筑形制与南房相同。

南房梁架结构为五檩无廊式。平面无柱子，五架梁直接架于墙体之上，由墙体承重。西次间及梢间前檐墙体向南退约 1 米。南房七间为东五间与西两间布局。魁星楼登云堂西与南房的东梢间相通，东山墙辟门与魁星楼相通。

02　良户玉虚观南房远景

03　良户玉虚观魁星楼清乾隆三十一年题记

04　良户玉虚观魁星楼清道光辛丑年题记

（二）三官殿

位于中轴线西侧，坐西朝东，与山门相对，为清代木构。面阔三间，进深一间，单檐悬山顶，仰合瓦屋面，灰陶花卉脊饰，琉璃吻兽。梁架结构为五檩无廊式，前后檐各设柱 4 根，柱头科斗栱四攒五踩双昂斗栱，平身科为隔架科斗栱。

05 良户玉虚观三官殿

06 良户玉虚观三官殿斗栱

07 良户玉虚观三官殿梁架

（三）三清殿

始建于蒙古宪宗五年，是有明确纪年的元代建筑遗存，为研究元代建筑提供了实物例证。明嘉靖九年重修，基本保留了元代建筑形制。面阔三间，进深六椽，屋面举折平缓，为单檐不厦两头造。灰陶筒瓦覆顶，黄绿琉璃脊饰，上刻行龙，无脊刹。前檐当心间为四扇六抹隔扇门，两次间为四抹隔扇窗。后檐当心间辟板门，两次间为直棂窗。

08　良户玉虚观三清殿正面

09　良户玉虚观三清殿彩绘

前后檐各设柱 4 根，后檐金柱 4 根。后檐平柱、金柱为方形混棱柱，前檐角柱为瓜棱柱，皆为早期柱子的做法。尤其是前檐两端的角柱为蒜瓣形瓜棱柱，朱地上面雕满繁复华丽的卷草花纹。前檐檐柱有侧脚。前檐设柱头铺作四朵，为五铺作重栱双昂斗栱里转单杪并计心造，四椽栿出头作耍头。补间铺作三朵，为五铺作重栱双昂逐跳计心并出斜栱。当心间补间铺作耍头与两侧斜耍头雕刻成龙头的形状，次间补间铺作耍头与斜耍头为麻叶头。补间铺作正耍头后尾向里延长穿过垂莲柱出麻叶头。垂莲柱上承下平槫，倒悬于梁枋之下，柱尾雕刻三层莲瓣，装饰性极强。后檐柱头铺作四朵，为五铺作重栱单杪单下昂里转单杪并计心造，后乳栿出耍头。所有昂的样式均为琴面昂，是平置的假昂。前后檐铺作（前檐角柱栌斗为方形斗）采用圆讹角栌斗等，讹角斗在《营造法式》里有记载，在元朝比较流行，明清建筑很少有此做法。

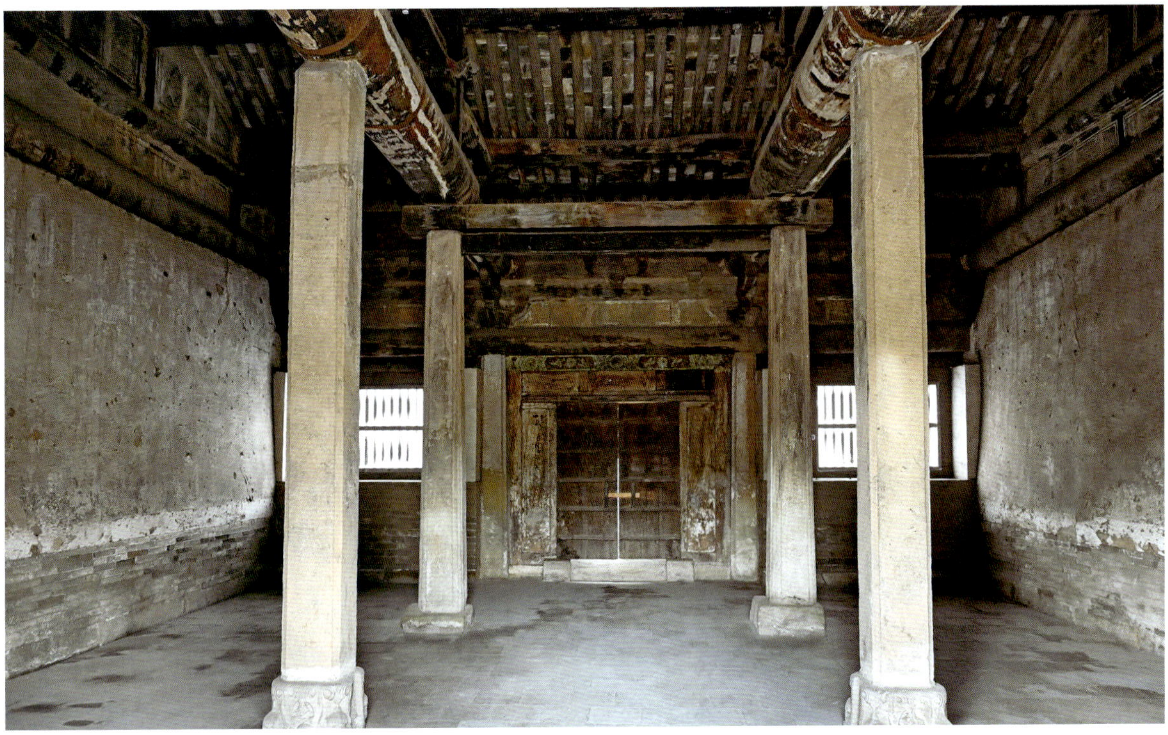

10　良户玉虚观三清殿石柱

11　良户玉虚观三清殿斗栱

12　良户玉虚观三清殿斗栱

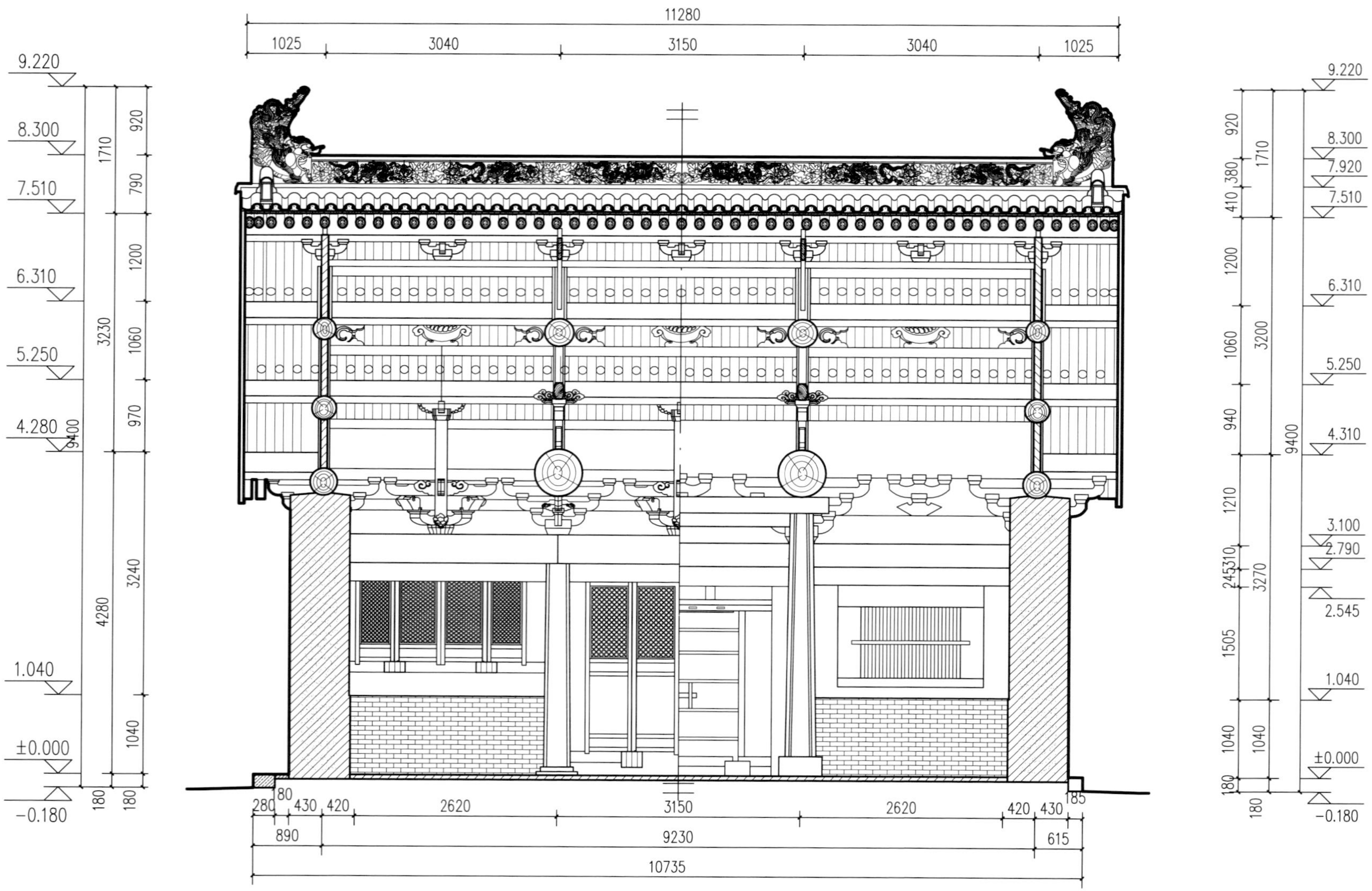

13 良户玉虚观三清殿纵断面图资料

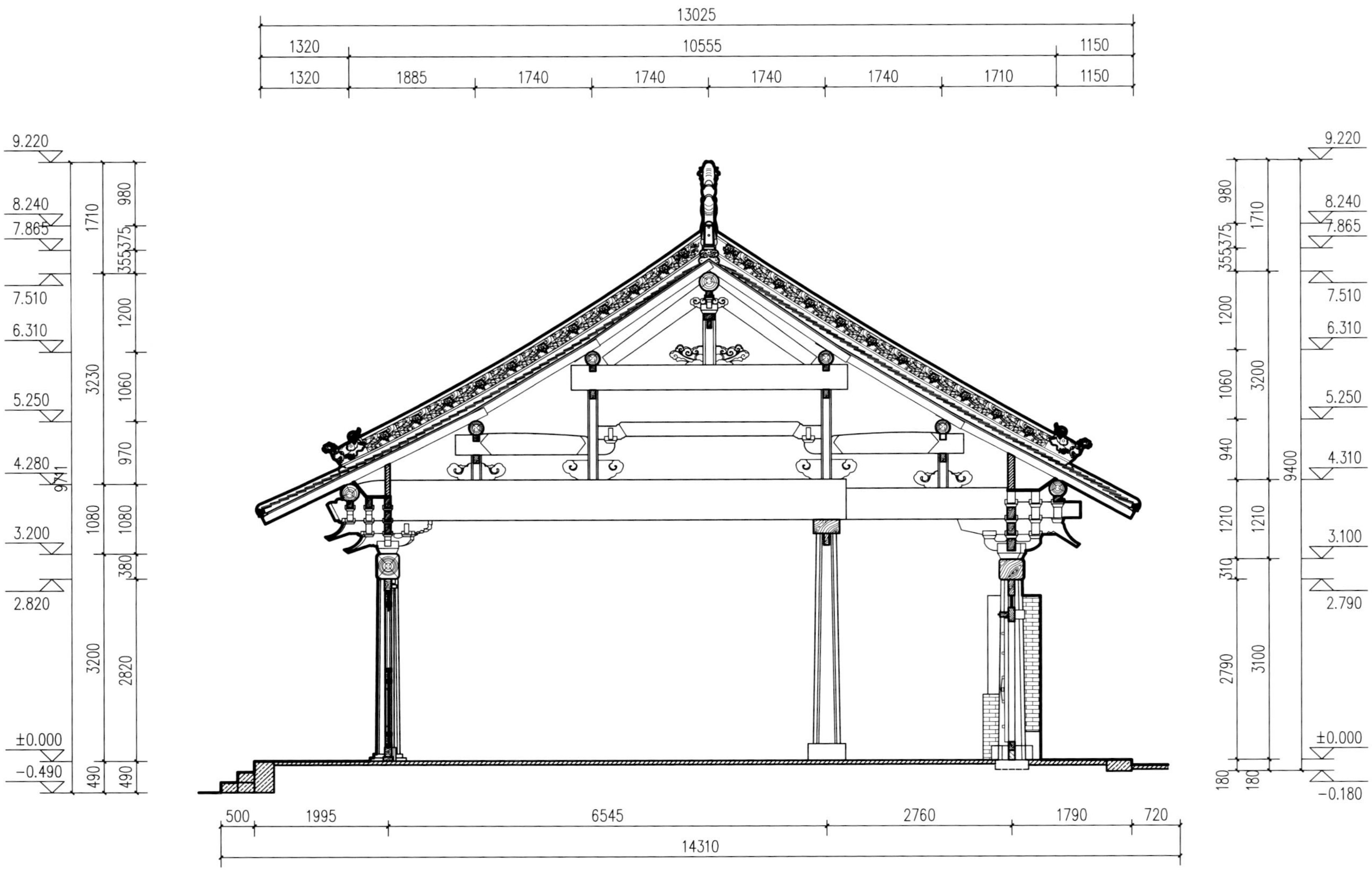

14　良户玉虚观三清殿断面图资料

当心间梁架结构为六架椽屋前四椽栿对后乳栿，通檐用三柱。前檐柱头置通檐大额枋，四椽栿出头作前檐柱头铺作的耍头，后尾架于内柱柱头上，乳栿出头作后檐铺作的耍头，另一头插入相应的四椽栿内。在四椽栿、乳栿下平槫位置立蜀柱，上承两边劄牵。劄牵插入上平槫位置下的蜀柱中出头作丁头栱，上设顺栿串。四椽栿上上平槫位置下的蜀柱上承平梁，平梁正中立蜀柱，柱头施栌斗，斗上横向出丁华抹颏栱，纵向施捧节令栱承脊槫。五根蜀柱均有合楷稳固柱脚。合楷雕刻成祥云式样，成为装饰的一部分。叉手斜捧脊槫。各蜀柱柱头施顺脊串、顺身串拉结梁架。梁架结构为混合式，采用蜀柱来抬升梁架的高度，两劄牵采用穿斗式，梁架与柱的节点几乎全是榫卯结合，仅顺栿串架于丁头栱上，顺脊串上设一排一斗二升斗栱承脊槫，顺身串上设隔架科承平槫。梁架结构在明万历年间整修痕迹明显，变动较大。

东西山墙施排山梁架，结构为六架椽屋通搭前后檐作角柱铺作的耍头，六椽栿两端立蜀柱承四椽栿，四椽栿两端立蜀柱承平梁。脊部梁架与当心间脊部梁架基本相同。

15　良户玉虚观三清殿梁架

16　良户玉虚观三清殿彩绘

17　良户玉虚观三清殿彩绘

（四）玉皇殿

位于中轴线北端，坐落在近1米高的须弥座台基上。须弥座台明上镌刻有“金大定十八年四月十六日”的石刻题记，是关于良户玉虚观最早的记载。坐北朝南，面阔五间，进深六椽，单檐不厦两头造，屋面举折平缓，灰陶筒板瓦覆顶，黄绿琉璃脊饰，正脊雕饰行龙，无脊刹。当心间和两次间采用壶门式样，造型庄重典雅，在建筑实例中非常少见。

前后檐各设柱6根，柱间侧脚明显。前檐大额枋上置柱头铺作六朵，为五铺作双昂计心造里转四铺作单杪。前檐补间铺作五朵，为壁内单栱造。后檐柱头铺作六朵，为四铺作重栱单杪。栌斗为八瓣瓜棱形的讹角斗。

梁架结构为六椽栿通搭前后檐用两柱。六椽栿通搭于前后檐柱头铺作上，六椽栿两端立蜀柱，上承四椽栿、替木、下平槫。四椽栿两端立蜀柱承平梁、替木、上平槫。平梁正中立蜀柱，蜀柱柱脚由祥云式合楮稳固，柱头施坐斗，斗上横向出丁华抹颏栱，纵向施捧节令栱承脊槫。两侧施叉手斜撑。施顺脊串、顺身串拉结梁架。梁栿使用自然材，保持了木材本身的形态，率性自然。

东西山墙的排山梁架，六椽栿通搭于前后檐角柱上，上立蜀柱四根，前后劄牵一端搭于下平槫下蜀柱上，另一端插于上平槫下的蜀柱内。前后上平槫下的蜀柱承平梁。没有使用四椽栿，脊部梁架与当心间梁架基本一致。

18　良户玉虚观玉皇殿正面

19 良户玉虚观玉皇殿檐柱

20 良户玉虚观玉皇殿脊饰

21 良户玉虚观玉皇殿石雕

22 良户玉虚观玉皇殿斗栱额枋

23 良户玉虚观玉皇殿梁架

24 良户玉虚观玉皇殿壁画

25 良户玉虚观玉皇殿壁画

26 良户玉虚观玉皇殿壁画

27 良户玉虚观玉皇殿彩绘

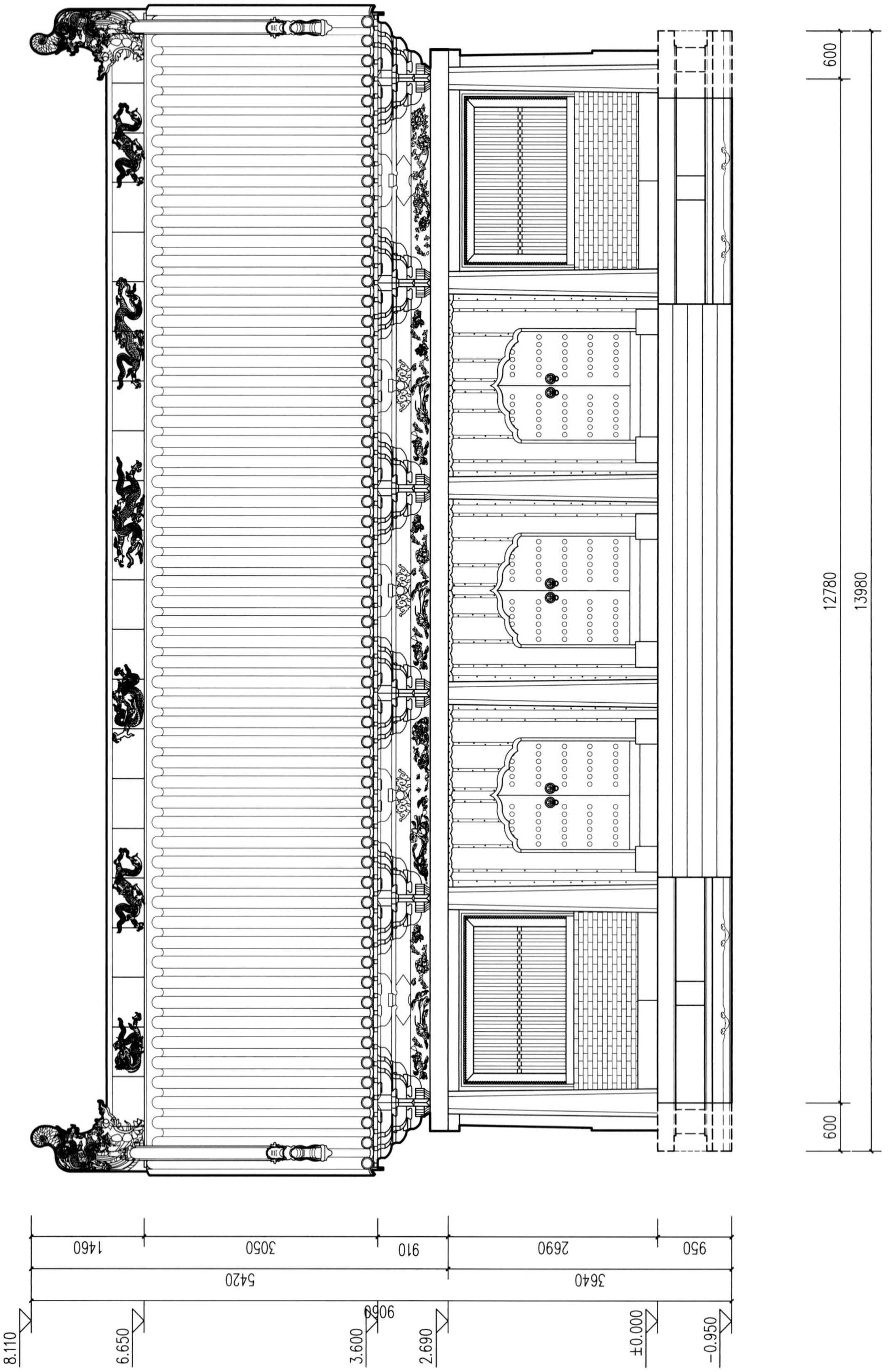

28 良户玉虚观玉皇殿正立面图资料

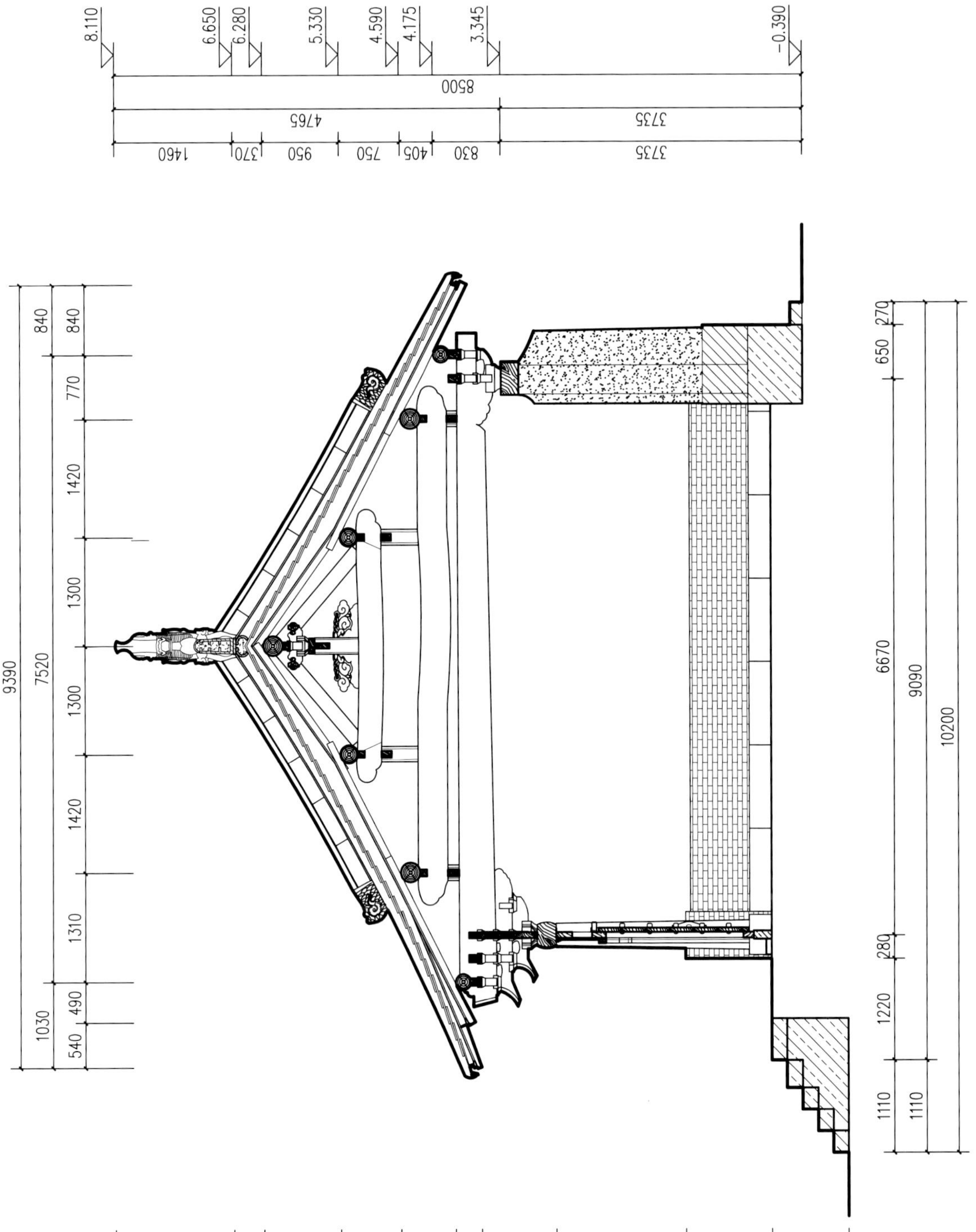

29　良户玉虚观玉皇殿剖面图资料

（五）东西耳殿

位于玉皇殿的东西两侧，建筑形制基本一致，为清代木构。坐北朝南，面阔两间，进深一间，五檩无廊式梁架，单檐悬山顶，仰合瓦屋面，琉璃正吻，琉璃雕花正脊。明间为板门，有门钉，上有两枚门簪。次间设直棂窗。

30　良户玉虚观东耳殿正面

31　良户玉虚观东耳殿梁架

32　良户玉虚观西耳殿

三、价值特色

三清殿前檐采用通檐大檐额，斗栱疏朗硕大，共七朵，两柱间补间铺作只设一朵。前后檐栱眼壁间绘有二龙戏珠、龙凤呈祥彩绘，精美异常。正殿山墙上存元代壁画残迹，总面积约 70 平方米，为手绘的《南华经》《老子化胡经》等经文和道教故事。衣饰以青绿色为主，面部扁圆。壁画线条流畅，立体感十足，空间布局合理，动中有静，静中有动，是不可多得的艺术精品。

玉皇殿坐落在近 1 米的须弥座台基上，青石束腰上存有浅浮雕手法雕刻的莲花童子，栩栩如生，莲花瓣里刻着建筑的纪年。束腰之上为皮条线，压沿石作上枋，雕刻卷草纹；束腰下为两层皮条线，之下为圭角，雕刻花纹。栱眼壁上刻花卉浮雕，精美繁复。屋内的梁栿上饰彩绘，枋心为龙凤主题。龙凤用朱线勾勒，金色填充。藻头为旋子彩画，用墨勾勒线条，旋子用绿色填充，花心用金。屋顶两端鸱吻张口吞脊，目视前方，尾部向外卷曲。背上有一背兽，龙头在鸱吻尾部，龙尾在前。正脊脊饰上的五条蟠龙（西端的一条残缺）通体金色，龙身细长矫健，背上有龙脊，菱形龙鳞，四爪张开，龙尾为秃尾，头部较小，眉骨突出，龙吻较长。龙整体看上去威猛有力，是典型的元代龙的特点。正脊底色为绿琉璃，上绘波浪纹，如五条金龙隐于波涛骇浪之中，或蛟龙入海，肆意纵横，或上下盘腾，穿梭浪中，或顾首回望，招朋引伴，或张牙舞爪，翻江倒海，姿态狂放洒脱，动作奔放雄健，是元代琉璃艺术的精品。

四、文献撷英

（一）题记三处

后殿西梢间须弥座台帮题记："金大定十八年四月十六日记　石匠北赵庄赵琮赵进"。

正殿随檩枋下题记："大明嘉靖九年岁次庚寅季春庚辰"。

后殿东耳殿题记："一九五四年七月初九日补修大门楼两间"。

（二）碑刻

新修玉虚观记［元至元十六年（1279）］

状元庄靖先生李俊民用章撰　元素子郭志玄校正

全真门下申志谨，高平县都善乡蒲泉里梁村人，舍俗出家，礼怀州青城观清真子李志端为引度师。游历诸方，广其闻见，癸巳年戎马交驰，乃归本处立庵住持……崇建灵宇，为正殿三间，塑三清圣像，为法众朝真之所。东西云堂各三楹，以延往来高士。前殿面势，一如正殿之仪；左右庑如云堂之制。次东斋厨挟室，节次补完，事半功倍，不日而成。不华不陋，岑寂萧爽，真幽人衲子栖息之境也。凤翅山之南，双龙岭之北，左有汤庙，右有吴神，护持福地，流水环其中，澄澈清冷，涤人烦襟，良可喜也。遂易庵为观，额曰“玉虚”。

重修玉虚观碑记［清乾隆二十年（1755）］

……赖余族弟生员田舜聪，发大愿力，不避嫌疑，不惮艰难，毅然为己任，与乡之信善共计捐资七十三两四钱一分。于甲戌年修药王殿，费过银二十二两三分。

玉虚观重修碑记［清嘉庆二十二年（1817）］

……今于嘉庆十七年，阖村士庶共议重修，择能任劳竭力勤事，出外经商者，携缘募化；村居信善者，量力施财。敛就数百余金，方敢经营缔造，置物备用。谋画数载有余，庀事鸠工，功程此日告竣，□各殿上盖一切重新，俱妆修以焕彩，山门禅室、彻底重修，仍旧基而改观，且南面临河，难以壮观，又建南房七间，以镇离位……

17

董峰万寿宫

董峰万寿宫 / DONGFENG WANSHOU GONG

一、遗产概况

董峰万寿宫位于高平市西北20公里的原村乡上董峰村，万寿宫坐北朝南，占地面积约5600平方米。创建于元至元二十一年（1284）。整体布局分为南北两部分。南部又分为主院、东跨院、西跨院，主院中轴线上建有山门、三教殿、倒座戏台、玉宇石亭、圣姑殿，两侧现存东西附房、东西配殿、东西角殿。三教殿、圣姑殿为元代木构，东角殿为明代木构，其余为清代木构。西跨院现有玉皇殿、梳妆楼为后人改建的清代风格的建筑。东西配殿为清代建筑。东跨院原有建筑已不存，现有的建筑均为现代建筑。北半部分只遗存圣母殿。2004年6月10日公布为第四批山西省文物保护单位，2013年3月5日被国务院公布为第七批全国重点文物保护单位。

万寿宫内现存元至清石碑17通，其中元碑4通、明碑5通、清碑8通，完整地勾勒出了万寿宫创建及历代重修脉络。马仙姑信仰为地方性的宗教信仰，以董峰万寿宫为中心向周边辐射。马仙姑，洺

01　董峰万寿宫航拍远景

州永年人，西游至此地，结庐修行，医治病患，奉信甚众。仙蜕后，其弟子吴之显倡议建仙姑庙以安一方信仰，“于是里人元璋、张庆，乐施己居以马福地，建堂三间六筵，以奉仙姑焉”（《仙姑祠堂之记》）。圣姑殿始建年代为元至元二十一年八月，是有确切纪年的元代建筑实例。据《太上祖师天公玉皇庙碑并序》记载，同年十月始建玉皇殿。

元至元二十七年（1290），马仙姑嗣孙康妙善门徒明真大师韩志诚，认为仙姑事迹灵验，有合于真大道，并入真大教中，得到元朝皇帝的护持。勒石于明正德元年（1506）的《大元皇帝敕谕碑》记载了阿识罕大王的令旨。元大德十一年（1307），受教于天宝宫郑真人，定名万寿宫。据《重修万寿宫记》记载，大德丁未年（1307）修南殿，绘塑仙姑所事三像；修东西云堂，塑二十八宿、北极四圣之像。

《创修圣母殿石台记》记载，明弘治十一年（1498），修成圣母殿石台、石盖、石桥。明正德元年（1506）受到大明宗室隰川王的庇佑，特颁发《大明宗室隰川王令旨》。据明碑《重修万寿宫记》记载，明万历四十五年（1617），万寿宫主持普化众善，重新修补万寿宫。

据清碑《重修万寿宫记》记载，田逢吉父亲和马永祯积攒资财修缮万寿宫，清康熙七年（1668），圣姑正殿及左右祠竣工；清康熙十年（1671），三清殿竣工；清康熙十三年（1674），药王殿竣工。据《重修列宿东殿记》记载，清乾隆元年（1736），里人秦氏父子捐资修葺列宿东殿；清乾隆二十七年（1762），募化七庄善士修西庑；清嘉庆五年（1800），众社首募资修葺正殿；清嘉庆十年（1805），补修圣公庙，并粉饰关帝、药王神像；清道光十八年（1838），上董峰村社首崔正铨、住持赵元枝、七庄首事执事者，捐金助理，多方募化补修万寿宫；清咸丰二年（1852），社首、主持募化捐资整修万寿宫。

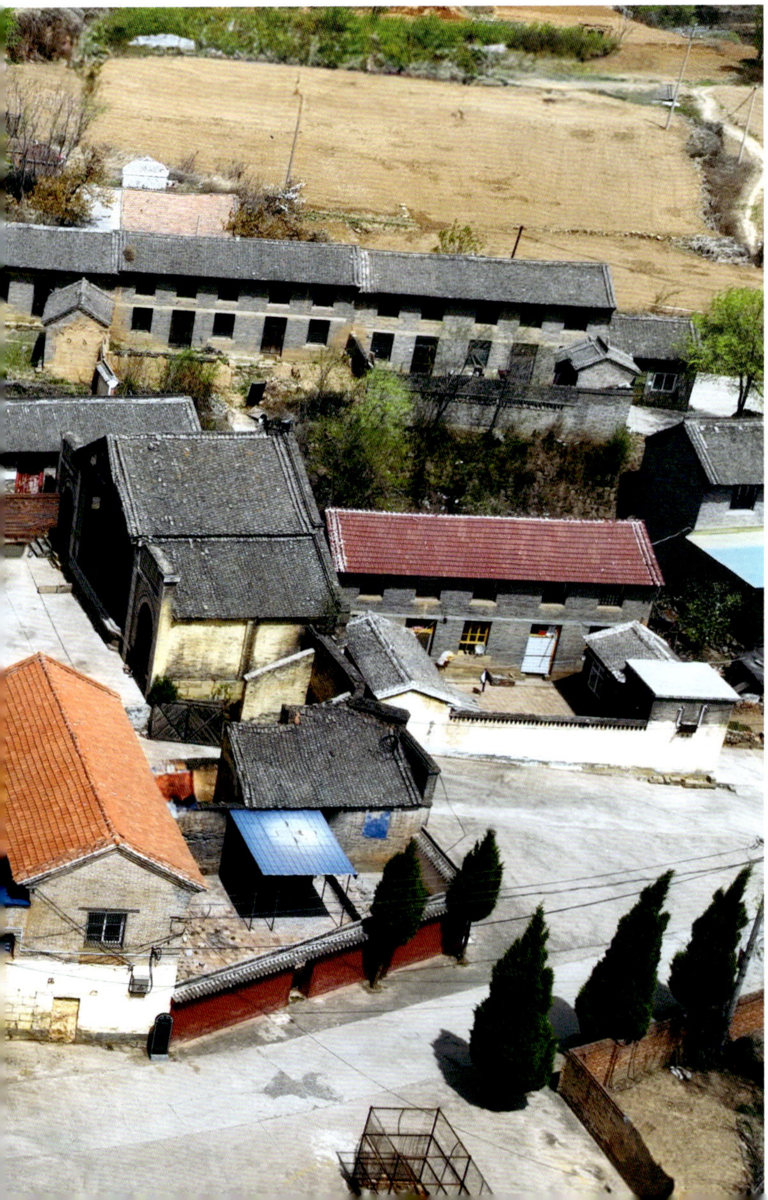

民国六年（1917），修大殿（圣姑殿）；1990年，整修万寿宫三教殿、圣姑殿等；2004年，复原西云堂，补修东云堂。2017年，对万寿宫进行整体保护性修缮。

二、建筑特点

（一）山门

山门位于主院中轴线南端，为四柱三楼式牌楼。坐北朝南，面阔三间，进深二椽，单檐悬山顶，灰陶筒瓦屋面，黄绿琉璃脊饰，宝瓶脊刹，明楼辟板门，两侧设抱鼓石，次楼辟券门。四根不出头的冲天柱支撑脊檩，沿柱设实砖墙。平板枋直接架于墙上，其上承斗栱。斗栱分为上下两层。明楼上层为十一踩五翘品字如意斗栱四攒，下层为五踩如意栱两攒，悬挂元至治二年（1322）敕封的万寿宫匾额一块。次楼上层为九踩四翘品字如意斗栱三攒，下层三踩如意栱两攒，是典型的清代风格木构。

02 董峰万寿宫山门正面

03 董峰万寿宫山门后檐

（二）三教殿及戏台

三教殿位于主院中轴线上，面阔三间，进深三间，单檐厦两头造，出檐深远，举折平缓，灰陶筒瓦覆顶，黄绿琉璃脊饰，垂脊为素脊。当心间辟板门，上有36个门钉，门额上饰有门簪4枚。门槛两侧有明万历年间须弥座青狮门枕石一对。次间为元代流行的破子棂窗，断面呈倒三角形。窗台石上雕有双龙戏珠浮雕。

三教殿坐落在高约0.7米的砖砌台基上，14根立柱形成柱网，前后檐柱各4根，东西山墙内各设2根金柱，后檐内柱2根，不设前檐内柱。柱间有侧脚。前后檐柱头铺作为五铺作重栱单杪单昂，出昂形耍头，隐出重栱，昂为插昂，其下隐刻华头子。柱头前后檐当心间补间铺作为五铺作重栱出双杪并出斜栱，正中出龙形耍头。次间和山面补间铺作为五铺作重栱单杪单昂。补间铺作栌斗为花瓣讹角斗，这种栌斗非常少见。补间铺作下昂里转挑斡承下平槫，昂尾亦作昂嘴式。转角铺作为五铺作重栱单杪单昂。采用鸳鸯交首栱连栱交隐的做法处理转角处的多方向连接。由昂上置平盘斗，斗上坐一力神上托屋角。可惜的是其他屋角的力士已经不存，仅前檐东南角力士尚在。下昂为琴面昂，昂嘴扁而瘦，微微上翘，符合元代昂的特点。明间补间铺作用斜栱，真假昂混用，都是典型元代斗栱的特点。

04　董峰万寿宫三教殿远景

三教殿梁架结构为四椽栿对乳栿通檐用三柱。四椽栿、乳栿上分别设驼峰、蜀柱，驼峰和蜀柱上各施栌斗，劄牵与捧节令栱交于斗内，捧节令栱上置散斗两枚，上承替木、平槫。在四椽栿的前后上平槫位置各立蜀柱，蜀柱上置栌斗一枚，平梁与捧节令栱交构于斗内，捧节令栱上置散斗两枚上承替木托上平槫。平梁正中立蜀柱，合楷紧夹柱脚， 柱头施栌斗，丁华抹颏栱与连身对隐半栱十字交构于斗内，其上承慢栱、替木、脊槫；叉手斜撑脊槫。上下平槫间施托脚。在前坡下平槫、上平槫施襻间、脊槫施顺脊串拉结梁架。三教殿采用驼峰和蜀柱并用来抬升梁架，使用襻间、顺脊串来拉结梁架，平梁上用叉手和蜀柱来支撑脊槫，上平槫也采用托脚斜撑，基本保持了元代早期的梁架结构特征。

戏台，为清代修缮时在三教殿后檐增补，台基、屋顶与三教殿巧妙地结为一体。面阔三间，进深四椽，单檐悬山顶，柱头科为一斗两升出麻叶头，平身科为大斗纵向出实拍栱。梁架为五檩无廊式。五架梁搭于前檐柱头斗栱出耍头，后端搭于三教殿后檐的普拍枋之上。

05　董峰万寿宫三教殿明间版门

06　董峰万寿宫三教殿博风板

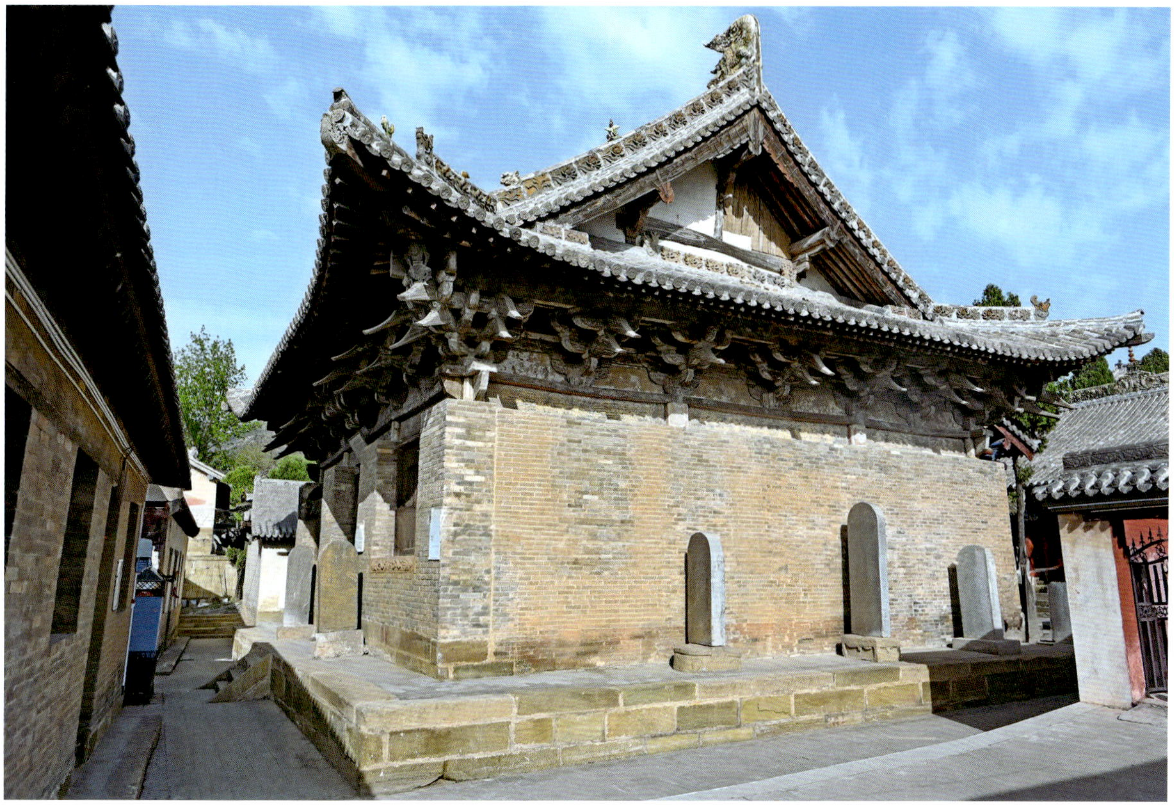

07 董峰万寿宫三教殿东侧立面远景

08 董峰万寿宫三教殿梁架

09 董峰万寿宫三教殿转角斗栱

10 董峰万寿宫三教殿转角斗栱

11 董峰万寿宫三教殿前檐斗栱

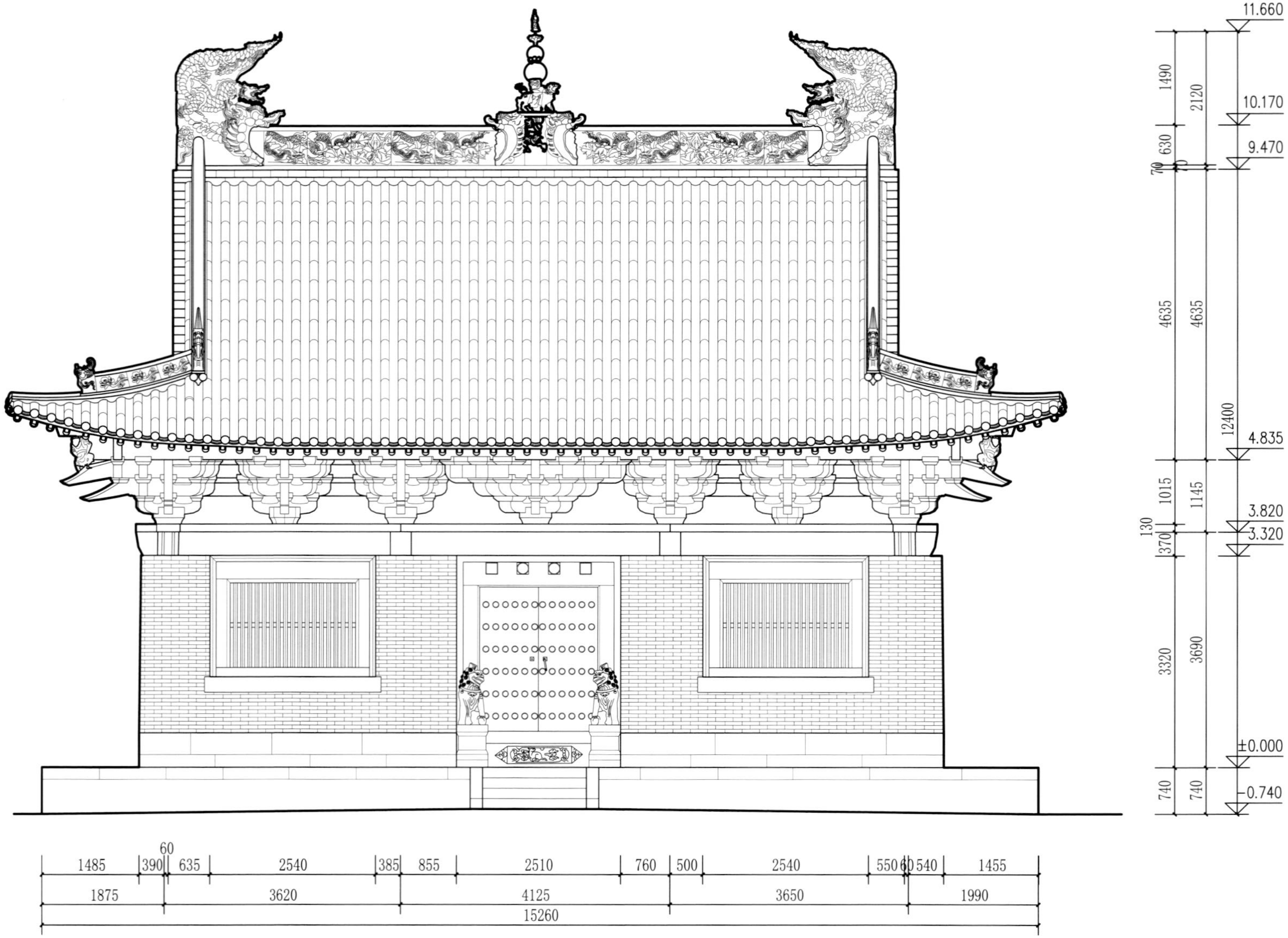

12 董峰万寿宫三教殿正立面图资料

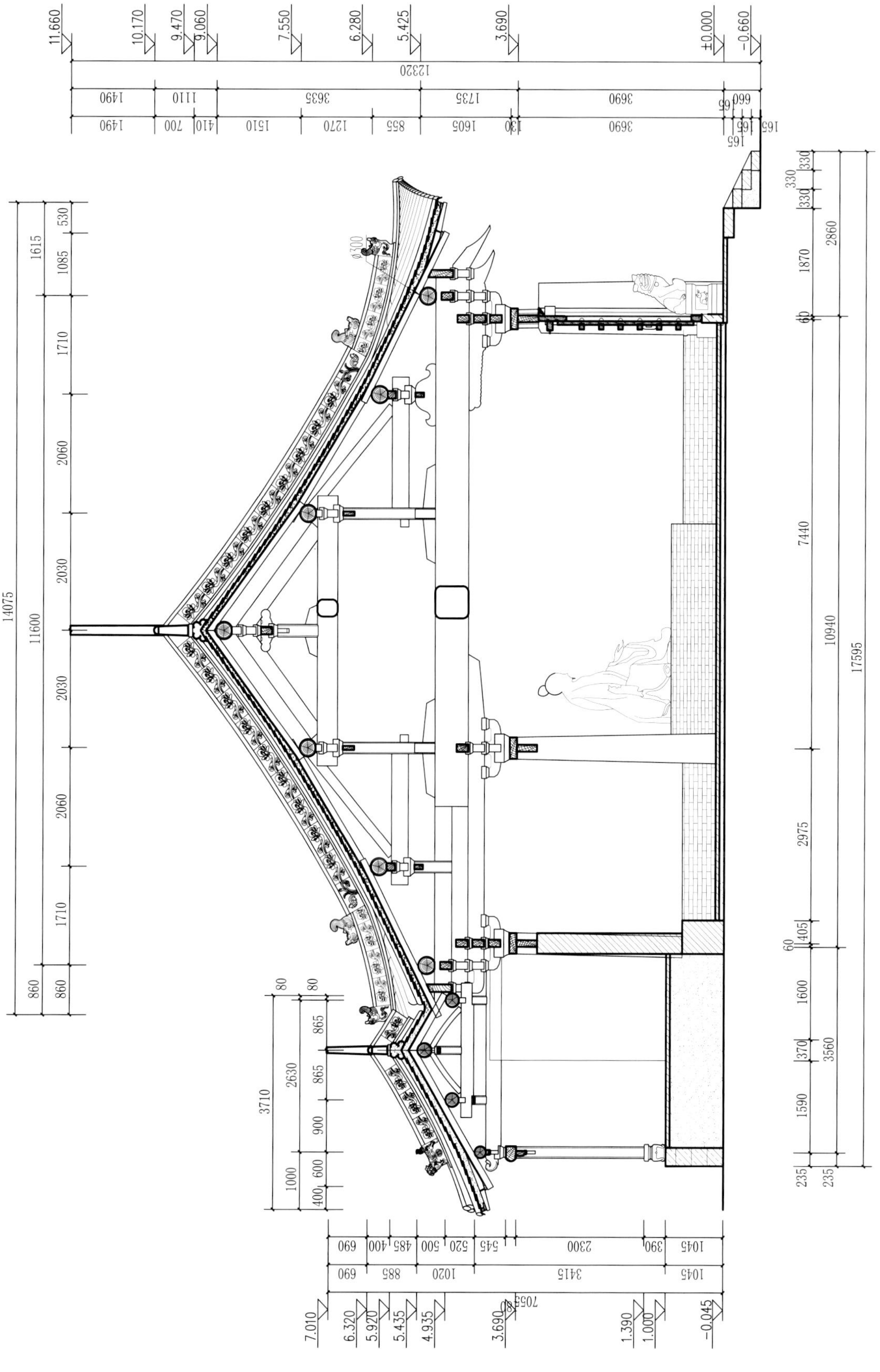

13 董峰万寿宫三教殿、戏台剖面图资料

（三）圣姑殿

圣姑殿位于主院中轴线北端。由元代原构与清代后加部分两部分组成。二者的台明、梁架结构和屋顶巧妙地形成一体。原建筑面阔三间，进深六椽，悬山建筑，彻上露明造。后加建筑面阔五间，进深两椽，为单檐歇山顶。原建筑举折平缓，后加建筑屋面陡峭。屋面使用灰陶筒板瓦。正脊、垂脊与戗脊皆为黄绿琉璃脊饰。正中设脊刹，两端设鸱吻。原构当心间辟板门，次间为直棂窗。后加部分明间为四扇六抹隔扇门。

原构立柱 14 根，前后檐柱各 4 根、内柱 4 根。暖阁床后两侧支撑四椽栿的柱子为后人添加。为扩大当心间的使用空间，采用了移柱造方法，将当心间两根檐柱向次间移动，前檐采用大额枋，来承托斗栱、梁架重量，又采用蝉肚绰木枋来减少阑额的净跨度，将建筑上部分的重量传递至檐柱。前檐柱头铺作为五铺作重栱双昂里转四铺作出单杪，后檐柱头铺作为四铺作出单昂里出楷头。后加部分檐柱和金柱各 6 根，柱头科、平身科和角科斗栱均为三踩单昂斗栱。

14　董峰万寿宫圣姑殿

原建筑梁架结构为四椽栿对前乳栿通檐用三柱。乳栿与四椽栿相交于内柱柱头铺作，乳栿、四椽栿下平槫处立蜀柱，其上置栌斗、实拍栱，上托劄牵、替木、下平槫。在四椽栿上平槫处立蜀柱，其上置栌斗、实拍栱，上托平梁、替木、上平槫。平梁正中立蜀柱，合楷紧夹柱脚，柱头施栌斗，丁华抹颏栱与捧节令栱交于斗内，上托脊槫。两侧由叉手捧戗脊槫。在上平槫下施襻间，脊槫施顺脊串拉结梁架。后加建筑为双步梁式，双步梁通搭于原建筑的阑额和后加建筑的柱头斗栱上。

15　董峰万寿宫圣姑殿斗栱额枋

16　董峰万寿宫圣姑殿壁画

17　董峰万寿宫圣姑殿壁画

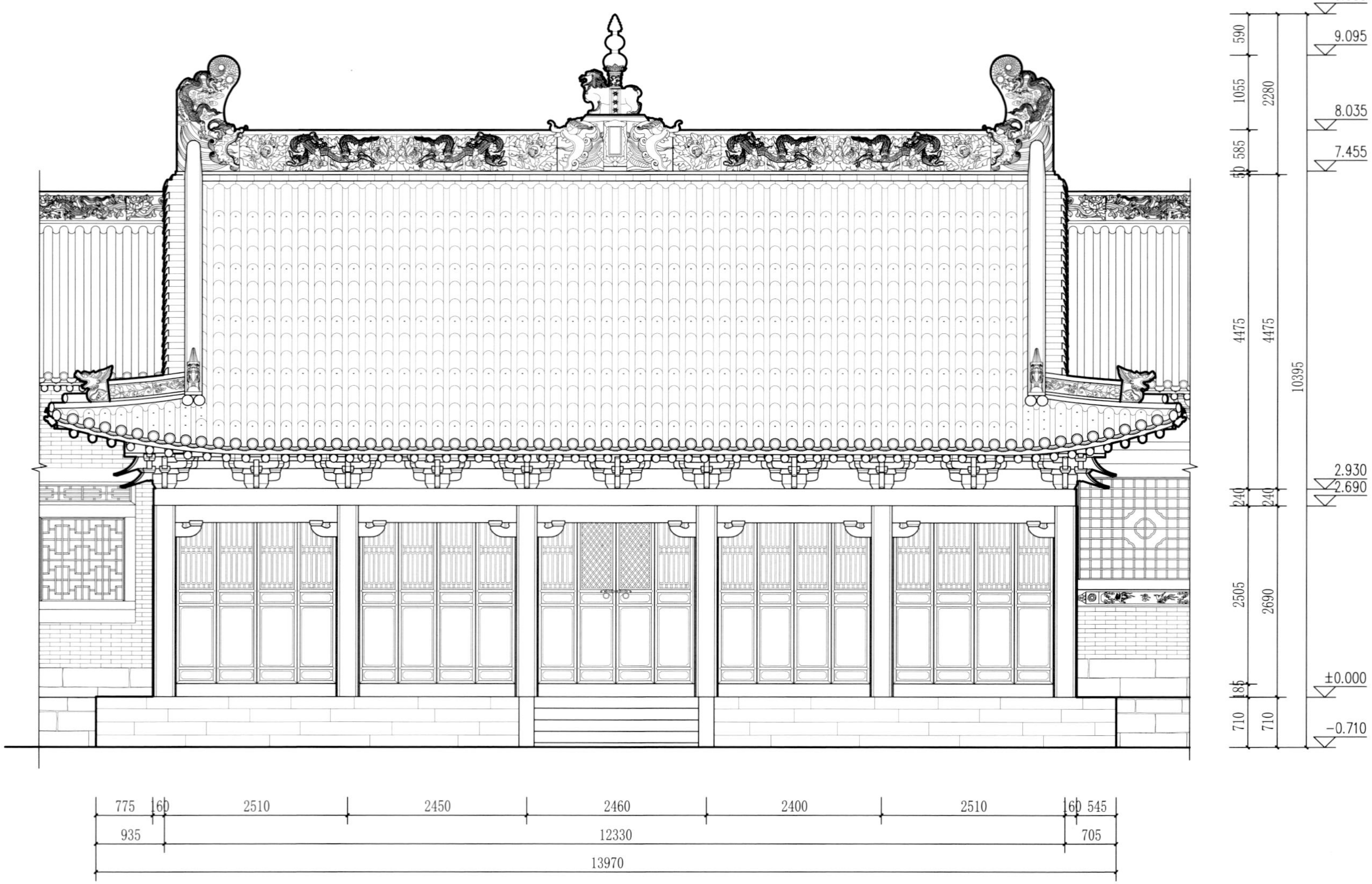

18　董峰万寿宫圣姑殿正立面图资料

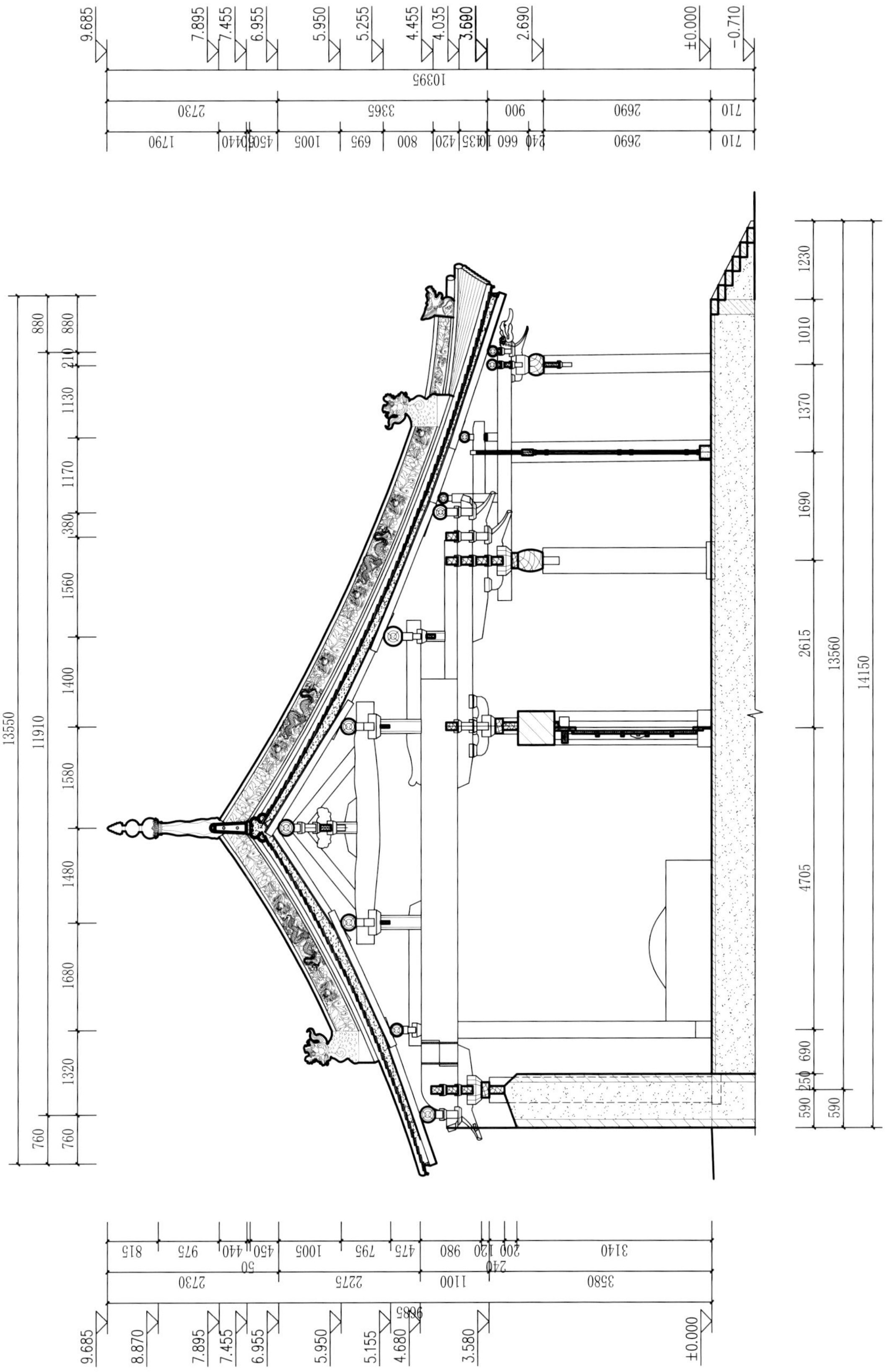

19 董峰万寿宫圣姑殿剖面图资料

（四）东西配殿

东西配殿又名东西云堂，位于主院中轴线的东西两侧。东配殿，坐西朝东，面阔三间，进深四椽，单檐悬山顶，灰陶筒瓦屋面，素脊花卉脊饰，明间辟板门，次间辟方格窗。柱头科为单下昂三踩斗栱，平头科为单翘三踩斗栱并出斜栱。梁架为六檩前出廊式，为清代木构建筑。西配殿坐东朝西，与东配殿建筑形制基本一致，为后人补修。

（五）东西角殿

东角殿，位于圣姑殿东侧，坐北朝南，面阔三间，进深四椽，单檐悬山式屋面，正脊琉璃脊饰，两端设鸱吻，中间设宝瓶式脊刹。明间辟双扇板门，次间辟方格窗。砂岩窗台石上雕有凤凰来仪的精美石雕。

东角殿前后檐各施 4 根木柱，明间柱头科斗栱为重昂五踩斗栱并出 45 度斜栱，次间柱头科斗栱为五踩双昂斗栱，不设平头科斗栱。

梁架主体结构为五檩无廊式。五架梁通搭于前后檐柱头科斗栱上出耍头，上立金瓜柱、坐斗，上承三架梁、替木、金檩，三架梁正中立脊瓜柱，合楷紧夹柱脚。脊瓜柱上坐大斗，横向出丁华抹颏栱，纵向出捧节令栱托脊檩。两侧由叉手捧戗脊檩。施脊枋、金枋拉结梁架。

西角殿位于圣姑殿西侧，建筑形制与东角殿基本一致，梁架直接架于墙上，无柱子，无斗栱，为后人补修。

20 董峰万寿宫东配殿正面

21　董峰万寿宫东耳殿正面

22　董峰万寿宫东耳殿斗栱额枋

（六）西配房

西配房分为南北两部分，两者共用一面山墙，建筑形制基本一致。坐西向东，面阔三间，进深四椽，梁架为五檩无廊式，单檐硬山顶，素脊脊饰，为清代木构建筑。

（七）东西附房

东西附房位于山门东西两侧，建筑形制基本一致，为清代木构。坐南朝北，各面阔五间，进深四椽，单檐悬山顶，灰陶筒板瓦屋面，布灰件脊饰。梁架结构为五檩无廊式，为清代木构。

（八）西跨院东西配殿

东配殿坐东向西，西配殿坐西向东，二者建筑形制基本一致，为清代木构。面阔五间，进深四椽，单檐硬山顶，灰陶筒板瓦屋面。明间辟板门，次间和梢间辟方格窗。柱间无侧脚，梁架为五檩无廊式。

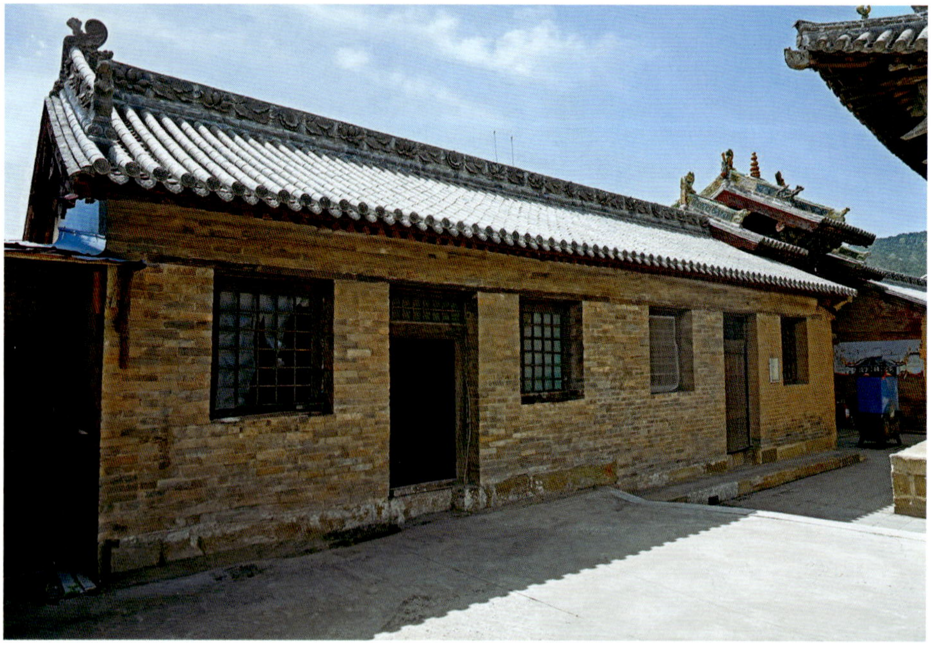

23　董峰万寿宫东角殿

24　董峰万寿宫西跨院东配殿

（九）圣母殿

圣母殿是万寿宫北部分仅存的建筑，坐落于高 1.4 米的石砌台基上，为清代木构。坐北朝南，面阔三间，进深四椽，单檐硬山顶，屋面坡度陡峭。前后檐柱各 4 根，金柱 4 根。前檐平柱为抹八棱石柱，莲瓣柱顶石。柱头科为一斗两升交麻叶头。梁架为七檩前双步梁式用三柱，双步梁与五架梁相交于内柱柱头。

25 董峰万寿宫圣母殿额枋柱

26 董峰万寿宫圣母殿彩绘

三、价值特色

董峰万寿宫在建筑形制、装饰装修等方面保留了年代建筑特征，是研究元明清建筑的珍贵实例。三教殿的后檐在清代增加抱厦戏台，圣姑殿增加了歇山顶的出檐，在台基和梁架结构上与原构建筑巧妙地结成一体，不仅节约了空间，还增加了使用功能。尤其是圣姑殿从建筑南面看是一个面阔五间的歇山顶建筑，进去内部细细观察，才发现是一个面阔三间的悬山式建筑，相当于在原有建筑的前面增加了一个献殿，设计巧妙，特色明显。三教殿和圣姑殿平梁上都使用叉手和蜀柱来扶持稳固脊榑。明清的官式建筑都已逐渐取消了叉手，仅用瓜柱来撑起脊檩。但万寿宫其他明清建筑也都保留了叉手这一构件。有的叉手用材变细小，承重功能大大减弱，有的叉手采用弧形材，失去了原有的承重功能，非常具有晋东南地方特色。万寿宫的建筑除具有鲜明的时代特征外，还具有地域特征和独有的个性特色，具有非常高的建筑学价值。

三教殿屋顶正脊脊饰主色调为黄绿琉璃，四条金色行龙游弋于花卉之间。正脊脊刹是两个相背的鸱首，中间夹置一力士，向上承托狮子托宝瓶。两端鸱吻口衔正脊相向而望，但两个鸱吻样式不一致，西端的应为后人补配，东端的为原件。东边鸱吻面目狰狞，头上还有一条子龙背兽，鸱尾尾部向上翘，尾尖向上微曲。所选琉璃胎质细腻，做工考究，形象生动，是不可多得的元代艺术珍品。

三教殿两山墙内墙面有大面积的壁画，内容为朝元图，具有浓厚的元代风格。从残存的壁画看，所绘人物面部丰润，衣饰华美繁缛，衣带飘飞，工笔重彩勾填，色彩浑厚丰富，具有极高的艺术价值。

27 董峰万寿宫三教殿屋面

28　董峰万寿宫三教殿屋顶脊饰

29　董峰万寿宫三教殿壁画局部

四、文献撷英

仙姑祠堂记［元至元二十一年（1284）］

仙姑姓马氏，世□州永年人。自幼逮长，有轻去世累之心。……徒众薪然，奉信甚众。思欲游历方外，念秦地可居，乃命其徒挽鹿车以载，遂自永年转而之上党，历壶关，复曰："犹未至也！"乃之长平，距县治之西一舍曰通义里。……茂林乔松，萦绕环映，清泉白石，泓澄错峙。秦关拓其右，凤翅翼其左。襟凭双龙之异峰，云烟万态；背负方山之绝麓，朝昏一色。俯瞰墟落，连绵不绝，鸡犬桑麻，相闻相接。眄睐风景，□若武陵之跃而出也。壹公之庙、果老之祠，连属相望，而魏相张公之庙，据山之东趾，兹岂非至人可居者欤！丙申之岁，仙姑遽尔税驾于此，乃心舒意适，因结茅而居，畴昔之愿，神实相之。……于是一方之民，坌集云合，奔走奉信，如市贯然。病者得愈，疡者得痊。间以前定之事往问，应答如神，一一昭合。……浃旬遂委蜕。呜呼！兰以熏而迫，膏以明而煎，鹤驾霓旌，云车风马，信归蓬山阆苑矣。其徒开衾视之，貌宛然如生，则相骇然警异。弟子吴之显谋于众曰："仙姑灵异若此，不庙而祀之，使一方敬信之士安所仰乎？"于是里人元璋、张庆，乐施己居以马福地，建堂三间六筵，以奉仙姑焉。于其后，构小堂以祠太白。凡材木之费，瓦甓之用，一出于众。……嗟夫！仙姑委化四十余年矣，奉信者甚众，而善信覃及者愈远。

太上祖师天公玉皇庙碑并序［元至元二十一年（1284）］

时则有吴之显，张悟德，同本墅遗老，克绪前念，彻建此殿，将以像三圣，冘豫未决，请于官。……其材木工役，不期而集，庙貌严峻，堂陛归然，榱题鳞周，檐牙翼举，缭以金碧，涂于丹雘，实一方之雄观也。

重修万寿宫记［元至治二年（1322）］

……至治改元秋，掌教真人张清志，请于朝，制加赠前号。……斯皆骨冷名存，曷若目击亲睹为异事邪！或能障颓波，镇末俗，还淳反朴，复葛天氏之遗风，继真大道之盛教，其惟马仙姑之谓欤？……历庚子岁，就建北堂，尸而祝之。及玉仙、太白之祠，翼然于其北。丁未年，继修南殿，绘塑仙姑所事三像。远近馈遗，门无虚日。……至元廿七年，嗣孙康妙善门徒明真大师韩志诚，備述仙姑始末实录，礼谒真人宫岳八祖，考议灵验，有合于真大道，高风懿范，可谓并行而不相悖也。于时，敬奉阿识罕大王令旨，香播护持。志诚之功力，前后居多。大德十一年，明真弟子提点张进善，悼其师云轩远驭，恐弗克荷付托，意思欲有光于前，无愧于后。复受教于天宝宫郑真人，乞行部符，定万寿宫额……又于东西云堂，他塑二十八宿、北极四圣之像……

创修圣母殿石台记［明弘治十一年（1498）］

……十一年成圣母殿石台一座，□□十丈余。石闸二座，石桥五座，甃砌坚固永久。四山峭壁，前构山门，缭以垣墙，庭植松桧。備所未備，成所大成。工始于成化之戊子、落于弘治之戊午。

《大元皇帝敕谕碑［明正德元年（1506）］

皇帝福荫里阿识罕大王令旨：宣慰司官人每，廉访司官人每，随城子达鲁花赤管氏官人每，管军人每，管打捕鹰房，不以是何官人和尚先生也里可温每□失蛮每，众百姓每：俺真大道大宗师，崇玄广化真人，岳氏祖管着的马仙姑门为头儿行的，平阳路泽州高平县通义村，马仙姑祠庙崇真观女冠韩志城□□□□□撒□儿妃子老娘娘出家的，上头在先曾与懿□，那崇真观裹降香挂幡布施，有来为那般呵。韩志诚执把行的令旨再与去也。属平阳路潞州□关县沙窟村灵应观，怀孟路武陟县府城村修真观，并随处但有旧属马仙姑的徒门祠庙，照依在先体例裹；韩志诚为头儿管着行者，更依圣旨体例里。这韩志诚管着马仙姑，随处行门观庙里，不栋甚么差发，休着者田产水土不□，甚物业，或是置买来的，诸人施与来的，开耕占到的；不拣甚人，休倚气力争占，休搔扰，休欺负。□□了的人每，有呵仰本处官司，添口□与大道头目每，一同好生的理问归断者那人每，不俶信呵，写将名姓来俺根前说怎生般要罪过呵，俺识也者。

大明宗室隰川王令旨［明正德元年（1506）］

代府隰川王令旨，遣内史查去禁约：一应军民人等。照得高平县董峰乡仙姑万寿宫，系本府香火院。命住持杨得真，在内焚修香火，祝延圣寿，以图补报。访得居民有等无藉之徒，不遵法礼，亦不知是府中香火院，诚恐在内游荡，打搅亵渎神祇。除本府密差人役时常访察外，令旨到日，敢有似前凶徒军民入宫搅扰者，许守宫住持止实赴府启闻，轻则量情究治，重则送问不恕。故谕。

重修万寿宫记（题记）［明万历四十五年（1617）］

三教殿年久日深，坍塌毁坏，难以修盖，有院主郭福安，普化众善，务□虔诚，重新修补，后土圣祖越基一坐，方圆十杖，石桥一坐，石人一对；东西皇王二仙宝殿两所，三门一坐，大石狮一对。

重修万寿宫记［清康熙十五年（1676），田逢吉撰文］

是庵也，肇封于元，迨明成化间始大剏兴。……岁辛丑，家大人至庵，见其状，油然念之，向里中善信马永祯辈谋修葺。……始于康熙二年至七年，而圣姑正殿及左右各祠竣。复自八年起工，至十年而三清殿竣。至十三年，而药王殿又竣。会余以病归里，众善信告落成焉。

重修列宿东殿记［清乾隆元年（1736）］

里人秦子咸宜，善士也，岁时报赛，目视心骇，用是与乡人谋所以新之。欲兼修之则不能，欲恝置之又不忍，即慨然以东殿为己任，而以西殿让之乡众公修焉。其子盘石，又能善承父志，乐□鸠工。……工竣勒石，丐文于余。

重修万寿宫西庑碑记［清乾隆二十七年（1762）］

东西两庑，列二十八宿之像。……西庑至今荒废，曾无人焉起而问之。岁戊寅，七庄善信目睹神伤，……爰是广为募化，共浔布施若干两，又七庄布施若干两，自庚辰鸠工，阅辛巳及今告竣。

重修万寿宫碑序［清嘉庆五年（1800）］

……由是持疏募化，共获贰佰余金。工始己未夏季，告竣本年孟冬。□正殿数楹补葺过半，两厢角殿各增□垣，院砖久损，重墁更新，废者举而坠者修，将见玉局增辉，神天胥悦，甘霖普被，旱魃无虞，岂非民生所利赖于无穷者哉！

补修圣公庙序［清嘉庆十年（1805）］

昨岁补葺工成，饰旧如新，又于关帝圣像、药王神像，并为粉饰之。

重修大圣仙姑殿碑记［清道光十八年（1838）］

其庙肇于元，里人剏建庙止三楹。至大德元年，□天子闻仙姑灵异，遣使褒封，加谥号，曰大圣仙姑。自斯厥后，土木大兴，而庙始洪敞壮丽焉。后世补葺不一。自天顺至成化，以及我朝康熙、乾隆、嘉庆，代有修补。今数十年来，风雨剥蚀，大殿穿漏。本村社首崔正铨，目睹心伤，使住持赵元枝布告七庄，首事、执事者云集，……于此心同意合，踊跃争先，捐金助理，择吉兴工。但役巨费繁，赀财不继，复多方募化以补益之。命匠饬工，而庙乃告成。工始于道光十七年八月初七日，告竣于十八年十一月十五日。

整修万寿宫记［清咸丰二年（1852）］

……道光乙酉，时在春日，正殿上盖，翻挑更新。庚戌春，中央殿上盖，亦翻□整饬，瓦劈脊兽，椽柱檩梁，坏者易之，好者因之。周匝墙墉，内皴圮，外酥裂，内依土墙，复涂以泥，外接砖基，尽裱以砖。内山屏两旁，新筑砖圈，矮矮两道；山屏青后，新加木栅，长长一列。后翼宽闲地，权借戏台。后场通用后墙，除梁下改为戏台闪屏。一设举作，固补修工，费实繁衍。戏台场窄地狭，盖危柱侧，彻底倒地，宽大重立。东列宿殿，上盖因以新之。东小院关圣殿，上盖改换，东高禖祠、西药王殿、左右翼殿、西列宿殿，盖瓦补破漏，墙墉糊崩烂。东北云厨，上盖换，前墙土坯易以砖。西北闲居，上盖新。南西厂棚，又改平房三间。南马房五间，倒地重修。东偏云厨、禅院南室三门一架。凡上盖一以新换。三门中圈，卑矮狭小，加以方栏，改为方门，以耸壮观。前阶级下，地步窘狭，周方阔大，重为整墁……

重修后土殿三清殿碑记［清咸丰五年（1855）］

……自道光丁未至咸丰壬子，宫院内一以整治维新。记石后明年癸丑夏，后宫床前增筑木龛一小间，内塑圣姑像一，站像四，后土殿于因更新重立。又明年甲寅春，三清殿亦更新重立，二庙神尊灵马依旧新塑。后土殿又创塑圣母像一，仍立牌位于其前，两旁立各神位牌六……

18 南庄玉皇庙

南庄玉皇庙 / NANZHUANG YUHUANG MIAO

一、遗产概况

南庄玉皇庙位于高平市河西镇南庄村的来凤山上。始建于东汉建武二年（26），后经大唐先天年间、金大安年间重修，明弘治、嘉靖年间，清康熙、乾隆年间及民国早年均有补修。庙宇坐北朝南，依地势而建，分为上下两院，前疏后密。占地面积约2500平方米。现存舞楼、山门、献殿、正殿、东西配殿、东西厢房、东西看楼等。正殿为元代遗构，其余均为明清时期建筑。2013年3月5日被国务院公布为第七批全国重点文物保护单位。

01　南庄玉皇庙航拍远景

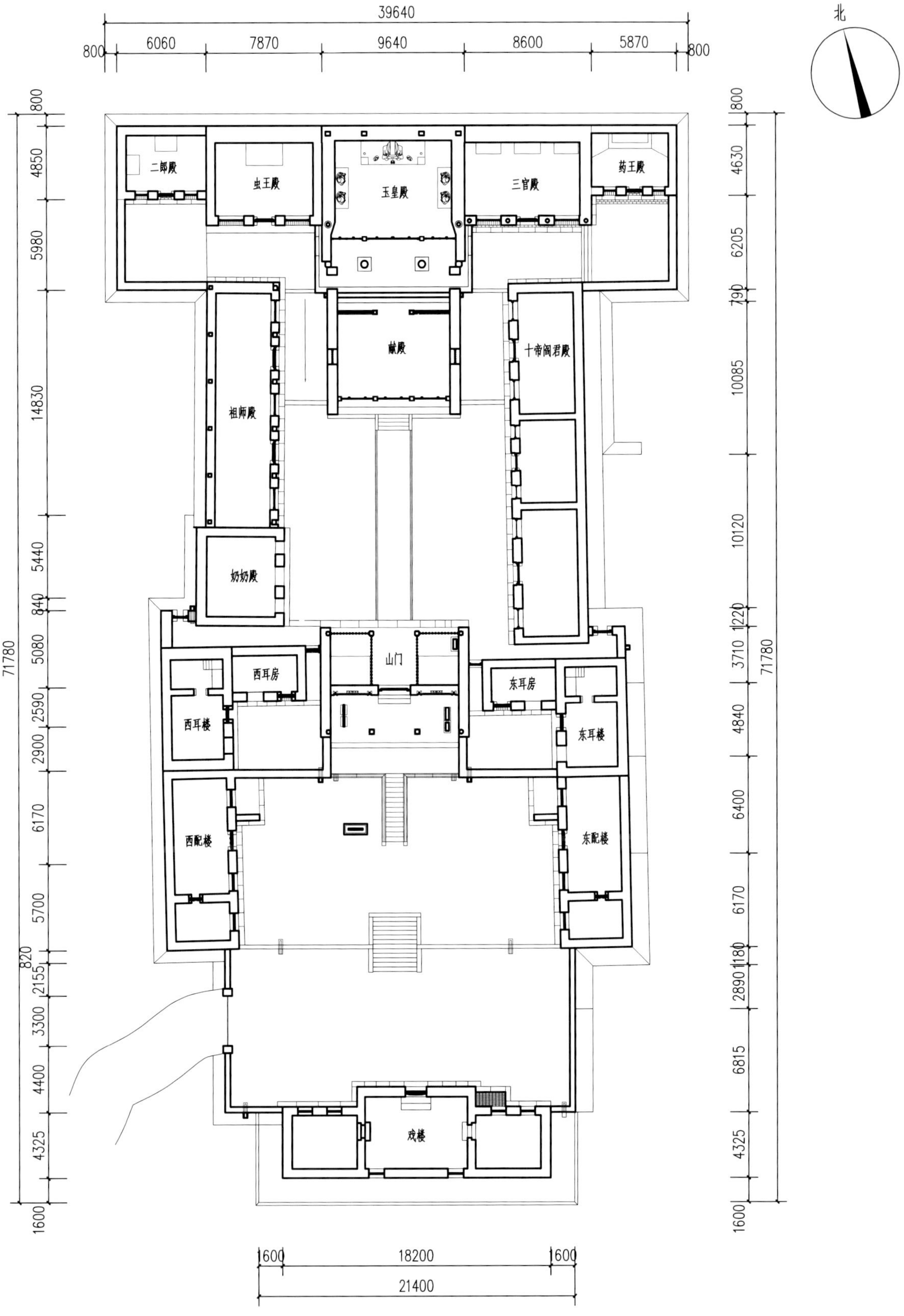
39640
800
6060
7870
9640
8600
5870
800
北
二郎殿
虫王殿
玉皇殿
三官殿
药王殿
献殿
十帝阎君殿
祖师殿
奶奶殿
山门
西耳房
东耳房
西耳楼
东耳楼
西配楼
东配楼
戏楼
800
4850
5980
14830
5440
840
5080
2590
2900
6170
5700
820
2155
3300
4400
4325
1600
71780
800
4630
6205
790
10085
10120
1220
3710
4840
6400
6170
1180
2890
6815
4325
1600
71780
1600
18200
1600
21400

02　南庄玉皇庙总平面图资料

二、建筑特点

来凤山因“有凤来栖”而得名，玉皇庙承山势之灵气而建。下院南端为过路戏台，建于高大的台基之上，下辟过道，面阔三间，进深四椽，单檐悬山顶，台口无柱，两侧为耳楼。

戏台对面为山门，山门面阔、进深均为三间，单檐悬山顶，筒板瓦屋面，三踩单昂斗栱。两次间壁面镶嵌琉璃照壁，中有“犭贪”兽，犭贪兽鹿角、狮尾、牛蹄、龙鳞，民间流传有“人心不足蛇吞象，犭贪心不足吞太阳”的传说，据说犭贪兽食尽世间珍宝，仍不知满足，张口欲吞太阳，结果葬身火海。意在告诫世人，不能贪得无厌。东照壁台基有明代万历年间题刻“明万历三十四年（1606）七月初一日立”。

03　南庄玉皇庙山门远景

04　南庄玉皇庙山门影壁石雕

05 南庄玉皇庙戏台正立面

06 南庄玉皇庙东配楼

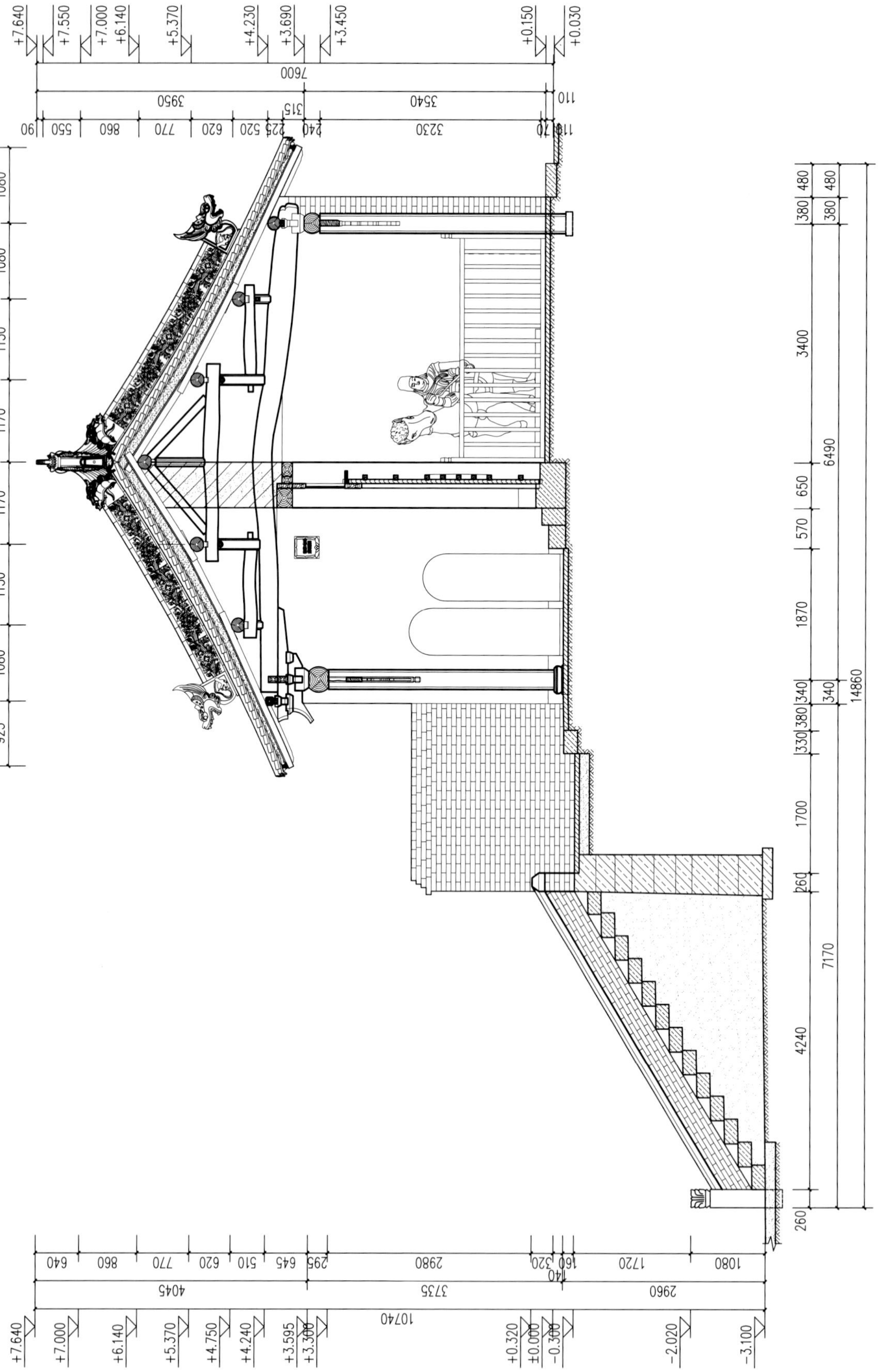

07　南庄玉皇庙山门横断面图资料

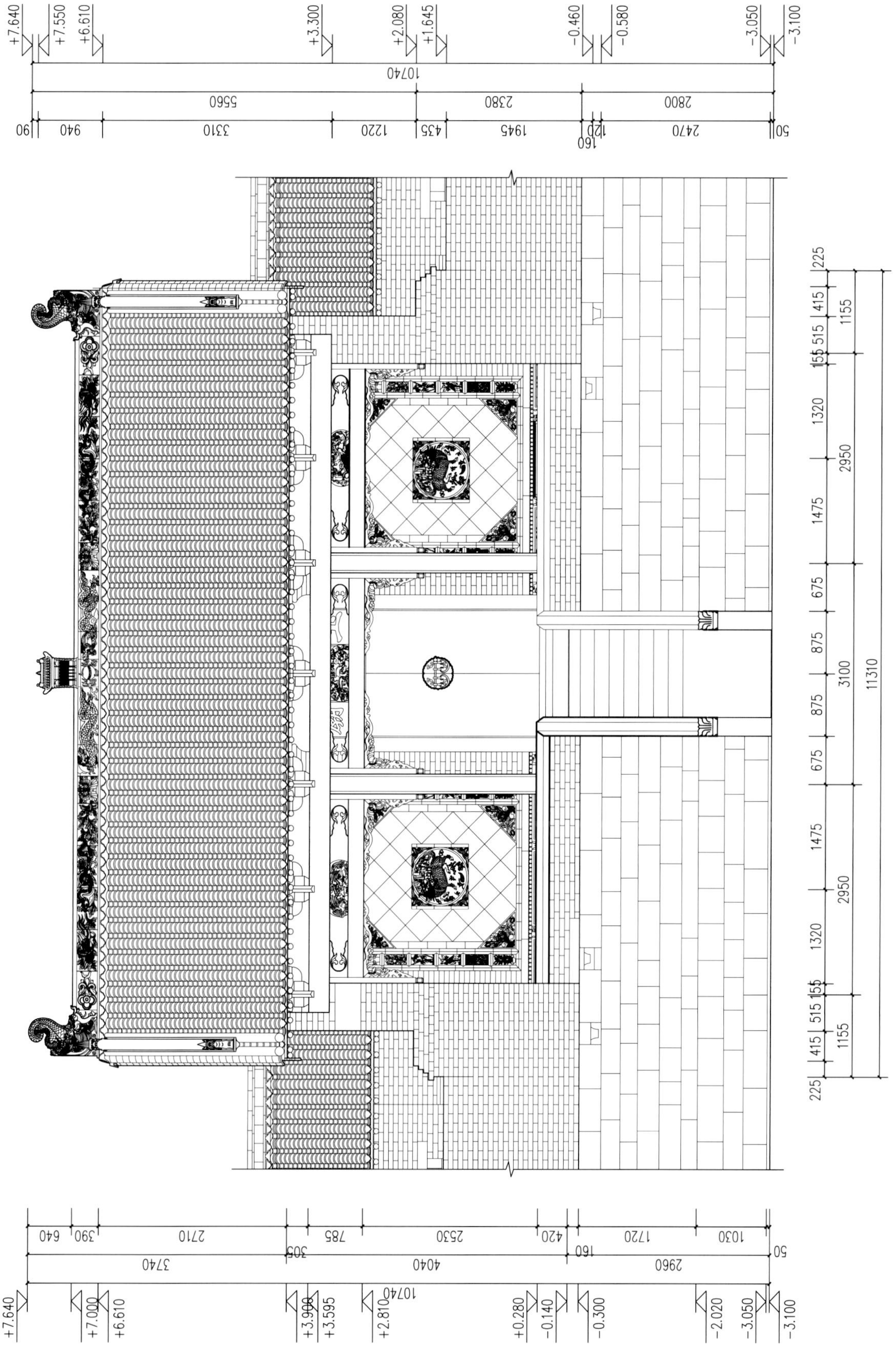

08 南庄玉皇庙山门正立面图资料

上院正中为献殿，献殿之后即为正殿，两殿位置相连，东西有廊殿。献殿面阔三间，进深六椽，单檐悬山顶。筒板布瓦盖顶，琉璃脊饰。献殿屋檐与正殿屋檐两两相抵，形成一体。屋檐中间缝隙正对着下水通道，既不影响采光和通风，落雨时又可将雨水直接排入下水道，设计精妙，令人称奇。献殿与大殿相交空间两侧有砖雕拱券门，垂花上有仿木额枋及斗栱，间以龙、马、鹿、狮、禽鸟、荷花等装饰。

09 南庄玉皇庙献殿正面

10 南庄玉皇庙献殿梁架

11 南庄玉皇庙献殿斗栱

12 南庄玉皇庙献殿垂脊

13 南庄玉皇庙祖师殿

14 南庄玉皇庙十帝阎君殿

15 南庄玉皇庙祖师殿斗栱

16 南庄玉皇庙祖师殿梁架

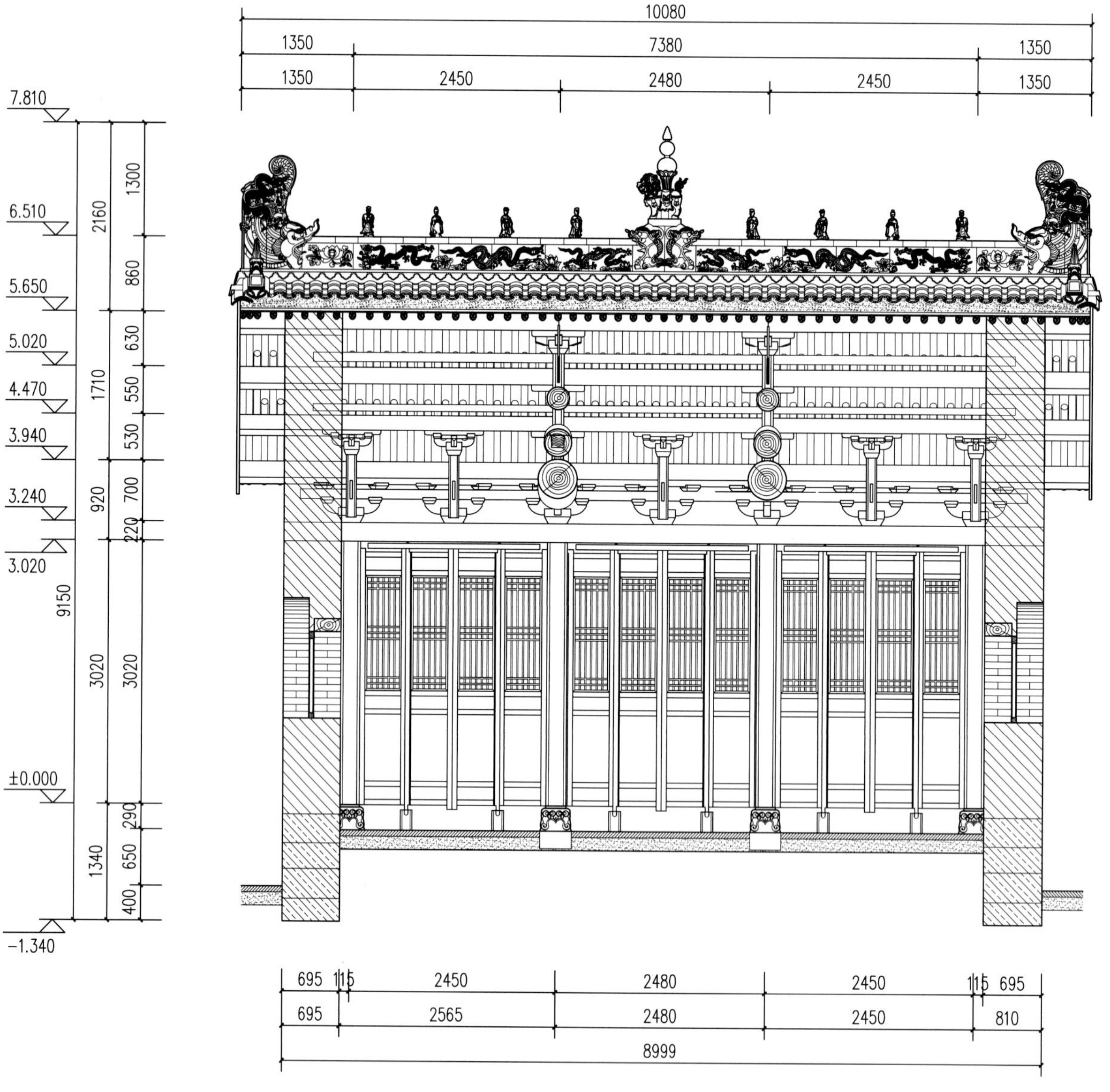

17　南庄玉皇庙献殿纵断面（前视）资料

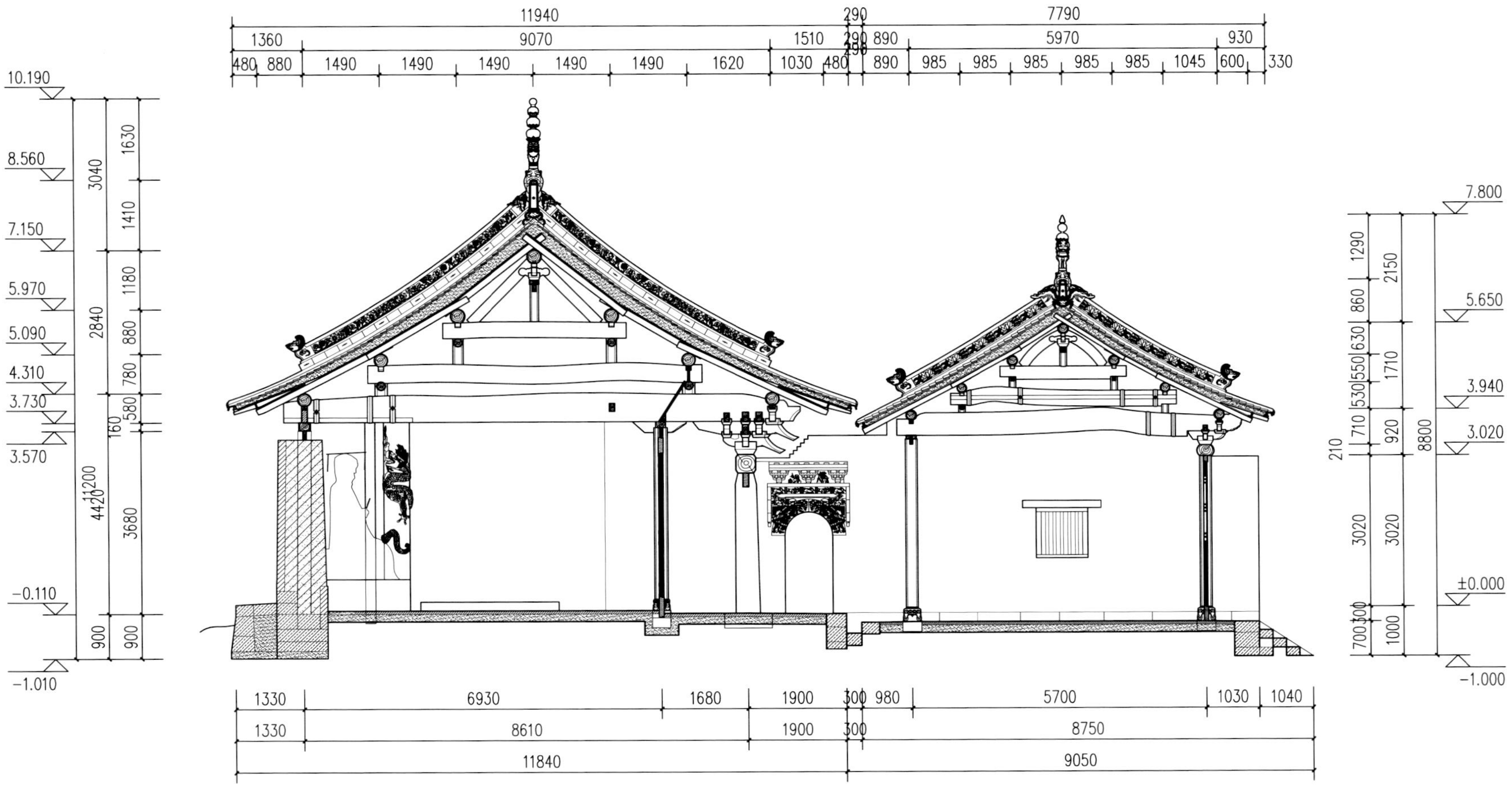

18 南庄玉皇庙玉皇殿、献殿横断面图资料

正殿面阔三间，进深六椽，建于台基之上，单檐悬山顶，筒板瓦屋面，为元代遗构。前檐斗栱为五铺作双杪，单栱计心造，皆作假琴面昂，扶壁泥道单栱，横栱抹斜。补间铺作逐间施一朵，当心间补间铺作出斜栱，蚂蚱头斜杀内凹与龙形耍头共存。前檐用大通额，六椽通檐，殿内无金柱，现金柱为后代维修时所加。梁架彻上露明造，六椽栿直通前后檐。叉手与丁华抹颏栱相交直抵脊槫，平槫下仅用替木，无襻间做法。椽栿均使用原木，未经修直，保持原貌，典型的元代风格。椽梁架上有彩绘金龙，神坛上玉皇大帝为新塑。正殿梁架有彩绘，墙体有壁画，漫漶不清，为清代遗存，从脱落的部分推测，下层可能还隐藏着年代更为久远的壁画。

19　南庄玉皇庙正殿垂脊

20　南庄玉皇庙正殿柱头斗栱

21 南庄玉皇庙正殿山面梁架

22 南庄玉皇庙正殿斗栱

23 南庄玉皇庙正殿梁架

24 南庄玉皇庙正殿砖雕

25 南庄玉皇庙正殿砖雕

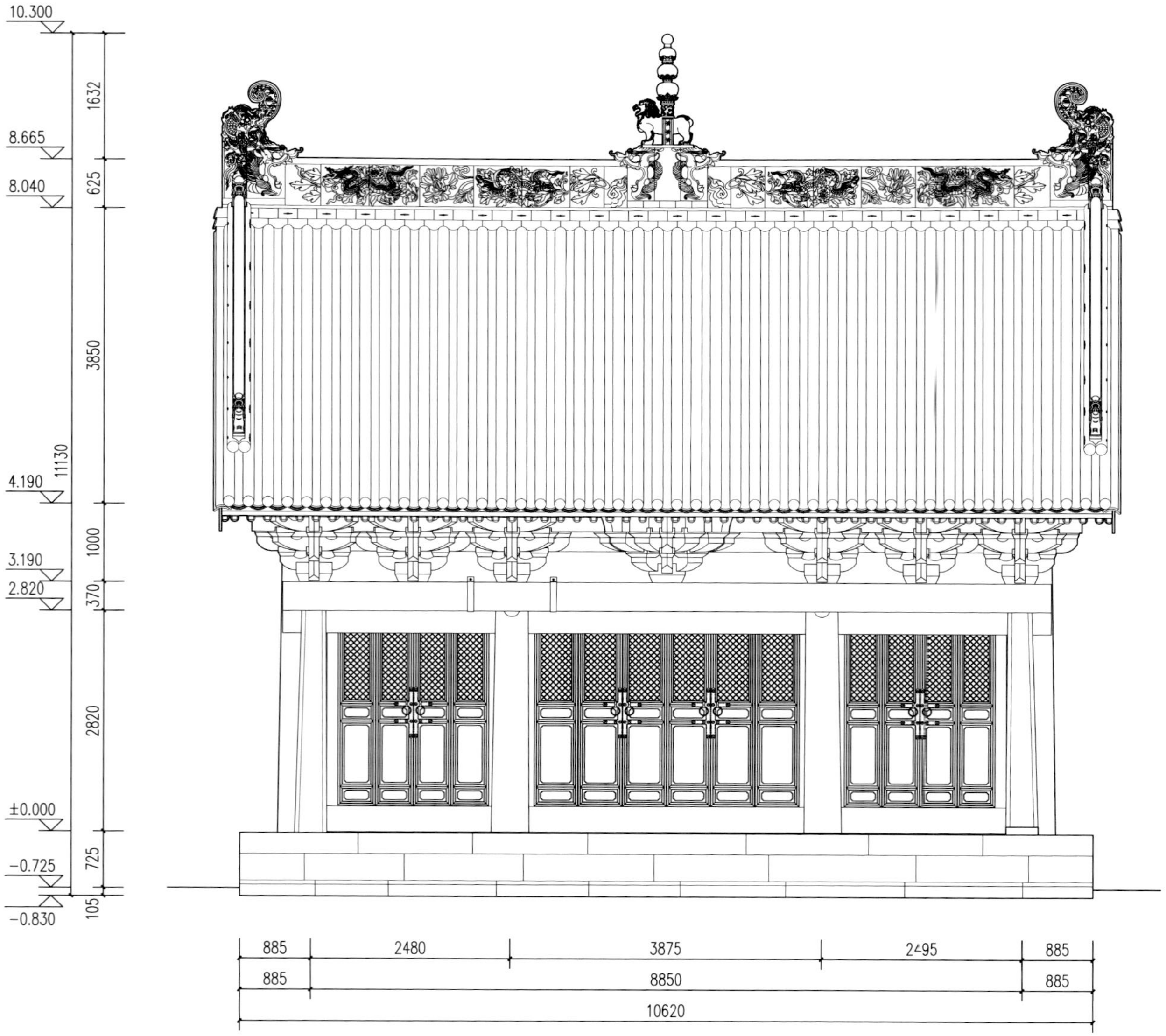

26 南庄玉皇庙玉皇殿正立面图资料

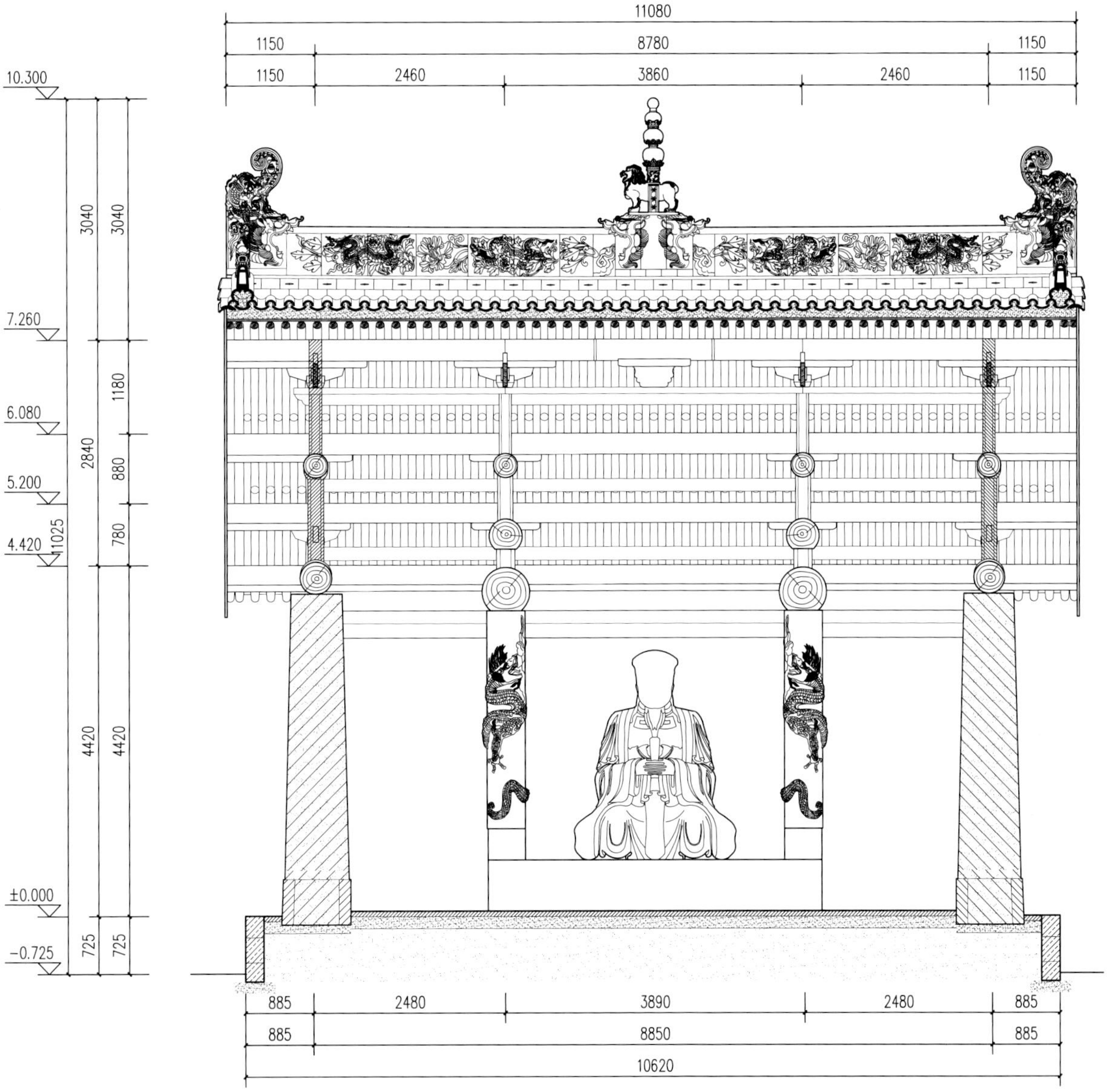

27　南庄玉皇庙玉皇殿纵断面（后视）资料

28　南庄玉皇庙三官殿

29　南庄玉皇庙药王殿

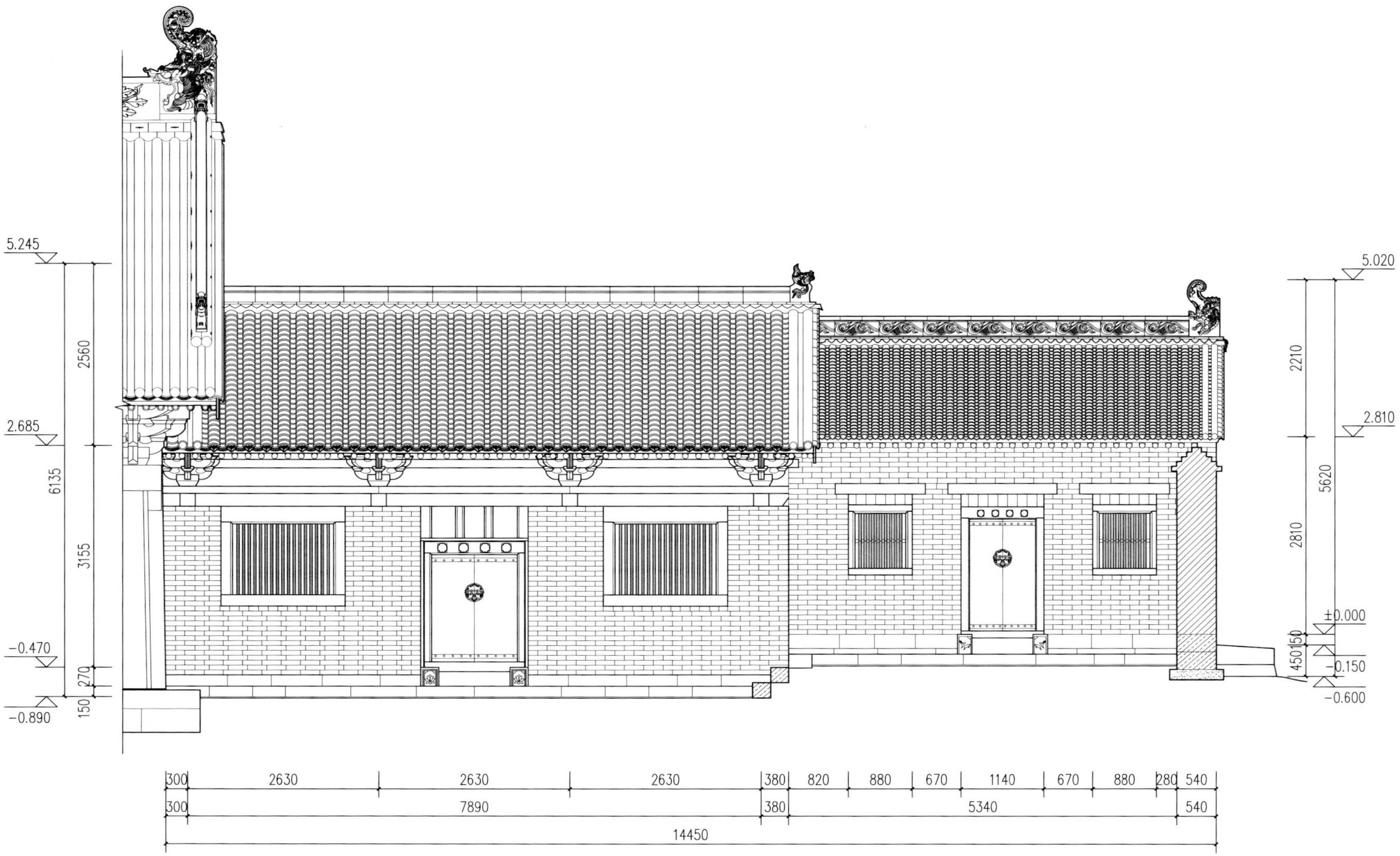

30　南庄玉皇庙三官殿、药王殿正面图资料

三、价值特色

（一）玉皇信仰考据

中国古人的信仰，大多朴素无华。以自然为主要崇拜对象的多神崇拜，构成了独具特色的中国神仙体系。这些对自然体的崇拜，如天地山川、江河湖海、日月星辰、动物植物等，诞生了天帝、土神、河神、海神、二十八星宿，还有动物中的龙凤麒麟，植物中各类花仙子，甚至还有百姓家的灶神、门神等。

作为土生土长的本土宗教，道教认为天有多重和多方，故不同的天各有其帝。早期道教经书中将这些天帝泛称为玉皇或玉帝，在六朝时期，道教虽已将三清确立为最高神，然而按照人们的习惯，人间的最高统治者为皇帝，天界的最高统治者理应为天帝。由此，一部分道经开始把玉皇或玉帝从泛称变为特称，专指最高的天帝。

根据道经所载，可以肯定，玉皇（玉帝）在唐代已被奉为至尊天神。《一切道经音义妙门由起》引《太上太真科》说："虚皇金阙玉帝，最贵最尊，无生无死，湛然常住。"经中径称玉皇天尊是道教最高神元始天尊之别号或三世之一。其《明天尊第二》引《天师请问经》曰："道为最尊，常在三清，出诸天上，以是义故，故号天尊。或号玉帝，或号高皇，随顺一切也。"又引《灵宝斋仪》云："过去高上玉皇天尊，未来太极天尊，见（现）在元始天尊。"

两宋崇道，对玉皇的尊崇尤甚。宋真宗声称赵氏始祖赵玄朗乃九天司命上卿保生天尊，受玉皇之命，降生世间，"总治下方，主赵氏之族"。由于天尊下降乃是玉皇所命，故而真宗对玉皇大加奉祀。大中祥符二年（1009）闰二月，真宗召宰臣于宣圣殿，谒玉皇像。五年（1012）十一月，亲祀玉皇于朝元殿。七年（1014）九月，上玉皇圣号为"太上开天执符御历含真体道玉皇大天帝"。八年（1015）正月朔，驾诣玉清昭应宫奉表奏告玉皇圣号。九年（1016）八月，真宗亲刻玉皇圣号册文，召辅臣同观，自禁中具仪仗迎导赴大安殿，摹写刻玉。迨至宋徽宗，更于政和六年（1116）上玉皇圣号曰"太上开天执符御历含真体道昊天玉皇上帝"。这一尊号，将历代帝王祭祀的昊天上帝与玉皇大帝合而为一。从统治的角度看，玉皇大帝作为诸神之首，还是封建帝王将自己神话成玉帝在人间的一种象征，以此来巩固自己的统治，达到君权神授的目的。

（二）晋东南的玉皇信仰

道教对晋东南的影响，在北宋和金元时期相当明显，元至元三十一年（1294）《玉皇行宫记》中就说，玉皇的名号虽然出于道家，但是庙祭玉皇是"根于献力之端，苗于泰山之祀，蔓于小民之祈谷云尔"。"根于献力之端"，出自《礼记·月令》，也就是说，虽然祭天是天子的特权，但是献祭之物是来自天下九州之民的贡献。

而所谓“蔓于小民之祈谷云”者，则一语道破了民众接受这座神庙和玉皇信仰的根本原因，是一直流传在民间的、带有实用主义色彩的祈报传统。玉皇信仰在晋城地区根基深厚。信众对玉皇庙的奉祀，是出于朴素的祈求福报、酬谢神明、壮观乡里的想法。据不完全统计，晋城地区现存玉皇庙多达65处。从众多的数量背后便可看出民众对玉帝的崇敬，以祈求福祉，获得精神上的慰藉。

（三）南庄玉皇庙的价值特色

南庄玉皇庙选址独特，建寺历史可追溯到东汉时期，历代均有不同程度的修葺，可见当地玉皇信仰由来已久。寺庙规模较大，庙宇格局保存基本完整，正殿继承了宋代柔和端丽、规整严谨的风格，梁架原木构造，建筑时代特征明显，具有重要的历史价值。

（四）南庄玉皇庙的传说

南庄隶属高平河西镇管辖，地处高平、泽州、陵川三县交界之处，素有“鸡鸣三县”之说。玉皇庙建在村东的来凤山顶，相传庙址原位于村东北约一里名叫“高岭”的山岗之上，一夜迁来此。东汉建武二年（26）的阳春三月，南庄高岭上山花烂漫，庄户人家忙着播种。忽见一只色彩绚丽的凤凰从高空落下，顿时百鸟齐鸣，载歌载舞，煞是热闹。一时间南庄村民奔走相告，蜂拥而至。人们的喧闹声惊动了玉皇庙内的一位神仙。神仙前来察看后，立即腾云驾雾来到天庭，向玉皇大帝报告：凤凰落在高平南庄山顶，那里距玉帝的行宫仅有一里之遥。玉帝闻讯后心想：凤凰不落无宝之地，既栖此山，此山必定是块宝地，何不把朕的行宫迁往此地？

玉帝遂召集各位大臣到天庭议事，说道：“各位爱卿，下界高平、泽州、陵川三县之交，朕行宫前的山坡上，近日有凤凰栖落。朕有心将行宫迁往前面的山坡，不知众卿有何见解？”太白金星奏道：“万岁一统天上地下，迁庙无可非议，只是恳求玉帝应给这方百姓多降甘霖，使之风调雨顺，五谷丰登。”玉帝说道，自不待言。随即传令张天师，择定吉日良辰，动工迁庙。

张天师接受任务后，与鲁班神一起商量动迁事宜。鲁班提出，搬迁之事须速战速决，最好能在一个晚上办妥。二人奏请玉帝批准后，调动天庭所有的能工巧匠和天兵天将，付诸实施。

南庄高岭上的凤凰休憩片刻便展翅高飞。夜间，人们兴奋地进入梦乡。一觉醒来，突然发现高岭上的玉皇庙不见了，庙宇不偏不倚地坐落在凤凰落地之处。人们又一次奔走相告，集聚在新落成的玉皇庙前，焚香叩拜，几日不停。附近三县很多村落的村民亦如是。于是，人们将此山命名为来凤山，一直沿用至今。

四、文献撷英

南庄玉皇庙现存金代石碑两通、明代石碑一通、清代石碑等。

金代碑刻一为金泰和甲子年（泰和四年，1204）《重修玉帝庙记》碑，记述了大中祥符上尊号及维修事宜。“如翚斯飞金碧炫耀……修德以荐馨香”，是玉皇庙现存年代最早的碑。

金代碑刻二为金大安二年（1210）仲秋初七日《重修玉帝庙记》碑，圆首长方座，座高0.9米，宽0.4米。碑身首一体，通高1.78，宽0.82米，厚0.2米。碑文阳面记录了该庙距离县城的位置及重修的过程。全文1182字，楷体竖书，计26行，行48字。碑首用线刻二龙戏珠图案，上有“重修玉帝庙记”6个篆字，碑身两边刻花草纹饰，阴面记录了合村人户姓名和修庙事宜，全文442字楷体竖书。

明弘治元年（1488）碑，上有“大汉中兴建武元年敕令”，记载了玉皇庙的始建年代。始建之初的具体名称已不可考。但可以肯定的是彼时的道教神祇系统尚未确立。中国自商周以来，关于最高神天帝的信仰即已广泛流行。因此，“玉皇”在民间则被认为是主宰宇宙的至尊天神。此时的“玉皇”是一种对至尊天神的泛称。

19

建南济渎庙

建南济渎庙 / JIANNAN JIDU MIAO

一、遗产概况

建南济渎庙位于高平市建宁乡建南村翠屏山巅，是祭祀济水之神的庙宇。创建年代不详，庙内碑文记载，清康熙二十二年（1683）重修。济渎庙坐北朝南，占地面积约 3358 平方米，依地势逐级向上，错落有致。前后三进院落，建筑规模宏大，庙宇保存布局完整。中轴线上依次建有二道山门、中殿、后殿，山门两侧为掖门、耳殿、钟楼、鼓楼，大殿两侧有廊房和配殿等。山门造型奇特，斗栱出跳奇巧，如出水莲花。前廊方形石柱，选材砂岩，上面雕刻盘龙，利爪怒目，造型生动。在前殿、大殿和西配殿的梁架上虽历经明清修缮的痕迹，但依旧留有元代遗风。济渎殿保留壁画，画风古朴，是研究济水祭祀文化的重要实物资料。2013 年 3 月 5 日被国务院公布为第七批全国重点文物保护单位。

01　建南济渎庙航拍远景

二、建筑特点

济渎庙建筑群修建于村南山顶之上，坐北朝南，依地势起伏逐级向上。前后共三进院落，中轴对称，布局完整。

山门为清代建筑，两侧各开东西便门配耳殿，中间为石阶道。单檐悬山顶，灰筒板瓦布顶。面阔三间，进深四椽。柱头科五踩双下昂，平身科每间一朵，五踩双翘出斜翘。当心间施板门，两次间置圆窗，窗棂装饰精美，有团花，三角纹，其间点缀花瓣等，颇具地方特色。前廊置 4 根方棱抹角石柱，柱面采用高浮雕的形式，分别雕刻神态各异的盘龙和瑞凤。这些龙穿云吐雾，张牙舞爪，击于碧波，翔于青天，姿态飞扬，动势强劲，鳞片刻画细腻，呈二龙戏珠的造型。下面刻有凤鸟立于丹石之上，龙凤其间点缀有莲花、牡丹等吉祥花卉。这些石刻既有上党地区写实主义的风格，又有不注重细枝末节刻画的写意风格。整个石柱沉稳大气，雕刻古朴之风浓郁。

02 建南济渎庙一道山门

03 建南济渎庙一道山门脊饰

04 建南济渎庙五道殿

05 建南济渎庙山神殿

06 建南济渎庙东楼正立面

07 建南济渎庙一道山门梁架

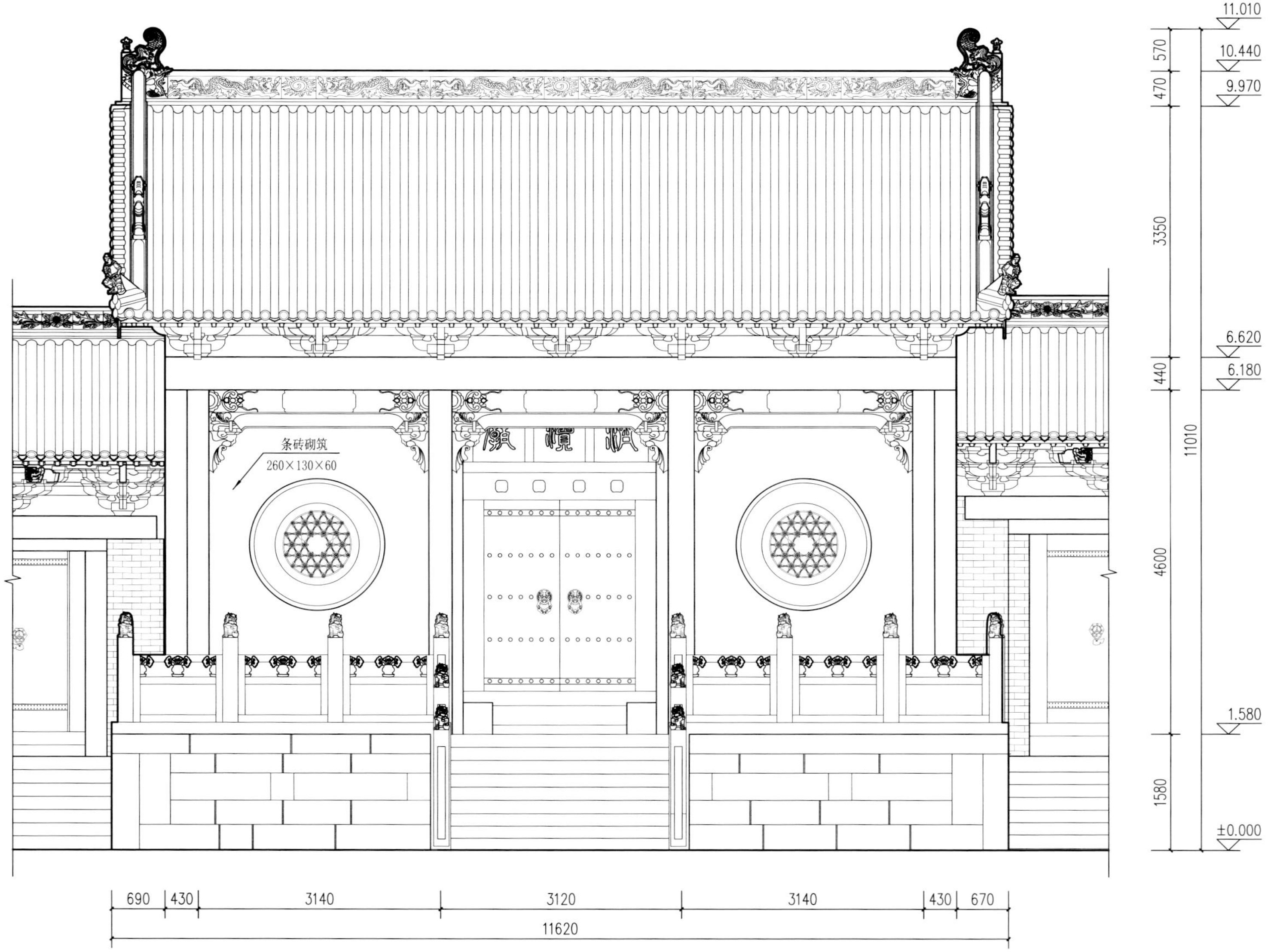

08 建南济渎庙一道山门正立面图资料

第二道山门也叫仪门，是一座明代建筑。仪门是礼仪之门，一般庙宇不设仪门，此处的设置除了彰显济水祭祀礼节的高贵和反映百姓对水神的崇拜敬仰，还有就是延续了宫廷建筑的规制。仪门建筑为悬山顶，面阔三间，进深四椽，两侧配掖门和附属耳殿。从斗栱形式看，柱头科九踩单翘单昂并出45度斜翘，斜耍头作龙形，平身科每间一朵，平身科九踩无斜翘。檐下九踩四翘，柱头科出斜翘。但从4根立柱和普拍枋使用来看，用材硕大，又有元代遗风。

09　建南济渎庙二道山门背立面近景

10　建南济渎庙二道山门脊饰

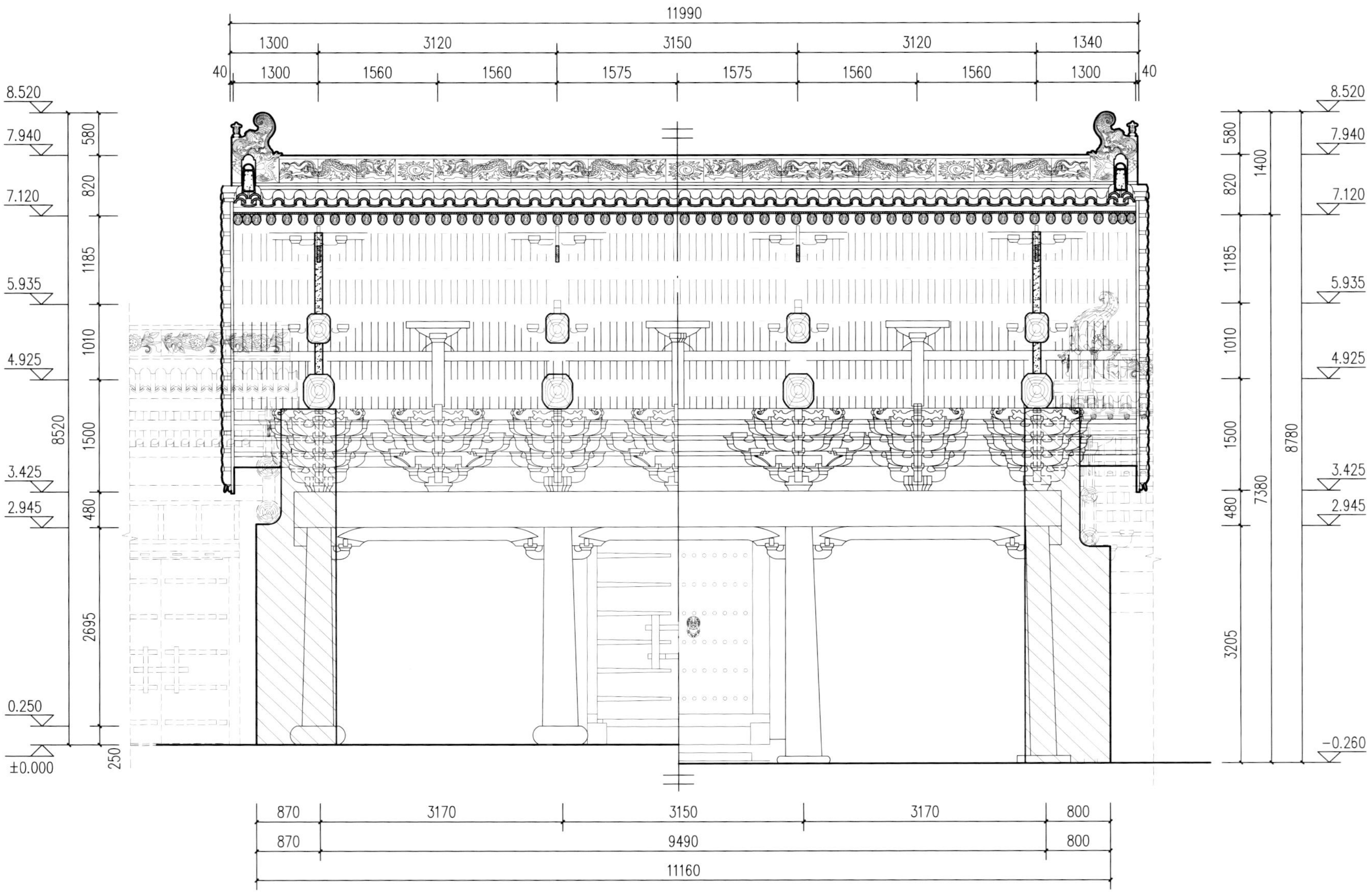

11 建南济渎庙二道山门南立面图资料

济渎殿为祭祀济水之神的主殿，现存为元代建筑，但建筑手法依然延续了金代的风格。在济渎殿之前原来还有一座献殿，现在已毁，从残留地基和柱础痕迹可以看出应该是一体建筑。济渎殿面阔五间，进深六椽，悬山顶，布筒瓦于屋面，用琉璃脊琉璃剪边。梁架为四椽栿对前乳栿，通檐用三柱，四椽栿通过柱缝，压在乳栿之上。柱头用阑额、普拍枋连接木构。前檐柱头铺作栌斗上出两跳有斜栱，各间用补间铺作一朵，双杪五铺作，计心造，里转用挑斡和楔。后檐出一跳。整个大殿舒朗开阔，有金元建筑之古朴大气。

12　建南济渎庙济渎殿正立面

13　建南济渎庙东廊房远景

14　建南济渎庙济渎殿垂脊脊饰

15　建南济渎庙五岳殿近景

16 建南济渎庙济渎殿

17 建南济渎庙五岳殿梁架

18 建南济渎庙济渎殿梁架

19 建南济渎庙五岳殿斗栱

20 建南济渎庙济渎殿室内斗栱

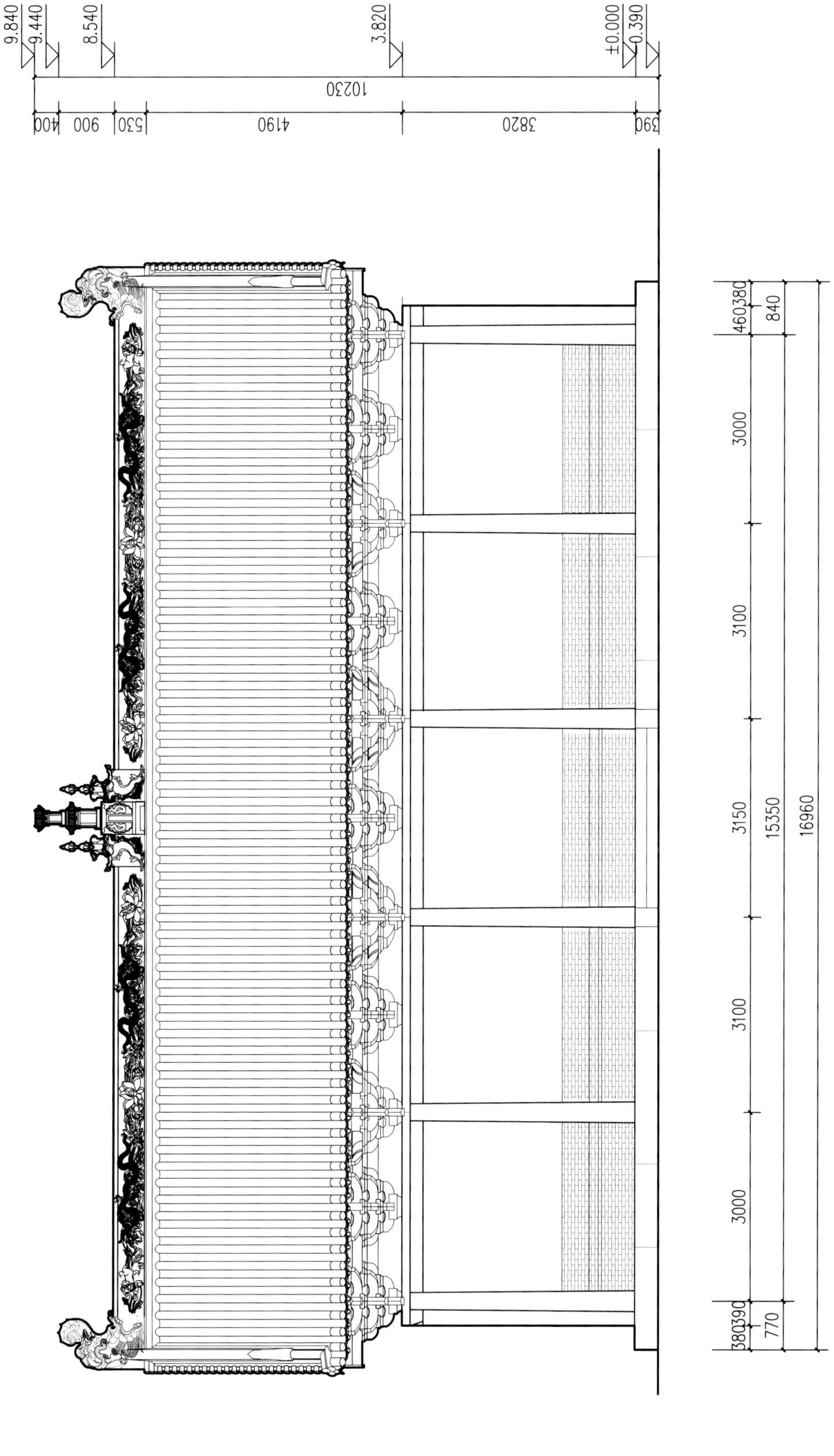

21 建南济渎庙济渎殿正立面图资料

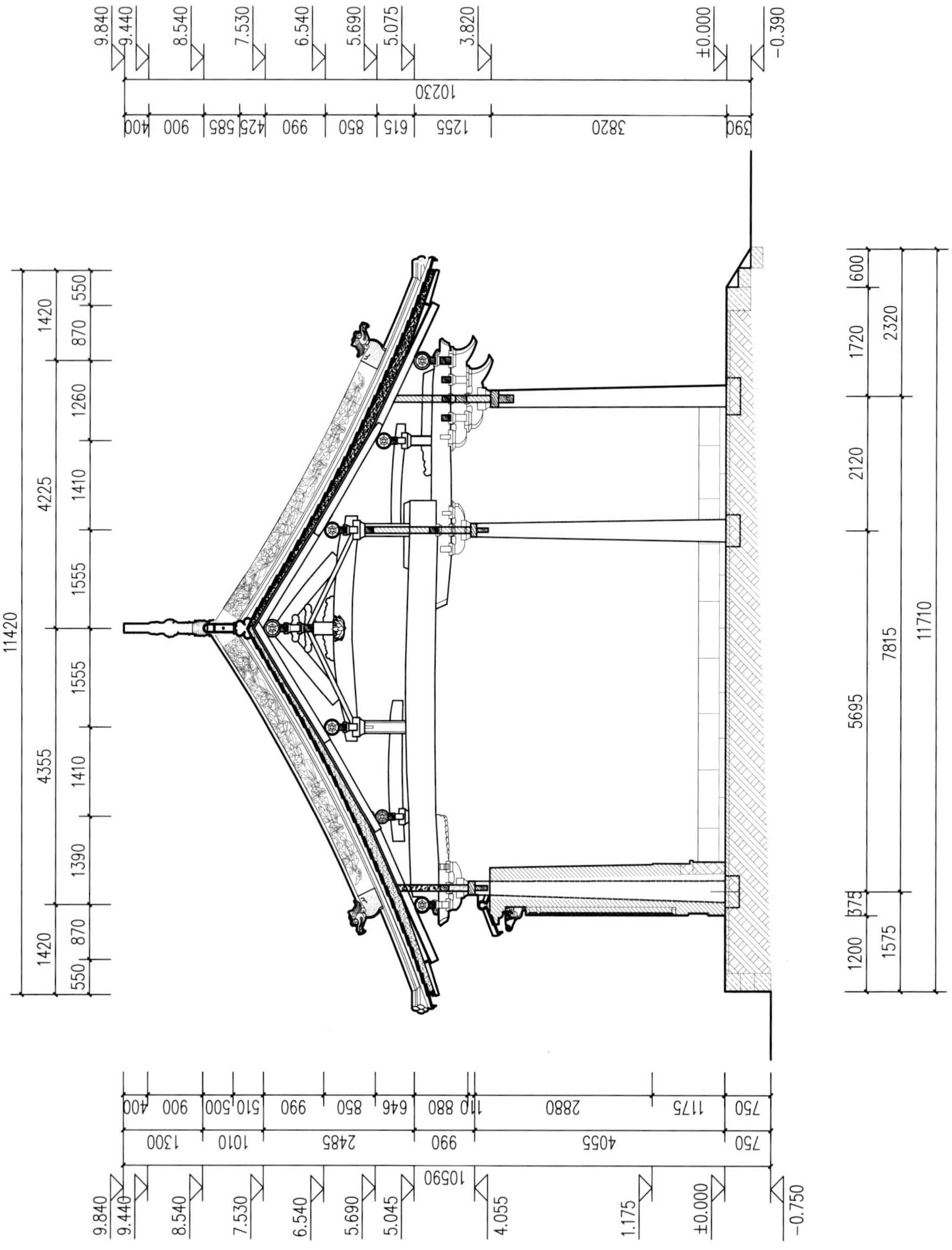
9.840
9.440
8.540
7.530
6.540
5.690
5.075
3.820
±0.000
−0.390
10230
400
900
585
425
990
850
615
1255
3820
590
11420
1420
870
550
1260
4225
1410
1555
4355
1390
1720
2320
600
2120
7815
5695
11710
375
1200
1575
10590
1300
1010
2485
990
4055
750
510
500
646
880
110
2880
1175
5.045
4.055
1.175
−0.750

22 建南济渎庙济渎殿剖面图资料

后殿也称后宫，按照前朝后寝的建筑格局设置，是一座元代建筑。大殿面阔五间，进深六椽，悬山顶，依旧沿袭前殿四椽栿对前乳栿，通檐用三柱。前檐斗栱柱头双杪五铺作有斜栱，重栱计心造，横栱抹斜，耍头蚂蚱样式，里转有瓜楞垂柱。补间双杪五铺作使用异形斗作梅花样，补间铺作里转用挑斡和靴楔。

济渎殿和后宫两座元代建筑延续宋金建筑风格，是我国传统建筑由唐宋时期的齐整规范向金元时期的粗犷风格过渡的实例，是研究我国元代建制的重要实物遗存。

23 建南济渎庙后宫

24 建南济渎庙后宫梁架

25 建南济渎庙后宫垂花柱

26 建南济渎庙后宫斗栱

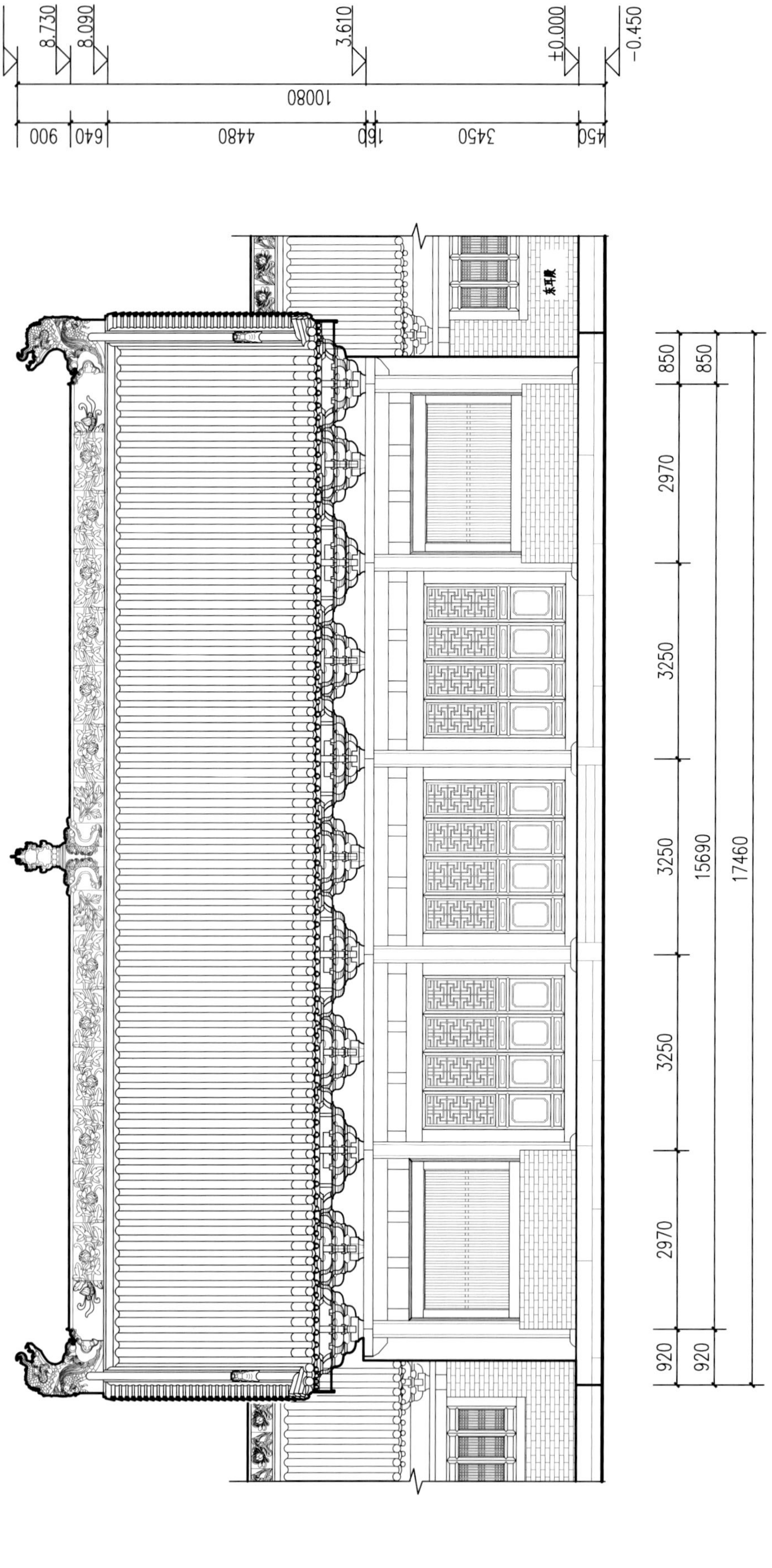

27 建南济渎庙后宫正立面图资料

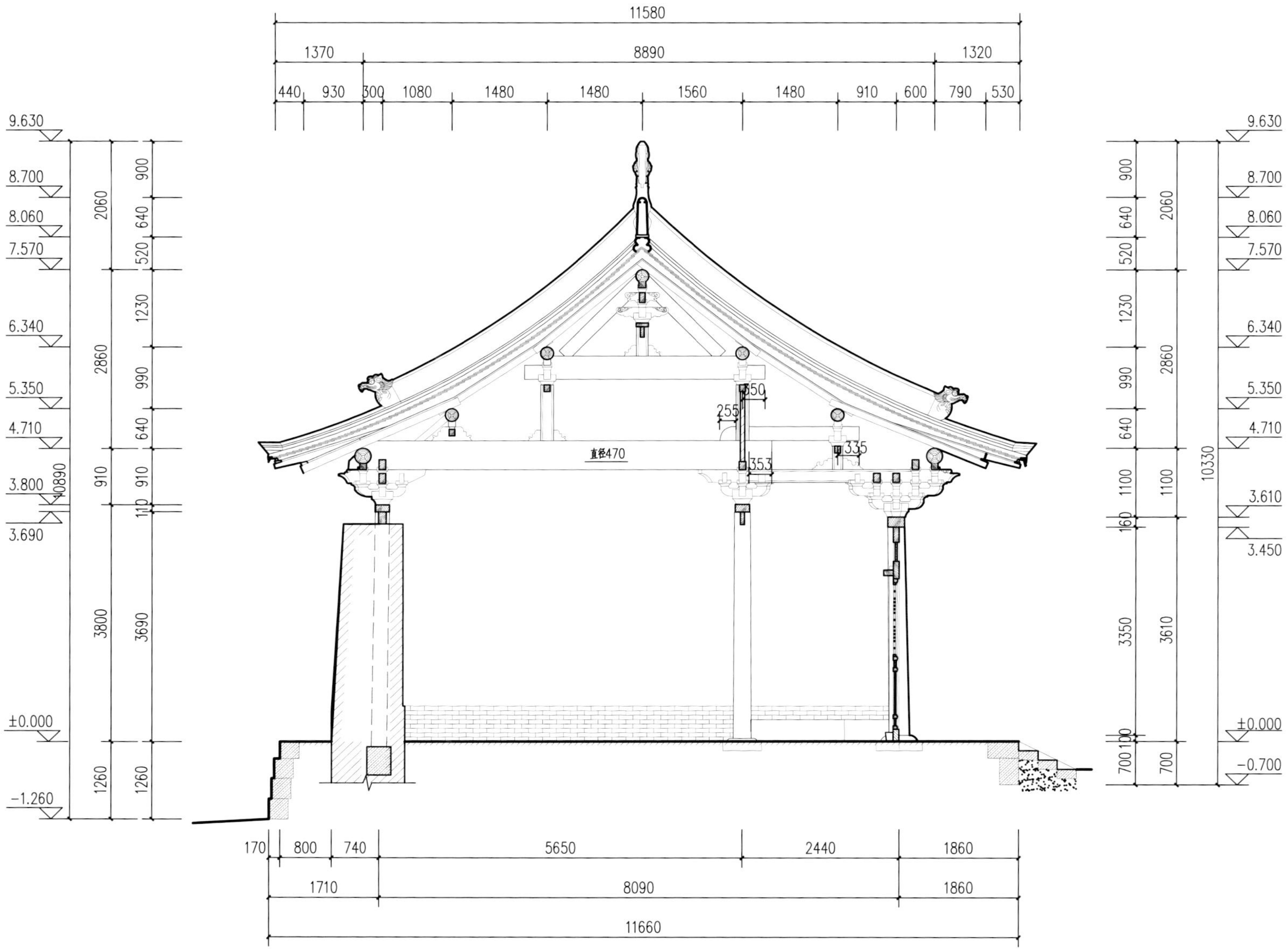

28　建南济渎庙后宫横剖面图资料

三、价值特色

（一）独特的祭祀文化

《尔雅·释水》中说:“江、河、淮、济为四渎。四渎者，发源注海者也。”因此“四渎”之神就成为河川水神的代表，全国多地均立庙祭祀，其中济渎庙就是祭祀济水神的场所。而高平并没有济水流过，济渎庙的遗留就显得尤为珍贵了。

在历朝历代，祭祀济水之神是重要的国家典仪，和高平一山之隔的济源有皇家级别的济渎庙。在各类典籍里，人们把济河的发源地定为济源市王屋山上的太乙池，济水先是潜入地下穿越黄河，到荥阳再次浮出地面，经过原阳时第三次潜入地下，然后到山东定陶再次露出来，与北济会合形成巨野泽，然后经过大清河也就是济水的下游，经过 700 余公里的跋涉流入渤海。

济河是一条富有传奇色彩的河，三隐三现，穿越黄河而不浑浊，独立成河顽强入海。济水位列四渎之尊位，却波澜不惊，温文尔雅，泽被万世，这正是君子高洁情操的最好体现，是历代读书人敬奉的“清流”。所以古人推崇济水不泛不滥、润泽千里，为君子之水，帝王礼拜它，百姓供奉它。从地理位置上来说，晋东南的众多大山与王屋山同属太行余脉，发源于高平的潜流同山下的济水就像人的血脉一样是相连通的，在地域的交界处，人群的交往也带动了文化的交往，民间神祇也随之扩大自己的领地，济渎信仰自然也是从济源为中心向四周扩散。所以说修建在高平的济渎庙看似孤立地存在，并且在众多的庙观中独树一帜，然而放到更大地域特别是以济源为中心的地域去看，它的存在也在情理之中。出于对济水神的敬畏，先人修建了祭祀济水的庙宇，也就是高平建南济渎之神的行宫。

（二）元代建筑实物

济渎殿和后宫两座元代建筑，都沿袭了四椽栿对前乳栿、通檐用三柱的梁架结构。这对研究元代建筑对空间布局和梁架结构的变化具有很大的参考价值。尤其是后殿坐斗采用梅花斗，也为研究晋东南建筑构件的美观装饰提供了新类型。

它们从风格上延续了金元建筑的豪放大气，也使得我国传统建筑由唐宋时期齐整规范、按制选材的固定模型，转化为金元时期不拘一格、唯材坚固可用的粗犷之风。济渎庙的建筑是研究我国元代建制的重要实物遗存，也是研究我国金元时期建筑风格转变的实例。

（三）壁画遗存丰富

济渎殿后墙还保留着十分珍贵的大幅壁画。虽然画面有所残缺，依然可以看出布局的完整性和画面人物的浓郁生活气息。济渎庙作为官方祭祀之场所，根据相关庙宇的风格判断东西山墙的壁画应该是济水之神出行巡视百姓、造福人间的内容。百姓通过壁画祈求能得神灵庇佑，希望风调雨顺、五谷丰登。

后墙的壁画现存较完整，画面中充满侍从们生活劳动的身影。从壁画布局看，这应该是济水之神后宫休息、饮食之内容。侍从们有的在和面、备菜，有的端着茶具与瓜果，有的捧着烛台与食盒，还有的搬书、拿棋桌。特别值得注意的是，侍从身边桌子上的棋盘和棋盒，装饰华丽、盘纹清晰。地面砖石也采用菱形套色拼接，可见画工之细腻。从中可以感受到达官贵人家中盛宴的豪华和忙碌，也能看到后宫生活中下棋品茗的雅致情趣。

画面色彩艳丽，用墨线勾勒，采用了朱砂、朱磦作为画面主基调。其间有藤黄、赭石点缀，衬托出画面人物服饰的华丽多变、衣袂飘飘。人物面部轮廓清晰，每个人的神情各不相同，有的焦急，有的闲逸，有的时刻关注主人。每个人因身份地位、工作内容的不同，反映出内心千差万别的动作神态。线条艺术上我们能找到人物塑造中运用了铁线描、折芦描等技法，来表现人物面部表情和服饰面料质感。

壁画的绘制年代和画匠无从考据，但从壁画内容上反映了当时服饰、发型、饮食习惯等信息。这与广胜寺水神庙元代壁画的内容、构图、形式都有异曲同工之妙。而济渎殿的建筑风格也是元代遗留，这为壁画年代也留下了线索。虽然历经明代修缮，但壁画风格却还保留了元代的诸多因素。这为我们研究晋东南济渎

29　建南济渎庙济渎殿壁画

庙宇祭祀文化和宫廷生活留下了不可多得的实物资料。

济渎庙内保留的壁画内容丰富，风格独特，用笔细腻，线条流畅。画面布局完整，具有浓郁的社会生活气息。当时以农为业的古朴先民们在对大自然依赖的同时对其充满了畏惧和崇敬，他们祈盼风调雨顺、五谷丰登，于是开山建庙，遇水拜神，以保佑生产发展、生活富足。壁画充分反映了当地济渎文化信仰的兴衰，以及古代水神崇拜文化，也成为研究当地宗教信仰不可或缺的例证。

四、文献撷英

济渎庙，创建年代不详，其残存石碑上记录了这样一句话："高平得行山□□与王屋山相连，则祀之也。固宜建宁有济渎庙，不详创始，续修者则自宋讫明，近倾颓日甚。"这就是说，建宁的济渎庙至少应该是建造于宋代之前。而这块碑也反映了建南济渎庙和济源济渎庙同为王屋山下济水发源之地。

庙内现存五通碑碣，分别为明正德十一年（1516）石刻碑记、清康熙二十二年（1683）《重修济渎庙大殿记》、清康熙三十一年（1692）《重修济渎庙三门记》、清嘉庆十四年（1809）《补修济渎庙碑记》和民国九年（1920）《高平县建宁镇补修济渎庙记》，这些碑记记述了不同时代对建南济渎庙的修缮过程。

济渎庙所在建南村智积寺山门外西侧尚有一通北魏造像碑。雕凿年代为北魏太和二十年（496），距今1500多年。碑体由砂石制成，高3.2米，宽1.1米。前后左右共有大小佛像400多尊。大龛上刻佛像，有的配有二弟子及飞天等，细脖长颈，面带微笑。面北右下角有"大代太和廿年岁在丙子邑子等□皇帝陛下造石像一区"刻字，字体朴实见拙，有魏碑的典型风格。此碑造型别致，佛像雕刻工艺精湛，是雕刻艺术宝库中的珍贵艺术品。虽有风化，但保存相对完整。

20

仙翁庙

晋城国保丛览

JINCHENG GUOBAO CONGLAN

仙翁庙 / XIANWENG MIAO

一、遗产概况

仙翁庙位于高平市区西北 8 公里之寺庄镇伯方村。伯方村历史悠久，资源丰富，古建丛集，人文厚重，远近闻名。仙翁庙属道教宫观，始建年代不详，据现有碑文记载，元皇庆二年（1313）、明景泰六年（1455）、明嘉靖十七年（1538）均有扩建。但根据庙内现存的明成化七年（1471）碑刻记载，“自唐宋至我朝，其庙感应之灵验，不计年矣”，可以把仙翁庙的大体创建时间推断至唐代。现存正殿为元代遗构，其余皆清代重建。

主殿内保存着以“唐玄宗泰山封禅图”为主题的精美壁画。画面恢宏，人物众多，色彩鲜艳，构图精致，既有道家神仙张果老的人生游历故事，也有洞府建筑自然山水的真实写照。

尤其泰山封禅图，是国内非常罕见的题材，其中与唐玄宗的政治关联更是引起海内外专家学者的高度关注。2013 年被国务院公布为第七批全国重点文物保护单位。

01　仙翁庙航拍远景

二、建筑特点

仙翁庙主体建筑位于伯方村北黄土山坡顶部，走上高高的台阶，便来到了山门前的平台上。仙翁庙建筑规模宏大，布局严谨，整个建筑分前后两部分。

山门为两层楼阁，中央开门洞，上面出抱厦，内侧为倒座戏台，两侧分别有歇山顶钟、鼓楼各一座，再外侧连建有廊房和角楼，是一列壮观的建筑群。

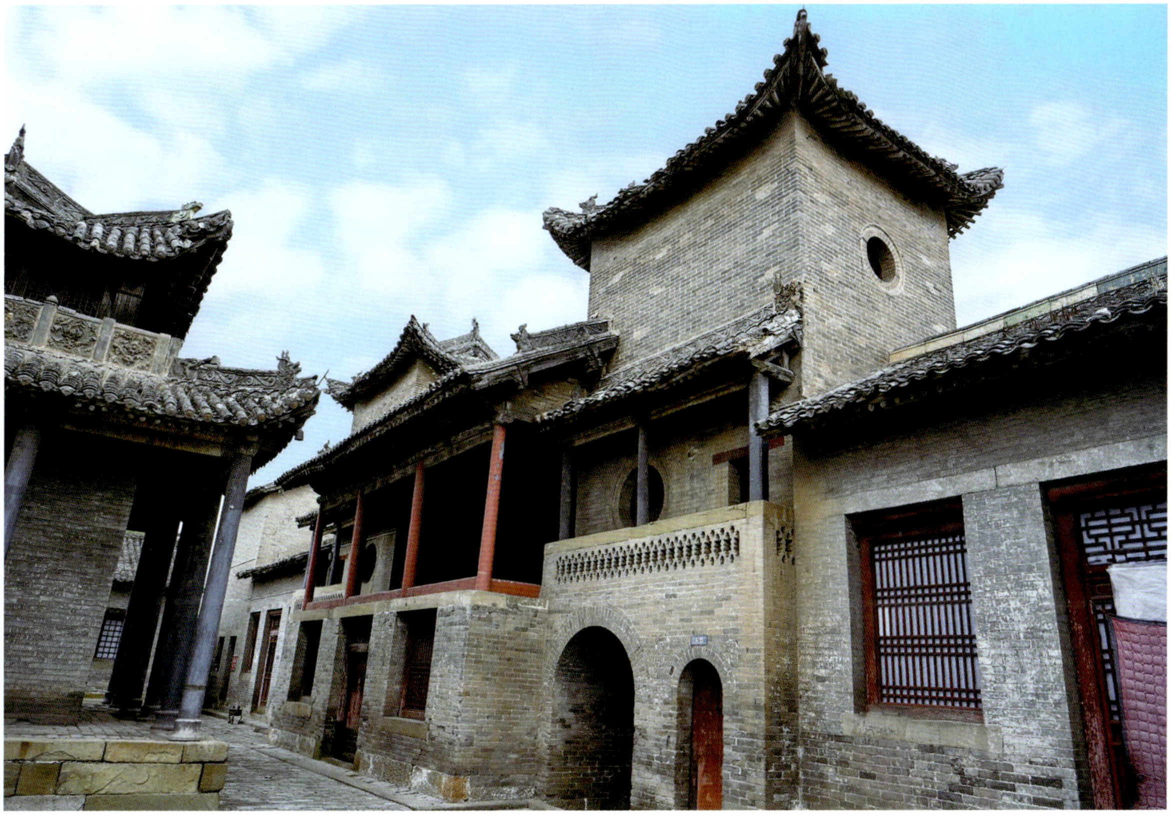

02　仙翁庙山门北面

03　仙翁庙东厢房远景

04　仙翁庙西厢房梁架

走进山门，庭院内豁然开朗，正中央一组建筑格外与众不同，紧邻戏台是一座建在石台基上的亭阁，其面阔五间，进深三间，重檐歇山顶，叫作玉皇楼，其后是一条进深八间的长廊与深广各三间的卷棚顶献殿，呈“工”字形。献殿连建在正殿檐下，山面向前，体量庞大。

05　仙翁庙乐亭远景

06　仙翁庙亭廊近景

07 仙翁庙乐亭脊饰

08 仙翁庙乐亭脊饰

09 仙翁庙乐亭栏杆雕刻

10 仙翁庙亭廊斗栱

11 仙翁庙乐亭梁架

12 仙翁庙乐亭梁架

13 仙翁庙亭廊柱础

14　仙翁庙拜殿

15　仙翁庙拜殿梁架、彩绘

16 仙翁庙拜殿檐部梁架

17 仙翁庙拜殿檐部梁架

18 仙翁庙拜殿梁架

19 仙翁庙拜殿石构件

20　仙翁庙名医殿正立面

21　仙翁庙牛王殿正立面

22　仙翁庙名医殿梁架

23　仙翁庙牛王殿梁架

24　仙翁庙名医殿脊饰

25　仙翁庙牛王殿壁画

26　仙翁庙牛王殿柱础

27　仙翁庙名医殿柱础

28　仙翁庙十王殿正立面

29　仙翁庙二仙殿正立面

30　仙翁庙十王殿梁架

31　仙翁庙二仙殿梁架

32　仙翁庙二仙殿壁画

33　仙翁庙二仙殿脊饰局部

34　仙翁庙二仙殿脊饰

35　仙翁庙十王殿柱础

正殿面阔五间，进深三间，单檐悬山顶，为元代遗构。前檐施通长大额枋一道，额上用五铺作斗栱承托屋檐，殿内无柱，六檐栿通达前后檐外，梁枋简洁规整，殿顶琉璃脊兽完备，龙凤、花卉、力士等，比例和谐、制作精工、色调纯朴，堪称明代琉璃中的佳品。正脊鸱吻背面，留有明嘉靖十七年铭记，为琉璃烧制与殿宇重修年代。殿内横梁上的绘画使用的是沥粉贴金的彩绘工艺，所以时隔数百年其线条依然清晰可见。彩绘主题以龙为主，隐喻唐玄宗真龙天子的尊贵身份，与壁画交相辉映。

36 仙翁庙正殿近景

37 仙翁庙正殿彩绘、雕刻

38 仙翁庙正殿斗栱

39 仙翁庙正殿斗栱

40 仙翁庙正殿彩绘、雕刻

41 仙翁庙正殿彩绘、雕刻

42 仙翁庙正殿梁架

43 仙翁庙正殿梁架

44 仙翁庙正殿柱础

45 仙翁庙正殿柱础

虽然这是庙宇核心，由于受长廊献殿等建筑的遮挡，反而形成云深不知处的道家意境。正殿左右两旁还连建有朵殿，东西两路有配殿和廊房。这一组建筑群都修建在石台基上，在献殿前建有花墙围护，形成了相对于整座庙宇的小院落格局。这种庙宇中轴线上出长廊的建筑形式十分罕见，只在宋画《千里江山图》中有呈现，应是早期建筑形式的一种遗存。

46　仙翁庙正殿东耳殿远景

47　仙翁庙正殿东耳殿斗栱

48　仙翁庙正殿东耳殿脊饰

49　仙翁庙正殿东耳殿梁架

50　仙翁庙正殿东耳殿柱础

廊与献殿之间还有一小桥，更为凸显张果老骑驴桥上走的特色。唐玄宗景龙三年（709）十月二十五日，李隆基以临淄王身份出任潞州别驾，由潞南二里金桥，途经高平返回京城。在潞州常有童谣说："圣人持节度金桥，羊头山北作朝堂。"《金桥图》画卷主要渲染李隆基在潞州任别驾一职，从此走向"圣皇""总圣"的关键标志性建筑。《金桥图》与《东封图》绘制于一个时期，均是唐玄宗在开元十三年（725）东封泰山，回潞州时的产物。总圣仙翁庙在设计上，已经考虑到《金桥图》意，在《东封图》大殿前，专门仿潞南二里金桥，设计建造了这座精美的"金桥"。在采用石料上有所区别，潞南二里金桥为青石桥，仙翁庙无水流通，采用的是砂石桥更显"金桥"辉煌经典。建筑设计主要采用了宫殿式与园林结构融为一体的独特风格，完全体现了"圣人持节度金桥，羊头山北作朝堂"的构想，是中国古代建筑艺术的杰出典范。

51　仙翁庙正殿西耳殿正立面

52　仙翁庙东侧拱桥雕刻

53　仙翁庙正殿西耳殿柱础

三、价值特色

（一）建筑特色

仙翁庙建筑规模宏大，布局严谨，修建在一个山坡的高台之上。这种高台布局在晋东南地区运用非常广泛，极具地方特色。山门楼阁，中开门洞，上出抱厦，里为倒座戏台，两侧分别有钟、鼓楼，整体布局合理，结构紧凑。中央建筑格外与众不同，玉皇楼与一条进深八间的长廊与深广各三间的献殿呈“工”字形布局。这种庙宇中轴线上出长廊的建筑形式十分罕见，在晋东南别的地方似乎未曾出现过，独具特色，尤为珍贵。廊与献殿之间还有一小桥，采用砂石石料，雕刻精美，花纹繁缛。仙翁庙建筑设计主要体现了宫殿式与园林结构融为一体的独特风格，是中国古代建筑艺术的杰出典范。

（二）壁画特色

1. 壁画内容

仙翁庙大殿壁画分为东、北、西三幅，分别位于三面墙上，总面积 130 平方米，计人物 125 个。壁画仍是以宣扬道教神仙崇拜为目的，突出强调唐玄宗邀请张果老的历史故事，借以宣扬仙翁庙主神张果老的世俗影响，在绘画内容上则大胆地运用了唐玄宗封禅图的华贵和显赫，而在周边和壁画上部穿插点缀了相关的人物故事，借鉴帝王礼佛等传统旧例。西壁描绘的是唐玄宗到泰山封禅时，求仙助道的宏大场面，东壁描绘的是唐玄宗从泰山封禅归来的场面，北壁描绘了文臣武将拜谒仙主张果老的场面。

54　仙翁庙正殿神像、壁画

庙内现存的两幅壁画，都以唐玄宗为中心，分别描绘了他两次赴泰山封禅的出行场面。在黄罗伞盖下，唐玄宗风度翩翩、仪容伟丽；侍女体态丰腴，俊俏微妙；文武官员神态端庄，簇拥相随，整个画面充溢着浓郁的盛唐风韵。细看西壁玄宗略显消瘦，有风尘仆仆之感，东壁玄宗神采奕奕，容光焕发，学者认为这是玄宗两次封禅不同时间、不同体貌的真实表现。壁画中的唐玄宗画像和历史记载“仪范伟丽，有非常之表”相一致，也与《中国通史》收载的唐玄宗画像没有太大的差异。壁画题材与唐代诗人马戴所描绘的“俨若翠化举，登封图乍开。冕旒明主立，冠剑侍臣陪”等句极为相似。这说明总圣仙翁庙的唐玄宗画像并非画匠想象所做，而是按照史料记载来描绘的。

历史上李隆基曾在上党任潞州别驾，尤其崇拜张果老，709年回长安登基后，曾三次封禅途经上党潞州、泽州二州，路过高平。唐《开元传信记》明确记载“上封泰山回，车驾次上党，路之父老，负担壶浆，远近迎谒”。相传唐玄宗李隆基于开元二十三年（735）曾经召见张果老，向他寻求长生之术，并封张果老为“银青光禄大夫”，赐号“通玄先生”。但张果老只愿游历天下，教化世人，最终在屡次展示法术之后，归隐而去。唐玄宗得知张果老羽化飞升，便传旨建庙供奉，在供奉张果老的庙宇里有唐玄宗封禅泰山的壁画印迹也就顺理成章了。

55　仙翁庙正殿东山墙壁画

2. 壁画艺术

唐玄宗封禅图，壁画结构严谨，画面完整，人物塑造众多，艺术形象鲜活。画面中人物比例十分突出，主要人物形体硕大，次要人物描绘较小。两侧壁画以唐玄宗为中心，随行官员和服侍侍女为次，飞仙灵兽祥云点缀其间，有散点透视的构图原理。壁画用笔流畅，势仗雄俊，画法简洁明快。服饰衣带、黄罗伞盖、出行旌旗的线条勾勒，尤为飞动自如。画面中人物眼睛传神，凝聚力非常强，仿佛活现一般，人物造型呼之欲出。此壁画绘制，人们推测非泛泛之辈所绘，应该是当时有著名画工参与粉本制作或壁画绘制。现存壁画没有被重彩的记录，仍原泽原貌、古朴典雅。

仙翁庙现存碑刻题记最早的是在元中期，构件题记最早为元皇庆二年，且现在的整体建筑大额枋、天然木梁、献殿等结构的元代特点尤其突出，风格为典型元代样式。可知仙翁庙虽建于唐代，但后世毁于战火，现存建筑应为元代重建。根据壁画不可能早于建筑本体的常识，同时壁画又没有后世改绘的迹象，所以壁画应该为元代作品。但在绘画风格和处理手法上，它又不像元代的风格，画面的总体气势、吴带当风的衣纹处理、丰腴秀丽的侍女形象，大有唐人遗韵，尤其是人物形象的脸部处理，明显是唐宋手法，很像中唐的敦煌壁画而不同于元代手法。

56　仙翁庙正殿后墙壁画

封禅图这样的作品在隋代就已经出现，史料记载隋兖州刺史薛胄曾遣博士制《封禅图》，到唐代已成为画家笔下绘画的重要题材之一。唐朝初年阎立德绘《封禅图》，开创唐代封禅图之先河。开元十三年唐玄宗封禅泰山，可以说是当时的盛世大典，画工竞相临摹为粉本。正好玄宗东封回銮时，吴道子、韦无忝、陈闳便创作了《金桥图》，同时程伯仪也绘画出了《东封图》。由此推测，这幅《唐明皇封禅图》很可能是元代画家利用唐宋粉本并沿用唐宋手法绘制的，其艺术价值应该远超元画，唐张彦远在《历代名画记》中曾记载吴道子在洛阳弘道观画壁画《东封图》，以唐玄宗对发迹之地——上党的重视，将吴道子的粉本再现于仙翁庙极有可能。

我们对壁画的细节进行分析，也能寻找到唐代风格的艺术特点。如东壁顶部，张果老所骑白马，是唐代宫廷最喜欢的来自突厥的马种。这种马头高身短，耳尖腿长，而在晋城民间当时流行的是蒙古马种。又如北壁上，一个官吏所戴帽子样式是唐朝男子最常佩戴的“幞头”。幞头最初是古代男子用来裹发的四脚头巾，也就是折上巾。这和我们在历史课本上描绘的唐太宗、杜甫等人的帽子几乎完全一样。又如东西两壁都出现了道童启门图，开门道童可能是接引的仙者，那扇门则也可看为连接现实世界和神仙世界的通道。启门这种构图从汉代开始就出现于墓

57 仙翁庙正殿后墙壁画

祠中，一些石阙石碑中也曾出现。但自东汉之后便销声匿迹了，魏晋南北朝都不曾见这一图像，直到唐、五代才偶有所见，但出现的地方也有了变化，从墓室开始向墓塔和经幢延伸。进入宋代，启门图再度进入大流行阶段，而元以后，这种画面几乎鲜见踪迹。

值得注意的是，西图迎接的大臣中，还有一位吐蕃人，人物绘画惟妙惟肖，神情谦卑恭顺，头上发饰、身上所穿衣服与唐代阎立本所画的《步辇图》中吐蕃使臣如出一辙。此外随行侍从持的器物、打的伞盖等也具有明显的唐代特征。因此，这应该是一幅元代按照唐代摹本重新摹写创作的壁画。它再现了唐代工匠对壁画构图的风采，充溢着浓烈的唐风唐韵。仙翁庙壁画是目前全国唯一一幅唐玄宗泰山封禅图，具有极高的历史价值和艺术价值，堪称国之瑰宝！

3. 壁画探索

目前关于伯方村仙翁庙壁画的题材、时代问题尚存有一定争议。也有学者认为壁画属道教神仙题材，其创作时代不早于明代。这些疑点还有待文物考古、史学家做进一步鉴定、甄别。但伯方村仙翁庙壁画所采用的出巡和回归模式，对今天岱庙及嵩岳等庙壁画均采用岳帝“启跸回銮”的题材，起到了一定的佐证作用，这无疑都是受早期吴道子等人“封禅图”的影响。

58　仙翁庙正殿西山墙壁画

2004年10月15日，在整修仙翁殿东侧配殿时，曾在地块砖下发现一枚开元通宝铜钱。据专家确认，该钱币为开元初币制，有流通的痕迹，铜花锈斑清楚，内郭自然磨损，为开元真铸币种。

在仙翁庙东侧有一座修建在高台上现已荒废的庙宇，台下辟有门洞可通车马，应是旧日伯方村的北门。这个庙里尚有一碑，上书“省冤谷”，相传是唐玄宗李隆基所题。战国时期坑杀四十万赵军的长平之战就发生在高平与长治间的狭长走廊，伯方村外5公里处有长平之战遗址纪念馆。李隆基为潞州别驾之时就曾寻访过长平之战故地，称帝后前往泰山封禅时又途经这里，但见虽经千年风雨洗礼，古战场上仍然白骨累累，阴风阵阵，于是筑庙以镇压杀气，并做法事超度，依此推断，在其封禅的路线上修建供奉神仙张果老的庙宇并绘制自己封禅时的场景是合乎情理的。

4. 小结

仙翁庙主殿内最珍贵的是墙上保存的大面积壁画，壁画结构严谨，画面完整，人物塑造众多，艺术形象鲜活。内容是以宣扬道教神仙崇拜为目的，突出强调唐玄宗邀请张果老的历史故事。东西两山墙上的壁画尤为特殊，内容描绘的是唐玄宗李隆基到东岳泰山封禅的故事，这是全国目前现存的唯一一幅唐玄宗封禅图。从人物线条上看颇有吴带当风的风格，服饰衣着考究，沿袭了唐宋的绘画手法。这应该是一幅元代按照唐代摹本重新摹写创作的壁画。画面充溢着浓烈的唐风宋韵，再现了唐宋工匠对壁画构图、人物摹写的风采。还有一点极为珍贵的是，大殿的壁画并没有被重彩的记录，仍色彩艳丽、富丽堂皇，原泽原貌、古朴典雅。整幅壁画是国内现存唯一反映皇帝封禅内容的壁画，具有极高的艺术价值。

（三）乡村历史

1. 村名沿革

仙翁庙坐落于一座充满着久远文化、人文情怀的著名乡村——伯方村。伯方村历史悠久，资源丰富，古建丛集，人文厚重，远近闻名。2009年9月11日，寺庄镇伯方村入选山西省第六批省级历史文化名村。伯方村古名叫黑方，这个称呼最早在战国后期就有之。它和周边的箭头、王报、后沟、谷口等村名一样，皆因长平之战而得名，所以该村古来就有“先有车辋谷，后有伯方村”之说。

在商代，卜文中多以“×方”的形式称呼周围的诸侯部落和国家，学术界称为“方国”，“伯方”便可能是商代的一个古老方国。至于“伯”，应是按“伯仲叔季”顺序，依长幼尊卑排行。因此，“伯方”应当是商代对今高平一带古老方国的尊称，寓意年代久远。后来在这个方国所在的地方建起了村落，“伯方”这一名称也就被用作村名沿用至今。

2. 名人轶事

关于仙翁庙的修建，民间流传着著名学者毕振姬孝母修庙的故事。虽然故事纯属杜撰，但这个故事在高平流传甚广。这是因为伯方村还是清初一代廉吏毕振姬的故里，他于清顺治八年（1651）入阁后，一些所载史料对其又有“方伯”之说。久而久之，也有一说黑方村名就更名成了伯方村。人们把他和仙翁庙的修建关联，似乎也是弘扬传统文化的孝道。

毕振姬（1612—1681），字亮四，号王孙，又号颉云，在清顺治三年（1646）殿试第三名高中进士，之后一路升迁，为官十余载，最高做过二品大员。他在任期间，不仅严惩贪官污吏，而且严于律己，为官清廉，多年仍“食无兼味，身无更替之衣”，“至回籍之日，一仆一马而外，了无长物”。一身清贫，瓦灯布被，故被时人戏称为“官僧”。顺治皇帝对其政绩和所为十分赏识，康熙帝御批赞他“爵禄不能动其心，富贵不能改其志，此正情操，绝世楷模”。

毕振姬辞官归乡后，在伯方村居住二十多年，在村内多行善事、广办义学教化村童、推兴义仓化解农灾、惩治顽劣善化民风、苛劾贪官救民水火、参与村政协理民事。在此期间，伯方村民风大振，百姓多受鼓舞，重视教育、崇尚德善、祛除劣习，过着安定祥和的生活。康熙二十年（1681），毕振姬病逝家中，享年69岁。临终遗嘱，不搞墓志铭之类的纪念。远近士大夫闻讯皆泣，称他“坚毅先生”。毕振姬一生著作颇多，其中《西北文集》《山川别志》《四州文献》《尚书注》等四部著作由傅山先生亲自作序，现收藏于毕振姬故居。

四、文献撷英

仙翁庙也称总圣仙翁庙、纯阳宫，据说曾经供奉过八仙之一的吕洞宾，道号纯阳子，所以叫作纯阳宫。但后来改供八仙中年长的张果老，是位老翁形象的神仙，于是就叫作仙翁庙了。《高平县志》载：庙称“仙翁庙”。在明景泰六年（1455）、成化七年（1471）、嘉靖四十四年（1565）等多块碑文中称“总圣仙翁庙”，而不单称“仙翁庙”。称总圣仙翁庙应有其命名的道理。有人传说张果老就是“总圣”，还有人说孔子就是“总圣”。据史料记载，民间神话传说中的八仙为张果老、铁拐李、钟离权、何仙姑、蓝采和、吕洞宾、韩湘子、曹国舅。八仙故事多出现于唐宋元明记载，人物传说不一，姓名也不固定。如在山西芮城永乐宫纯阳殿壁画中，八仙尚还是八位男性神仙。直到明吴元泰《八仙出处东游记传》面世之后，才正式确定了八仙姓名。

可是仙人不是“圣人”，圣人在古代有严格的界定。贞观年间，唐太宗下诏尊“孔子为宣父”，在兖州特设庙殿，将道教排第一、儒教排第二、佛教排第三。武则天自称“三圣”，麟德元年(664）元旦泰山封禅时，回驾途经曲阜县，幸孔子庙时追尊为“太师”。所以在唐朝孔子仅称“宣父”“太师”，未达到“孔圣人”的高度。圣人，旧指品德智慧极高的人，古代对帝王的尊称或指臣民对君主的尊称。故“总圣仙翁庙”奉祀的不是一个人，总圣在上，仙翁在次。仙翁殿东西两侧壁画中的帝王唐玄宗李隆基，正是总圣主人。唐玄宗借鉴武则天“三圣”之称，自封“圣皇”“总圣”，为圣人代表，这应是总圣仙翁庙之名的来历。

至于称庙中原本供奉吕洞宾为主神，则显然说不通了。吕洞宾生于唐德宗贞元十二年(796）农历四月十四，得道成仙更晚。而李隆基是于709年离开上党，回到长安便登上帝位。按照庙内碑刻上记载，庙创于唐代，极有可能是自唐玄宗时始建，以供奉“总圣”和张果老等。现在庙中的正殿即悬挂一匾“张果老祠”，神座上塑造是张果老全身坐像。殿内大面积壁画，也描述了张果老成仙得道、倒骑纸驴游历四方的故事。东西两山墙上的壁画内容描绘的就是唐玄宗李隆基到东岳泰山封禅的故事，也是全国目前现存的唯一一幅唐玄宗封禅图。

21 团东清化寺

团东清化寺 / TUANDONG QINGHUA SI

一、遗产概况

清化寺在高平市神农镇境内有多处，具体可分上中下寺。根据《羊头山新记》中记载的清化寺，就是上清化寺。它位于羊头山正东稍南1.5里，“建自后魏孝文帝太和之岁，初名定国寺，北齐改宏福，隋末寺废，唐武则天天授二年重修，改今额，有碑，乃唐乡贡明经牛无敬撰并书”。其略曰：“此山炎帝之所居也。”现在上清化寺已不复存在，仅废墟留有石碑一通，为明正德二年（1507）所立。碑文中亦记有“神农游履于羊头山尝谷于此”等语，也是羊头山作为炎帝居所的重要证据。

中清化寺又名六名寺，位于羊头山山脚中段，相传建于唐贞观六年（632），由上下两处院落组成。上院原有正殿一座，面阔五间，可惜正殿已坍塌，仅有原殿宇的廊檐石支柱遗留，此外围护砖墙也残留一部分。上院正中有一水池，名曰莲花池，古朴典雅。泉水自石制龙嘴中流出，泉水甘冽，据化验含有丰富的矿物质，可以作为优质矿泉水饮用。庙前四尊石狮，为石雕精品，只是没有留下相关记载和题记。下院巨石上刻一“空”字，人们把这个“空”字作为中清化寺的明显标志。中清化寺和羊头山上清化寺相隔200多米，据传是由上寺搬迁而来。

下清化寺位于高平市东北10公里的神农镇团东村，因此我们常把下清化寺称为团东清化寺。整个寺院因地势而建于村中的高地上，坐北朝南。据寺内原有残碑记载，创建于唐代，元明均有重修，三进院落。下清化寺建筑规模宏大，殿阁高低错落有序，布局显得别致可观。现存建筑有如来殿、三佛殿、七佛殿，两侧有钟鼓楼、罗汉、观音、地藏、祖师等配殿相衬托。如来殿为宋代遗构，七佛殿为元代所建，余皆清代所建。2019年10月16日被国务院公布为第八批全国重点文物保护单位。

01　团东清化寺航拍远景

上中下清化寺皆为佛寺，都在神农镇境内，神农镇自古就是泽、潞两府的分界地，且与炎帝神农有关，所以用神农故里命名。在这里，跟炎帝有关的民间传说、民间风俗以及祭祀炎帝的活动，内容丰富。1995 年 6 月，在团池一古墓中发现的墓志铭上刻有“泽州高平县神农乡团池村”的字样，刻石时间为宋元符二年（1099），说明神农镇历史悠久，炎帝的确曾在此生活过，无愧于泽州高平县神农乡的称谓。而在遗留的上中下三座清化寺中，下寺团东清化寺是文化价值最高的。

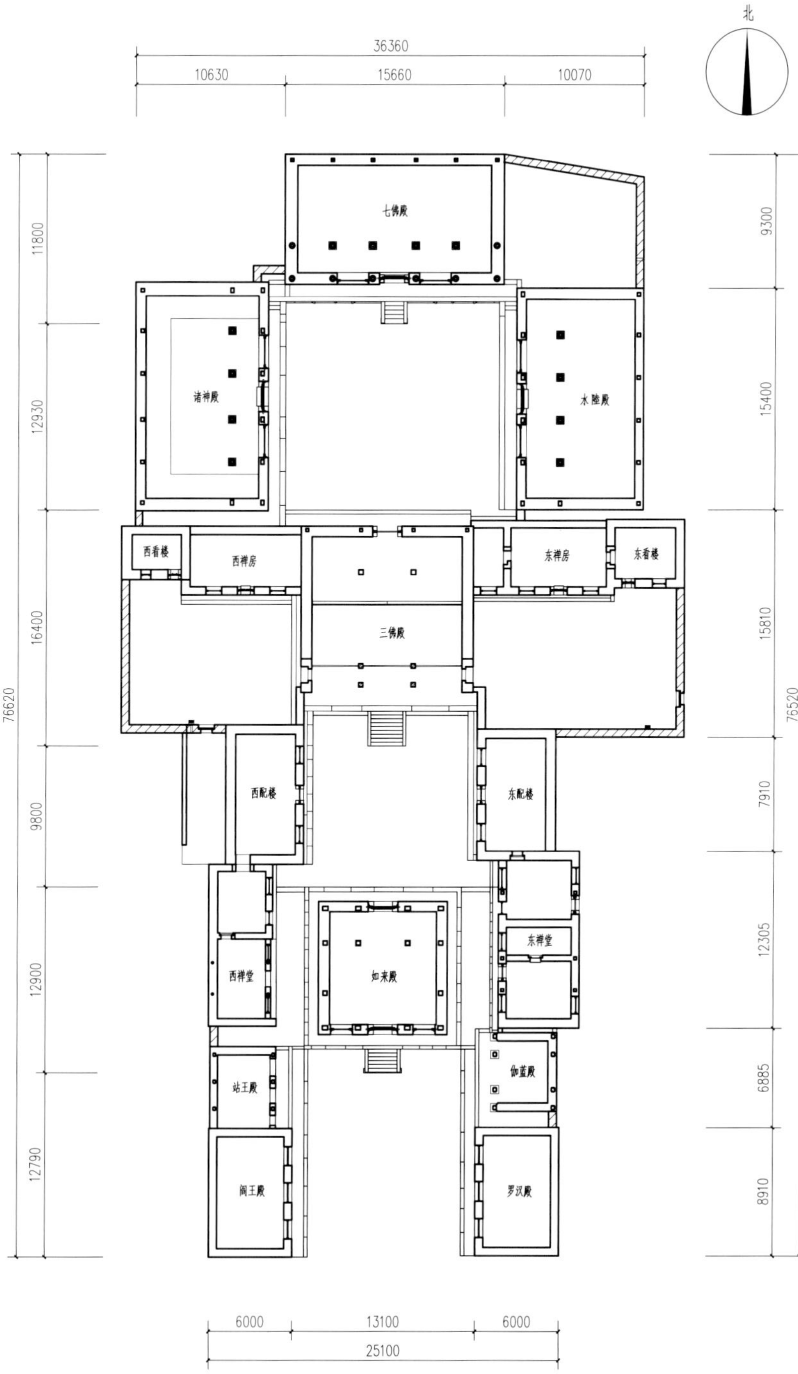

02　团东清化寺总平面图资料

二、建筑特点

团东清化寺坐北朝南，原为四进院落，可惜第一进院原有山门、天王殿等建筑已经被拆除，原址上建成了学校的教学用房。

团东清化寺最南面的前殿称为如来殿，也是现存最有价值的建筑。如来殿，坐落在 1 米多高的黄色砂石地基之上，地基高出地面较多。面阔三间，进深六椽，呈方形，单檐歇山式屋顶，筒瓦覆顶。有琉璃脊饰，鸱吻齐全，明间施板门，门簪四枚。次间置直棂窗，步道六级直通当心间正门。柱头施阑额普拍枋，斗栱每柱头一朵，无补间铺作，前后左右均为单下昂四铺作，前檐令栱出昂形耍头，侧山和后檐为蚂蚱形耍头。昂部有损坏，后有补修，以短替木托橑风槫。后背也是双扇板门。

殿内梁架结构为四椽栿压接后乳栿通檐用三柱，梁栿上绘有彩画，次间丁栿为前爬梁后直梁，丁栿上立蜀柱大斗承系头栿，与下平槫形成交圈承歇山顶的外圈披厦。底栿上也是利用前后劄牵承下平槫，这样省去四椽栿，可减轻梁栿的负荷。底栿上直接立蜀柱承平梁，之上合楷稳柱丁华抹颏栱叉手拖脊槫。斗栱里转根据梁栿高度，前檐一跳华栱托楷头承栿，后檐直接出楷头承栿，两山前丁栿下为两跳华栱承爬梁，后为一跳栱承楷头托丁栿。再看角梁里转，角栌斗出两跳加楷头托大角梁，大角梁平置尾部呈大斗托系头栿交圈，隐角梁承翼角椽缝。

这种梁架平梁对前后劄牵，劄牵后尾入蜀柱出头，无补间铺作，为宋代建筑常见做法。宋式斗栱中每挑出一层为一跳，每增高一层为一铺。斗栱的大小等级就是以出跳数和铺数多寡来排定次序的。

03　团东清化寺如来殿正立面

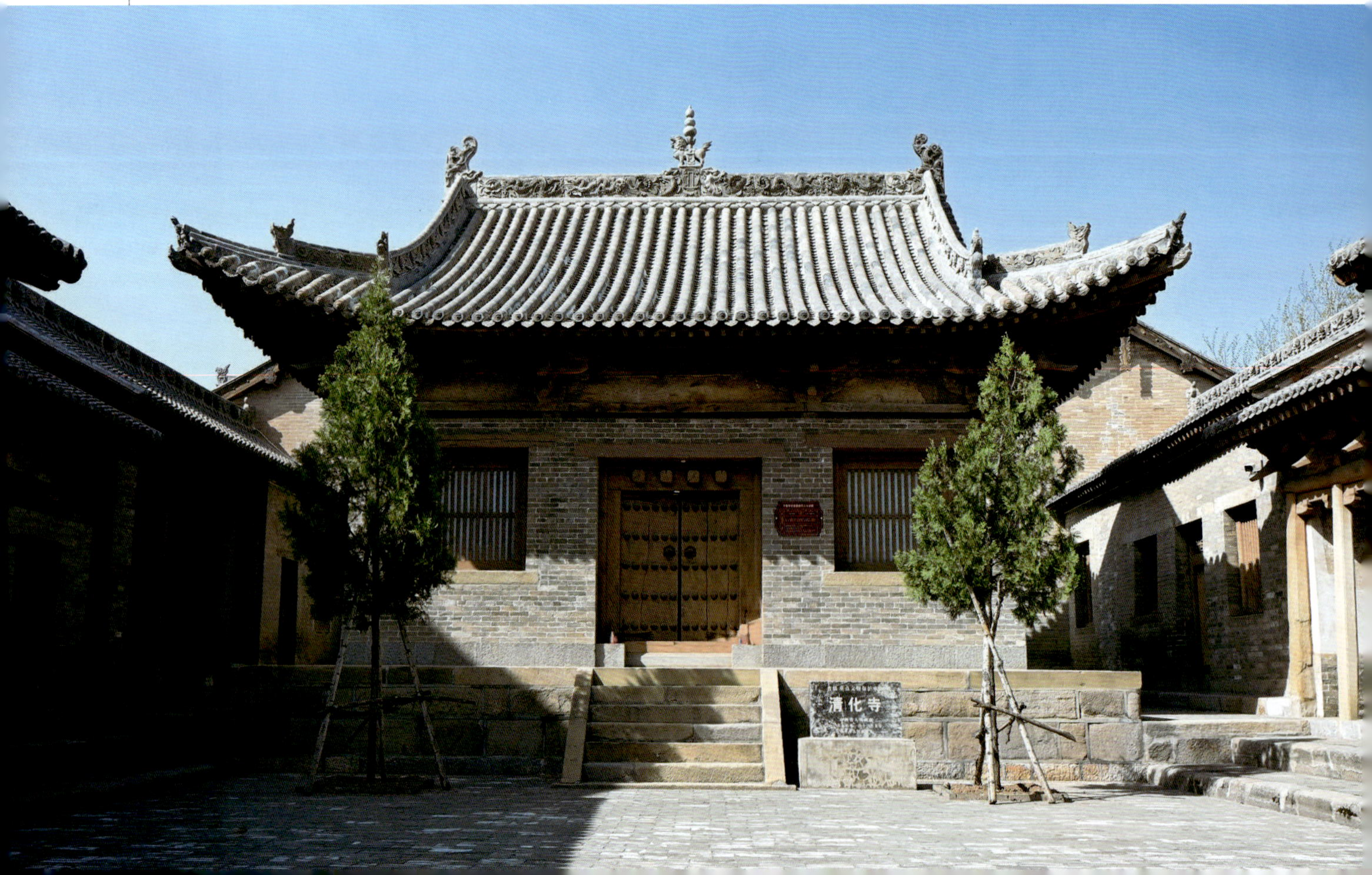

04 团东清化寺如来殿壁画

05 团东清化寺如来殿壁画

07 团东清化寺如来殿梁架

06 团东清化寺如来殿转角斗栱

08 团东清化寺如来殿梁架

09 团东清化寺如来殿彩绘

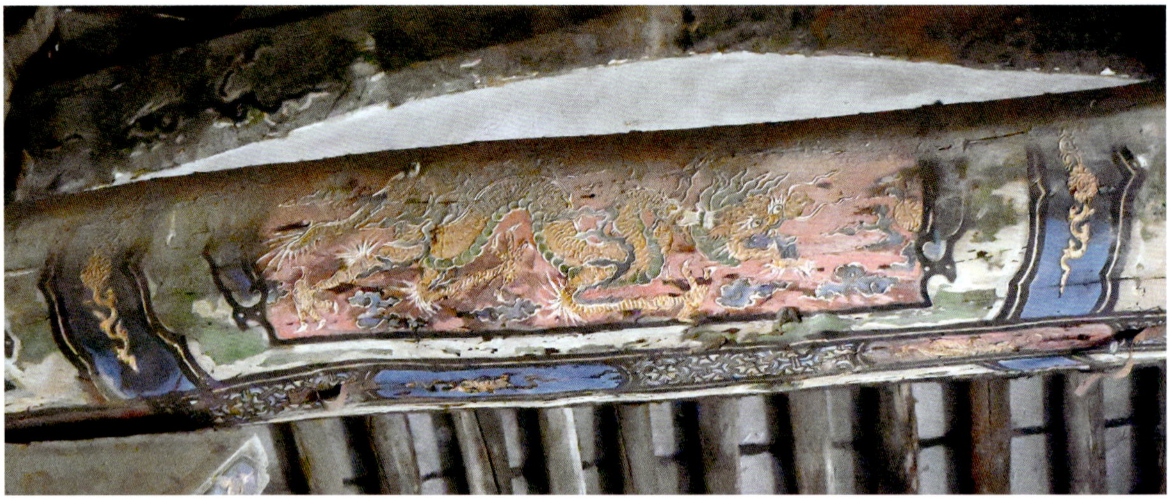

10 团东清化寺如来殿彩绘

11 团东清化寺如来殿彩绘

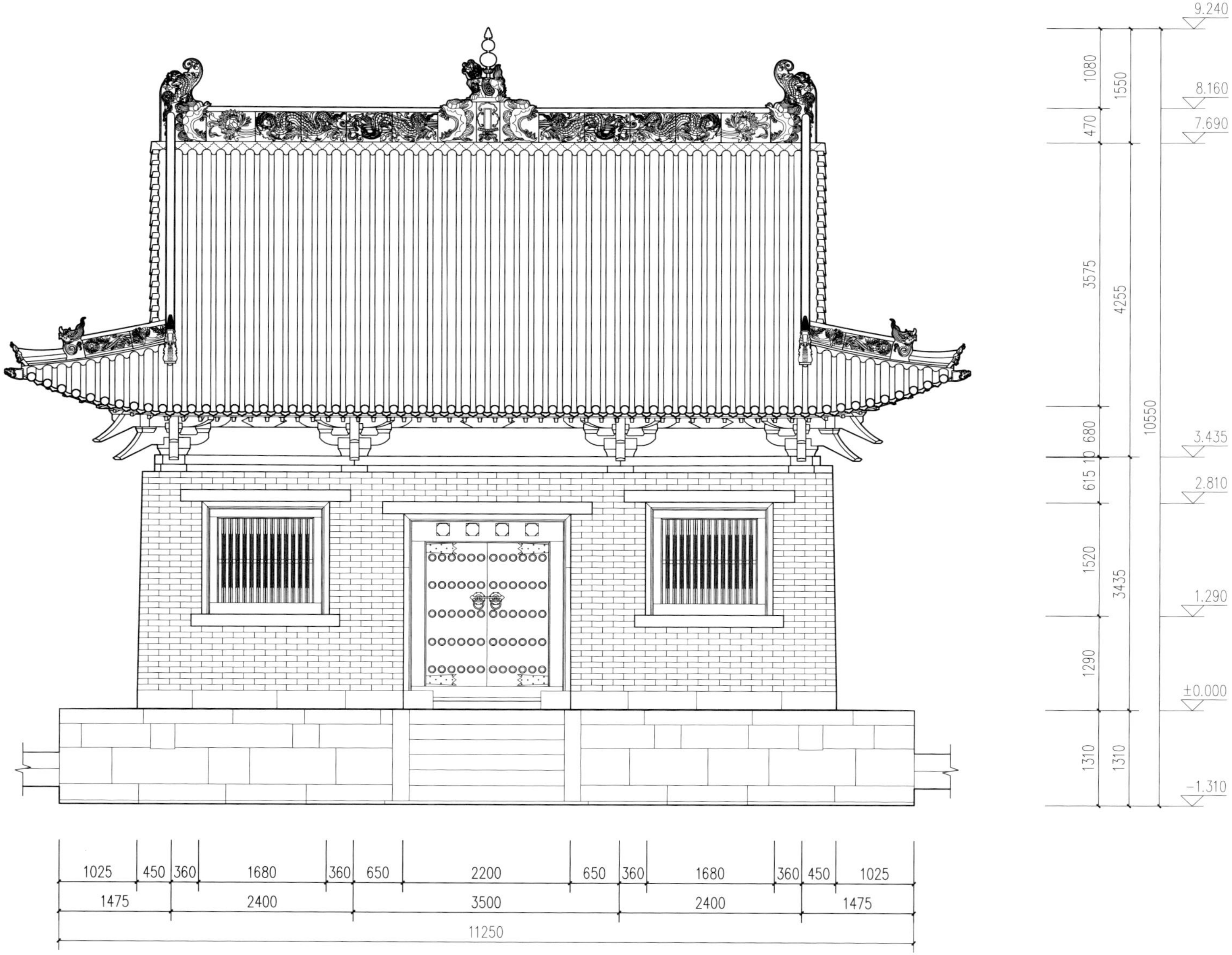

12 团东清化寺如来殿正立面图资料

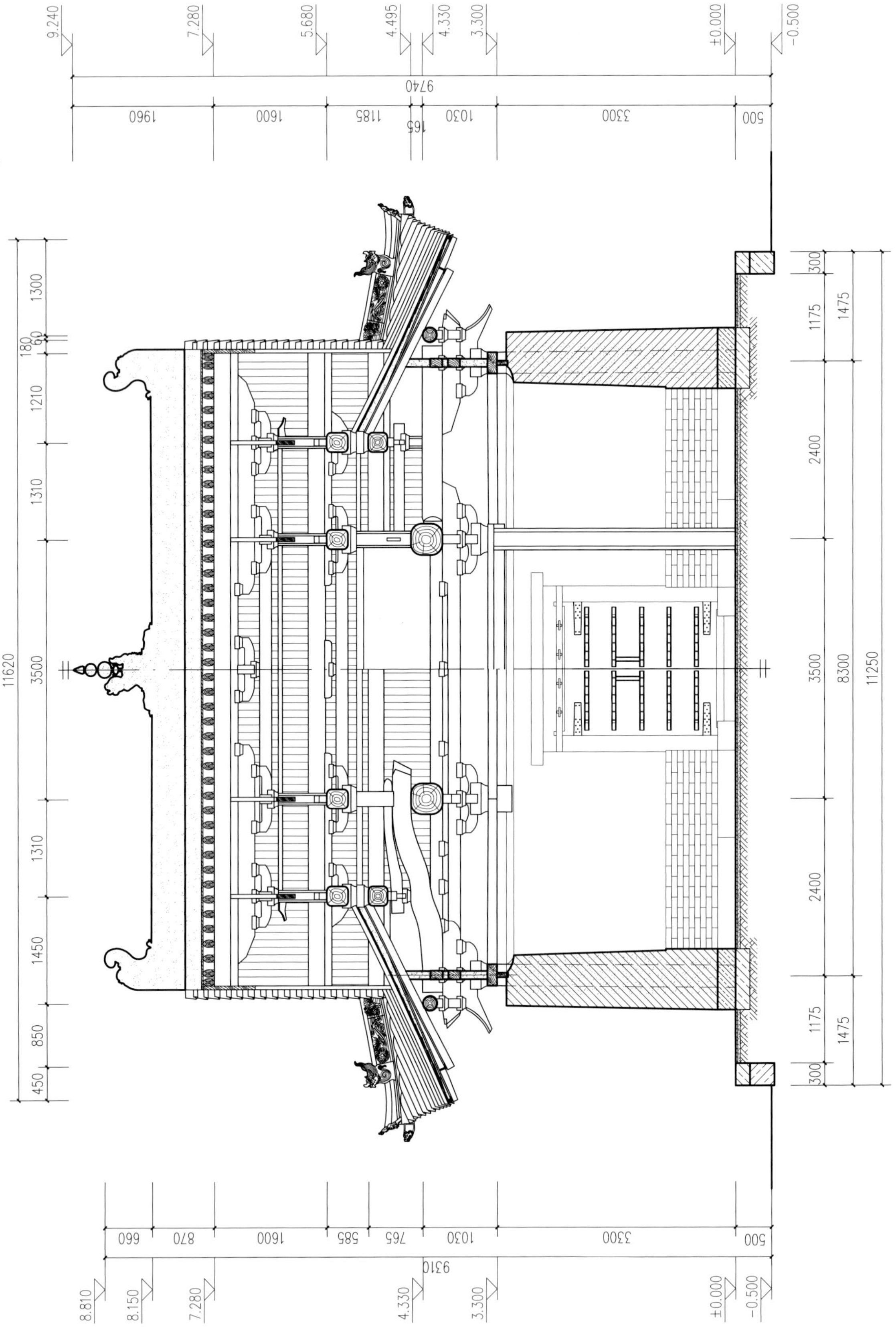

13 团东清化寺如来殿纵剖面图资料

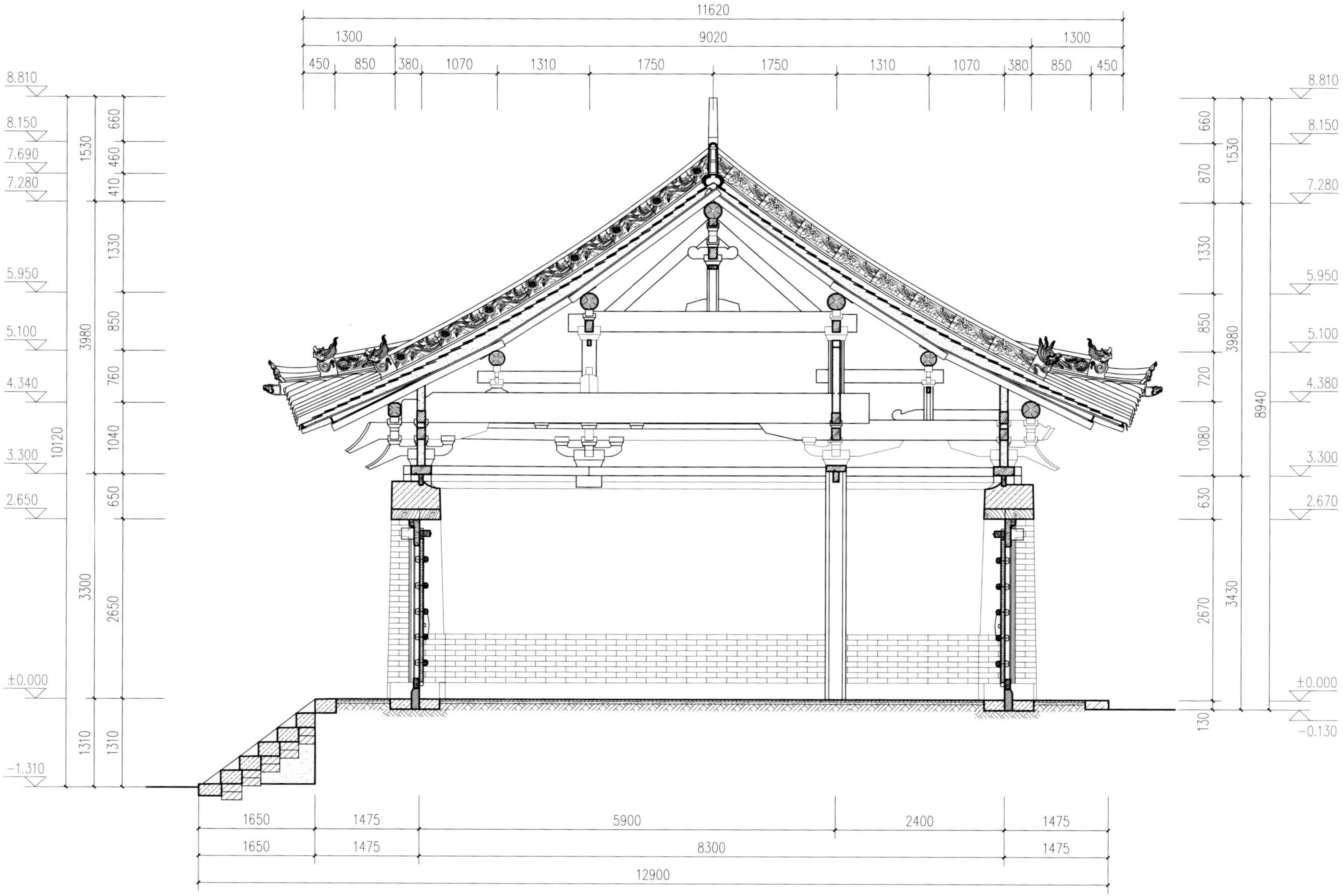

14　团东清化寺如来殿明间横剖面图资料

15 团东清化寺罗汉殿、伽蓝殿

16 团东清化寺伽蓝殿

17 团东清化寺西禅堂

18 团东清化寺阎王殿、站王殿

19 团东清化寺伽蓝殿梁架

20 团东清化寺站王殿梁架

21 团东清化寺罗汉殿梁架

22 团东清化寺阎王殿梁架

团东清化寺中殿称为三佛殿，面阔三间，清代曾加宽加高改造，后期完全坍塌。但残存的后檐斗栱和内柱石柱仍能看出元代特征。此座院落地基较高，比清化寺的第一二进院高出 1.5 米左右。2016 年清化寺大修时，依清代进行了重修。

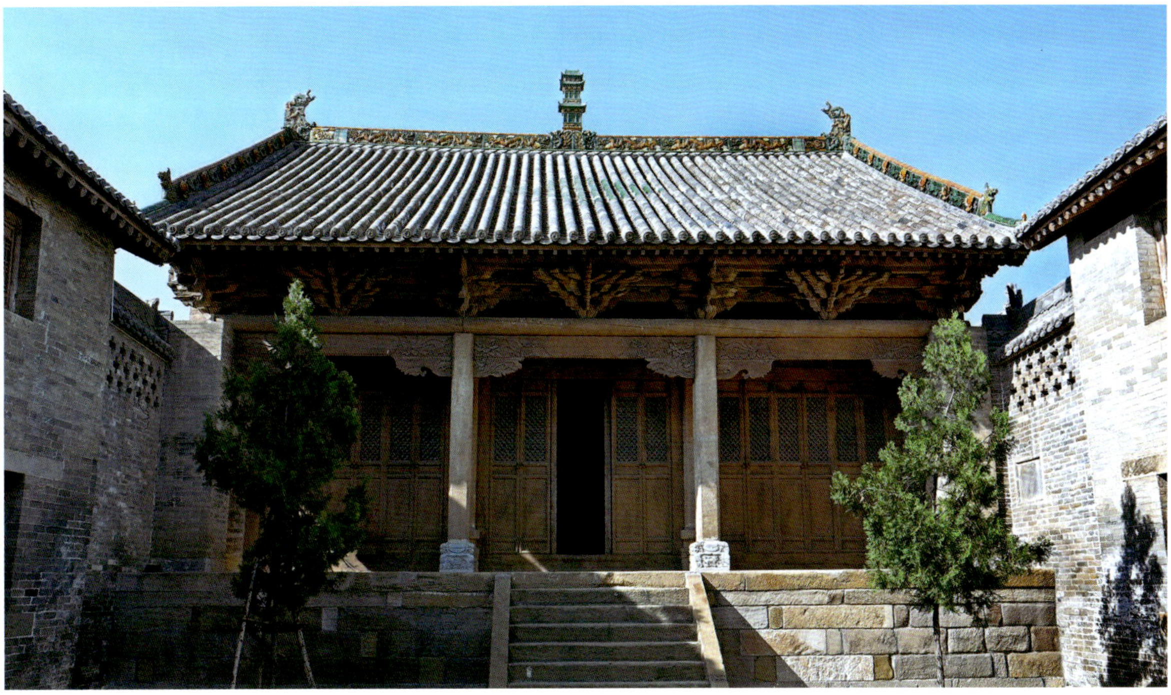

23　团东清化寺三佛殿正面

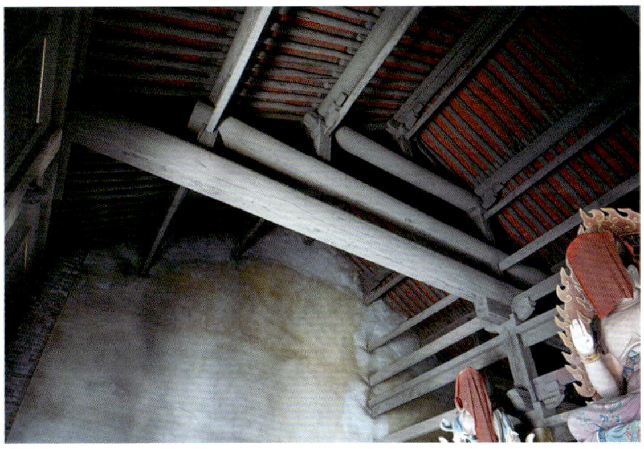

24　团东清化寺三佛殿梁架

25　团东清化寺三佛殿梁架

26　团东清化寺三佛殿斗栱

27　团东清化寺三佛殿斗栱

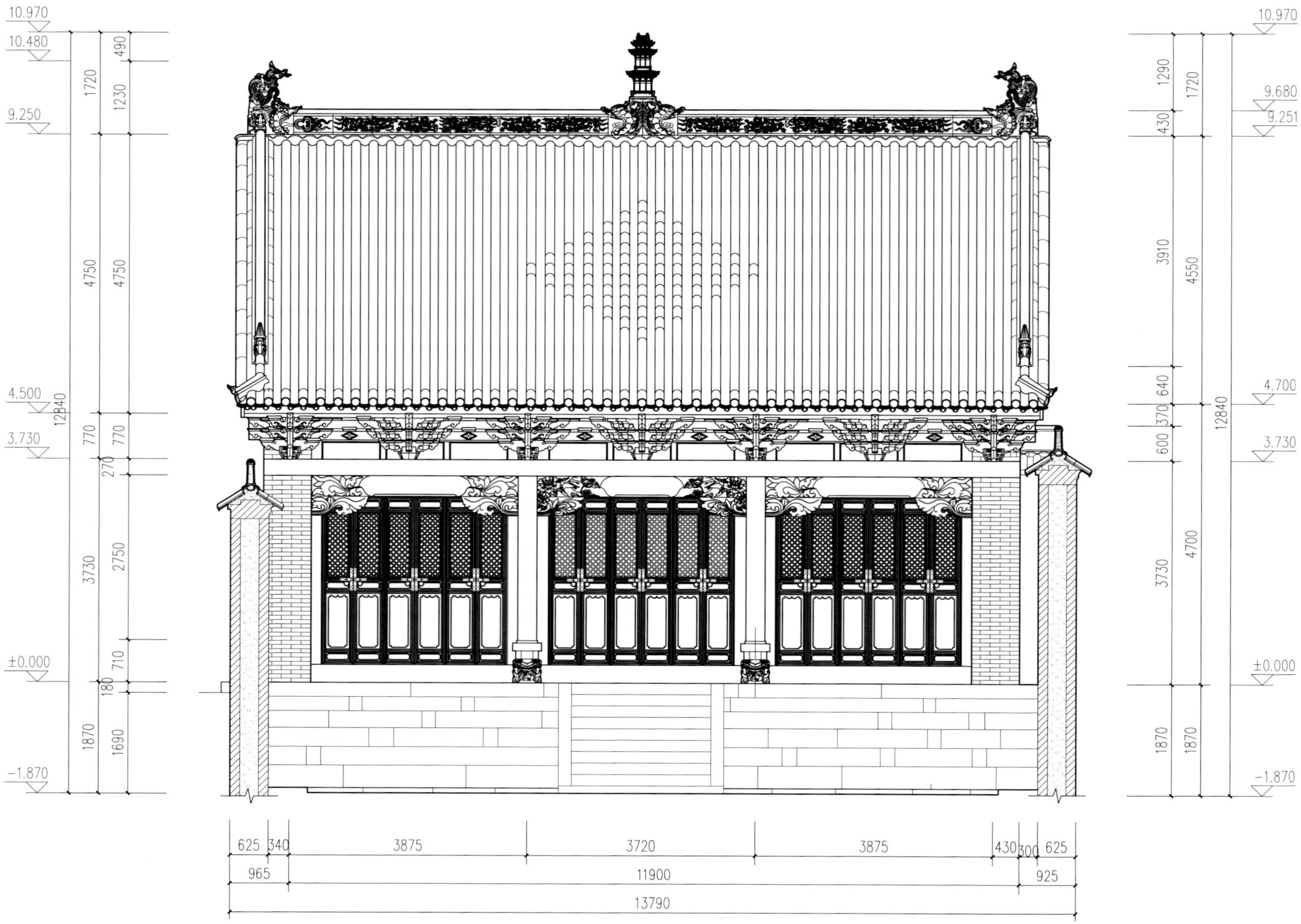

28　团东清化寺三佛殿正立面图资料

29　团东清化寺东配楼

30　团东清化寺西禅房及西看楼

后殿称为七佛殿，坐落于1米高的石砌须弥台基之上，这个台基的束腰部有兽头浮雕，颇有金元时期的风格。七佛殿面阔五间，进深六椽，悬山顶建筑，琉璃瓦剪边，柱间及补间出斗栱五朵。另有东配房和西配房，都是五间六椽悬山顶建筑，三座房屋建筑形式相同，元代特征明显，与台基题记的元泰定二年（1325）时代特征相吻合。“泰定”是元朝第六位皇帝的年号，这石台基为后殿的考证提供了依据。

31　团东清化寺七佛殿正面

32　团东清化寺七佛殿脊块

33　团东清化寺七佛殿梁架

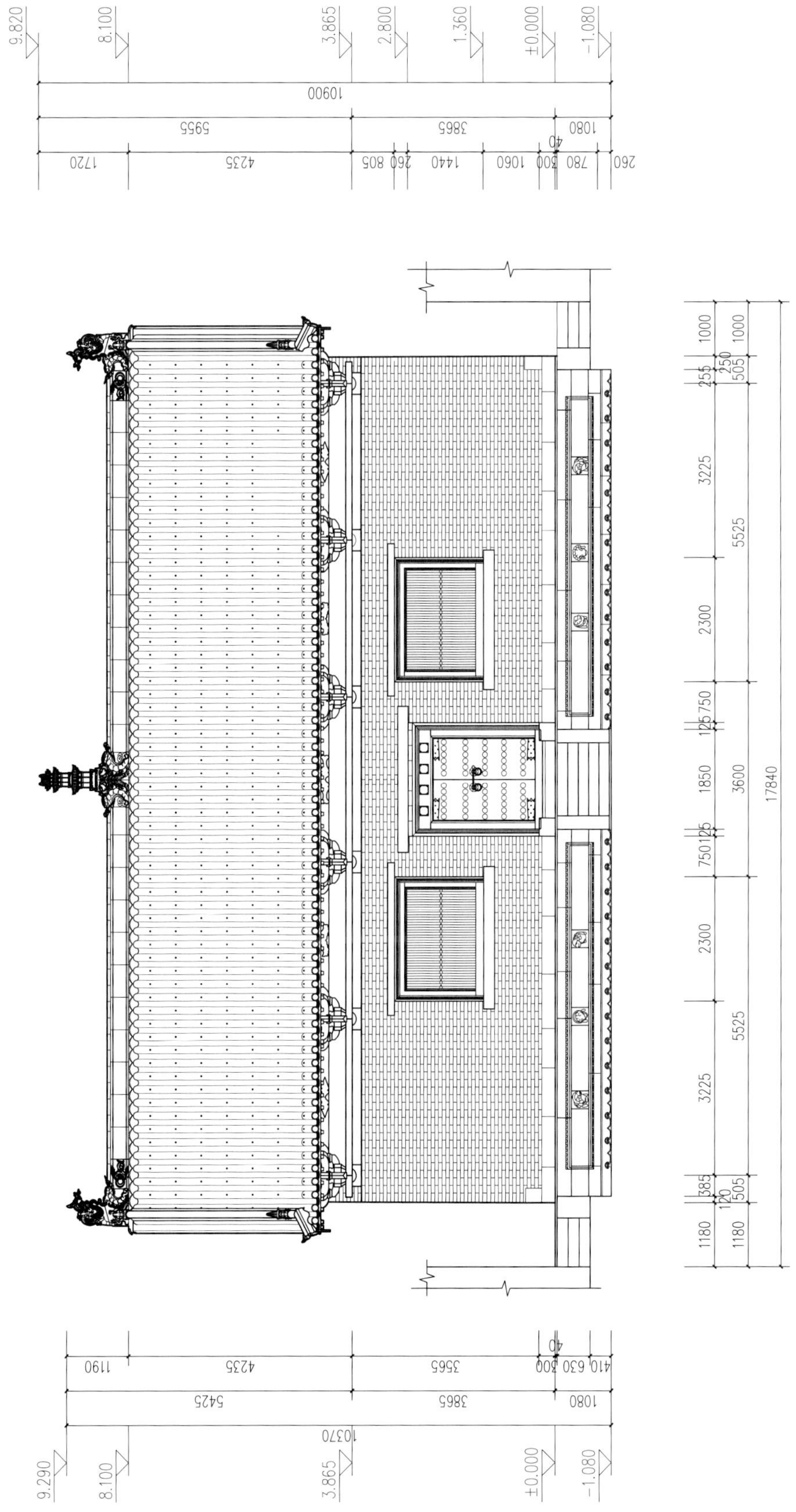

34 团东清化寺七佛殿正立面图资料

35　团东清化寺水陆殿正面

36　团东清化寺诸天殿正面

37　团东清化寺诸天殿斗栱柱头

38　团东清化寺诸天殿梁架

三、价值特色

团东清化寺所处的神农镇与炎帝祭祀文化有千丝万缕的关系。现存清化寺的佛教发展与中原传统文化关系密切，甚至与羊头山的佛教石刻和炎帝信仰也有传承关系。它对外来文化和当地流传甚广的炎帝居所产生的融合发展不容忽视。

清化寺如来殿建筑有宋代遗风，无论是梁架结构的设计，还是铺作层的制式，都为我们留下可供参考的宋代建筑模本。这为研究晋东南建筑对《营造法式》的应用提供了准确、数字化的依据，具有非常重要的文化价值。

团东清化寺后殿张福民居创建题记的发现，对研究晋东南民居建筑具有非常重要的意义。它是继姬氏民居之后发现的另一处有确切年代题记的元代民居。整体布局完整，院落主次分明，是研究这一时期山西乡村建筑的难得标本。

四、文献撷英

（一）创建碑刻

在对团东村下清化寺第三进院子正殿七佛殿维修保护时，意外发现西次间位置的台基上，有一处石刻题记，落款为元泰定二年(1325)。题记曰：

粤闻新修宅院创建增基

祖宅西地安居家眷重大

迁来东土以□□三□□

其吉地谨修宅是以□□

以记之叹其宅旺气巍巍

天地二赖

祖宗且夫□身无力□□

修建父强母健子孝孙贤

资材增长六畜重添故作

其文□之金石□其以诒

□□态以知之□

岁次甲子乙丑季夏

上旬有六日谨□

泰定二年六月置

本宅张福孝男张□

□□□村□□

虽然文字缺失多处，但仍不难看出这是一段民居的创建题记，户主名叫张福。从文字表述看与寺院建筑的修建没有任何关系。

（二）张福民居

目前已知元代有确切建造年代的只有高平姬氏民居，它建于元至元三十一年（1294），另外阳城和高平两地还有三处推断为元代民居，可惜均无创建年代题记，也未能入选国保名录。张福民居应是新发现的第二处有明确年代题记的元代民居。姬氏民居建造年代比张福民居早 31 年，两处古宅的梁架结构形式相似度极高，是研究这一时期山西乡村建筑的难得标本。

张福民居留存下来的是三座元代建筑，即一处完整的三合院布局。南面正对这处院子的大门应在现在“三佛殿”的位置，清代改造已失去原貌，其余三座都是五间六椽的大屋。这四座房子的梁架结构元代特征明显，应是在元泰定二年同时或相距较短时间内建造。这是一处元代高规格的民居建筑，且整体布局基本完整，院落主次分明，非常难得，可谓国内罕见。

至于张福民居如何成为清化寺的一部分，目前还未发现明确的记载。专家猜测极有可能是因宅院主人皈依佛教，舍宅为寺，以做功德。或者因寺院规模扩建，购买了此处宅院，却留下了张福宅地的石刻记载过往的历史。

（三）炎帝记载

泽州高平县羊头山清化寺碑对炎帝有如下记载：

此山炎帝之所居也，昔者摄提纪岁之后，燧人火化之前，穴处巢居，茹毛饮血。爰逮炎皇御宇，道济含灵，念搏杀之亏仁，嗟屠戮之残德。寻求旨味，以替膻腥，遍陡群山，备尝庶草。届斯一所，获五谷焉。记此灵奇，显其神异，石类羊首，遂立为名。于是创制耒耜，始兴稼穑；调药石之温毒，除瘵延龄；取黍稷之甘馨，充需济众。人钦圣德，号曰神农。历代崇恩，峰亭享庙。其山也，左连修岭，横巨嶂而峙沧波；右接遐峰，列长关而过绛阙。烈山风穴，泛祥气而氤氲；石鼓玉泉，泄云雷而隐殄。芬敷花药，春夏抽丹。蓊郁松萝，秋冬耸翠，人天交集，仙圣游居。譬鹫岭之灵宫，犹鹿苑之佳地。播生嘉谷，柱山兹山矣。

22 高平铁佛寺

高平铁佛寺 / GAOPING TIE FO SI

一、遗产概况

高平铁佛寺位于高平市米山镇米西村的上西门街铁佛寺巷内。寺内共保存文物建筑五座，坐北向南，一进四合院布局，占地面积 892.55 平方米。院落中轴线北端为正殿，南端为天王殿，正殿西侧耳殿三间，院内东西禅室各五间。正殿和天王殿皆为明代遗构，其余建筑均为清代遗构。

铁佛寺古已有之，但无确切创建年代的记载，历史上曾于金大定七年（1167）归安过铁佛一尊，遂以名寺。明嘉靖元年（1522）、万历三年（1575）及清代均有修缮。1986 年，文物保护部门对铁佛寺进行抢救性维修。2004 年 6 月被山西省人民政府公布为第四批省级文物保护单位。2017 年，高平市政府对铁佛寺进行全面维修。2019 年 10 月 7 日被国务院公布为第八批全国重点文物保护单位。

寺内正殿的明代彩塑是晋城境内唯一保存完整的二十四诸天造像，具有极高的历史艺术价值，享有“明塑第一”的称号。二十四诸天中四大天王分立四角，这种排序方式，在全国独一无二，颇具晋东南特色。

01 高平铁佛寺航拍俯视

二、建筑特点

高平铁佛寺坐北向南，单进四合院。院落东西总宽 24.42 米，南北总长 36.55 米，占地面积 892.55 平方米。院落中轴线北端为正殿，西侧挟耳殿三间；院落南端建有三开间倒坐式天王殿一座；院之东西禅室各五间。现存正殿、天王殿为明代遗构，西耳殿及东西禅室均为清代遗构。

（一）正殿

正殿坐北向南，位于寺院最北端，面阔三间，进深六椽，悬山建筑。建筑面积 84.55 平方米，占地面积 169.22 平方米。梁架结构为七架五廊式。七架梁前后端皆落于檐部斗栱内侧不出头，梁背立金瓜柱两根承托五架梁。五架梁上立金瓜柱承托平梁。平梁上竖脊瓜柱，柱头之间施脊枋联构，柱头之上置平板枋托大斗，斗内单材栱与丁华抹颏栱相交托替木，两侧叉手通过丁华抹颏栱直接戗承脊槫。前檐斗栱五踩重昂单栱造，后檐三踩斗栱。

屋顶筒板布瓦屋面，绿琉璃勾滴剪边，排山铃铛脊，绿琉璃勾头烧饼盖内团龙，滴水内则为祥凤。正垂脊皆为手工捏花绿琉璃脊筒，两侧各饰游龙两条行于牡丹花中。正脊两端对峙龙吻，居中设脊刹，刹座由相背而设的吞口与其间牌额组成，牌上书“释迦宝殿”；吞口上站狮驮宝瓶，在宝瓶顶部共拉设铁质风绳四条，风绳下端于前后瓦面上专设的望砖系接，用以稳固脊刹。垂脊前端置垂兽，形为跑狮；兽前岔脊至檐口向山面 45 度转折起翘。

装修辟于前檐墙明、次间。明间板门，次间槛窗，门枕石上有题记：“大定七年七月十三日修铁佛寺，嘉靖元年十一月初八日重修，僧人道才徒德通法孙□施主殷子名、牛瑀、赵赟。”

02　高平铁佛寺正殿

03 高平铁佛寺正殿侧立面

04 高平铁佛寺正殿梁架

05　高平铁佛寺正殿屋顶局部

06　高平铁佛寺正殿屋顶局部

07　高平铁佛寺正殿梁架

08　高平铁佛寺正殿前檐补间斗栱

09　高平铁佛寺正殿前檐斗栱

殿内设方形佛坛，正中为释迦牟尼佛，身披通肩式袈裟，趺坐于莲台之上，莲台下是束腰须弥宝座，身后背光高耸前倾，背光悬塑繁复华丽，甚为震撼。主佛两侧为文殊、普贤二位胁侍菩萨。背光后有观音菩萨像和悬塑西游记故事。沿佛坛一周有步道，殿内沿东西墙壁设有砖台，二十四诸天塑像依次紧凑分立东西两侧，诸天塑像高约 3 米，高大威猛，造型奇特，表情夸张，装饰繁密，栩栩如生，是晋城市保存最完整的一处明代彩塑。

10　高平铁佛寺正殿明间佛像

11 高平铁佛寺正殿西次间后墙佛像

12 高平铁佛寺正殿西山墙佛像

13 高平铁佛寺正殿西山墙佛像局部

14 高平铁佛寺正殿东次间后墙佛像

15　高平铁佛寺正殿东山墙佛像

16　高平铁佛寺正殿东山墙佛像局部

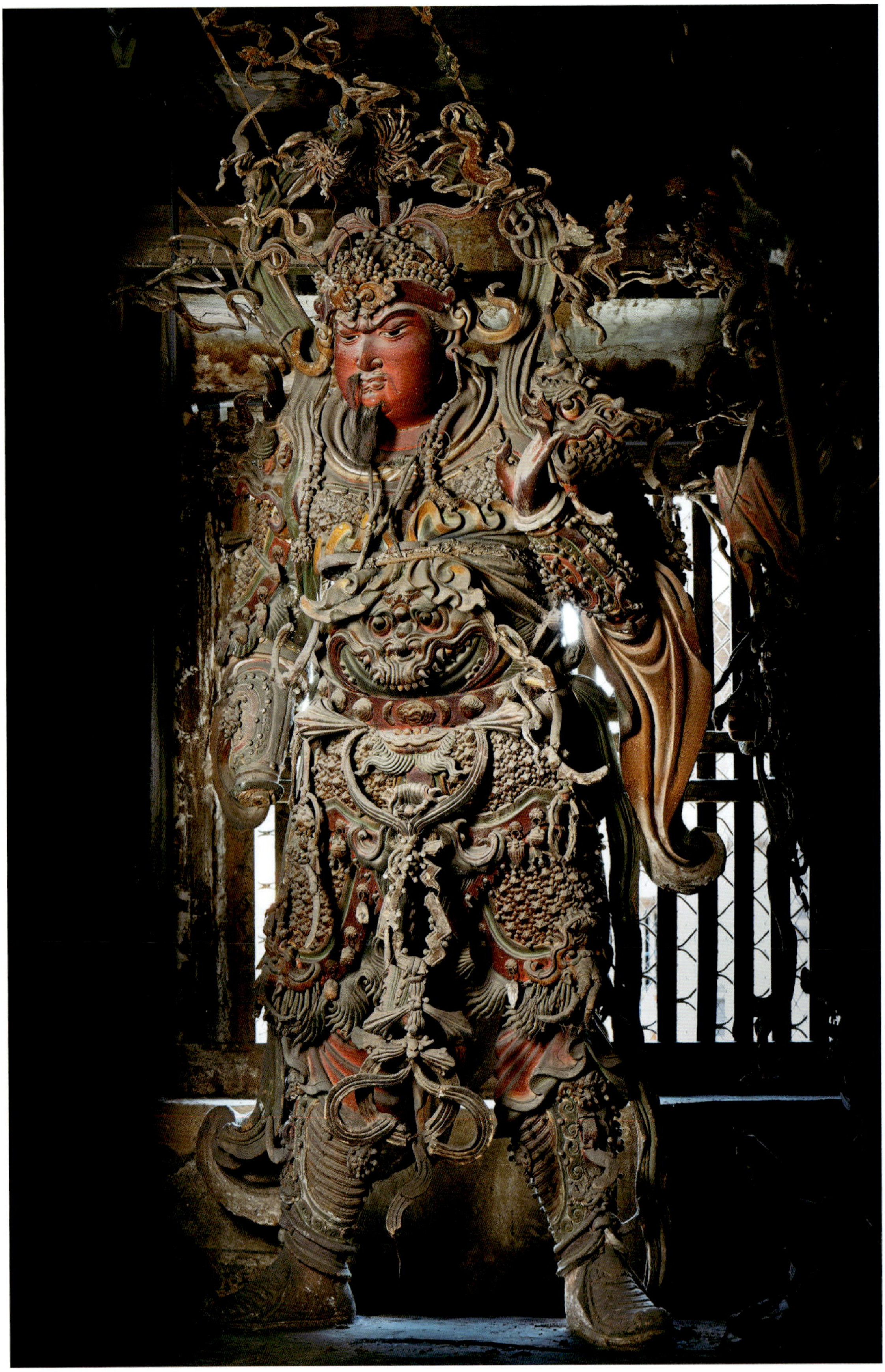

17　高平铁佛寺正殿西山墙佛像局部

18 高平铁佛寺正殿前墙壁画

19 高平铁佛寺正殿前墙壁画

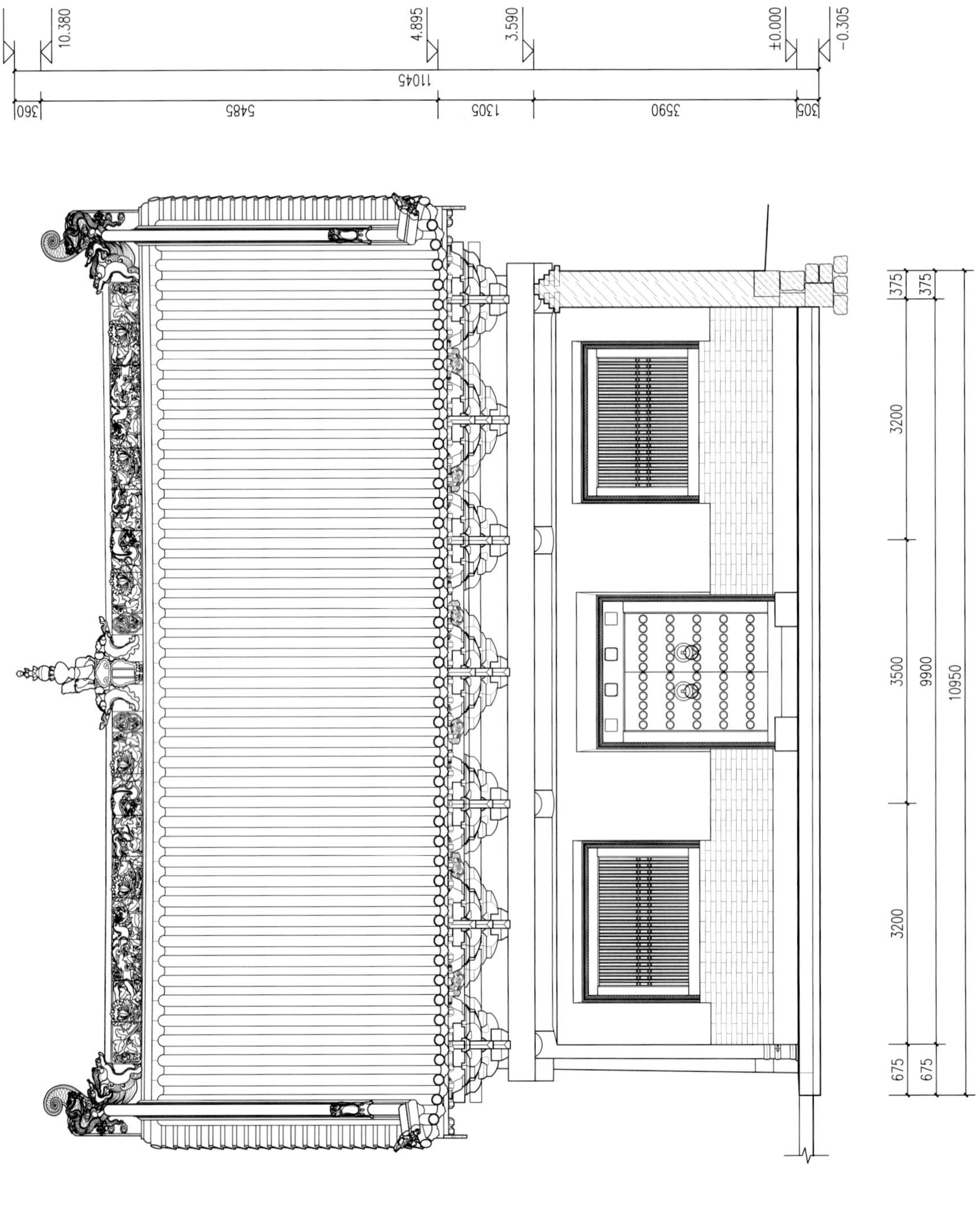

20 高平铁佛寺正殿正立面图资料

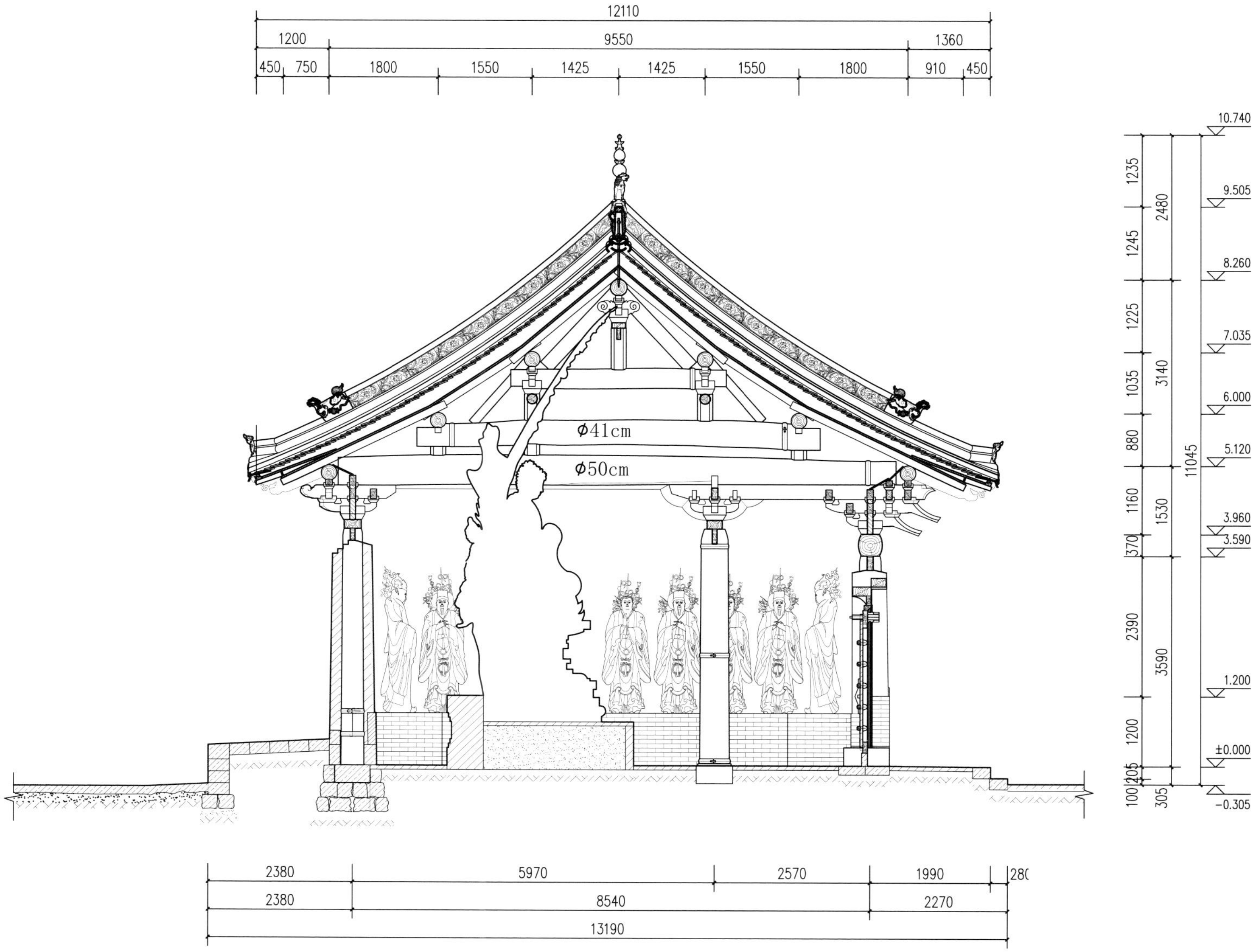

21 高平铁佛寺正殿剖面图资料

（二）天王殿

天王殿位于院落最南端，坐南面北，面阔三间，进深四椽，单檐不厦两头造。梁架结构为通檐五架梁用二柱。建筑面积 47.71 平方米，占地面积 80.07 平方米。

殿身进深四椽五架，共施梁架四缝。五架梁前端与斗栱结构，后端置于柱头平板枋之上，五背部立金瓜柱顶承三架梁。三架梁之上竖脊瓜柱直撑平板枋、大斗、丁华抹颏栱、托脊柳捧接叉手。

前檐斗栱三踩单翘蚂蚱形耍头，讹角栌斗内的足材正心瓜栱与端部呈圭形的头翘十字相交，通过槽升子与三才升分别扶承隐刻正心万栱和两端斜砍的厢栱，厢栱与五架梁出头制成的耍头十字搭交，以斜三才升扶承替木与撩檐檩，头翘华栱伸至殿内，里转不出头制成双面斜面的楷头木，平行扶托在五架梁底部。

屋面铺设仰合瓦，正、垂脊皆施用手工捏花灰陶脊筒拼接，脊筒立面刻成流云式的荷叶图案，正脊两端置张口吞脊、尾部卷曲的大吻各一只，正脊中央耸脊刹，由下段相背设置的龙形吞口及其上狮子驮宝瓶组成。两山墙内壁的山花部位保存有明万历三年最后一次重修遗留下来的象眼壁画，共 10.66 平方米，绘画手法为水墨小写意，在两山木构架（件）形成的空隙之间，侧砌土坯后在内壁绘画。其中在三架梁与五架梁之间绘劲竹、松、梅，其余象眼绘黄菊、石榴、花卉和鸟雀，表现出花鸟的写实画法，松、竹、枝、叶采用水墨侧锋绘制，花叶花蕊、叶片随风摇曳，花朵层层绽放，竹节清晰，一定程度上反映了明代该地域民间绘画的水平。

天王殿门枕石上题记：“正统十四年十一月重修天王殿，弘治六年十月十二日重修十王殿，住持僧涉净秀徒道才系德通，隆庆五年五月初一日重修信持僧圆妙徒真郎永远记耳。”

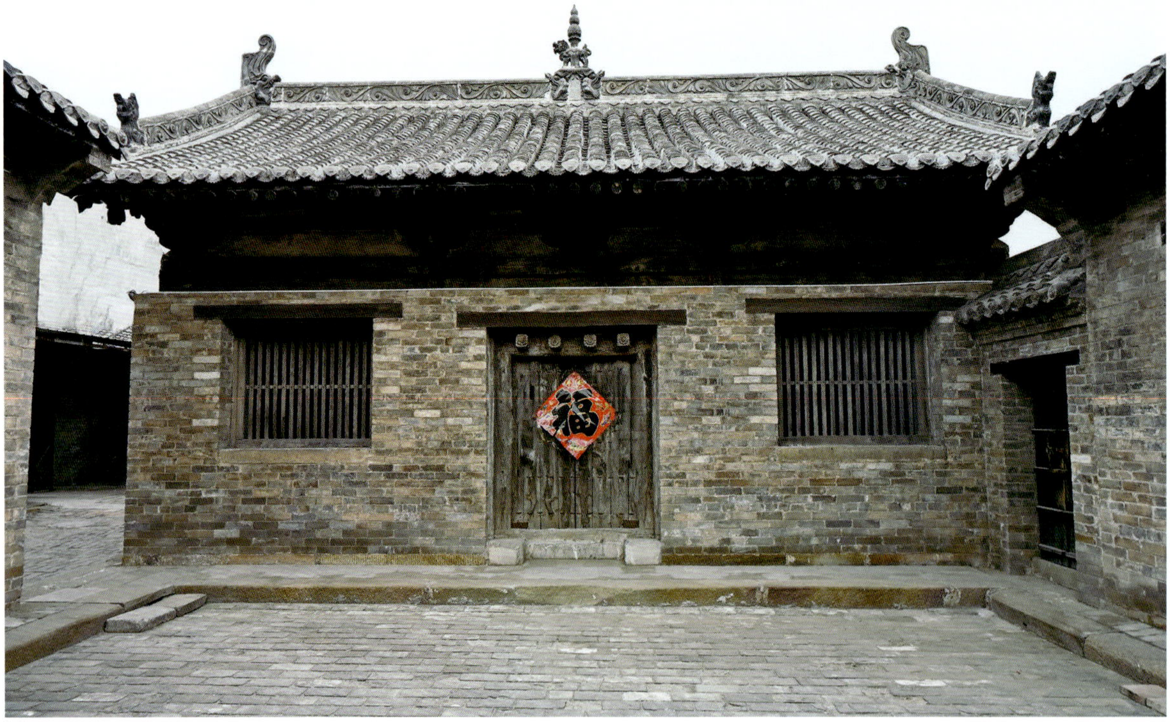

22　高平铁佛寺天王殿

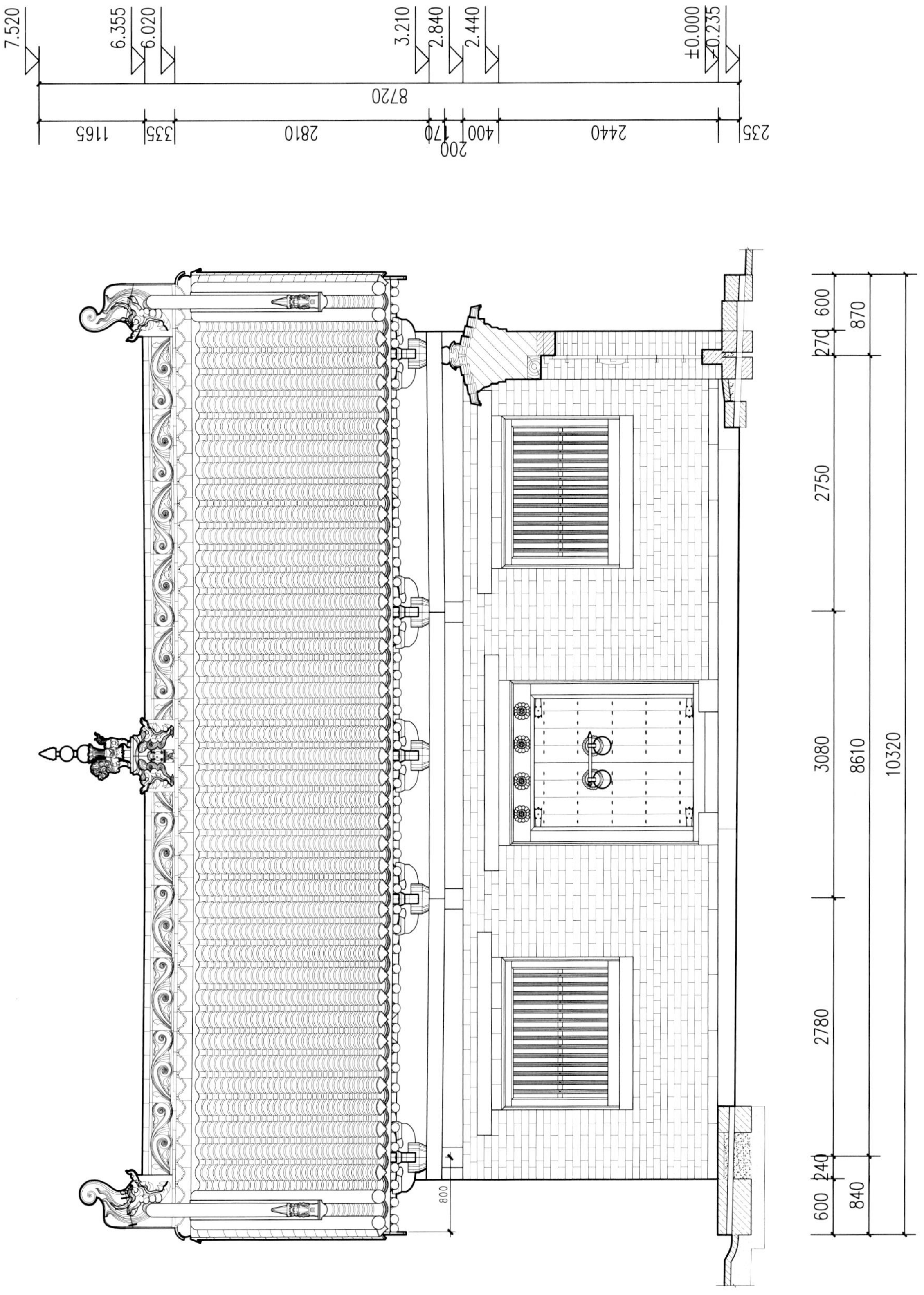

23　高平铁佛寺天王殿正立面图资料

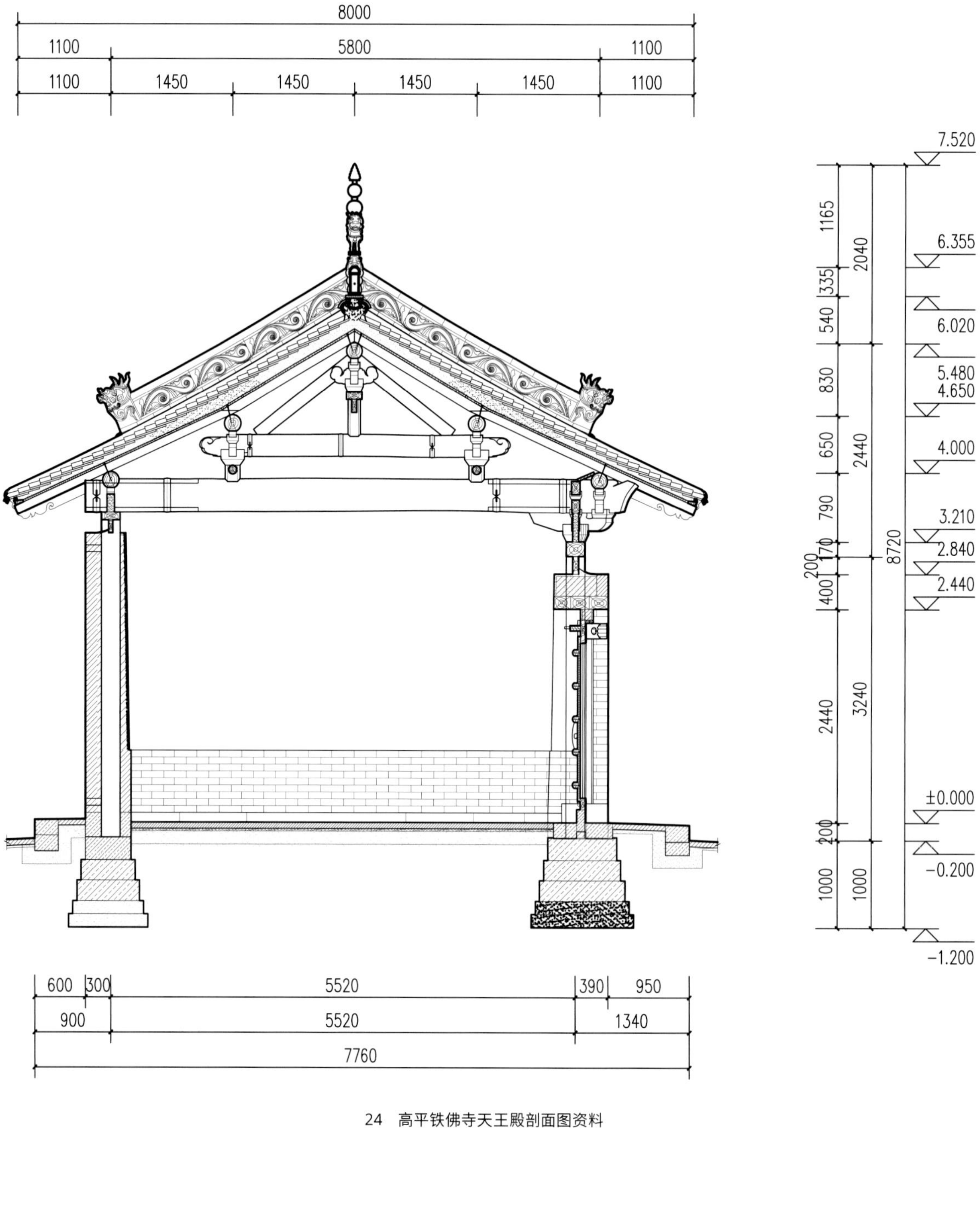

24　高平铁佛寺天王殿剖面图资料

（三）西耳殿

西耳殿坐北向南，贴正殿西山墙而建，与正殿一字并列。耳殿面阔三间，进深五架，仅在明间施用梁架两缝，单檐硬山顶。建筑面积 18.93 平方米，占地面积 22.24 平方米。

（四）东西禅室

东西禅室，面阔五间，进深五架，单檐硬山顶。建筑面积 77.6 平方米，占地面积 96.41 平方米。

25　高平铁佛寺东厢房正立面

26　高平铁佛寺西厢房正立面

27　高平铁佛寺西耳房正立面

三、价值特色

（一）“独冠天下”的明代彩塑

高平铁佛寺现存明代彩塑 28 尊，其夸张的造型手法、独特的造型语言，迥然有别于同时期其他彩塑的艺术形式，堪称中国古代造型艺术的经典之作。

正殿居中塑释迦牟尼佛像，两侧胁侍菩萨两尊，主像背后另塑有倒座式水月观音，与主像背光合为一体。殿之中央神台上设高 2.07 米的佛坛，佛像身后背光桃尖式，体量颇大，其上端直抵椽望，其宽触及左右梁枋，立面悬塑繁缛，着色辉煌。环佛像头部绕以西番莲，其外列金身菩萨六尊，再外塑有“天龙八部”，金翅鸟、行龙牡丹穿梭其间，边沿着金色火焰。与释迦佛相背而塑的是倒座式水月观音像，其像舒坐于悬塑而成的南海山水之上，净瓶旁置，童子仰拜。

殿内两次间佛台上紧密排列二十四诸天彩塑。东侧自北向南依次为大梵天、大辩才天、东方持国天王、日宫天子、金刚密迹、紫微大帝、大自在天（即摩醯首罗天）、菩提树天、深沙大将、娑竭罗龙王、南方增长天王、昭惠真君（二郎神），西侧自北向南依次为帝释天、摩利支天、北方多闻天、月宫天子、韦驮天、鬼子母天、罗刹天、大功德天、散脂大将、阎魔罗王、西方广目天王、崇宁真君（关公）。佛像皆取站式，按神情形象可分为文、武两种。文者肤白皙，头戴梁冠，方心曲领，外披广袖长袍，双手拱于腹，神态自若；武者或肤色棕黑，身躯魁梧，着胄，气宇轩昂，或袒胸露膝，面相狰狞，赤发上扬，身出多臂，手中各执所司。

殿中精彩绝伦的满堂彩塑，运用夸张与写意的塑造手法，将铁丝与泥木彩塑完美融合，烘托出一堂震慑人心、栩栩如生的神佛共聚的场景，用独特的艺术语言诠释了民众对神佛形象的理解，是明代佛教彩塑艺术的杰出范例，具有极高的艺术价值，也为研究晋城高平地区的历史文化提供了重要的研究资料。

（二）金元建筑风格

高平铁佛寺创建年代不详，因殿内归安过铁佛一尊，遂以名寺。正殿虽为明代建筑，但仍沿袭了金元的建筑风格，如前檐通三间长的大檐额、殿内前槽金柱侧角显著、上金柳处施用的托角、后檐无平身科斗栱等，成为研究由金元至明地方建筑风格过渡演变的实物例证。

（三）独特的建筑构造

高平铁佛寺采用独特、科学的建筑施工手法，使建筑结构更加稳固，具有较高的科学价值。正殿前檐斗栱五踩重昂单栱造，每攒斗栱无论是正出翘头还是斜出栱子皆为足材，因而不施斗子，直接托承随檩枋，这种做法加大了出跳栱的悬挑力，使斗栱结构更趋稳定。平身科运用了挑斡结构，其里转由华头子与靴楔将挑斡之下的三角空间全部塞垫严实，使其受力极好地得以后传。

四、文献撷英

重修铁佛寺记

赐进士第中宪大夫直隶淮安府知府彬泉刘崇文撰

赐进士第承德郎刑部主事漕运理刑春吾郭东书

赐进士第承德郎刑部广东清吏司主事体山常存仁篆

吾泫东南隅，龙楼飞伏，河带环流，山之名越米山，乃秦将起诒赵卒戌所云。抱山之阳，镇因命名，而地形博大，民辐而贯通，俗惇而力裕。盖人之勤俭所致□，山之灵淑孕且毓也。镇之西北隙，旧寺址之内铁佛像一存焉。世代辽阅，详无所稽。元大定七年重安佛□历象迁移，风雨凌剥，且古迹隘而不弘，殿宇为之圯芜焉。至嘉靖改元秋，重修正殿四楹，庙貌焕然新之，□规度尚未敞也。十年，遵县檄住持道才，乡耆牛简涉须辈，输粟社仓若干，告存以堪风山之空缺，蕲神以□民心也，嗣增水陆、十王诸殿，香积、方丈之所若干，绕以周垣，甃以阶级，而屋宇非昔之湫且隘矣。于戏，□□之兴也，其时乎！慨自太上乘一元，游壁崤函，注五千言于玉笥，载道而西，演慈悲法于天竺，番域中释之教昉乎？谡矣，厥明章时，法传入于赤县神州，其法浸讲，其经浸传，其信徒者无贵贱，梵宫钵喝遂匝于□滨，虽醇儒喆士，一切以禅寂为宗，大乘为鹄，苦空定慧之学，竟夜日而未尝弗劘拭于神台也。夫佛之与佛教相近，而用相远也。佛之用虚，儒之用实。修齐治均之道，眂空色毁灭之说，其悬去果何如也？然菩□□台本来无物之旨，有别一种道在焉，此天下后世之所谈宗，而不置于颊辅之腾也与！噫！兹固释氏之宗□，而今之刱基隆栋、肖像殷礼者，则倍薄塞漏，填山凹以会风气，欲镇依神而福人，人事神而兴敬，一敬□而孝悌慈让之风，油油然生，又化民成欲之一机括，而山灵之钟，不其章章乎！斯念也，固崇祀者之所□□亦典祀者之所未及谈，吾独悲夫。斯人日嬉娱于苦海中，而明镜之台不能时一拂拭，而见性之说迷□而鲜有觉悟也，何自郫之剧也，然则佛氏之言不其近理乎？他若刱新有岁日，殿宇有错落，其佛象之位序，舍利之名籍，种派之后先，俱刻之碑阴云。

万历乙亥秋中望吉癸酉

乡进士崔三省、泫邑庠生綵仑立

主持僧圆妙、徒弟明忠、明孝、明安、明扬、孙徒贞节、贞清、□□、如凤、募缘僧法海

上党玉工：王应檐刋

正殿门枕石上题记

记大定七年七月十三日修铁佛寺，嘉靖元年十一月初八日重修，僧人道才徒德通法孙□施 主殷子名、牛瑀、赵赞。

天王殿门枕石上题记

正统十四年十一月重修天王殿，弘治六年十月十二日重修十王殿，住持僧涉净秀徒道才系德通，隆庆五年五月初一日重修信持僧圆妙徒真郎永远记耳。

正殿内两侧金柱顶端墨书题记

东侧题记：

大明国山西泽州高平县十三都米山西里，奉佛信男善人涉须室人，李氏长男涉存惟，谨发诚心，喜舍资财许。塑妆彩当阳佛，并二大菩萨全管金妆。永远记耳。

西侧题记：

铁佛寺主持僧道才，门徒德通法孙圆妙远、孙明忠，本镇丹青王相男、王浩□、王子要、侄男王春，大明嘉靖十五年七月十一日记开光了毕。

参考文献

【专著】

[1] 姜筝、徐杨、刘畅：《山西古建筑地图（上）》，清华大学出版社，2018年。
[2] 王金平、李会智、徐强：《山西古建筑》，中国建筑工业出版社，2015年。
[3] 罗德胤：《中国古戏台建筑》，东南大学出版社，2009年。
[4] 山西省古建筑集团有限公司：《山西古戏台通览》，山西科学技术出版社，2015年。
[5] 连达：《寻访山西古庙》（晋东南、晋南篇），清华大学出版社，2017年。
[6] 柴泽俊：《柴泽俊古建筑文集》，文物出版社，1999年。
[7] 《高平县志》，清代顺治十五年刊本。
[8] 《高平县志》，清代乾隆三十九年刊本。
[9] 《高平县志》，清代同治六年刊本。
[10] 《山西通志二百三十卷》，清代乾隆年间文渊阁四库全书本。
[11] 张驭寰：《上党古建筑》，天津大学出版社，2009年。
[12] 王树新：《高平金石志》，中华书局，2004年。
[13] 贺大龙：《晋东南早期建筑专题研究》，文物出版社，2015年。
[14] 常书铭：《三晋石刻大全·晋城市高平市卷》，三晋出版社，2011年。
[15] 《中国地方志集成·山西府县志辑》，凤凰出版社，2005年。
[16] 张保福：《炎帝史话》，中国文化出版社，2017年。
[17] 郭仁和：《高平文史资料·第一辑》，政协山西省高平市文史资料研究委员会，1986年。
[18] 《高平县志》，中国地图出版社，1992年。
[19] 赵志敏：《高平古韵》，三晋出版社，2014年。
[20] 田林、孙荣芬等：《晋东南地区早期建筑保护工程——高平市西李门二仙庙勘察报告》，河北省古代建筑保护研究所，2006年。
[21] 李玉民等：《山西省高平市铁佛寺保护修缮工程设计方案》，山西圆方古迹保护修复有限公司，2013年。

【论文】

[1] 姜铮：《山西高平二郎庙、三嵕庙测绘图》，《中国建筑史论汇刊》2019年第2期。
[2] 《山西古戏台——高平王报村二郎庙戏台》，《戏友》2019年第2期。
[3] 田建宁、张煜、郝枫、李鹏飞：《高平伯方村：不见硝烟，古村依旧》，《山西画报》2022年第11期。
[4] 贾珺、李竞扬：《高平游仙寺营建历史考略》，《建筑史》2017年第2期。
[5] 柴琳：《晋东南宋金建筑结构特征初探》，《建筑与文化》2020年第12期。
[6] 郑宇、王帅、姜铮等：《高平北诗镇中坪二仙宫正殿修缮中的记录及研究》，《宁波保国寺大殿建成1000周年学术研讨会暨中国建筑史学分会2013年会论文集》，2013年。
[7] 杨文杰：《山西金大定时期木构建筑营造背景及大木作特征研究》，太原理工大学，硕士学位论文，2021年。
[8] 贾珺：《山西高平炎帝中庙碑刻、题记中的营建信息解读》，《中国建筑史论汇刊》2019年第4期。
[9] 聂磊：《浊漳河流域的文化遗产》，《文物世界》2012年第3期。
[10] 王曼：《中国传统节日与祖先崇拜论析》，中南民族大学硕士学位论文，2018年。
[11] 洪猛：《玉皇庙文化研究述略》，《草原文物》2020年第3期。
[12] 武俊华、尚珩：《元代至大元年〈重修灵贶庙碑〉及相关问题》，《中国国家博物馆馆刊》2017年第10期。
[13] 段金龙：《灾荒视野下的民间祭祀演剧研究——以旱灾为考察中心》，《民间文化论坛》2021年第2期。
[14] 张楠：《宋金元时期晋东南三嵕信仰新解》，《宋史研究论丛》2021年第2期。

[15] 张蕾：《阳城县商汤信仰及其社会功能研究》，山西师范大学硕士学位论文，2017 年。
[16] 姚佳昌：《乡村庙宇的保护与利用刍议——以晋东南地区炎帝庙田野调查为例》，《中国文化遗产》2017 年第 3 期。
[17] 段恩泽：《山西上党地区三嵕神文化及祭祀建筑特征研究》，太原理工大学硕士学位论文，2016 年。
[18] 郭静云、郭立新：《神农神话源于何处的文化记忆？（上）》，《中国农史》2020 年第 6 期。
[19] 郭静云、郭立新：《神农神话源于何处的文化记忆？（下）》，《中国农史》2021 年第 1 期。
[20] 秦蓓：《山西省长治市潞城区史回村三嵕庙及“三嵕”信仰研究》，《长治学院学报》2019 年第 1 期。
[21] 许静：《上党地区三嵕山神信仰沿革考》，《炎黄地理》2021 年第 5 期。
[22] 王舸：《浅析炎帝祭祀文化对高平祭祀建筑的影响》，《工业建筑》2017 年增刊 I。
[23] 王小龙、焦晋峰：《高平嘉祥寺寺院格局及毗卢殿建筑形制简析》，《 山西建筑》2022 年第 2 期。
[24] 李会智：《山西元以前木构建筑分布及区域特征》，《自然与文化遗产研究》2021 年第 1 期。
[25] 李斌：《高平市开化寺建筑及壁画》，《文物世界》2012 年第 3 期。
[26] 贾珺：《山西高平开化寺营建历史考略》，《中国建筑史论汇刊》2019 年第 2 期。
[27] 李玉明：《大拙若巧——漫谈泽州大阳汤帝庙成汤殿建筑风格》，《文物世界》2007 年第 4 期。
[28] 喻梦哲；《晋东南地区五代宋金木构与〈营造法式〉技术关联性研究》，东南大学博士学位论文，2013 年。
[29] 魏晓楷：《清代以来晋东南地区马仙姑信仰的嬗变——以山西高平现存圣姑庙为中心》，《农业考古》2021 年第 4 期。
[30] 陈豪：《金元之际高平圣姑庙的建筑空间与信仰》，《北方文物》2020 年第 1 期。
[31] 张庆捷、李裕群、郭一峰：《山西高平羊头山石窟调查报告》，《考古学报》2000 年第 1 期。
[32] 李德文：《高平市良户玉虚观的建筑特色》，《文物世界》2017 年第 2 期。
[33] 王星荣：《山西高平市良户村玉虚观及歌舞楼考述》，《戏曲研究》2002 年第 3 期。
[34] 蒋思琪：《良户村民居历史建筑的活化利用研究》，《中国民族博览》2020 年第 16 期。
[35] 杨建新：《建立古村落保护和发展中的多方合作机制——以山西省良户古村的活化改造为例》，《中华民居》2019 年第 2 期。
[36] 黄文智：《高平铁佛寺二十四诸天考辨》，《中国美术研究》2020 年第 1 期。
[37] 高毅：《高平铁佛寺彩塑的造型语言与技艺传承》，《美术》2019 年第 5 期。
[38] 康峰、王金平：《山西高平西李门村》，《文物》2020 年第 6 期。